21st CENTURY
实用规划教材

浙江省高等教育重点建设教材

21世纪全国高等院校财经管理系列实用规划教材

新编现代企业管理

主　编　姚丽娜
副主编　崔松岩　刘　洋

北京大学出版社
PEKING UNIVERSITY PRESS

内容简介

本书定位于非经济管理类专业的本科教学类用书，是一本系统介绍企业管理各方面内容的教材。全书内容分为9章，包括传统的技术创新管理、生产管理、质量管理、人力资源管理、市场营销管理和财务管理，此外还增加了战略管理和创业管理，体现了时代发展的要求。

本书既注重理论性，更注重实践性，每章都有学习目标、导入案例、知识链接、特别提示、管理案例及课后复习题，方便学生阅读和对知识的掌握与学习。本书结构合理，层次清楚，具备实用性、适用性和可读性，适应目前学生学习和阅读方式的变化，真正做到了通俗易懂。

本书可作为普通高等院校非经济管理类各专业的教材，也可作为企业技术人员和管理人员的培训教材和自学参考书。

图书在版编目(CIP)数据

新编现代企业管理/姚丽娜主编. —北京：北京大学出版社，2012.9
(21世纪全国高等院校财经管理系列实用规划教材)
ISBN 978-7-301-21121-2

Ⅰ.①新… Ⅱ.①姚… Ⅲ.①企业管理—高等学校—教材 Ⅳ.①F270

中国版本图书馆CIP数据核字(2012)第189521号

书　　名：新编现代企业管理
著作责任者：姚丽娜　主编
策 划 编 辑：王显超
责 任 编 辑：李　虎
标 准 书 号：ISBN 978-7-301-21121-2/F·3288
出　版　者：北京大学出版社
地　　址：北京市海淀区成府路205号　100871
网　　址：http://www.pup.cn　http://www.pup6.cn
电　　话：邮购部62752015　发行部62750672　编辑部62750667　出版部62754962
电 子 邮 箱：pup_6@163.com
印　刷　者：三河市北燕印装有限公司
发　行　者：北京大学出版社
经　销　者：新华书店
787毫米×1092毫米　16开本　25.5印张　588千字
2012年9月第1版　2012年9月第1次印刷
定　　价：48.00元

21世纪全国高等院校财经管理系列实用规划教材

专家编审委员会

丛 书 序

我国越来越多的高等院校设置了经济管理类学科专业，这是一个包括经济学、管理科学与工程、工商管理、公共管理、农业经济管理、图书档案学6个二级学科门类和22个专业的庞大学科体系。2006年教育部的数据表明在全国普通高校中经济类专业布点1518个，管理类专业布点4328个。其中除少量院校设置的经济管理专业偏重理论教学外，绝大部分属于应用型专业。经济管理类应用型专业主要着眼于培养社会主义国民经济发展所需要的德智体全面发展的高素质专门人才，要求既具有比较扎实的理论功底和良好的发展后劲，又具有较强的职业技能，并且又要求具有较好的创新精神和实践能力。

在当前开拓新型工业化道路，推进全面小康社会建设的新时期，进一步加强经济管理人才的培养，注重经济理论的系统化学习，特别是现代财经管理理论的学习，提高学生的专业理论素质和应用实践能力，培养出一大批高水平、高素质的经济管理人才，越来越成为提升我国经济竞争力、保证国民经济持续健康发展的重要前提。这就要求高等财经教育要更加注重依据国内外社会经济条件的变化，适时变革和调整教育目标和教学内容；要求经济管理学科专业更加注重应用、注重实践、注重规范、注重国际交流；要求经济管理学科专业与其他学科专业相互交融与协调发展；要求高等财经教育培养的人才具有更加丰富的社会知识和较强的人文素质及创新精神。要完成上述任务，各所高等院校需要进行深入的教学改革和创新。特别是要搞好有较高质量的教材的编写和创新工作。

出版社的领导和编辑通过对国内大学经济管理学科教材实际情况的调研，在与众多专家学者讨论的基础上，决定编写和出版一套面向经济管理学科专业的应用型系列教材，这是一项有利于促进高校教学改革发展的重要措施。

本系列教材是按照高等学校经济类和管理类学科本科专业规范、培养方案，以及课程教学大纲的要求，合理定位，由长期在教学第一线从事教学工作的教师编写，立足于21世纪经济管理类学科发展的需要，深入分析经济管理类专业本科学生现状及存在问题，探索经济管理类专业本科学生综合素质培养的途径，以科学性、先进性、系统性和实用性为目标，其编写的特色主要体现在以下几个方面：

（1）关注经济管理学科发展的大背景，拓宽理论基础和专业知识，着眼于增强教学内容与实际的联系和应用性，突出创造能力和创新意识。

（2）体系完整、严密。系列涵盖经济类、管理类相关专业以及与经管相关的部分法律类课程，并把握相关课程之间的关系，整个系列丛书形成一套完整、严密的知识结构体系。

（3）内容新颖。借鉴国外最新的教材，融会当前有关经济管理学科的最新理论和实践经验，用最新知识充实教材内容。

（4）合作交流的成果。本系列教材是由全国上百所高校教师共同编写而成，在相互进行学术交流、经验借鉴、取长补短、集思广益的基础上，形成编写大纲。最终融合了各地特点，具有较强的适应性。

（5）案例教学。教材具备大量案例研究分析内容，让学生在学习过程中理论联系实际，特别列举了我国经济管理工作中的大量实际案例，这可大大增强学生的实际操作能力。

（6）注重能力培养。力求做到不断强化自我学习能力、思维能力、创造性解决问题的能力以及不断自我更新知识的能力，促进学生向着富有鲜明个性的方向发展。

作为高要求，财经管理类教材应在基本理论上做到以马克思主义为指导，结合我国财经工作的新实践，充分汲取中华民族优秀文化和西方科学管理思想，形成具有中国特色的创新教材。这一目标不可能一蹴而就，需要作者通过长期艰苦的学术劳动和不断地进行教材内容的更新才能达成。我希望这一系列教材的编写，将是我国拥有较高质量的高校财经管理学科应用型教材建设工程的新尝试和新起点。

我要感谢参加本系列教材编写和审稿的各位老师所付出的大量卓有成效的辛勤劳动。由于编写时间紧、相互协调难度大等原因，本系列教材肯定还存在一些不足和错漏。我相信，在各位老师的关心和帮助下，本系列教材一定能不断地改进和完善，并在我国大学经济管理类学科专业的教学改革和课程体系建设中起到应有的促进作用。

劉詩白
2007 年 8 月

刘诗白 现任西南财经大学名誉校长、教授，博士生导师，四川省社会科学联合会主席，《经济学家》杂志主编，全国高等财经院校资本论研究会会长，学术团体“新知研究院”院长。

前　言

随着经济的发展和时代的进步，学科日益分化，原来作为经济管理类学生必修课程的企业管理现在已经细化为企业战略管理、人力资源管理、财务管理、生产管理、质量管理及市场营销等。首先，经济管理类专业的学生基本没有必要专门开设企业管理这门课程，企业管理更多地成为了非经济管理类专业的选修课。从这点来看，传统的《企业管理》教材已经不再适应目前教学形势的发展，这就要求对《企业管理》的内容及体例方面进行相应的调整；其次，随着科技的进步和互联网的普及，学生学习的方式已经发生了很大的变化，他们更注重教材的趣味性和可读性，但传统的教材在内容上过分注重理论性，在体例和结构上也缺乏可读性和实用性；再次，社会对高校人才培养的要求更高，要求高校学生具有较强的实践能力。因此，编者希望能编写出一本既有一定的理论性，又能体现时代性、实用性、适用性的要求，体现与时俱进的时代特征，贴近社会需要，贴近学生实际的教材，并将教材定名为《新编现代企业管理》，以区别于传统的教材，使学生，尤其是非经济管理类专业的学生，通过对本课程的学习和实践，能基本了解企业管理的基本过程和要求，为进入社会成为既懂技术又懂管理的复合型人才打下基础。

本书的内容在传统的技术创新管理、生产管理、质量管理、人力资源管理、市场营销管理和财务管理等章节的基础上，又增加了企业战略管理、创业管理等体现时代发展要求的内容。本书既注重理论性，更注重实践性，形式灵活，每章都有学习目标、导入案例、知识链接、特别提示、管理故事、管理案例与分析及课后复习题以方便学生阅读和学习。本书结构合理，层次清楚，具备趣味性和可读性，适应目前学生学习和阅读方式的变化，既方便教师教学，更方便学生学习，真正做到了通俗易懂。

本书第1、2、7、9章及第5章的第5节由姚丽娜编写，第3、8章由刘洋编写，第4、6章及第5章的1、2、3、4节由崔松岩编写。全书由姚丽娜统稿。

本书在编写过程中参考了大量的文献和书籍，在此对这些文献的作者表示感谢！由于编写时间紧迫，本书难免存在一些疏漏和错误，恳请读者批评指正。

编　者

2012年4月

目　录

第1章 企业与企业管理

学习目标

通过本章学习，学生应当能够达到以下方面要求。

识别和定义

现代企业与企业管理

企业社会责任

现代企业制度

企业的目标

描述或解释

社会责任和经济绩效

企业管理的职业化

企业管理职能

各种组织结构类型

古典管理理论

人际关系理论

现代管理理论

导入案例

如何进行企业管理

在一个管理经验交流会上，A、B厂的厂长分别论述了他们各自对企业管理的看法。

A厂长认为，企业首要的资产是员工，只有员工们都把企业当成自己的家，都把个人的命运与企业的命运联系在一起，才能充分发挥他们的智慧和潜力，从而为企业服务。因此，管理者有什么问题，都应该与员工们商量解决。管理者平时要十分注重对员工需求的分析，有针对性地向员工提供学习、娱乐的机会和条件，如哪位员工生儿育女了，厂里应该派车接送，厂长应亲自送上贺礼。在A厂，员工们都普遍把企业当作自己的家，全心全意为企业服务，工厂日益发展壮大。

B厂长则认为，只有实行严格的管理才能保证实行企业目标所必须开展的各项活动能顺利进行。因此，企业要制定严格的规章制度和岗位责任制，建立严密的控制体系，注重上岗培训，实行计件工资制等。在B厂，员工们都非常注意遵守规章制度，努力工作以完成任务，工厂发展迅速。

看起来，两位厂长的管理都是有效的。那么，到底哪种管理方法更好？企业到底该如何管理呢？

（资料来源：梅子惠，曹承锋．企业管理案例分析教程［M］．北京：高等教育出版社，2010(9)：147.）

1.1 企业概述

1.1.1 企业的概念和特征

1．企业的概念

企业是商品经济发展到一定程度，机器大工业代替了工厂手工业之后才产生和发展起来的，并且随着商品经济和生产力的发展而发展。尽管企业从其诞生到现在一直处于不断发展之中，其形态也越来越丰富多样，但本质上，它始终是从事商品生产和经营的经济组织。因此，从法律角度说，企业是自主经营、自负盈亏，依法独立享有民事权利并承担民事责任的商品生产和经营活动的法人。

想一想：企业与其他社会组织相比，有什么不同？

2．企业的特征

企业作为独立的经济组织，具有4个方面特征。

1）企业是法人

企业能以自己的名义进行民事活动并承担责任，享有民事权利和义务。企业要成为法人，必须依法向工商部门登记注册，有专门的名称、固定的工作地点和组织章程，有独立的财产，实行独立核算和自主经营等。

2）企业拥有经营自主权

企业作为经济实体，必须拥有独立的生产经营自主权，包括经营决策权、产品决定权、产品销售权、人事权和分配权等。

3）企业实行自负盈亏、独立核算

企业作为营利性机构，获取利润是其生存和发展的条件。因此，企业必须实行独立核算，力争以尽可能少的人力、物力和财力获取尽可能多的利润。但经营的结果取决于企业经营管理的水平，可能赢利，也可能亏损，这些都应由企业自己负责。

4）企业是纳税单位

税收是国家财政的主要来源，企业作为国家的经济基础，有纳税的义务。在市场经济中，这是企业与国家之间唯一的经济关系。

1.1.2 企业的目标

想一想：企业的目标是什么？仅仅是获取利润吗？

大多数人认为企业的目标就是提高经济效益。然而，企业应追求什么样的经济效益目标，理论界的观点又有多种，其中有代表性的是，利润最大化和股东财富最大化。

1. 企业利润最大化

这种看法最典型，也很自然。因为企业是经济组织，将利润最大化作为其追求目标，是企业生存和发展的内在要求，也是企业区别于其他社会组织的关键点。但利润最大化不能绝对化。片面、绝对地强调企业利润最大化，有可能产生两方面问题：一是容易诱使企业唯利是图，忽视企业的社会责任；二是容易诱使企业的行为短期化。企业在追求利润最大化的过程中，往往会为获取眼前的利益而忽略或放弃长远利益。

管理案例

“味千拉面”的骨汤骗局

“味千拉面”源自1968年的日本，是日本重光产业经营的中小品牌，其单店面积也只有二三十平方米，在日本本土的知名度并不高。20世纪90年代，“味千拉面”的独特汤料技术被引入中国后，品牌得到迅速扩张。从2005年至2010年年底，“味千拉面”在中国的门店数量从56家增至508家，每天可卖出17万份拉面。

最初，“味千拉面”在中国并不是连锁店的形式，而是袋装方便拉面。在许多超市的货架上，印有很多“味千拉面”字样的袋装方便拉面。在一位香港人取得“味千拉面”在中国的独家代理权之后的一段时间，味千中国控股有限公司(以下简称味千)做的仅是面条的加工和调料贸易，与现在门店的运营方式大不相同。而如今“味千拉面”店营造出的“人等面”场景，表面上看是精心烹煮面条和调料，其实使用的都是味千早年的半成品和所谓的“浓缩骨汤”包。

味千在“味千拉面”的宣传中称汤底富含钙质，每碗高达1600毫克，是牛奶的4倍、普通肉类数10倍。但媒体曝光其营养检测报告显示，味千送检的汤底实际是一种“骨泥浓缩料”的浓缩液，1千克浓缩液可勾兑出100碗汤底，钙质等营养含量不到50毫克。其在中国宣传的“鲜骨当日熬制”等噱头，其实是一场事关营养与安全的山寨骗局。

在勾兑事件曝光后，多家味千拉面店仍对消费者称：“我们的汤底是在现场熬制的。”味千的意思其实是："现场熬制是指在店内用浓缩液还原熬制"。这样的文字游戏真能骗到消费者吗？

（资料来源：http：//bbs. zhanqiao. com/forum. php？ mod＝viewthread&tid＝268374.）

2. 股东财富最大化

西方学者认为，现在的大部分经理是职业经理，他们是高级雇员，对股东负责。因此，他们的主要责任就是按股东的利益来经营公司业务。股东利益最大化就是股东财富最大化。股东财富的衡量标准对于上市公司而言就是股票的价格。股票价格反映了股东及其潜在的投资者对公司价值作出的评价。这一观点强调的是公司普通股票价格及公司市场价值的最大化。这一目标的优点在于：它能较好地反映管理当局的赢利业绩，企业目前与未来的获利能力、预期的收益，企业获利风险等因素及其变化。

有人认为，股票价格主要是公司外部的一种评价，若以公司股票价格最大化作为企业目标，似乎过于注重企业外部对企业的判断，不利于充分利用公司内部的资源、技术和信息，因而也难以实现股东财富或公司价值最大化目标。再加上一些不为企业所控制的影响股票价格因素的影响，使公司管理层对股东财富最大化缺乏信心。

特别提示

在股票市场规范的条件下，以股价最大化作为股东财富或公司价值最大化，是当今社会公认的尺度。

1.1.3 企业的社会责任

1. 企业社会责任的含义

企业社会责任(corporate social responsibility，CSR)是指企业在创造利润、对股东承担法律责任的同时，还要承担对员工、消费者、社区和环境的责任。企业的社会责任要求企业必须超越把利润作为唯一目标的传统理念，强调要在生产过程中对人的价值的关注，强调对消费者、对环境、对社会的贡献。

2. 企业社会责任的起源及发展

早在18世纪中后期，英国完成第一次工业革命后，现代意义上的企业就有了充分的发展，但企业社会责任的观念还未出现，实践中的企业社会责任局限于业主个人的道德行为之内。企业社会责任思想的起点是亚当·斯密(Adam Smith)的"看不见的手"。

特别提示

古典经济学理论认为，一个社会通过市场能够最好地确定其需要，如果企业尽可能高效率地使用资源以提供社会需要的产品和服务，并以消费者愿意支付的价格销售它们，企业就尽到了自己的社会责任。

到了18世纪末期，西方企业的社会责任观开始发生微妙的变化，表现为企业主们经常捐助学校、教堂和穷人。

进入19世纪以后，两次工业革命的成果带来了社会生产力的飞跃，企业在数量和规模上获得了较大程度的发展。这个时期受“社会达尔文主义”思潮的影响，人们对企业的社会责任观是持消极态度的，许多企业不是主动承担社会责任，而是对与企业有密切关系的供应商和员工等极尽盘剥，以求尽快变成竞争中的强者，这种理念随着工业的大力发展产生了许多负面的影响。与此同时，19世纪中后期企业制度逐渐完善，劳动阶层维护自身权益的要求不断高涨，加之美国政府接连出台《反托拉斯法》和《消费者保护法》以抑制企业不良行为，客观上对企业履行社会责任提出了新的要求，企业社会责任观念的出现成为历史必然。

特别提示

社会经济观认为，利润最大化是企业的第二目标，企业的第一目标是保证自己的生存。

进入20世纪，随着经济和社会的进步，企业不仅要对赢利负责，而且要对环境负责，并承担相应的社会责任。

知识链接

商业的社会责任是增加利润

1970年9月13日，经济学家米尔顿·弗里德曼(Milton Friedman)发表题为《商业的社会责任是增加利润》的文章，指出“极少趋势，比公司主管人员除了为股东尽量赚钱之外应承担社会责任，更能彻底破坏自由社会本身的基础”，“企业的一项、也是唯一的社会责任是在比赛规则范围内增加利润。”“为了实现这一点，他们必须承担社会义务以及由此产生的社会成本。他们必须以不污染、不歧视、不从事欺骗性的广告宣传等方式来保护社会福利，他们必须融入自己所在的社区及资助慈善组织，从而在改善社会中扮演积极的角色。”

1976年，经济合作与发展组织(Organization for Economic Co-operation and Development，OECD)制定了《跨国公司行为准则》，这是迄今为止唯一由政府签署并承诺执行的多边、综合性跨国公司行为准则。《跨国公司行为准则》虽然对任何国家或公司没有约束力，但要求更加保护利害相关人士和股东的权利，提高透明度，并加强问责制。2000年该准则重新修订，更加强调了签署国政府在促进和执行准则方面的责任。

20世纪80年代，企业社会责任运动开始在欧美发达国家逐渐兴起，包括环保、劳工和人权等方面的内容，由此导致消费者的关注点由单一关心产品质量，转向关心环境、职业健康和劳动保障等多个方面。一些涉及绿色和平、环保、社会责任和人权等的非政府组织以及舆论也不断呼吁，要求社会责任与贸易挂钩。迫于日益增大的压力和自身的发展需要，很多欧美跨国公司纷纷制定对社会作出必要承诺的责任守则，或通过环境、职业健康、社会责任认证应对不同利益团体的需要。

20世纪90年代初期，美国劳工及人权组织针对成衣业和制鞋业发动了“反血汗工厂运动”。因利用“血汗工厂”制度生产产品的美国服装制造商李维·斯特劳斯(Levi Strauss)被新闻媒体曝光后，为挽救其公众形象，制定了第一份公司生产守则。在劳工和人权组织及消费者的压力下，许多知名品牌公司也都相继建立了自己的生产守则，后演变为“企业生产守则运动”，又称“企业行动规范运动”或“工厂守则运动”，企业生产守则运动的直接目的是促使企业履行自己的社会责任。

特别提示

这种跨国公司自己制定的生产守则有着明显的商业目的，而且其实施状况也无法得到社会的监督。在劳工组织、人权组织等组织的推动下，生产守则运动由跨国公司“自我约束”的“内部生产守则”逐步转变为“社会约束”的“外部生产守则”。

到2000年，全球共有246个生产守则，其中除118个是由跨国公司自己制定的之外，其余皆是由商贸协会或多边组织或国际机构制定的所谓“社会约束”的生产守则。这些生产守则主要分布于美国、英国、澳大利亚、加拿大、德国等国家。

2000年7月，“全球契约”论坛第一次高级别会议召开，参加会议的50多家著名跨国公司的代表承诺，在建立全球化市场的同时，要以“全球契约”为框架，改善工人工作环境、提高环保水平。“全球契约”行动计划至今已经有包括中国在内的30多个国家的代表、200多家著名大公司参与。

2002年2月，在美国纽约召开的世界经济论坛年会上，36家公司的首席执行官呼吁公司履行其社会责任，其理论根据是公司社会责任“并非多此一举”，而是核心业务运作至关重要的一部分。

2002年，联合国正式推出《联合国全球契约》。该契约共有9条原则，联合国恳请公司对待其员工和供货商时都要尊重其规定的9条原则。

2010年，在第6届中国公关经理人年会上，“2010企业社会责任优秀案例”评选揭晓，这是国内首次举办企业社会责任案例评选，获奖案例均来自在社会公益、公益传播和环境保护方面作出突出贡献的企业。

3. 社会责任与经济绩效

想一想：履行社会责任会影响到公司的经济绩效吗？社会责任与经济绩效之间是一种什么样的关系？

知识链接

企业的社会责任问题调查

在1999年由国际环境调查有限公司、威尔士亲王企业领导者论坛和经济咨商局共同完成的一项研究中，就企业的社会责任问题调查了23个国家的2.5万名公民，得出以下调查结论：90%的被调查者希望企业不要仅仅关注赢利能力；60%的被调查者说他们会基于对企业社会责任的感觉来形成对一家企业的印象；40%的被调查者说对于他们认为没有尽到社会责任的企业，他们要么会消极地对待，要么会消极地评论；17%的被调查者说如果他们觉得企业没有尽到社会责任，那么他们会远离这些企业的产品。

事实上，在多数情况下，企业从事社会责任活动要付出代价，并且很难使成本得到及时补偿。虽然短期内企业牺牲了一部分经营业绩，但从长期看，承担社会责任的行为改善了企业的社会形象和生存环境，吸引了大量优秀人才，减少了政府的管制，最终将使企业的收益增加。因此，社会责任与经济绩效之间是一种正相关关系。

管理案例

曼维尔公司的选择

在20世纪40年代，美国曼维尔公司的高层管理者发现，其生产的石棉会引发致命的肺病。作为一项政策，管理当局决定隐瞒由此影响雇员健康的事实，原因就在于利润。该公司为了节省一大笔钱，便让雇员一直工作下去，直到他们倒下。从短期看，公司的确节省了成本，增加了利润，但从长期看，却事与愿违。果然，1982年，该公司被迫申请破产，以避免上千件潜伏着的与石棉有关的诉讼。

（资料来源：http：//www.ezxw.com.）

4．企业履行社会责任的意义

想一想：企业履行社会责任会带来哪些好处？

1）有助于解决社会就业问题

除了增加投资，新增项目，扩大就业外，最重要的是提倡各企业科学安排劳动力，扩大就业门路，创造不减员而能增效的经验，尽量减少把人员推向社会而加大就业压力。过去只有ISO 9000质量管理体系认证和ISO 14000环境质量体系认证，现在有了SA 8000认证，这是关于企业社会责任的国际认证标准体系，旨在解决劳动力问题，保证工人工作条件和工作环境。这一标准明确规定了企业需保证工人工作的环境干净卫生，消除工作安全隐患，不得使用童工等，切实保护了工人的切身利益。现在众多企业积极履行社会责任，努力获得SA 8000认证，不仅可以吸引劳动力资源，激励他们创造更多的价值，更重要的是通过这种管理可以树立良好的企业形象，获得很高的美誉度和信任度，从而实现企业长远的经营目标。从这个意义上说，企业履行社会责任，有助于解决社会就业问题。

2）有助于保护社会资源和环境，实现可持续发展

企业作为社会公民对资源和环境的可持续发展负有不可推卸的责任，而企业履行社会责任，通过技术革新可减少生产活动中各个环节对环境可能造成的污染，同时也可以降低能耗，节约资源，降低企业生产成本，从而使产品价格更具竞争力。企业还可通过公益事业与社区共同建设环保设施，以净化环境，保护社区及其他公民的利益，这将有助于缓解城市尤其是工业企业集中的城市的经济发展与环境污染严重、人居环境恶化间的矛盾。

3）有助于缩小贫富差距，消除社会不安定的隐患

一方面，大、中型企业可集中资本优势、管理优势和人力资源优势对贫困地区的资源进行开发，既可扩展自己的生产和经营，获得新的增长点，又可弥补贫困地区资金的不

足，解决当地劳动力和资源闲置的问题，帮助当地脱贫致富。另一方面，企业也可通过慈善公益行为帮助落后地区的人民发展教育、社会保障和医疗卫生事业，既解决当地政府因资金困难而无力投资的问题，帮助落后地区逐步发展社会事业，又通过公益事业达到无与伦比的广告效应，提升企业的形象和消费者的认可程度，提高市场占有率。

社会责任要求管理者应关心长期的资本收益最大化。为了实现这一点，管理者们必须承担社会义务及由此产生的成本，必须以不污染、不歧视、不从事欺骗性的广告宣传等方式来保护社会福利，还必须融入自己所在的社区及资助慈善组织，从而在改善社会中扮演积极的角色。

特别提示

企业承担社会责任，除了法律所规定的，必须是企业自身为实现其目标所采取的一种主动的行为，而不是人们通常所认为的不合理的摊派，更不能用企业应该承担一定的社会责任来作为少数政府不合理摊派的理由。

5. 企业履行社会责任的现实做法

1）企业应该承担并履行好经济责任

最直接地说就是赢利，企业应正确决策，尽可能降低产品成本，扩大销售，保证利益相关者的合法权益。

2）企业在遵纪守法方面作出表率

遵守所有的法律、法规，包括《中华人民共和国环境保护法》、《中华人民共和国消费者权益保护法》和《中华人民共和国劳动保护法》等。完成所有的合同义务，带头诚信经营，履行保修承诺。带动企业的雇员、企业所在的社区等共同遵纪守法。

管理案例

“赴美淘金”变“深入险地”

2011年6月以来，先后有46家在美国上市的中国公司被停牌或退市，超过中国概念股总数的2/3。而2011年赴美上市的14家中国公司中，已经有12家股价跌破发行价。如此大规模的集体“跳水”，显然不是一两家华尔街对冲基金的做空伎俩就能实现的。多年以来，中国企业在赴美淘金之前始终无法摆脱财务丑闻以及炒作嫌疑，单纯的“中国概念”无法给予企业成熟的盈利模式，自然也就无法让投资者从中得到足够的信心。在此背景下，赴美淘金潮已经演变成了现实版的“深入险地”。

3）使社会不遭受企业运营活动、产品及服务的消极影响

企业应加速技术升级和产业结构的优化，增强自己吸纳就业的能力，为环境保护和社会安定尽职尽责。

4）企业的慈善责任

企业应充分发挥资本优势，为发展社会事业并成为一个好的企业而对外捐助。支援社区教育、支持健康、人文关怀、文化与艺术、城市建设等项目的发展，帮助社区改善公共

环境，自愿为社区工作。

管理案例

康菲公司的漏油事故

美国康菲国际石油有限公司(ConocoPhillips，以下简称康菲公司)是总部设在美国休斯敦的世界第5大私营能源企业，也是全球财富500强之一。20世纪末，康菲公司开始和中国合作，成立康菲石油中国有限公司，这是康菲公司下属的全资子公司，与中方合作从事石油和天然气的勘探与开采业务。如果不是2011年6月的渤海湾漏油事故，可能康菲公司至今也不会被多少人关注。

2011年6月初，康菲公司与中国海洋石油总公司合作的渤海湾蓬莱海上油田因违规作业，低级人为错误等原因发生了溢油事故，但其一直瞒而不报。直到7月初被媒体曝光，康菲公司才不得不承认有溢油事件发生，但只是轻描淡写地说只有200立方米左右，而且也没有停止在另外两个平台的生产作业。此后，康菲公司一方面在处理溢油事件上拖拖拉拉，一方面遮遮掩掩、刻意隐瞒，直到被事实"逼到了墙脚"，才勉强承认之前未尽力排查溢油风险点。但是，康菲公司并没有及时地去处理油污，而是花更多时间去搜集证据来减轻罪责。针对外界的质疑，一名康菲公司员工公然称"我们就是骗你的、骗你的"，引起舆论哗然。

更让人无法理解的是，2011年8月康菲公司在其官网上发布的一则润滑油业务招聘通知，称随着渤海湾康菲钻井平台漏油事件的不断演变，使康菲公司的知名度得到了很大幅度的传播，也使得康菲润滑油被越来越多的行业内人士所关注，业务成交量同比大幅度提升，业务人员工作量大幅度增加。

康菲润滑油部门一位相关人士称，由于康菲公司在渤海湾漏油事件处理过程中，知名度得到了较大的提高，一些原本不怎么知道康菲公司的客户现在也知道了，这反而带来了业务量。

在康菲公司的官网上赫然写着：康菲公司在中国发展业务的同时，更注重回馈公司作业所在的社区，包括支持教育，保护环境，重视员工及家属的安全，积极促进技术转让，并一直倾力通过多种大学项目支持教育，通过探索未来之路教育计划支持中国的环境保护事业。但与此形成鲜明对比的是这次在漏油事件中康菲公司的做法，这不只是对公司社会责任的放弃，也是对中国法律制度的践踏和嘲讽。随着事件的进一步发展，康菲公司必然会受到应有的惩罚。

(资料来源：根据维基百科、中华工商时报和中国经营报相关资料整理.)

1.2 企业管理概述

1.2.1 企业管理的定义

虽然给管理下过定义的管理学家有很多，但到目前为止，还没有一个统一的为大多数人所接受的定义。原因很简单，因为不同的人在研究管理时的出发点不同，角度不同，因而对管理所下的定义也不同。强调工作任务的人认为"管理就是由一个人或多个人来协调其他人的活动，以便收到个人单独活动所不能收到的效果"。强调决策作用的人认为"管理就是决策"。强调管理过程的人认为"管理就是为了达到一定的组织目标所进行的计划、组织和控制的过程"。强调管理中人的因素的人认为"管理就是调动人的积极性，通过他人的努力以达到组织目标"。

综合各种管理定义，并经过广泛比较研究后，我们对企业管理所下的定义为：企业对其所拥有的资源进行有效配置以达成既定目标的动态性活动。

1.2.2 企业管理的职能

在20世纪初，法国企业家亨利·法约尔(Henri Fayol)在其著作《工业管理与一般管理》中第一次提出所有管理者都行使着5种管理职能：计划、组织、指挥、协调和控制。到20世纪50年代中期，美国加州大学洛杉矶分校的两位教授孔茨(Koontz)和奥唐内尔(O'Donnell)在教科书中，把管理的职能划分为：计划、组织、人员配备、指导和控制。全书的结构安排也基于这种职能划分。此书一问世就成为最畅销的教科书，这种情况延续了20年。到20世纪70年代，美国的管理学家赫伯特·A. 西蒙(Herbert A. Simon)因决策理论的提出被授予诺贝尔经济学奖以来，决策问题已被人们重点关注。因此，本书将决策作为企业管理的第一职能，计划只作为决策的一个组成部分。进入20世纪90年代，知识经济又使得创新比以往任何时候都重要并被人们日益关注，因此，本书也将创新作为企业管理的职能之一①。

综上所述，企业管理有5方面的职能。

1. 决策职能

决策职能指为了实现特定的目标，运用科学的理论和方法，系统地分析主、客观条件，在掌握大量有关信息的基础上，提出若干个备选方案，并从中选择出作为人们行动纲领的最佳方案。决策在现代企业管理中处于中心地位，是首要职能，决策的正确与否决定企业的成败。

2. 组织职能

组织职能，即为保证组织决策的顺利实现，管理者根据决策对企业活动中的各种要素和部门在工作中的分工合作关系进行合理的安排。它包括组织结构设计、合理分配职权和职责、选拔配备各岗位的人员、进行组织的协调和变革。为做好这些工作，要求按目标设置机构、明确岗位、配备人员，规定权限、赋予职责，建立一个统一的组织系统；同时要求按计划进程合理组织人力、财力、物力，并进行合理匹配，以保证企业管理取得效益。组织职能是企业管理活动的根本职能，是其他一切管理活动的保证和依托。

3. 领导职能

领导职能，即根据计划目标的要求对下属部门单位和职工进行领导、调度，以便同心协力地执行企业的预定目标。这是管理者指挥、激励下属，并积极开展沟通，从而使企业目标得到有效实现的过程。领导职能的主要内容：选择正确的领导方式，运用权威，实施指挥；激励下属，充分调动其积极性；积极有效地开展沟通等。领导职能要求企业：首先，要建立一个强有力的管理指挥系统，对企业的各项活动实行统一调度；其次，实行统

① 由于本书的篇幅有限，有关管理职能和管理理论的详细内容建议参看《管理学》及《管理学原理》等教材。

一的指挥和命令，只有这样，才能维护领导者的权威；再次，要调动下属的积极性，激励其奋发努力地去实现企业的目标。

4. 控制职能

控制职能也称监督职能，是为保证企业的正常运行并顺利实现计划目标而对企业的经济活动和共同劳动过程进行检查、分析、督导的过程。环境的变化、人员素质和能力的差异，各种随机或突然因素的影响都会给决策实施带来偏差，如果不及时发现和纠偏，决策就会落空，目标就难以实现。因此，控制职能是企业管理活动取得成效的保障。

5. 创新职能

创新职能是通过企业提供的服务或产品的更新和完善以及其他管理职能的变革和改进来表现其存在的。对一个有活力的企业来说，创新无处不在、无时不在。创新是各项企业管理职能的灵魂和生命。

以上各种企业管理职能不是孤立的，它们的相互关系可以通过图 1.1 看出。

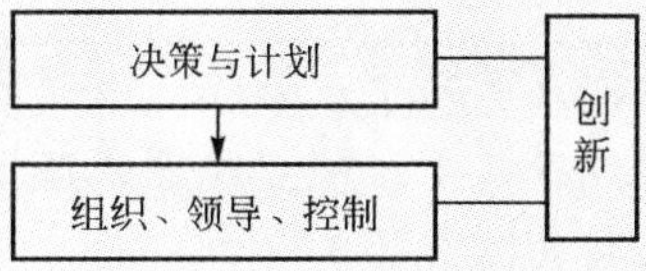

图 1.1 企业管理各职能间的关系

对图 1.1 可作如下理解：①决策是计划的前提，计划是决策的逻辑延续。企业管理者在行使其他管理职能的过程中总会面临决策和计划的问题，决策和计划是其他管理职能的依据；②组织、领导和控制旨在保证决策的顺利实施；③创新贯穿于各个企业管理职能和企业组织的各个层次之中。

1.2.3 企业管理的职业化

想一想：为何会出现职业经理人？聘用职业经理人对企业管理有何好处？

企业管理职业化是伴随着现代企业制度的出现而发展起来的一种建立在所有权和经营权分离基础上的，企业管理职能是由专业化人士负责的一种现象。这些专业化人士称为企业的经营管理者。他们一般不是企业物质资本的所有者，但他们为企业的生产与经营提供特殊的人力资本——经营管理才能。这种人力资本是相对独立的生产要素，也是企业发展必不可少并且越来越稀缺的资源。经营管理职业化是现代企业制度产生的重要标志。

1. 企业管理职业化产生的动因

企业管理职业化是社会分工和市场经济发展的必然结果，其产生有两个直接动因：一是社会资源禀赋的分布不同，二是管理职能复杂化和人力资源重要性逐渐加强而相互作用的结果。

正如大卫·李嘉图(David Ricardo)分析国际分工和国际交换一样，社会资源在一个社会中的分布也相对不同。一些人拥有充足的资本，而另一些人则拥有企业经营所稀缺的人力资源，如成功经营管理企业的企业家资源随着生产力的迅速发展、组织规模的进一步扩大、管理科学化要求的进一步加强、人力资源在经营管理中的重要性进一步的突出，这种矛盾也在不断加强。这时通过市场竞争机制的作用，资本家出钱、企业家出才能，并通过委托代理的关系结合起来，使得双方都能获得各方面在单独情况下无法获得的利益。这种分权带来的利益，随着知识经济、信息时代的到来更显突出。

公司制的发展和公司治理结构的完善，一方面解决了企业大规模资本需求和资金在社会中分散的矛盾，另一方面则为这种代理制度的发展提供了保证。通过公司治理结构中的权、责、利的划分和制衡机制的建立，使得企业管理更具专业化和科学化，有利于企业的长远发展。尽管聘用管理人员会带来逆向选择和道德风险，企业内部代理成本也会上升，但专业化和科学化的管理为企业所带来的利润增加，将远远超过因聘用职业经理人员带来的代理成本的增加，从而使得企业的资本所有者和管理者都能从中取得收益，这也是公司制适应市场机制，具有强大生命力的一个重要原因。

2. 职业经理人制度的形成

1841 年，美国马萨诸塞州境内两辆火车相撞，由此引发了美国各界对管理责任的探究。经过讨论和思索，美国人意识到铁路企业的业主没有能力管好这种现代企业，应该选择有管理才能的人担任企业的管理者，于是职业经理人在世界上诞生了。

职业经理人阶层的形成和发展大体经历了 3 个阶段。

1）职业经理人的形成时期

时间从 1841 年第一位职业经理人诞生到 1925 年美国管理协会成立。其标志是美国的企业制度基本形成了近代公司制占主导地位的格局，美国的企业基本完成了由业主经营企业到聘用经理人来经营的转换。

2）职业经理人的成长期

时间从 1925 年到 20 世纪 60 年代末。其标志是哈佛大学企业管理研究院成立，80％以上的企业都聘请了职业经理人，企业制度也完成了近代公司制向现代企业制度的转变。

3）职业经理人的成熟完善期

时间为 20 世纪 70 年代至今。其标志是职业经理人阶层已经成为美国社会中发挥越来越重要作用的一个阶层，有关职业经理人的政策和法规、职业经理人制度安排等方面已经成熟并系统化。

在市场经济发达的国家，职业经理人已经成为一个引人注目的群体。从待遇看，他们拥有非常优厚的资金或数量不菲的股票期权；从工作环境看，他们坐在窗明几净的办公室，远离喧嚣的工业生产环境，可以乘坐现代化的交通工具穿行于客户之间，熟练地使用现代化的办公设备；从工作能力看，他们总是在企业生产经营面临困境时力挽狂澜，使公司在很短的时间内起死回生；从个人作风看，他们穿着时髦体面，举止干练大方，总是带着优雅的笑容从容冷静地处理公司的棘手问题，最后赢得包括竞争对手在内的众人赞赏。

3. 职业经理人的含义

想一想：何为职业经理人？

关于职业经理人，目前还没有一个标准的定义。一般认为，职业经理人就是在一个所有权、法人财产权和经营权分离的企业中，承担法人财产保值、增值责任，全面负责企业经营管理，对法人财产拥有绝对经营权和管理权，由企业在职业经理人市场聘任，而其自身以受薪、股票、期权等为主要方式获得报酬的职业化企业经营管理专家。因此，可以说，职业经理人就是在市场经济条件下，资本拥有者为提高资金使用效益而雇用的具有一定专业技能或管理经验，专职从事经营管理活动并领取报酬的人员。

职业经理人包括两层含义。

(1) 经理人的职业化，指经理人按照市场化的方式被配置到经营管理的岗位上去，经理人的职位不再是一种官位，而是一种职业岗位。

(2) 职业化的经理人。职业化有 3 个标准：①职业素养，②职业技能，③职业行为规范。职业化的经理人就是以经营管理企业为谋生手段的人，他必须具有良好的专业素质和职业操守，既要有理论功底，又有实战经验。

特别提示

每个职业管理者都承担着一份责任，是一个独立的责任人。在工作中要明确自己的岗位职责，明确自己与上级、同级、下级的责任界定和划分。一方面承担自己的责任，不能让自己的责任成为别人的负担；另一方面，也不能因此筑起责任的堤坝，对责任交叉和责任空挡毫不关心，置若罔闻。

知识链接

一流职业管理者应具有的理念

敬业并精业；拥有良好的心态；做事先做人；工作目标导向，认真负责；善于情绪管理，情商高；注重自我激励和潜能开发。

1.3 现代企业制度

1.3.1 现代企业的特征

想一想：何为现代企业？现代企业与传统的企业相比有什么区别？

现代企业指不仅仅具有现代化的生产技术，而且其企业制度和企业管理也是现代的和先进的企业。其特征表现在 3 个方面。

1. 技术特征

现代企业是科学技术和生产力发展到一定阶段的产物，相比传统的企业，其技术是现代的。传统企业的生产活动主要依靠劳动者的体力和技能，采取的是粗放式的经营管理方式。而在现代企业中，技术跃居成为生产要素的首位。它和其他生产要素的关系不是相加，而是相乘，起到放大的作用。可以形象地用以下公式来表示：

现代企业生产力＝(土地＋自然资源＋劳动力＋资本)×技术×科学管理

现代企业最早采用的科学技术是使用机器体系完成产品生产过程的。随着科技的发展，现代企业越来越多地采用自动化控制设备和机器人；同时由于计算机技术的迅速发展，计算机在生产和管理过程中被广泛应用，各种自动化技术日趋成熟，完全由计算机控制的自动化工厂也已经出现。

2. 制度特征

现代企业经过长期的发展，形成了十分规范和完善的企业制度，包括企业的产权制度、组织制度和管理制度。企业的产权制度是企业制度的核心，它不仅解决了社会资本的募集问题，满足了大量投资或企业迅速扩张的需要，同时从法律上保证了投资人的利益，打破了传统企业中投资人直接经营、管理企业的管理体制，实现了所有权和经营权的相互分离。公司股东拥有法人财产终极所有权，参与股东大会投票和公司分红；股东大会选举产生董事会及由其任命的经理拥有企业的经营权。

3. 管理特征

现代企业的管理是现代化的。现代企业生产的社会化程度空前提高，其外部和内部的分工协作更加细致和紧密，要求企业的生产与经营有严格的计划性、比例性和节奏性，这必须要通过管理现代化来实现。企业管理现代化就是适应现代生产力发展的客观要求，运用科学的思想、组织、方法和手段，对企业的生产经营进行有效的管理，创造最佳的经济效益的过程。其中，管理思想现代化是先导，管理人才现代化是关键，管理体制现代化和管理制度现代化是保证，管理方法现代化和管理手段现代化是条件，最终实现管理工作高效化和经济效益显著化。

1.3.2 现代企业制度的含义

现代企业制度是指以产权制度为基础和核心的现代企业组织和管理制度。主要包括 3 方面：现代企业产权制度、现代企业组织制度和现代企业管理制度(详见 1.3.5)。

1. 现代企业制度是市场经济体制的基础

市场机制在市场经济循环中真正能发挥作用的前提是企业真正成为市场主体。市场机制的形成，不仅仅依赖市场的发育和完善，更重要的在于企业真正成为市场主体。市场是交换关系的总和，交换的可能性在于交易主体的确定。市场机制总是通过市场主体不断地接受和反馈市场信息，并及时做出反应来发挥调节功能。如果企业不是一个真正意义上的市场主体，市场机制便会出现扭曲而无法引导企业。

但是，市场机制不是万能的，市场的最优状态必须在完全竞争的市场结构下才能实现。在现实中由于垄断、信息不对称、价格刚性等原因，使得市场不完善而可能导致市场失灵。因此，在市场经济体制下，政府利用宏观调控体系干预经济是必不可少的。宏观调控体系是市场经济体制不可或缺的组成部分；同时对微观企业制度的建立也有着重要作用。但宏观调控体系不能取代现代企业制度，能对市场机制做出灵敏反应的市场主体——企业，是不可缺少的微观基础。

因此，企业、市场、宏观调控是市场经济体制的 3 大基本要素。其中，企业是生产力的载体，是市场经济体制中的微观基础。无论是市场机制还是宏观调控，最终都看企业对此做出何种反应。只有当企业成为产权明晰的市场主体，才会在利润目标驱使下，及时对市场信号做出反应。如何使企业成为产权明晰的市场主体，这是现代企业制度要解决的问题。

2. 公司制是现代企业制度的主体

现代企业制度的主体是公司制，公司制是现代经济社会中最重要的企业形式，是现代企业制度产权组织形式的发展趋势。它的表现形式主要是股份有限公司和有限责任公司。在市场经济发达的美国，公司制企业的数量仅占企业总数的16%，但资本额却占总资本额的85%，可见公司制企业在现代经济中占有举足轻重的地位。

公司制是商品经济发展和社会化大生产发展的产物，是适合企业集中巨额资本扩大社会经济生产规模的现代企业制度。随着商品经济的发展和生产日趋社会化，生产规模日益扩大，有机构成不断提高，开办和经营企业所需的资金也不断增多。公司制企业为联合许多分散的个人资本成为一个集中的股份资本提供了一个有效的组织形式。

公司制把原始所有权和法人所有权公开，是一种能保证企业在所有权和经营权分离的条件下真正做到自主经营、自负盈亏的现代企业制度。

知识链接

有限责任公司和股份有限公司的区别

有限责任公司与股份有限公司都是公司，具有公司的一些共性特征，两者的区别主要表现在6个方面。

1）是人合还是资合

有限责任公司是在对无限公司和股份有限公司两者的优点兼收并蓄的基础上产生的。它将人合性和资合性统一起来：一方面，它的股东以出资为限，享受权利，承担责任，具有资合的性质，与无限公司不同；另一方面，因其不公开招股，股东之间关系较密切，具有一定的人合性质，因而与股份有限公司又有区别。股份有限公司是彻底的资合公司。其本身的组成和信用基础是公司的资本，与股东的个人(信誉、地位、声望)没有联系，股东个人也不得以个人信用和劳务投资，这种完全的资合性与无限公司和有限责任公司均不同。

2）股份是否为等额

有限责任公司的全部资产不必分为等额股份，股东只需按协议确定的出资比例出资，并以此比例享受权利，承担义务。一般而言，股份有限公司必须将股份化作等额股份，这不同于有限责任公司。这一特性也保证了股份有限公司的广泛性、公开性和平等性。

3）股东数额

有限责任公司股东数额的上下限均有规定，在我国的《中华人民共和国公司法》(以下简称《公司法》)中规定有限责任公司由2～50名股东共同出资设立。而股份有限公司则只有下限规定，即只规定最低限额发起人，实际只规定股东最低法定人数，而对股东的上限则不做规定。这就使得股份有限公司的股东具有最大的广泛性和相当的不确定性。

4）募股集资是否公开

有限责任公司只能在出资者范围内募股集资，不得向社会公开招股集资，有限责任公司为出资人所发的出资证明亦不同于股票，不得在市场上流通、转让。这种封闭性决定了有限责任公司的财务会计无须向社会公开。而股份有限公司募股集资的方式是开放的，无论是发起设立或是募集设立，都须向社会公开或在一定范围内公开募集资本，招股公开，财务经营状况也要公开。

5）股份转让的自由度

有限责任公司的出资证明不能转让和流通。股东的出资可以在股东之间相互转让，也可向股东以外的人转让；但由于人合性，决定了其转让要受到严格限制。按照我国《公司法》的规定，转让必须经全体股东中过半数的股东同意；在同等条件下，其他股东有优先购买权。而股份有限公司的股份的表现形式为股票。这是一种在经济上代表一定价值，在法律上体现一定资格和权利义务的有价证券，与持有者人身并无特定联系，法律允许其自由转让，这就必然加强股份有限公司的活跃性和竞争性，同时也必然招致其盲目性和投机性。

6）设立的宽严不同

股份有限公司因其经济地位和组织活动的特性，使得国家必须以法律手段对之进行管理和监督，并对其设立、规定了一系列必须具备的法定条件，履行严格的法定程序。在我国，股份有限公司的设立必须经有关部门批准。而有限责任公司多为中、小型企业，因其封闭性、人合性，因此法律要求相对宽松，有的可以简化，并有一定的任意性选择。

1.3.3 现代企业制度的历史演变

企业的形态有其生成、发展的演进过程。企业组织形式的发展变化和生产力的发展是紧密相关的，也是与商品经济及市场经济的发展密切相关的。在现代市场经济体制下，企业的各种组织形式是同时并存的，如独资企业、合伙企业和公司制企业同时并存。但从企业组织形式的发展过程看，还是有一个从独资企业到合伙企业再到公司制企业的演变过程。

企业出现之初，由于生产力发展水平较低，商品经济并不发达，当时占主导地位的企业组织形式是单个业主制企业；随着生产力水平的逐步提高及商品经济的逐步发展，这种单个业主制的独资企业进行生产经营对资本的需求量增大了，为了扩大生产经营的规模，同时也为了分散经营风险，因此出现了合伙企业。在资本主义制度确立以后，经历了一个从自由竞争的资本主义向垄断资本主义发展的过程。在此过程中，以公司制为代表的股份制企业的组织形式应运而生，也形成了真正意义上的现代企业制度。

现代企业制度的产生过程，如表 1－2 所示。

表 1－2 现代企业制度的产生过程

组织形式	家庭手工业作坊	手工业工厂	工厂企业	公司企业
时间	原始社会至封建社会，延续了几千年	16 世纪中叶至 18 世纪末	18 世纪末至 19 世纪末	19 世纪末 20 世纪初形成至今
特点	个体劳动，以家庭为单位，为奴隶主、封建主服务	以分工协作为基础的雇佣劳动	以机器生产为基础，管理职能专业化	以现代化机器体系、自动化技术为基础，采用现代公司制度
阶段	企业的萌芽	传统企业	传统企业	现代企业

1.3.4 现代企业制度的特征

现代企业制度不同于高度集中的计划经济体制下的企业制度，也不同于早期的企业制度，其主要特征有4点。

1. 产权明晰，责权分明

在现代企业制度下，所有者与企业的关系演变成了投资者与企业法人及股东与公司的关系。这种关系与其他企业制度下的所有者与企业的关系主要区别在于3个方面。

(1) 投资者投入企业的财产与他们的其他财产严格分开，边界十分清楚。投资者将财产投入企业，成为企业的股东，对企业拥有相应的股东权力，包括参加股东大会和行使股东大会赋予的权力，按照股本取得相应的收益的权力，转让股份的权力等。企业依法成立之后，对股东投入企业的资产及其增值拥有法人财产权，即对财产拥有占有、使用和处分的权力。

(2) 投资者仅以投入到企业的部分资产对企业的经营承担有限责任，企业以其全部资产对债权人承担有限责任。

(3) 在企业内部存在一定程度的所有权和经营权的分离。所有者将资本交给具有经营管理专门知识和技能的专家经营，这些专家不一定是企业的股东，或者不是企业的主要股东，他们受股东委托，作为股东的代表经营管理企业。

2. 政企分开，自主经营

在现代企业制度下，政府与企业是两种不同性质的组织。政府是政权机关，虽然对国家的经济具有宏观管理职能，但这种管理不是对企业生产经营活动的直接干预，而是实行间接调控，即主要通过经济、法律手段和发挥中介组织的作用对企业的活动和行为进行调节、引导、服务和监督，以保持宏观经济总量的大体平衡和促进经济结构的优化；保证公平竞争，使市场机制发挥正常作用；健全社会保障体系，保持社会稳定，维护社会公平；保护生活环境，提高生活质量。企业是以赢利为目的的经济组织，是市场活动的主体，它必须按照价值规律办事，按照市场要求组织生产和经营。因此，政府和企业在组织上和职能上应该是严格分开的。

3. 机制健全，行为合理

(1) 企业具有健全的产销机制。在现代企业制度条件下，企业是市场的主体，企业的生产经营计划需要根据市场的情况自主决定，企业所需的资金、技术装备和原材料、劳动力等生产要素要从市场上获得，产品必须通过市场销售。

(2) 企业具有健全的激励机制。根据现代企业制度原则建立起来的企业，投资者、经营者、职工和企业自身的利益都能得到较好的体现，他们的积极性能得到较好的发挥。

(3) 企业具有健全的发展机制。企业主要依靠自身的力量发展，它的资金有稳定的来源，而且可以根据企业的需要自主决定投资项目。

(4) 企业具有健全的约束机制。在企业内部，领导制度健全，权责合理。领导层次之间，领导者之间，既有明确的分工，又相互联系，相互制约，具有健全的权利约束机制；各个利益主体之间，既有利益的一致性，也存在差异性，并且相互制约，具有健全的利益约束机制；企业是独立的利益主体，必须自负盈亏，具有健全的预算约束机制。

4. 管理科学，注重效率

企业管理既体现社会化大生产的客观要求，又体现社会主义市场经济的客观要求。管理者的素质较高，管理组织结构合理，管理制度健全，管理方法科学，管理手段先进，能最大限度地调动员工的积极性，提高工作效率，使企业取得较好的经济效益。

1.3.5 现代企业制度的内容

现代企业制度是一个内涵丰富，外延广泛的概念，但从本质上讲，它就是产权明晰、责权分明、政企分开、管理科学的企业制度。其基本内容包括 3 个方面。现代企业产权制度，即公司法人产权制度；现代企业组织制度，即公司组织制度；现代企业管理制度，即公司管理制度。

1. 现代企业产权制度

最初在历史上出现的商品经济所要求的所有权主体界区明确，是以私有制为基本形式的，业主企业就是依据所有权原则确定其市场主体身份的。但随着古代商品经济向现代经济的转化，所有权与经营权开始分离。如何使企业作为市场主体既具备商品经济交换的必要条件，又具备适应社会化大生产要求而不断扩大规模的可能呢？现代企业制度提供了满足这两个要求的企业组织形式。在企业法人制度下，原始所有权演化为股权，企业法人则获得了企业财产的法人所有权，企业法人可以像业主企业一样支配交换对象，参与市场交易。由此可见，企业法人制度下的产权明晰化，使企业具备了一个对交换对象具有独占权的真正市场主体的身份，按照等价交换原则参与各类市场交易活动，这是现代企业制度下不可缺少的首要内容。

2. 现代企业组织制度

采取什么样的组织形式来组织公司，是现代企业制度包含的第 2 个重要内容。公司企业在市场经济的发展中，已经形成一套完整的组织制度，其基本特征：所有者、经营者和生产者之间，通过公司的决策机构、执行机构、监督机构，形成各自独立、权责分明、相互制约的关系，并以法律和公司章程加以确立和实现。

公司是由许多投资者，即股东，投资设立的经济组织，必须充分反映公司股东的个体意志和利益要求；同时，公司作为法人应当具有独立的权利能力和行为能力，必须形成一种以众多股东个体意志和利益要求为基础的、独立的组织意志，并以自己的名义独立开展业务活动。

在市场经济长期发展过程中，国外的公司法已经形成了公司组织制度方面两个相互联系的原则，即企业所有权和经营权的分离原则及由此派生出的公司决策权、执行权和监督权三权分立的原则。由此形成了公司股东大会、董事会和监事会并存的组织机构框架，如图 1.2 所示。

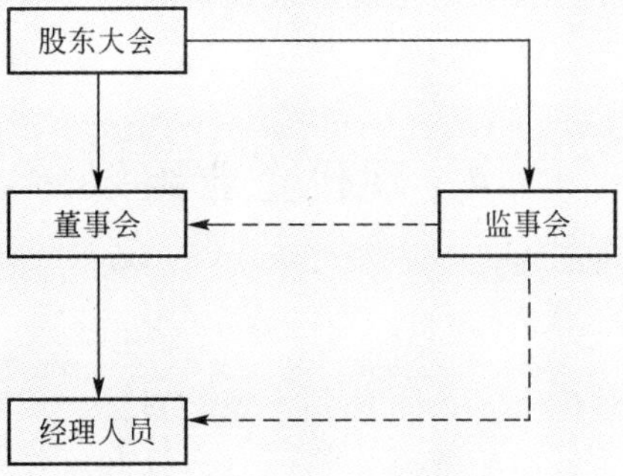

图 1.2 公司组织机构图

公司组织机构通常包括股东大会、董事会、监事会及经理人员 4 部分。按其职能，分别形成决策机构、监督机构和执行机构。

(1) 决策机构。股东大会及其选出的董事会是公司的决策机构。股东大会是公司的最高权力机构。董事会是股东大会闭会期间的最高权力机构。

(2) 监督机构。监事会是有股东大会选举产生的，对董事会及其经理人的活动进行监督的机构。

(3) 执行机构。经理人员是董事会领导下的公司日常管理与执行机构。

这种组织制度既赋予经营者充分的自主权，又切实保障所有者的权益，同时又能调动经营者的积极性，因此，它是现代企业制度不可缺少的内容之一。

3. 现代企业管理制度

建立现代企业管理制度，就是要求企业适应现代生产力发展的客观规律，按照市场经济发展的需要，积极应用现代科学技术成果，包括现代经营管理的思想、理论和技术，有效进行管理，创造最佳的经济效益。这就要求企业围绕实现企业的战略目标，按照系统观念和整体优化的要求，在管理思想、管理组织、管理方法和管理手段方面实现现代化，并把这 4 个方面的现代化的内容同各项管理职能(决策职能、组织职能、领导职能、控制职能、创新职能等)有机结合起来，形成完整的现代化企业管理。主要包括 5 个方面。

(1) 具有正确的经营思想和推动企业发展的经营战略。现代企业所处的经营环境多变，制定战略、强化战略管理，是企业在市场中立于不败之地的重要保证。正确的经营思想是优化战略的先导，因此，必须树立正确的质量观念、市场观念、竞争观念、信息观念、以人为本的观念和法制观念等。

(2) 建立适应现代企业生产要求的企业领导制度。企业领导制度是关于企业内部领导权的归属、划分及如何行使等所做的规定。建立科学完善的企业领导制度，是搞好企业管理的一项最根本的工作。现代企业领导制度应该体现领导专家化、领导集团化和领导民主化的管理原则。

(3) 拥有熟练掌握现代管理知识和技能的管理人才，并具有良好素质的员工队伍。

(4) 有一套符合本企业特点，并保证生产经营活动高效率运行的组织机构和管理制度。

(5) 在生产经营各个环节普遍有效地使用现代化管理方法和手段，建立起较完善的管理信息系统。

1.4 现代企业组织

1.4.1 现代企业组织管理的内容

现代企业组织是在特定环境下，为了达到一定的目标，以企业全体成员为主体，包括人和物在内的有机体。现代企业组织管理是指通过设计和维持企业组织内部结构和相互之间的关系，使企业全体员工为实现组织目标而有效、协调地工作的过程。现代企业组织管理的内容包括3个方面。

(1) 组织结构设计。指以组织目标为中心，对组织的层次、部门、权力和责任进行划分、分解和分配的过程，组织结构设计的结果是形成明确的组织结构形式，使组织的层次结构、部门结构和权责关系得以确立。

(2) 组织成员配备及组织协调。指将合适的人员配置在合适的岗位上，并对组织各部门之间及组织成员之间的相互分工协作关系、权责关系进行组织与协调，规范组织内部的各种关系，激励全体成员为实现企业目标而努力。(详见第6章)

(3) 组织变革。指根据企业组织内外条件的变化对组织结构提出的要求，对组织结构做出相应的调整，促进组织活动的正常发展。

1.4.2 现代企业组织结构类型

现代企业组织结构是现代企业组织的“骨骼系统”，健全的组织结构可以使企业的人、财、物和信息等生产要素之间达到有机结合，对企业实现经营目标，协调组织内部关系，充分发挥各级人员的积极性，提高企业市场应变能力和竞争能力，有极其重要的意义。主要的现代企业组织结构类型有6个。

1. 直线制组织结构

直线制组织结构是一种最古老的组织结构，最初广泛地在军事系统中得到应用，后推广到企业管理工作中来。如图1.3所示，直线制组织结构的突出特点是，企业的一切生产经营活动均由企业的各级主管人员直接进行指挥和管理，不设专门的参谋机构和人员，最多只有几名助理协助厂长(或经理)的工作。企业日常生产经营任务的分配与运作，都是在厂长(或经理)的直接指挥下完成的。

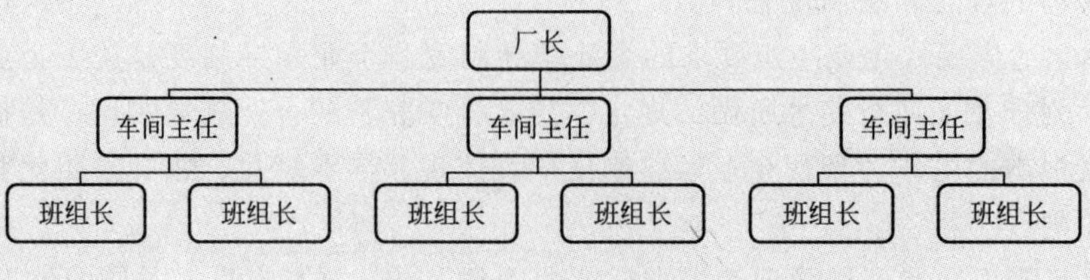

图1.3 直线制组织结构

直线制组织结构的优点是管理结构简单，管理费用低，指挥命令关系清晰、统一，决策迅速，责任明确，反应灵活，纪律和秩序的维护较为容易。但是，这种组织结构由于没有对管理工作进行专业化分工，因此就要求企业的各级领导者精明能干，具有多种管理专业知识和生产技能知识。但现实中，每个管理人员的精力都有限，依靠主管个人的力量很难对问题做出深入、细致、周到的思考。因此，管理工作往往显得比较简单和粗放。同时，组织中的成员只注意上情下达和下情上达，成员之间和组织单位之间的横向联系比较差。另外，管理者一旦退休，他的经验、能力无法立即传给继任者，并且再找到一个全能型又熟悉该单位情况的管理者立即着手工作也面临困难。

2. 直线职能制组织结构

直线职能制组织结构的最大特点是在各级直线指挥机构之下设置了相应的职能机构或人员从事专业管理。直线职能制组织结构，如图 1.4 所示。

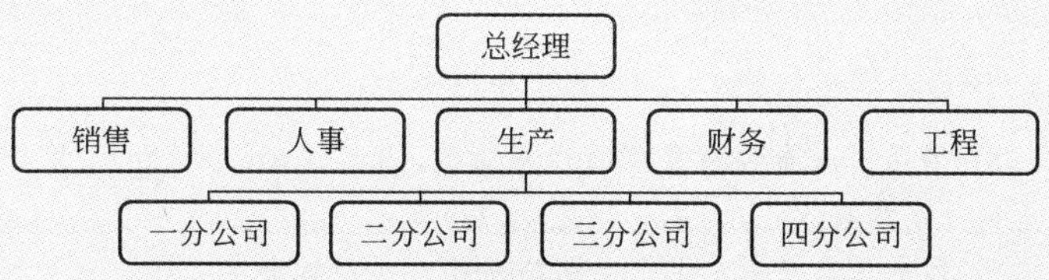

图 1.4 直线职能制组织结构

特别提示

直线职能制是企业目前采用最多的一种组织形式。这是一种极为古老的组织形式，据了解，埃及的金字塔工程就是按照职能来组织工作的。但作为一种严谨和成熟的结构则是亨利·法约尔在20世纪初期设计出来的，并在许多国家中得到应用。

这种组织结构最大的优点是具有明确性和高度的稳定性。每个人都有一个"据点"，都了解自己的工作，分工很具体，是一种以工作为中心的组织形式。但是，随着环境的变化和企业规模的扩大，这种组织结构的许多问题也逐渐暴露出来。企业中的每个部门或人员只关心自己"分内"的事情，很难意识到企业整体的任务并把它同自己的工作联系起来，容易形成"事不关己，高高挂起"的情况；只有在总经理级别才能将研究与发展、生产、销售、财务等工作协调起来；当企业经营不景气时，各部门特别是同级部门为维护自身利益而容易相互推卸责任，相互指责，进而产生摩擦、误会、派系甚至"独立王国"。更为严重的是，当企业发展到很大规模时，企业的组织层次会变得很多，内部沟通很困难，加上相互之间缺少有效的协作机制，而使企业变得僵化而无法适应环境变化。

3. 事业部制组织结构

事业部制组织结构亦称 M 型结构(multidivisional structure)，M－form，或多部门结构，有时也称为产品部式结构或战略经营单位，即按产品或地区设立事业部(或大的子公司)，每个事业部都有自己较完整的职能机构。

事业部在最高决策层的授权下享有一定的投资权限，是具有较大经营自主权的利润中心，其下级单位则是成本中心。事业部制具有集中决策，分散经营的特点。集团最高层(或总部)只掌握重大问题决策权，从日常生产经营活动中解放出来。事业部制本质上是一种企业界定其二级经营单位的模式，如图 1.5 所示。

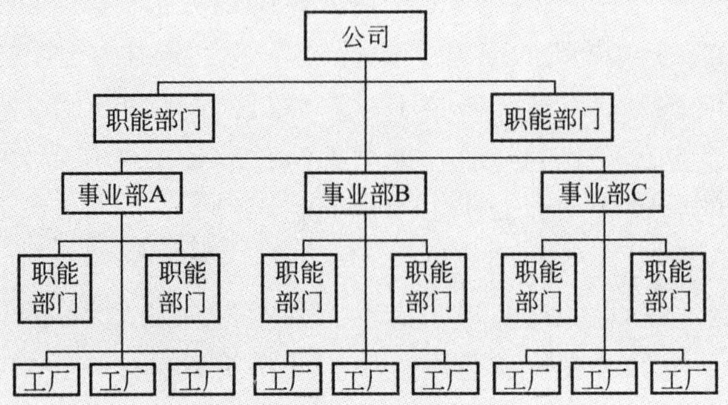

图 1.5 事业部制组织结构

知识链接

事业部制最早是由美国通用汽车公司总裁阿尔弗雷德·斯隆(Alfred Sloan)于 1924 年提出的，故有"斯隆模型"之称，也叫"联邦分权化"，是一种高度(层)集权下的分权管理体制。当时，通用汽车公司合并收买了许多小公司，企业规模急剧扩大，产品种类和经营项目增多，而内部管理却适应不了这种急剧的发展而显得十分混乱。时任通用汽车公司常务副总经理的斯隆参考了杜邦化学公司的经验，以事业部制的形式于 1924 年完成了对原有组织的改组，使通用汽车公司的整合与发展获得了较大成功，成为实行事业部制的典型，因而事业部制又称"斯隆模型"。与此同时，在日本，"经营之神"松下幸之助在 1927 年也采用了事业部制，这种管理架构在当时被视为划时代的机构改革，与"终身雇佣制"、"年功序列工资制"并称日本松下电器产业公司制胜的"三大法宝"。据统计，到 1969 年，在美国 500 家大公司中，有 380 家以不同方式采用了"通用"的事业部制的组织结构模式，在日本也有大约 1/2 的大公司采用。

事业部制组织结构的优点：①组织最高管理部门可以摆脱繁杂的日常行政管理事务，成为真正强有力的决策机构；②各事业部自成体系，独立经营、核算，可以发挥其灵活性和主动性，进而增强企业整体的灵活性和适应能力；③可促进各事业部之间的竞争，促进企业发展；④通过权力下放，使各事业部接近市场和顾客，按市场需要组织生产、经营活动，有助于经济效益的改进和提高；⑤有利于培养和训练管理人才。其不足是组织机构重叠，管理费用大，局部利益和整体利益难以协调。

事业部制组织结构适用于规模庞大，品种繁多，技术复杂的大型企业，是国外较大的联合公司所采用的一种组织形式，近几年我国一些大型企业集团或公司也引进了这种组织结构形式。

4. 矩阵式组织结构

矩阵式组织结构是由纵横两套管理系统交错而成的组织结构。它开始是企业内部为完成某项特定任务而组建的，如图 1.6 所示。这种组织形式打破了"一人一个老板"的命令统一原则，使一个员工同时接受两方面的领导：在执行日常工作任务方面，接受原职能部门的垂直领导；在完成特定任务过程中，要接受项目负责人的横向指挥。任务一旦完成，组织成员仍回原部门工作。此时，这一组织形式可能因任务的完成而消失，也可能继续维持下去，但要重新挑选组织成员，并往往执行另一项特定目标。因此，这种组织结构非常适用于横向协作和攻关项目。

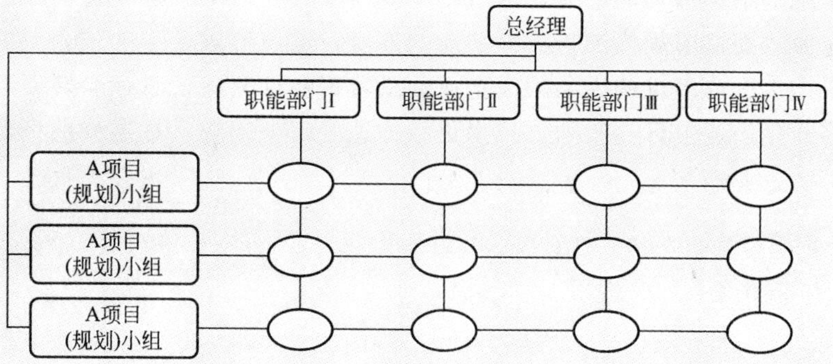

图 1.6　矩阵式组织结构

矩阵式组织结构的优点：具有较大的灵活性、适应性；能够把横向职能部门的联系、纵向项目小组的协调、集权与分权有机地结合起来；有利于发挥专业人员的潜力；有利于各种人才的培养。其缺点：双重领导容易产生矛盾和扯皮现象；对项目负责人的要求较高；大家都有临时工作的感觉而导致人心不稳。

管理案例

某汽车配件公司的烦恼

为了给各种型号的轿车配备密封条，某汽车配件公司专门成立了项目团队，每个团队负责为一种车型研究设计和销售配套的密封条。团队成员来自于原来的研究开发部、工艺技术部、生产车间、销售部和客户服务部等部门，他们同时接受项目团队负责人和原来职能部门领导人的领导。这种结构设计的初衷是希望每个团队拥有研发所需要的各种专业人才，可以专心于一种产品的研究设计和经营。同时，项目组成员有参与原有职能部门的活动，专业知识和技能也可得到发展。

项目团队解决了原来结构中的一些问题，同时也产生了新的问题。在跨职能的项目团队中，没有明确谁有权做出哪些决定。例如，谁有权决定产品的特点，是否允许销售人员打折，项目经理是否可以告诉工程技术人员产品设计中应该优先考虑的因素，因此，项目经理和运营人员之间的冲突日益尖锐。

项目团队不知道他们的权力到什么地方为止，项目团队的工程技术人员努力执行项目团队的工程计划，但无权改变工程部门的时间进度。每个项目团队都想让自己的产品成为工程部最重要的产品。每个项目团队也都想从职能部门拉来最高级的人才，希望他们在所代表的职能部门中更有影响力。解决权威问题的一个办法是让高级主管参加所有项目团队会议，由他来做出所有的决定。曾经有一段时间也是这么做的，但这并不是切实可行的好办法，因为高级主管需要时间来履行其自身的诸多职责。

项目团队还产生了其他资源分配的问题，有团队内部的，也有团队之间的。因为项目团队没有系统地确定资源应当按照何种优先次序在小组内进行分配。

（资料来源：陈嘉莉．管理学原理与实务［M］．北京：北京大学出版社，2008(10)：174.）

5. 动态网络组织结构

想一想： 为什么会出现动态网络组织结构?

动态网络组织结构出现的主要原因在于“大企业病”。在工业社会，为了追求规模经济性，许多企业片面追求规模的扩大和功能的齐全，进而形成了一种“企业办社会”的经营思路，结果产生了许多机构庞杂的大企业。随着工业社会向信息社会转变，消费者需求变得越来越多样化，竞争日趋激烈，技术更新的速度越来越快。在这样的情况下，许多大企业染上了“大企业病”。

知识链接

“大企业病”的病症

“大企业病”主要指的是由于大企业机体庞大而衍生的大企业内部的新陈代谢紊乱。往往表现出不同的“病症”，如机构膨胀、臃肿；管理部门和管理人员逐渐增多，手续繁杂、办事拖拉、会议过多、相互扯皮等官僚作风严重；一些陈旧的部门虽然没有太大的存在意义，但仍然极力强调自身的重要性，局部利益不可侵犯；制度过多而且僵化，加上官僚主义的作风，进而极大地影响了员工的士气；内部沟通、协调机制不畅，造成工作效率低下；富余人员多，同时又过分强调稳定，组织内部缺乏向危机感挑战的精神，风险意识和创新精神淡化等。上述“病症”在一些非营利性组织中也存在。

“大企业病”的存在使人们认识到，在社会分工日趋细化的时代，“大而全”、“小而全”的企业已经难以在激烈的市场竞争中拥有竞争优势，众多各具优势的企业联合起来，相互支持，互为补充，不仅可以使每个企业获得开展生产经营活动所需的资源，而且在生产经营活动中强化了自身的竞争优势。因而产生了动态网络组织结构这种模式。这种组织结构只有很小的中心组织，依靠其他组织，以合同方式为基础，从事制造、营销等经营活动的结构。作为一种新形式的组织结构，动态网络组织结构有助于组织自身规模的精简，使组织具有更大的灵活性和应变能力，进而成为当今社会的一种流行模式。如图 1.7 所示。

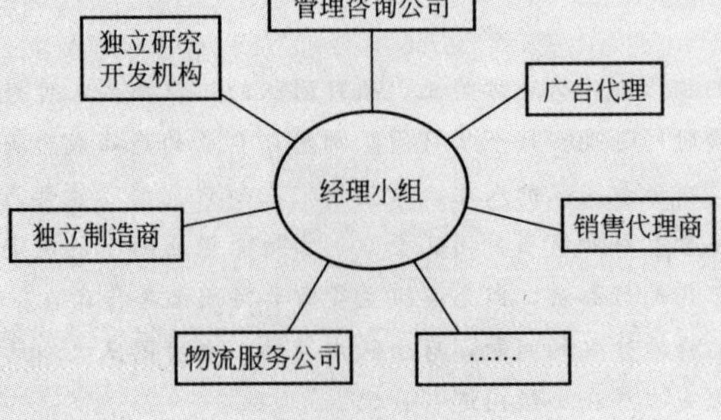

图 1.7 动态网络组织结构图

伴随着信息技术的发展而出现的虚拟企业(virtual enterprise)就是这样的组织形式。在这种组织形态下运作的企业有完整的功能，如生产、营销、设计、财务等，但在企业内部却没有执行这些功能的部门。企业仅保留最关键的功能，然后将其他功能虚拟化，以各种方式借用外力进行整合，进而创造企业本身的竞争优势。虚拟企业采用的是借用“外部资源整合”的策略，而非以往所说的“内部资源选择”的策略。

动态网络组织结构的优点：组织结构具有更大的灵活性和柔性，以项目为中心的合作可以更好地结合市场需求来整合各种资源，而且容易操作，网络中的各个价值链也随时可以根据市场需求的变动情况增加、调整或撤并；另外，这种组织结构简单、精炼，由于组织中的大多数活动都实行了外包，而这些活动更多地靠电子商务来协调处理，组织结构可以进一步扁平化，效率也更高了。

动态网络组织结构的缺点：可控性太差。这种组织的有效动作是通过与独立的供应商广泛而密切的合作来实现的。由于存在着道德风险和逆向选择性，一旦组织所依存的外部资源出现问题，如质量问题、提价问题、及时交货问题等，组织将陷入非常被动的境地。另外，外部合作组织都是临时的，如果网络中的某一合作单位因故退出且不可替代，组织将面临解体的危险。动态网络组织还要求建立较高的组织文化以保持组织的凝聚力，然而，由于项目是临时的，员工随时都有被解雇的可能，因而员工对组织的忠诚度也比较低。

1.4.3 组织变革

组织变革是组织为实现目标，并更好地生存和发展，根据组织内、外部环境的变化，主动对组织现状进行修正、改编和创新的过程。从本质上讲，组织变革是依据变化重新组织和分配组织所拥有的资源。

1. 组织变革的内容

组织变革具有互动性和系统性，组织中任何一个因素的改变，都会带来其他因素的变化。然而，就某一阶段而言，由于环境情况各不相同，变革的内容和侧重点也有所不同。综合而言，组织变革过程的主要变量因素包括人员、结构、任务和技术。

1) 人员的变革

人员的变革是指员工在态度、技能、期望、认知和行为上的改变。组织发展虽然包括各种变革，但是人员是最主要的因素，人员既可能是推动变革的力量也可能是反对变革的力量。变革的主要任务是组织成员之间在权利和利益等资源方面的重新分配。要想顺利实现这种分配，组织必须注重员工的参与，注重改善人际关系并提高实际沟通的质量。

2) 结构的变革

结构的变革包括权力关系、协调机制、集权程度、职务与工作再设计等结构参数的变化。管理者的任务就是要对如何选择组织设计模式，如何制订工作计划，如何授予权力以及授权程度等一系列行动做出决策。现实中，固化式的结构设计往往不具有可操作性，需要随着环境条件的变化而改变，管理者应该根据实际情况灵活改变其中的某些组成要素。

3）技术与任务的变革

技术与任务的变革包括对作业流程与方法的重新设计、修正和组合，包括更换机器设备，采用新工艺、新技术和新方法等。由于产业竞争的加剧和科技的不断创新，管理者应能与当今的信息革命相联系，注重在流程再造中利用最先进的计算机技术进行一系列的技术改造，同时，组织还需要对组织中各个部门或各个层级的工作任务进行重新组合，如工作任务的丰富化、工作范围的扩大化等。

知识链接

工作丰富化

工作丰富化是指在工作中赋予员工更多的责任、自主权和控制权。它不是水平地增加员工工作的内容，而是垂直地增加工作内容。这样员工会承担更多的任务、更大的责任，员工有更大的自主权和更高程度的自我管理，还有对工作绩效的反馈。工作扩大化是指工作范围的扩大或工作多样性，从而给员工增加了工作种类和工作强度。工作扩大化使员工有更多的工作可做。通常这种新工作同员工原先所做的工作非常相似。这种工作设计产生的高效率，是因为不必要把产品从一个人手中传给另一个人而节约了时间。此外，由于工作完成的是一个整个的产品，而不是在一个产品上单单从事某一项工作，这样在心理上也可以得到安慰。该方法是通过增加某一工作的工作内容，使员工的工作内容增加，要求员工掌握更多的知识和技能，从而提高员工的工作兴趣。

2. 组织变革的过程

为使组织变革顺利进行，并能达到预期效果，必须先对组织变革的过程有一个全面的认识，然后按照科学的程序组织实施。

组织变革的过程包括解冻—变革—再冻结 3 个阶段。

1）解冻阶段

解冻阶段是改革前的心理准备阶段。一般来讲，成功的变革必须对组织的现状进行解冻，然后通过变革使组织进入一个新阶段，同时对新的变革予以再冻结。组织在解冻期间的中心任务是改变员工原有的观念和态度，组织必须通过积极的引导，激励员工更新观念、接受改革并参与其中。

2）变革阶段

变革阶段是变革过程中的行为转换阶段。进入到这一阶段，组织上下已对变革做好了充分的准备，变革措施就此开始。组织要把激发起来的变革热情转化为变革的行为，关键是要能运用一些策略和技巧减少对变革的抵制，进一步调动员工参与变革的积极性，使变革成为全体员工的共同事业。

3）再冻结阶段

想一想：为什么要进行再冻结？

再冻结阶段是变革后的行为强化阶段，其目的是要通过对变革驱动力和约束力的平衡，使新的组织状态保持相对的稳定。由于人们的传统习惯、价值观念、行为模式、心理特征等都是在长期的社会生活中逐渐形成的，并非一次变革所能彻底改变的，因此，改革措施顺利实施后，还应采取种种手段对员工的心理状态、行为规范和行为方式等进行不断地巩固和强化。否则，稍遇挫折，便会反复，使变革的成果无法巩固。

3. 组织变革的程序

1）通过组织诊断，发现变革征兆

组织变革的第一步就是要对现有的组织进行全面的诊断。这种诊断必须要有针对性，要通过搜集资料的方式，对组织的职能系统、工作流程系统、决策系统以及内在关系等进行全面的诊断。组织除了要从外部信息中发现对自己有利或不利的因素之外，更主要的是能够从各种内在征兆中找出导致组织或部门绩效差的具体原因，并确立需要进行整改的具体部门和人员。

2）分析变革因素，制订改革方案

组织诊断任务完成之后，就要对组织变革的具体因素进行分析，如职能设置是否合理，决策中的分权程度如何，员工参与改革的积极性怎样，流程中的业务衔接是否紧密，各管理层级间或职能机构间的关系是否易于协调等。在此基础上制定几个可行的改革方案，以供选择。

3）选择正确方案，实施变革计划

制订改革方案的任务完成之后，组织需要选择正确的实施方案，然后制订具体的改革计划并贯彻实施。推进改革的方式有多种，组织在选择具体方案时要充分考虑到改革的深度和难度、改革的影响程度、变革速度以及员工的可接受程度和参与程度等，做到有计划、有步骤、有控制地进行。当改革出现某些偏差时，要有备用的纠偏措施进行及时纠正。

4）评价变革效果，及时进行反馈

组织变革是一个包括众多复杂变量的转换过程，再好的改革计划也不能保证完全取得理想的效果。因此，变革结束之后，管理者必须对改革的结果进行总结和评价，及时反馈新的信息。对于没有取得理想效果的改革措施，应当给予必要的分析和评价，然后再做取舍。

1.5 管理理论的演进

中国是拥有五千年历史的文明古国，有着光辉灿烂的文化，其中不乏管理思想的闪耀，如《周易》、《管子》、《孙子兵法》、《六韬》、《资治通鉴》等著作中所反映出来的管理思想博大精深，也涌现过范蠡、白圭等一批有名的商人[①]。但真正意义上的管理科学产生于西方工业发达国家，本书所谈及的管理思想与理论的发展，实质上是西方国家的管理思想和理论的发展。

1776 年，英国经济学家亚当·斯密在其《国民财富的性质和原因研究》一文中，系

① 关于中国的管理智慧请参见《中国传统管理思想概论》和《中国管理思想史》等书。

统阐述了劳动价值论及劳动分工理论，揭开了资本主义社会经营管理研究的序幕。其后，不少学者对管理问题进行了研究，但形成系统管理理论是在19世纪末到20世纪初。西方管理思想和理论的发展，大致经历了3个发展阶段：古典管理理论阶段、行为科学管理理论阶段和现代管理理论阶段。

1.5.1 古典管理理论阶段

古典管理理论形成于19世纪末20世纪初的美欧，主要分为科学管理理论和组织管理理论。

1. 科学管理理论

科学管理理论着重研究如何提高单个工人的生产率。其代表人物主要有雷德里克·W. 泰勒(Frederick W. Taylor)、弗兰克·B. 吉尔布雷斯(Frank B. Gilbreth)和他的夫人莉莲·M. 吉尔布雷斯(Lillian M. Gilbreth)以及亨利·L. 甘特(Henry L. Gantt)等。

1) 泰勒的贡献

知识链接

“科学管理之父”——泰勒

泰勒出身于美国费城一个富有的律师家庭，中学毕业后考上哈佛大学法律系，但因眼疾而被迫辍学。1875年，泰勒进入费城的一家机械厂当学徒工，1878年转入费城的米德维尔钢铁公司当技工，1884年升任总工程师。1898—1901年，泰勒受雇于宾夕法尼亚州的伯利恒钢铁公司。1901年以后，他把大部分时间用在写作和演讲上。1906年，他担任美国机械工程师学会会长。泰勒的代表作有《计件工资制》(1895年)、《车间管理》(1903年)、《论成功之道》(1909年)和《科学管理原理》(1911)等。因为他在科学管理方面的突出贡献，被后人称为“科学管理之父”。

泰勒的科学管理理论主要包括6个方面。

(1) 工作定额。指出要制定有科学依据的工人的“合理的日工作量”，就必须进行时间和动作研究。方法是把工人的操作分解为很多基本动作，再对尽可能多的工人测定完成这些基本动作所需的时间。同时选择最适用的工具、机器，确定最适当的操作程序，消除错误的和不必要的动作，将最后得出的最有效的操作方法作为标准。最后，将完成这些基本动作的时间汇总，加上必要的休息时间和其他延误时间，就可以得到完成这些操作的标准时间，据此制定一个工人的合理的日工作量，这就是工作定额原理。

(2) 标准化。要使工人掌握标准化的操作方法，使用标准化的工具、机器和材料，并使作业环境标准化。

知识链接

泰勒的铁锹试验

铁锹实验首先系统地研究了铲口的负载应为多大的问题，其次研究的是各种材料能够达到标准负载的铁锹的形状和规格问题，与此同时还研究了各种原材料装锹的最好方法，此外还对每一套动作的精确时间做了研究，从而提出了一个“一流工人”每天应该完成的工作量。这一研究的结果是非常出色的。堆料场的劳动力从600人减为140人。平均每人每天的操作量从16吨提高到59吨，每个工人的日工资从1.15美元提高到1.88美元。

(3) 能力与工作相适应。为了提高劳动生产率，必须为工作挑选第一流的工人。第一流的工人是指能力最适合做这种工作而且也愿意去做这种工作的人。要根据人的能力把他们分配到相应的工作岗位上，鼓励他们努力工作，并进行培训，教会他们科学的工作方法，使他们成为第一流的工人。

(4) 差别计件工资制，指计件工资率随完成定额的程度而上下浮动。如果工人完成或超额完成定额，则定额内的部分连同超额部分都按比正常单价高25%计酬；如果工人完不成定额，则按比正常单价低20%计酬。

(5) 计划职能与执行职能相分离。泰勒认为应该用科学的工作方法取代经验工作方法。为了采用科学的工作方法，泰勒主张把计划职能同执行职能分开，由专门的计划部门承担计划职能，由所有的工人和部分工长承担执行职能。计划部门的具体工作包括：进行时间和动作研究；制定科学的工作定额和标准化的操作方法，选用标准化的工具；制订计划，发布指示和命令；对照标准，对实际的执行情况进行控制等。

(6) 例外原则。泰勒认为管理者尤其是高层管理者不可能事无巨细，事必躬亲，要善于将事情进行分类，并将事情交给合适的人去做。也就是说，企业管理的日常事务交给基层管理者处理，高层管理者拥有对重大问题的决策权和监督权。

2) 甘特的贡献

想一想：计件奖励工资制与泰勒的差别计件工资制有何不同？有何好处？

美国管理学家、机械工程师甘特是泰勒在米德维尔钢铁公司和伯利恒钢铁公司的重要合作者。他最重要的贡献是他创造的“甘特图”，这是一种用线条表示的计划图。这种图现在常被用来编制进度计划。甘特的另一贡献是提出了“计件奖励工资制”，即对于超额完成定额的工人，除了支付给其日工资，超额部分还以计件方式发奖金；对于完不成定额的工人，工厂只支付其日工资。

特别提示

“甘特图”是一种应用广泛、非数字的、低成本的工具，用来帮助管理者确定进度计划包含的所有任务，给所有任务排好先后顺序，估算每个任务所需要的时间，估算项目所需要的总时间等。因为简单易懂，很受管理者的欢迎。

管理案例

达美航空公司地勤人员如何完成飞机平稳起飞任务

从阿根廷圣胡安起飞的199次航班的大型喷气式飞机载着200名乘客在美国奥兰多国际机场的滑行跑道上缓慢降落。一个小时后，飞机将再次起飞。

然而，在飞机起飞前要做很多事情：几百名乘客下机登机，几百吨重的行李和货物要卸下，并把新的行李和货物装载上；储备几百份食物、几千加仑飞机燃料、无数的软饮料；清洁机舱和卫生间；检查发动机、机翼及起落架。

12名地勤人员知道无论哪里出现错误，如装货设备损坏，行李丢失，由于误导使乘客登错机……这些都可能使飞机延迟起飞，并引起从奥兰多到其他目的地城市转机的一系列麻烦。

丹尼斯·得特罗(Denise Detroy)是达美航空公司在奥兰多国际机场的运作经理，她喜欢把飞机起飞前的这些准备称"一场和谐的交响曲"，就像一组维修人员等待着赛车一样，一组训练有素的人员准备就绪等待着199次航班——准备好行李手推车、拖车、液压装备设备、用来装饮料和食物的车、运送清洁人员的车、装燃料的车、排污水的车。通常整个工作和谐平稳地进行，大部分乘客对地勤人员的工作都非常放心。如图1.8所示，"甘特图"帮助达美航空公司和其他航空公司安排人员和进度，从而使得整个工作顺利完成。

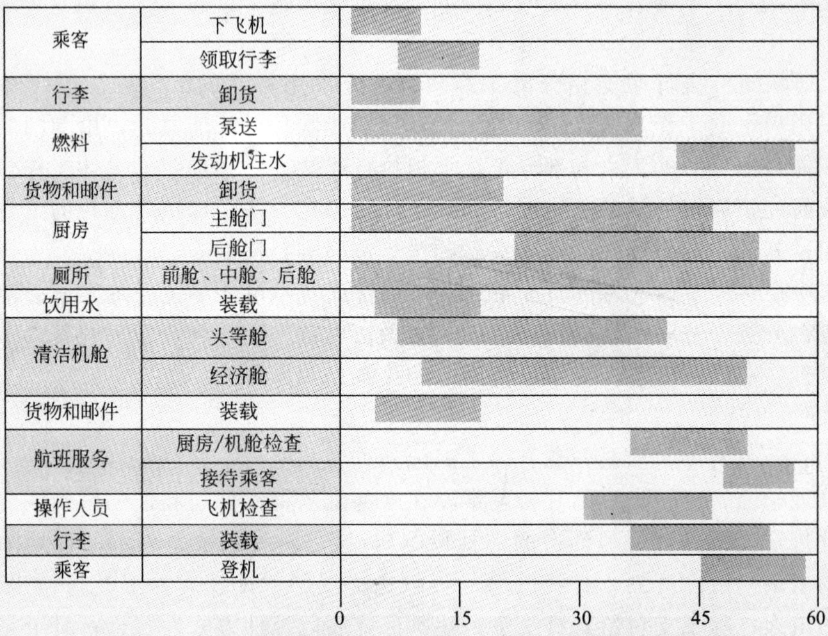

图1.8 达美航空公司在60分钟起降过程中的地勤任务甘特图

(资料来源：海泽，伦德尔. 运作管理原理[M]. 寿涌毅译. 北京：北京大学出版社. 2010：70-71.)

2. 组织管理理论

组织管理理论着重研究管理职能和整个组织结构。其代表人物主要有法约尔和马克斯·韦伯(Max Weber)。

1）法约尔的贡献

知识链接

"组织管理之父"——法约尔

法约尔，法国人，1860年从圣艾帝安国立矿业学院毕业后进人康门塔里福尔香堡采矿冶金公司，成为一名采矿工程师。不久他被提升为该公司一个矿井的经理。1888 年，他出任该公司总经理。1916 年，法国矿业协会的年报公开发表了他的著作《工业管理与一般管理》。这本著作是他一生管理经验和管理思想的总结。他认为，他的管理理论虽以大企业为研究对象，但除了可应用于工商企业外，还可应用于政府、教会、慈善机构和军事组织等。因此，法约尔被公认为是第一位概括和阐述一般管理理论的管理学家。他的理论贡献主要体现在他对管理职能的划分和管理原则的归纳上。

(1) 企业的基本活动和管理的 5 种职能。法约尔指出，任何企业都存在着 6 种基本活动，管理只是其中的一种。这 6 种基本活动是：①技术活动，指生产、制造和加工；②商业活动，指采购、销售和交换；③财务活动，指资金的筹措、运用和控制；④安全活动，指设备的维护和人员的保护；⑤会计活动，指货物盘点、成本统计和核算；⑥管理活动，指计划、组织、指挥、协调和控制。

法约尔对管理的上述定义明确了管理与经营的关系。法约尔认为，经营就是努力确保 6 种基本活动的顺利运转，把组织拥有的资源变成最大的成果，从而导致组织目标的实现。而管理只是 6 种活动中的一种。

(2) 管理的 14 条原则。法约尔提出了管理人员处理问题时应遵循的 14 条原则。

① 劳动分工。在技术工作和管理工作中进行专业化分工可以提高效率。

② 权力与责任。权力是指指挥他人的权以及促使他人服从的力。在行使权力的同时，必须承担相应的责任，不能出现有权无责或有责无权的情况。更为重要的是法约尔区分了管理者的职位权力和个人权力，前者来自个人的职位高低，后者是由个人的品德、智慧和能力等个人特性形成的。一个优秀的领导人必须两者兼备。

③ 纪律。纪律是企业领导人同下属之间在服从、勤勉、积极、举止和尊敬等方面所达成的一种协议。组织内所有成员都要根据各方达成的协议对自己在组织内的行为进行控制。

④ 统一指挥。组织内每一个人只能服从一个上级并接受他的命令。

⑤ 统一领导。凡目标相同的活动，只能有一个领导、一个计划。

⑥ 个人利益服从集体利益。集体的目标必须包含员工个人的目标，但个人和小集体的利益不能超越组织的利益。当两者矛盾时，领导人要以身作则，使其一致。

⑦ 报酬合理。报酬制度应当公平，对工作成绩和工作效率优良者给予奖励，但奖励应有一个限度。法约尔认为，任何优良的报酬制度都无法取代优良的管理。

⑧ 集权与分权。提高下属重要性的做法是分权，降低这种重要性的做法是集权。要根据企业的性质、条件和环境、人员的素质来恰当地决定分权和集权的程度。当企业的实际情况发生变化时，要适时改变分权和集权的程度。

想一想：企业的性质、条件、环境、人员素质等与集权的关系如何？

⑨ 等级链与跳板。等级链是指从最高的权威者到最低层管理人员的等级系列。它表明权力等级的顺序和信息传递的途径。为了保证命令的统一，不能轻易违背等级链，请示要逐级进行，指令也要逐级下达。但有时这样做会延误信息，鉴于此，法约尔设计了一种“跳板”，便于同级之间的横向沟通。但在横向沟通前要征求各自上级的意见，并且事后要立即向各自上级汇报，从而维护了统一指挥的原则。

⑩ 秩序，指有地方放置每件东西，而每件东西都放在该放置的地方；有职位安排每

个人，且每个人都被安排在应安排的职位上。

⑪ 公平。在待人上，管理者必须做到“善意与公道结合”。

⑫ 人员稳定。培养一个人胜任目前的工作需要花费时间和金钱。因此，人员，特别是管理人员的经常变动对企业很不利。

⑬ 首创精神。首创精神是创立和推行一项计划的动力。领导者不仅本人要有首创精神，还要鼓励全体成员发挥他们的首创精神。

⑭ 集体精神。在组织内部要形成团结、和谐和协作的气氛。

2）韦伯的贡献

韦伯是德国著名的社会学家。他的主要贡献是提出了“理想的行政组织体系”理论。韦伯认为等级、权威和行政制是一切社会组织的基础。对于权威，他认为有 3 种类型：个人崇拜式权威、传统式权威和理性—合法的权威。其中，个人崇拜式权威的基础是“对个人的明确而特殊的尊严、英雄主义或典范的品格的信仰……”；传统式权威的基础是先例和惯例；理性—合法的权威的基础是“法律”或“处于掌权地位的那些人……发布命令的权利。”韦伯认为，在 3 种权威中只有理性—合法的权威才是理想组织形成的基础。

韦伯的“理想的行政组织体系”或理想组织形式具有 8 个方面特点。

(1) 存在明确的分工。把组织内的工作分解，按职业专业化对成员进行分工，明文规定每个成员的权力和责任。

(2) 按等级原则对职位进行法定安排，形成一个自上而下的指挥链或等级体系。每个下级都处在一个上级的控制和监督下。每个管理者不仅要对自己的决定和行动负责，而且要对下级的决定和行动负责。

(3) 根据经过正式考试或教育培训而获得的技术资格来选拔员工，并完全根据职务的要求来任用。

(4) 除个别需要通过选举产生的公职(如选举产生的公共关系负责人，或在某种情况下选举产生的整个单位负责人等)以外，所有担任公职的人都是任命的。

(5) 行政管理人员是“专职的”管理人员，领取固定的“薪金”，有明文规定的升迁制度。

(6) 行政管理人员不是其管辖的企业的所有者，只是其中的工作人员。

(7) 行政管理人员必须严格遵守组织中的规则、纪律和办事程序。

(8) 组织中成员之间的关系以理性准则为指导，不受个人情感的影响。组织与外界的关系也是这样。

韦伯认为，这种高度结构化的、正式的、非人格化的“理想的行政组织体系”是强制控制的合理手段，是达到目标、提高效率的最有效形式。这种组织形式在精确性、稳定性、纪律性和可靠性等方面都优于其他形式，适用于当时日益增多的各种大型组织，如教会、国家机构、军队、政党、经济组织和社会团体。韦伯的这一理论，是对泰勒、法约尔理论的补充，对后来的管理学家，特别是组织理论家产生很大影响。

1.5.2 行为科学管理理论阶段

行为科学管理理论形成于 20 世纪 20 年代，早期被称为人际关系学说，以后发展为行为科学，即组织行为理论。

1. 人际关系学说

人际关系学说由美国人乔治·埃尔顿·梅奥(George Elton Meyao)及F.J.罗特里斯伯格(F.J. Roethlisberger)等人通过"霍桑实验"后创立的。其特点是将社会学、心理学等引进了企业管理的研究领域，特别重视人的因素，该学说的主要内容有。

(1) 工人不仅是"经济人"，而且还是"社会人"。科学管理学派认为金钱是刺激人们工作积极性的唯一动力，把人看作"经济人"。梅奥认为，工人也是社会人，除了物质需求外，还有社会、心理等方面的需求，因此不能忽视社会和心理因素对工人工作积极性的影响。

(2) 企业中存在着非正式组织。企业成员在共同工作的过程中，相互间必然产生共同的感情、态度和倾向，形成共同的行为准则和惯例。这就构成了"非正式组织"。非正式组织以它独特的感情、规范和倾向，影响着其成员的行为。非正式组织与正式组织相互依存，对生产率有重大影响。

(3) 新型领导者的作用在于提高员工的士气和满足感，以此提高生产率。梅奥认为生产率主要取决于员工的工作态度以及他和周围人的关系。提高生产率的主要途径就是提高员工的满足度，即员工对社会因素，特别是人际关系的满足程度。

知识链接

霍桑实验

霍桑实验是由梅奥等人于1924—1932年在美国芝加哥西部电气公司霍桑工厂进行的一系列试验。该实验的主要目的是想找出工作条件的改变对工作效率的影响。霍桑实验分4个阶段。

第1阶段：工作场所照明试验(1924—1927)。研究人员选择一批工人，并把他们分成两组：一组是试验组，变换工作场所的照明强度，使工人在不同照明强度下工作；另一组是对照组，工人在照明强度保持不变的条件下工作。研究人员希望通过试验得出照明强度对生产率的影响，但试验结果却发现：①工作场所的照明只是影响工人生产率的微不足道的因素；②由于牵涉因素较多，难以控制，且其中任何一个因素都可能影响试验的结果，因此照明对产量的影响无法准确衡量。

第2阶段：继电器装配室试验(1927—1928)。研究人员选择了5名女装配工和1名女画线工在单独的一间工作室内工作，1名观察员被指派加入这个小组，记录室内发生的一切，以便对影响工作效果的因素进行控制。这些女工们在工作时间可以自由交谈，观察员对她们的态度也很和蔼。在试验中分期改善工作条件，如改进材料供应方式、增加工间休息、供应午餐和茶点、缩短工作时间、实行集体奖励工资制等，这些条件的变化使女工们的工作产量上升。但过了一段时间，在取消工间休息和供应的午餐和茶点并恢复每周工作6天后，她们的产量仍维持在高水平上。这一超乎寻常的现象，导致了霍桑实验的重大转变。

第3阶段：大规模访谈(1928—1931)。研究人员在上述试验的基础上进一步在全公司范围内进行访问和调查，参与此次访问和调查的员工达2万多人。结果发现，影响生产力的最重要因素是工作中发展起来的人际关系，而不是待遇和工作环境。每个工人的工作效率不仅取决于他们自身的情况，还与其所在小组中的同事有关。任何一个人的工作效率都要受同事们的影响。

第4阶段：接线板接线工作室试验(1931—1932)。该工作室有9名接线工、3名焊接工和2名检查员。根据研究人员的推测，工人的产量应保持在较高的水平上。但是经过6个月的统计发现，大部分成员都自行限制产量。公司规定的工作定额为每天焊接7312个接点，但工人们只完成6000～6600个接点。同时还发现：工人对不同级别的上级持不同态度。他们把小组长看作小组的成员。对于小组长以上的上级，级别越高，工人对他越尊敬，但对他的顾忌心理也越强；成员中存在小派系。工作室里存在派系，每个派系都有自己的行为规范。谁要加入这个派系，就必须遵守这些规范。派系中的成员如果违反这些规范，就要受到惩罚。

2. 行为科学

1949年，在美国芝加哥大学召开了一次由哲学家、精神病学家、心理学家、生物学家和社会学家等参加的跨学科的会议，讨论了应用现代科学知识来研究人类行为的一般规律。会议给这门综合性的学科定名为“行为科学”。此后，行为科学蓬勃发展，产生了一大批影响力很大的行为科学家及理论，主要有亚伯拉罕·H. 马斯洛(Abraham H. Maslow)的“需要层次理论”、道路拉斯·M. 麦克雷戈(Douglas M. Mcgregor)的“XY理论”、戴维·C. 麦克利兰(David C. McClelland)的“成就需要理论”、弗雷德里克赫茨伯格(Frederick Herzberg)的“双因素理论”、维克托·H. 弗鲁姆(Victor H. Vroom)的“期望理论”等①。

1.5.3 现代管理理论阶段

现代管理理论是从霍桑实验发端的。通过霍桑实验人们看到了古典管理理论在现实中暴露出来的最大缺陷，即忽视人的因素，忽视社会、心理因素对管理组织中的人的影响，随之形成了行为科学管理理论；同时，它继承了古典管理理论将管理建筑在科学基础之上的正确逻辑，将现代科学技术成果移植于管理学研究，形成了管理科学理论。这是现代管理发展的两个基本方向。在这两个基本的方向上又形成了许多理论学派，被称为现代管理理论丛林。这些主要学派有行为科学学派、管理过程学派、社会系统学派、数量管理学派、系统管理学派、权变理论学派、决策理论学派、经验管理学派等。下面介绍其中4种学派的主要观点。

1. 数量管理理论

数量管理理论产生于第二次世界大战期间。它以现代自然科学和技术科学的成果(如先进的数学方法、电子计算机技术、系统论、信息论和控制论等)为手段，运用数学模型，对管理领域中的人、财、物和信息资源进行系统的定量分析，并做出最优规划和决策。其理论基础是运筹学。其代表人物有美国人埃尔伍德·S. 伯法(Elwood S. Buffa)。

数量管理理论的主要有5方面特点。

(1) 要求以总体的最少消耗获得总体的最大经济效益。

(2) 使衡量各项活动效果的标准定量化，并借助数学模型找出最优的实施方案，描述事物的现状及发展规律，摒弃单凭经验和知觉确定经营目标与方针的做法。

(3) 依靠电子计算机进行管理。

(4) 特别强调使用先进的科学理论和管理方法。例如，系统论、信息论、控制论、运

① 关于这些理论可参见《人力资源管理》、《管理学》、《管理心理学》等教材中关于激励理论的介绍

筹学、概率论等数学方法及模型。

(5) 较少考虑人的因素。

知识链接

运 筹 学

运筹学是指在实行管理的领域，运用数学方法，对需要进行管理的问题统筹规划，做出决策的一门应用科学。它使用许多数学工具(包括概率统计、数理分析、线性代数等)和逻辑判断方法，来研究系统中人、财、物的组织管理、筹划调度等问题，以期发挥最大效益。运筹学作为一门现代科学，是在第二次世界大战期间首先在英、美两国发展起来的。当时迫切需要把各项稀少的资源以有效的方式分配给各种不同的军事经营及在每一经营内的各项活动，因此，英、美两国的军事管理当局都号召大批科学家运用科学手段来处理战略与战术问题，实际上是要求他们对种种(军事)经营进行研究，这些科学家小组正是最早的运筹小组。

战后工业恢复繁荣时，由于组织内与日俱增的复杂性和专门化所产生的问题，使人们认识到这些问题基本上与战争中曾面临的问题类似，只是具有不同的现实环境而已。于是，运筹学就这样“潜入”工商企业和其他部门，在20世纪50年代以后得到了广泛的应用。对于系统配置、聚散、竞争的运用机理深入的研究和应用，形成了比较完备的一套理论，如规划论、排队论、存贮论、决策论等。由于其理论上的成熟，电子计算机的问世，又大大促进了运筹学的发展，世界上不少国家已成立了致力于该领域及相关活动的专门学会，美国于1952年成立了运筹学会，并出版期刊《运筹学》，世界其他国家也先后创办了运筹学会与期刊。1957年成立了国际运筹学协会。

2. 系统管理理论

系统管理学派的代表人物是美国管理专家F. E. 卡斯特(F. E. Kast)和J. E. 罗森茨威克(J. E. Rosenzweig)。他们主要运用系统理论中的范畴、原理，对组织中的管理活动和管理过程，特别是组织结构和模式进行分析的理论。其要点有3方面。

(1) 组织是一个系统，是由相互联系、相互依存的要素构成的。根据需要，可以把系统分解为子系统，子系统还可以再分解。例如，为了研究一个系统的构成，可以把系统分解为各个结构子系统；为了研究一个系统的功能，可以把系统分解为各个功能子系统。这样，对系统的研究就可以从研究子系统与子系统之间的关系入手。

(2) 系统在一定的环境下生存，与环境进行物质、能量和信息的交换。系统从环境输入资源，把资源转换为产出物，一部分产出物为系统自身所消耗，其余部分则输出到环境中。系统在投入—转换—产出的过程中不断进行自我调节，以获得自身的发展。

(3) 运用系统观点来考察管理的基本职能，可以提高组织的整体效率，使管理人员不至于只重视某些与自己有关的特殊职能而忽视了大目标，也不至于忽视自己在组织中的地位和作用。

3. 权变理论

权变理论是20世纪70年代在美国形成的一种管理理论。其主要代表人物有美国的弗雷德·卢桑斯(Fred Luthans)和英国的琼·伍德沃德(Joan Woodward)。这一理论的核心是力图研究组织与环境的联系，并确定各种变量的关系类型和结构类型。它强调管理要根据组织所处的环境随机应变，针对不同的环境寻求相应的管理模式。

权变理论着重考察有关的环境变量与各种管理方式之间的关系。在通常情况下，环境是解释变量，而管理方式是被解释变量。这就是说，组织所处的环境决定着何种管理方式更适合于组织。例如，在经济衰退时期，由于企业面临的市场环境是供大于求，集权的组织结构可能更为适合；在经济繁荣时期，由于企业面临的市场环境是供不应求，分权的组织结构可能更为适合。

4. 决策理论

决策理论学派以统计学和行为科学作为基础。第二次世界大战以后，许多运筹学家、统计学家、计算机专家和行为科学家都力图在管理领域寻找一套科学的决策方法，以便在众多方案中进行明确、合理、迅速的选择。随着研究工作的进展，决策理论得到了迅速的发展。

美国的赫伯特·A. 西蒙(Herbert A. Simon)是该学派的代表人物。他在卡内基·梅隆大学长期教授计算机和心理学等课程，还从事过经济计量学的研究。决策理论学派的主要观点有两方面。

(1) 管理就是决策。传统观点认为，决策是高层管理人员的事，是用来解决经济管理中的发展目标和经营方针等重大问题的。西蒙等人认为，管理活动的全部过程都是决策的过程。确定目标，制订计划，选择方案，是经营目标及其计划决策；机构设计，生产单位组织，权限分配，是组织决策；计划执行情况检查，在制品控制及控制手段的选择，是控制决策。决策贯穿于整个管理过程，因此，管理就是决策。

(2) 决策分为程序性决策和非程序性决策。程序性决策指按既定的程序进行的决策。对于经常发生的需要解决的问题，往往可指定一个理性程序，凡遇到这类问题，就按照既定程序进行决策，如存储。当问题的涉及面广，又是新发生的，非结构性的，或者问题极为重要而复杂，没有理性程序可以遵循，就要进行特殊处理，对这类问题的决策就是非程序性决策。例如，开辟新市场、增加新产品的决策就是非程序性决策。

本章小结

企业是社会中基本的经济单位。在经过长期发展以后，现代企业在技术、组织及管理方面已经完全不同于传统的企业。企业是以赢利为目的的，但时代对于企业提出了更高的要求，要求企业在追求赢利的同时还要承担更多的社会责任。

现代企业已经探索形成了完善的现代企业制度，该制度的核心是企业财产权能的分离。社会要建立相应的机制，使得企业的产权能够实现合理的流动以达到保值、增值的目的。现代企业形成了自己的法人治理结构，该制度使得企业的决策者、执行者和监督者 3 个方面形成有效的制衡关系，有利于企业的长远发展。在形成法人治理的过程中，出现了企业管理的职业化趋势，形成了专门的职业经理人阶层。他们是企业日常事务的管理者，也是股东大会及董事会决策的具体执行者。

企业管理有 6 个方面的职能。决策是首要职能，对于企业至关重要。正确的决策被制定以后，还需要对正确的决策进行正确的实施，这就需要组织、领导、控制和创新职能的配合。其中，组织职能包括静态的组织结构设计和动态的组织行为。组织结构主要有直线制、直线职能制、事业部制、矩阵式组织和动态网络这6种形式，企业可以根据自己的性质和规模及发展阶段选择合适的组织结构形式。

在企业管理实践发展的过程中，也有很多研究人员对企业管理理论进行研究。企业管理理论经历了古典管理理论、行为科学管理理论和现代管理理论3个阶段。随着时代的进步，管理的理论也是层出不穷，但不论如何，它们都离不开权变管理理论的思想。

复　习　题

1. 填空题

(1) 企业是商品经济发展到一定程度，(　　)代替了(　　)后才产生和发展起来的，并且随着商品经济和生产力的发展而发展。

(2) 企业的4个特征为(　　　　)、(　　　　)、(　　　　)、(　　　　)。

(3) 企业的目标是(　　　)、(　　　)。

(4) 企业社会责任(corporate social responsibility，CSR)是指企业在创造利润、对股东承担法律责任的同时，还要承担对(　　)、(　　)、(　　)和(　　)的责任。

(5) 企业社会责任思想的起点是亚当·斯密(Adam Smith)的"(　　)"

(6) 企业履行社会责任，获得SA 8000认证有助于解决(　　)。

(7) 企业管理的含义是企业对其所拥有的资源进行有效配置以达成(　　)的动态性活动。

(8) 现代企业制度的4个特征为(　　　　)、(　　　)、(　　　　)、(　　　　)。

(9) 企业组织管理是指通过(　　)和(　　)企业组织内部结构和相互之间的关系，是企业全体员工为实现组织目标而有效、协调工作的过程。

2. 判断题

(1) 税收是国家财政的主要来源。　(　　)

(2) 上市公司股票价格的最大化是企业的目标。　(　　)

(3) 2003年，联合国正式推出《联合国全球契约》。　(　　)

(4) 创新是各项管理职能的灵魂和生命。　(　　)

(5) 19世纪中后期企业制度逐渐完善，劳动阶层维护自身权益的要求不断高涨，加之美国政府接连出台《反托拉斯法》和《劳动保障法》以抑制企业不良行为，客观上对企业履行社会责任提出了新的要求，企业社会责任观念的出现成为历史必然。　(　　)

(6) 企业在追求利润最大化的过程中，往往会为获取眼前的利益而忽略或放弃长远利益。　(　　)

(7) 积极培养中国职业经理人才市场，建立一套科学选拔、考核和淘汰机制，是国企改革的必然途径。　(　　)

(8) "组织管理之父"是美国的泰勒。　(　　)

(9) 矩阵式组织结构是由纵横两套管理系统交错而成的组织结构。　(　　)

(10) 古典管理理论形成于19世纪末和20世纪初的美欧，它主要分为科学管理理论和组织管理理论。　(　　)

3. 选择题

(1) 企业的社会责任要求企业必须超越把利润作为唯一目标的传统理念，强调要在(　　)中对人的价值的关注，强调对消费者、对环境、对社会的贡献。

A. 生产过程　　B. 经营管理　　C. 工作条件　　D. 薪酬待遇

(2) 随着经济和社会的进步，企业不仅要对赢利负责，而且要对(　　)负责，并承担相应的社会责任。

A. 劳工　　B. 合约　　C. 环境　　D. 健康

(3) (　　)职业化是现代企业制度产生的重要标志。

A. 市场经济　　B. 经营管理　　C. 员工体制　　D. 网络普及

(4) 1976 年，经济合作与发展组织(OECD)制定了(　　)，这是迄今为止唯一由政府签署并承诺执行的多边、综合性跨国公司行为准则。

A.《跨国公司行为准则》　　B.《全球契约行为准则》

C.《消费者保护行为准则》　　D.《反托拉斯行为准则》

(5) 现代企业制度是市场经济体制的基本制度，而(　　)是现代企业制度的最典型的组织形式。

A. 合伙制度　　B. 业主制度　　C. 公司制度　　D. 以上全对

4. 思考题

如果你是一个企业的创始人，在现今如此竞争激烈的情况下，你如何运用成功的企业管理方法去面对出现的问题?

5. 讨论题

(1) 大部分在海外有分包商的企业(如宜家集团的分包商在孟加拉国，联合利华集团的分包商在印度)都被指责在其分包商的工厂里有雇用童工的现象，有的孩子竟然只有 10 岁大。对这种问题，标准的做法是对其进行审计以及加强控制，防止类似现象的发生。在一个类似的案例中，一位 10 岁大的孩子被救出了工厂。之后不久，他的家庭就因为没有了他对家庭的收入支持，连最普通的生活水平也无法保证，他也只能在垃圾堆里找一些剩饭充饥。雇用这个 10 岁的孩子违反道德吗? 终止他的工作违反道德吗?

(2) 2010 年发生了国美电器控股权之争，原国美电器集团创始人黄光裕与职业经理人陈晓之间就国美电器集团的经营与控制发生了激烈的争夺，最后以黄光裕的胜利而告终。此案例中，你如何理解职业经理人的职责、权力和义务? 如何评价陈晓的做法? 黄光裕的做法有无不妥之处，为什么? 如何维护企业创始人与职业经理人之间的关系及双方的正当权益? 该案例对中国的现代企业制度有何启示?

6. 案例分析题

谁是谁非

爱美服装有限公司是一家中日合资的小型服装企业，1993 年建成投产，企业员工有 300 余人，中方控股，生产订单由日方提供，产品 90%以上返销日本。1998 年前，公司每年利润在 200 万元左右，员工收入年均 1 万元左右，对内地企业来说，效益算是比较好的。然而好景不长，1998 年以来，由于公司内部的人事问题和劳资纠纷问题，企业的发展遭到很大的冲击。

公司的总经理姓张，还有一位副总经理姓刘，均系中方人员。张总是个事业心很强的人，作风泼辣，个性刚强，既懂管理，又懂技术。日方董事是投资商的胞弟名叫福冈，此人好耍小聪明，瞧不起张总，在业务上经常与张总争执。特别是在产品定价、产品质量和交货期等重大问题上，他总是置中方利益于不顾，甚至故意刁难，丝毫不考虑张总的意见。而张总在产品单价等涉及中方利益的大是大非问题上毫不相让，据理力争。因此，张总和日方董事福冈的矛盾越来越尖锐。尽管张总在生活上处处关照福冈，但关系仍无好转。

中方的刘副总是一个没有主见、轻重不分、又惧怕日方、颇有私欲的人。他发现张总与福冈的矛盾后，主动接触福冈，吹嘘自己本身如何大，甚至讨好福冈，其用意不言而喻。

福冈正在想办法排挤张总，见刘副总讨好自己，便生一计：以撤单相威胁，逼迫张总辞职，由刘副总取而代之。

为达目的，福冈开始利用一线工人“做文章”，伺机制造各种麻烦，刺激甚至伤害工人利益，导致工人罢工，转而把罢工的责任推在张总身上，提出让张总辞职的要求。

矛盾已经到了非解决不可的地步。公司董事长杨某准备召开董事会，给日本投资商发了传真。谁知投资商正在生病住院，派一名代表来中国参加董事会，杨董事长不知来者底细，愁肠百结。

（资料来源：http：//www.100guanli.com.）

讨论题

（1）假如你是杨董事长，你将做何决定？

（2）假如你是张总，你该怎么办？

（3）该企业在管理上有何问题？

管理理论能否解决实际问题

海伦、汉克、乔、萨利 4 个人都是美国西南金属制品公司的管理人员。海伦和乔负责产品销售，汉克和萨利负责生产。他们刚参加过在大学举办的为期两天的管理培训学习班。在培训班里主要学习了权变理论、社会系统理论和一些有关职工激励方面的内容。他们对所学的理论有不同的看法，现在正展开激烈的争论。

乔首先说：“我认为社会系统理论对于像我们这样的公司是很有用的。例如，如果生产工人偷工减料或原材料价格上涨的话，就会影响到我们的产品销售。社会系统理论中讲的环境影响与我们公司的情况很相似。我的意思是，在目前这种经济环境中一个公司会受到环境的极大影响。在油价暴涨时期，我们当时还能控制自己的公司。但现在在销售方面每前进一步，都要经过艰苦的“战斗”。这方面的艰苦，你们大概都深有体会吧？”萨利插话说：“你的意思我已经知道了。我们的确有过艰苦的时期，但是我不认为这与社会系统理论之间有什么必然的内在联系。我们曾在这种经济系统中受到过伤害。当然，你可以认为这与社会系统理论是一致的。但是我并不认为我们就有采用社会系统理论的必要。我的意思是，如果每个东西都是一个系统的话，而所有的系统都能对某一个系统产生影响的话，我们又怎么能预见到这些影响所带来的后果呢？因此，我认为权变理论更适用于我们。如果你说事物都是相互依存的话，社会系统理论又能帮我们什么忙呢？”

海伦对他们这样的讨论表示出不同的看法。她说：“对社会系统理论我还没有很好地考虑。但是，我认为权变理论对我们是很有用的。虽然我们以前也经常采用权变理论，但是我却没有认识到自己是在运用权变理论。例如，我有一些顾客是家庭主妇，听到她们经常讨论关于孩子和如何度过周末之类的问题，从她们的谈话中我就知道她们要采购什么东西了。顾客也不希望我们逼他们去买他们不需要的东西。我认为，如果我们花上一两个小时与他们自由交谈的话，那肯定会增大我们的销售量。但是，我也碰到一些截然不同的顾客，他们一定让我向他们推荐产品，让我替他们在购货中做主。这些人也经常到我这里来走走，但不是闲谈，而是做生意。因此，你们可以看到，我每天都在运用权变理论来应对不同的顾客。为了适应形势，我经常改变销售方式和风格，许多销售人员也都是这样做的。”

汉克显得有点激动，他插话说：“我不懂这些被大肆宣传的理论是什么东西。但是，关于社会系统理论和权变理论问题，我同意萨利的观点。教授们都把自己的理论吹得天花乱坠，他们的理论听起来很好，但是他们的理论却无助于我们的实际管理。对于培训班上讲的激励要素问题我也不同意。我认为泰勒在很久以前就对激励问题有了正确的论述。要激励工人，就要根据他们所做的工作付给他们报酬。如果工人什么也没有做，就用不着付任何报酬。你们和我一样清楚，人们只是为钱工作，钱就是最好的激励。”

讨论题

(1) 你偏向哪一个人的意见？他们的观点有什么不同之处？

(2) 如果你是海伦，你如何使萨利相信和接受社会系统理论？

(3) 管理理论真的能解决实际问题吗？

第2章 战略管理

学习目标

通过本章学习，学生应当能够达到以下方面要求。

识别和定义

战略

企业战略管理

使命

一般环境

特殊环境

内部能力分析方法

描述或解释

企业战略的3种状态

企业战略管理流程

战略分析矩阵

SWOT模型

公司战略选择模型

导入案例

9字策略夺天下

朱元璋刚刚创立基业时，社会形势很复杂，他心中千头万绪，自己也不知道如何做才能实现自己的理想，很苦闷。

一天，部下邓愈向他推荐一人："休宁有一人名朱升，自幼聪慧，做过学政，精通经学，可访求。"于是朱元璋当夜去拜访。

见到朱升，朱元璋问起夺取天下的策略时，朱升沉思半晌，轻轻吐出9个字："高筑墙、广积粮、缓称王！"随后离去。

回来后，朱元璋深思良久，豁然开朗。此后，朱元璋按照朱升的计策，认真实践，果然军势日盛，疆土日广，终于推翻了元朝，做了皇帝。

那么，这短短9个字到底起了什么样的作用呢？

据统计，世界500强企业的平均寿命为40～42年，1000强企业的平均寿命为30年。欧美企业平均寿命是12.5年。日本日经实业有限公司的调查显示，日本企业平均寿命为30年。在中国，有关企业平均寿命尚无明确的统计，但据1993年、1995年、1997年、2000年、2002年进行的5次全国私营企业大规模抽样调查表明，1993年以前私营企业平均寿命只有4年，2000年提高到7.02年。另有统计显示，中国大型企业(集团公司)的平均寿命为7～8年，中、小企业的平均寿命只有2.9年。由于中国90%以上的企业是中、小企业，据此推算，中国企业的平均寿命约3.5岁。相比之下，中国企业的平均寿命远低于日本，而大型企业(集团公司)的平均寿命也只达到美国中、小企业的平均水平。同时，中国每年有数百万家企业倒闭，是美国企业倒闭数的10倍，若考虑到两个国家在企业总数上的差别，这一数字可能会更加惊人。因此，中国企业的短命已不是"英年早逝"，而是普遍的"幼年夭折"。即便是存活时间比较长的老字号企业，其生存状况也堪忧。有统计资料表明，中国有近3700万家经济实体，但有程度不同病症的经济实体高达80%，约3000万家。中国1600多家老字号企业中，超过80%是中、小企业。其中20%即300多家处于长期亏损状态，70%勉强维持现状①。

探究中国企业(不仅是中国企业)短命的原因，其中一个重要原因便是缺少战略。"凡事预则立，不预则废。"在一个规范、有序的市场环境中，企业要想在竞争中取胜、要想取得长远的发展，必须有一套清晰的战略。没有战略的企业通常只能着眼于现在，为短期的物质利益而疲于奔命，最终往往是销声匿迹。战略决定了企业的核心竞争力，使企业明确自身需要搭建什么样的架构，需要建设什么样的文化，如何去吸引和培养人才。那么，什么是战略？战略主要包括哪些方面？如何制定战略呢？本章主要围绕这些问题来展开。

2.1 企业战略管理概述

2.1.1 战略的含义

想一想：何为战略？

① 资料来源：http：//china.toocle.com/cbna/item/2009-11-27/4888672.html

“战略”（strategy）一词最早是军事方面的概念。在西方，“strategy”一词源于希腊语“strategos”，意为军事将领、地方行政长官。后来演变成军事术语，指军事将领指挥军队作战的谋略。在中国，“战略”一词历史久远，“战”指战争，略指，“谋略”。春秋时期孙武的《孙子兵法》被认为是中国最早对战略进行全局筹划的著作。在现代，“战略”一词被引申至政治和经济领域，其含义演变为泛指统领性的、全局性的、左右胜败的谋略、方案和对策。

2.1.2 企业战略管理的含义

想一想：何为企业战略管理？

战略源自组织的使命和远景。只有先明确了组织存在的根本理由和价值所在，预见并逐步明确了组织要达到的目标状态，才能制定出相应的战略。战略本身也是一种构想，是对未来的预测，以及对现在的指导。

名人名言

企业战略是一种应对竞争力量或者寻找产业中最薄弱力量的防御性构筑。

——迈克尔. E. 波特(Michael E. Porter)

企业的战略构想通常形成于企业的领导者。他们在理解企业的使命和远景的基础上，综合考虑企业外部的政治、经济、社会环境，以及企业的现状，通过一系列非因果决定的逻辑、非线性思考进行战略分析，从而确定企业的战略。

特别提示

战略通常以目标的形式表现出来。因为目标是可见的，便于传递和理解，从而使企业所有成员的努力都能够朝向一个共同的东西，以实现领导者的战略意图。

企业战略管理就是指企业根据环境的变化，本身的资源和实力选择适合的经营领域和产品，形成自己的核心竞争力，并通过差异化在竞争中取胜的策略。随着世界经济全球化和一体化进程的加快和随之而来的国际竞争的加剧，对企业战略管理的要求越来越高。

特别提示

①战略。是目标和策略的组合，是企业远景、使命、命题等的全局规划和方针及定位。战略的核心问题是方向的确定和策略的选择。②策略。是创造持久的竞争优势，是提供指导思想和行动的框架，将战略转化为具体目标、计划、行动后的绩效。③战术。是执行策略或战略的手段，是执行策略的行动技术。

现实中，很多企业往往误把策略当成了战略，即把做什么、怎么做当成了策略，把具体的操作步骤、流程当成了战略。

2.1.3 企业战略的特征

企业战略是设立远景目标并对实现目标的轨迹进行的总体性、指导性谋划，属于宏观管理范畴，具有6方面特征。

1. 指导性

企业战略界定了企业的经营方向、远景目标，明确了企业的经营方针和行动指南，并筹划了实现目标的发展轨迹及指导性的措施、对策，在企业经营管理活动中起着导向的作用。

2. 全局性

企业战略立足于未来，通过对国际、国内的政治、经济、文化及行业等经营环境的深入分析，结合自身资源，站在系统管理的高度，对企业的远景发展进行了全面的规划。

3. 长远性

“人无远虑、必有近忧。”企业战略着眼于长期生存和长远发展的思考，确立了远景目标，并谋划了实现远景目标的发展轨迹及宏观管理的措施、对策。

特别提示

围绕远景目标，企业战略必须经历一个持续、长远的奋斗过程，除根据市场变化进行必要的调整外，制定的战略通常不能朝令夕改，要具有长效的稳定性。

4. 竞争性

竞争是市场经济不可回避的现实，也正是因为有了竞争才确立了“战略”在经营管理中的主导地位。面对竞争，企业战略需要进行内外环境分析，明确自身的资源优势，通过设计适合的经营模式，形成特色经营，增强企业的对抗性和战斗力，推动企业长远、健康地发展。

5. 系统性

立足长远发展，企业战略确立了远景目标，并且需要围绕远景目标设立阶段目标及实现各阶段目标的经营策略，构成了一个环环相扣的战略目标体系。同时，根据组织关系，企业战略需要由决策层战略、事业单位战略、职能部门战略3个层级构成一体。决策层战略是企业总体的指导性战略，决定企业经营方针、投资规模、经营方向和远景目标等战略要素，是战略的核心；事业单位战略是企业独立核算经营单位或相对独立的经营单位，遵照决策层的战略指导思想，通过竞争环境分析，侧重市场与产品，对自身生存和发展轨迹进行的长远谋划；职能部门战略是企业各职能部门，遵照决策层的战略指导思想，结合事业单位战略，侧重分工协作，对本部门的长远目标、资源调配等战略支持保障体系进行的总体性谋划。

6. 风险性

企业做出任何一项决策都存在风险，战略决策也不例外。市场研究深入，行业发展趋势预测准确，设立的远景目标客观，各战略阶段人、财、物等资源调配得当，战略形态选择科学，制定的战略就能引导企业健康、快速地发展。反之，仅凭个人主观判断市场，设立目标过于理想或对行业的发展趋势预测偏差，制定的战略就会产生管理误导，甚至给企业带来破产的风险。

2.1.4 企业战略的3种形态

企业战略形态是指企业采取的战略方式及战略对策，按表现形式，可以分为拓展型、稳健型、收缩型3种形态。

1. 拓展型战略

拓展型战略是指采用积极进攻态度的战略形态，主要适合行业龙头企业、有发展后劲的企业及新兴行业中的企业进行选择。具体的拓展型战略形式包括市场渗透战略、多元化经营战略、联合经营战略。

1）市场渗透战略

市场渗透战略是指实现市场逐步扩张的拓展战略。该战略可以通过扩大生产规模、提高生产能力、增加产品功能、改进产品用途、拓宽销售渠道、开发新市场、降低产品成本、集中资源优势等单一策略或组合策略来开展。其战略核心体现在两个方面：一是利用现有产品开辟新市场来实现渗透，二是向现有市场提供新产品来实现渗透。

市场渗透战略是比较典型的竞争战略，主要包括：成本领先战略、差异化战略、集中化战略3种最有竞争力的战略形式。

（1）成本领先战略。就是通过加强成本控制，使企业总体经营成本处于行业最低水平的战略。此种战略的优势：①价格优势形成了进入壁垒；②能有效抵御竞争对手的进攻；③具有较强的对供应商的议价能力。

成本领先战略的适用条件：①市场需求具有较大的价格弹性；②所处行业的企业大多生产标准化产品，价格因素决定了企业的市场地位；③实现产品差异化的途径很少；④多数客户以相同的方式使用产品；⑤用户购买从一个销售商改变为另外一个销售商时，转换成本很小，因而倾向于购买价格最优惠的产品。

管理案例

弗朗兹·克鲁特的低成本战略

比利时的打折食品零售商弗朗兹·克鲁特(Franz Crute)想方设法地降低成本，甚至不在收银台提供购物篮，而且把商店的灯光调得非常昏暗以节省电费，员工花5分钟时间喝咖啡也要刷卡计时。他的公司总部位于布鲁塞尔，那里纪律严明，员工不可以打电话，而是由两个传达员为近1000名员工传递消息，这些消息每隔几分钟就由扩音器在大楼里广播。

同样的情况在克鲁特的160多个分店中也很明显。这些分店都是由工厂的仓库、电影院或车库改建。店内是混凝土地板，电线暴露在外，金属货架、废弃的箱子散放在上面，没有背景音乐(每年可节省200

万～250 万欧元)，没有包装货物用的袋子(每年可节省 500 万欧元)。商店所有的冷柜都有门，公司每年因此节省的电费达 300 万欧元。

公司聘请了 30 名员工来想办法提高生产率，他们被称为工作简化员。例如，最近他们发现，如果将收银台间隔开，那么就能节约客户付款的时间，每分钟节约 5 秒钟，这样当一位客户付款离开时，另一位客户就能马上结算。

首席执行官说他们的战略很简单：成本的降低是从每一次的周转以及每一次以相对于对手更低的价格出售商品获得的。一个行业的盈利水平保持在 1%～2%是很典型的，克鲁特的成本降低非常有效，以至利润率有 6.5%——这个数字令其对手相形见绌。

低成本战略对于运作管理有较高要求，但就像沃尔玛百货有限公司一样，克鲁特的公司却能更好地实现低成本战略。

资料来源：The Wall Journal(September 22，2003)：R3，R7；and DC Velocity(September2004)：38 - 40

(2) 差异化战略。就是企业力求就顾客广泛重视的一些方面在产业内独树一帜。它选择被产业内许多客户视为重要的一种或多种特质(如产品、品牌、服务方式、发展策略等)，并为其选择一种独特的地位以满足顾客的要求。

采取此种战略的风险：①竞争者可能模仿，使得差异消失；②保持产品的差异化往往以高成本为代价；③产品和服务差异对消费者来说失去了意义；④与竞争对手的成本差距过大；⑤企业要想取得产品差异，有时要放弃获得较高市场占有率的目标。

管理案例

滚石餐厅

滚石餐厅主要是通过提供“体验”来实现差异化。滚石餐厅让客户享受摇滚乐、大屏幕摇滚视频、摇滚大事记和健谈的员工。很多情况下，全职向导为客户介绍展品，并常设方便的零售店。客户可以把切实的体验带回家。结果是，“就餐体验”胜过单纯的吃饭。

(3) 集中化战略。就是企业通过集中资源形成专业化优势(服务专业市场或立足某一区域市场等)的战略。

实施集中化战略的条件：①企业资源和能力有限，难以在整个产业实现成本领先或者差异化，只能选定个别细分市场；②目标市场具有较大的需求空间或增长潜力；③目标市场的竞争对手尚未采用统一战略。

实施集中化战略的风险：①竞争者可能模仿；②目标市场由于技术创新、替代品出现等原因而需求下降；③由于目标细分市场与其他细分市场的差异过小，大量竞争者涌入细分市场；④新进入者重新细分市场。

管理案例

联合利华的集中化战略

联合利华集团(以下简称联合利华)总部设于荷兰鹿特丹和英国伦敦，是全球第二大消费用品制造商。

在全球75个国家设有庞大事业网络，拥有500家子公司，员工总数近30万人，营业额超过400亿美元，是全世界获利最佳的公司之一。

联合利华在中国的历史可追溯至80年前，利华兄弟在上海黄浦江畔建立了中国肥皂有限公司。1986年，联合利华重返中国，始终把成为中国化的跨国公司作为其努力的目标，并取得了显著的进展。

1986—2001年，联合利华在中国的投资共计约10亿美元，引进了100多项先进的专利技术，直接雇佣了4千多名中国员工，间接提供了1.4万个就业机会，生产20多种品牌的产品，涵盖了人们日常生活的各个方面。

联合利华在中国的集中化战略主要体现在4个方面。

(1) 企业集中化。1999年，将14个独立的合资企业合并为4个由联合利华控股的公司，使经营成本下降20%，外籍管理人员减少3/4。

(2) 产品集中化。果断退出非主营业务，主攻家庭和个人护理用品、食品和饮料及冰激凌等3大优势业务，取得了重大成功。

(3) 品牌集中化。虽然拥有2000多个品牌，但只有20多个进入中国市场，而且都是一线品牌。

(4) 厂址集中化。2004年5～8月，通过调整、合并，减少了3个生产地址，减少了30%的运行费用。

此外，联合利华还通过将食品零售营销网络转包，实现营销环节集中化。主要是将自己不擅长的零售营销转包出去，从而专心制订战略计划、管理主要客户及分销商，有利于迅速提高市场占有率和知名度，实现在华投资的战略目标。

2）多元化经营战略

多元化经营战略是指一个企业同时经营两个或两个以上行业的拓展战略，又可称“多行业经营”，主要包括3种形式：同心多元化、水平多元化、综合多元化。

(1) 同心多元化是利用原有技术及优势资源，面对新市场、新顾客增加新业务而实现的多元化经营。

(2) 水平多元化是针对现有市场和顾客，采用新技术，增加新业务而实现的多元化经营。

(3) 综合多元化是直接利用新技术进入新市场而实现的多元化经营。

多元化经营战略适合大、中型企业，该战略能充分利用企业的经营资源，提高闲置资产的利用率，通过扩大经营范围，缓解竞争压力，降低经营成本，分散经营风险，增强综合竞争优势，加快集团化进程。

特别提示

实施多元化战略应考虑选择行业的关联性、企业控制力及跨行业投资风险。

3）联合经营战略

联合经营战略是指两个或两个以上独立的经营实体横向联合成立一个经营实体或企业集团的拓展战略，是社会经济发展到一定阶段的必然形式。实施该战略有利于实现企业资源的有效组合与合理调配，增加经营资本规模，实现优势互补，增强集合竞争力，加快拓展速度，促进规模化经济的发展。

知识链接

联合经营的实现形式

在工业发达的西方国家，联合经营主要是采取控股的形式组建成立企业集团，由控股公司(母公司)以资本为纽带建立对子公司的控制关系，集团成员之间采用环形持股(相互持股)和单向持股两种持股方式，且分为以大银行为核心对集团进行互控和以大生产企业为核心对子公司进行垂直控制两种控制方式。在我国，联合经营主要是采用兼并、合并、控股、参股等形式，通过横向联合组建成立企业联盟体。

联合经营战略主要可以分为：一体化战略、多元化战略、企业合并战略、企业兼并战略 4 种类型。

(1) 一体化战略包括纵向一体化战略和横向一体化战略。以面向用户为前向，获得对经销商或者零售商的所有权或对其加强控制，称为前向一体化。获得对供应商的所有权或对其加强控制，称为后向一体化。横向一体化是指企业获得与自身生产同类产品的竞争对手的所有权或加强对他们的控制。

(2) 多元化战略的类型包括：同心多元化和离心多元化。同心多元化也称相关多元化，是以现有业务为基础进入相关产业的战略。当企业在产业内具有较强的竞争优势，而该产业的成长性或者吸引力逐渐下降时，比较适宜采取同心多元化战略。离心多元化，也称不相关多元化。采用离心多元化的目标是从财务上考虑平衡现金流或者获取新的利润增长点。

(3) 企业合并战略是指参与企业通过所有权与经营权的有偿转移，实现资产、公共关系、经营活动的统一，共同建立一个新法人资格的联合形式。采取企业合并战略，能优化资源结构，实现优势互补，扩大经营规模，但同时也容易吸纳不良资产，增加合并风险。

(4) 企业兼并战略是企业通过现金购买或股票调换等方式获得另一个企业全部资产或控制权的联合形式。其特点：被兼并企业放弃法人资格并转让产权，但保留原企业名称成为存续企业。兼并企业获得产权，并承担被兼并企业债权、债务的责任和义务。通过兼并可以整合社会资源，扩大生产规模，快速提高企业产量，但也容易分散企业资源，导致管理失控。

2. 稳健型战略

稳健型战略是采取稳定发展方式的战略形态，主要适合中等及以下规模的企业或经营不景气的大型企业选择，可分为无增长战略(维持产量、品牌、形象、地位等水平不变)、微增长战略(竞争水平在原基础上略有增长)两种战略形式。该战略强调保存实力，能有效控制经营风险，但发展速度缓慢，竞争力弱。

3. 收缩型战略

收缩型战略是采取保守经营态度的战略形态，主要适合处于市场疲软、通货膨胀、产品进入衰退期、管理失控、经营亏损、资金不足、资源匮乏、发展方向模糊的危机企业选择。可分为转移战略、撤退战略、清算战略 3 种战略形式。

（1）转移战略是通过改变经营计划、调整经营部署，转移市场区域(主要从大市场转移到小市场)或行业领域(从高技术含量向低技术含量的领域转移)的战略。

（2）撤退战略是通过削减支出、降低产量，退出或放弃部分地域或市场渠道的战略。

（3）清算战略是通过出售或转让企业部分或全部资产以偿还债务或停止经营活动的战略。

收缩型战略的优点是通过整合有效资源，优化产业结构，保存有生力量，能减少企业亏损，延续企业生命，并能通过集中资源优势，加强内部改制，从而得到新的发展。其缺点是容易荒废企业部分有效资源，影响企业声誉，导致员工士气低落，造成人才流失，威胁企业生存。

特别提示

调整经营思路、推行系统管理、精简组织机构、优化产业结构、盘活积压资金、压缩不必要开支是该战略需要把握的重点。

2.1.5 企业战略管理的流程

1. 战略分析

战略分析在于总结影响企业目前和今后发展的关键因素，并确定在战略选择步骤中的具体影响因素，它包括3个方面。

（1）外部环境分析。包括一般环境和特殊环境分析。（详见2.2企业战略环境分析）

（2）内部条件分析。包括人力、物力、财力、技术及声誉等方面。（详见2.3内部能力分析）

（3）确定企业的使命和目标。把企业的使命和目标作为制定和评估企业战略的依据。

知识链接

6家著名企业的使命

一家公司能够赢利和生存是因为其使命满足了客户的需求。组织的使命是组织存在的目的，即它对社会的贡献。使命陈述阐明了组织的界限和核心以及企业建立的宗旨，使命表明了宗旨存在的根本原因。

6家著名企业的使命陈述如下所示。

（1）松下电器公司：作为工业组织的成员，努力改善和提高人们的生活水平，要使家用电器像自来水那样廉价和充足。

（2）苹果公司：致力于为全球140多个国家的学生、教育工作者、科学家、设计人员、商务人士、工程师和消费者提供最先进的个人计算机产品和支持。

（3）雅芳公司：成为一家最了解女性需要，为全球女性提供一流的产品和服务，并满足她们自我成就感的公司。简言之，成为一家比女人更了解女人的公司。

（4）玫琳凯公司：因为女人的梦想而诞生，点亮了女性的梦想；因为帮助女人而获得更丰富的人生而存在；丰富女性的美丽生活。

（5）麦肯锡公司：为高层管理综合研究和解决管理上的问题；对高层主管所面临的各种抉择提供全

面的建议；预测今后发展中可能出现的新问题和各种机会，制定及时且务实的对策。总之，麦肯锡公司就是要帮助客户在其业务上作出积极的、持久的以及实质性的改进，并为此建立起足以吸引、发展、激励和保留杰出人才的出色公司。

(6) 可口可乐公司：我们致力于长期为公司的股东创造价值，不断改变世界，通过生产高质量的饮料为公司、产品包装伙伴及客户创造价值，进而实现我们的目标。在创造价值的过程中，我们的成败将取决于能否继续发扬本公司的优势。

战略分析要了解企业自身所处的相对地位，具有哪些资源以及战略能力，了解企业相关利益者的利益期望，在战略制定、评价和实施过程中，这些利益相关者会有哪些反应。

企业战略制定过程，如图 2.1 所示。

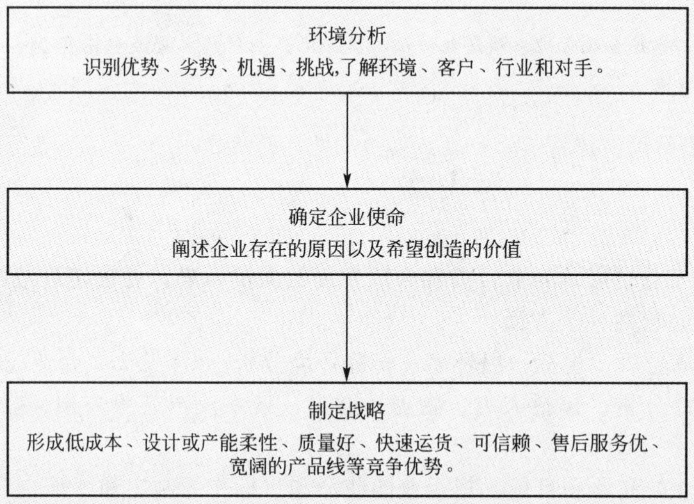

图 2.1 企业战略制定过程

2. 战略选择

战略选择阶段所要解决的问题是“企业向何处发展”，其步骤分为 3 步。

1) 制定战略选择方案

制定战略选择方案是根据不同层次管理人员介入战略分析和战略选择工作的程度，将战略形成的方法分为 3 种。

(1) 自上而下。先由企业最高管理层制定企业的总体战略，然后由下属各部门根据自身的实际情况将企业的总体战略具体化，形成系统的战略方案。

(2) 自下而上。企业最高管理层对下属部门不做具体规定，但要求各部门积极提交战略方案。

(3) 上下结合。企业最高管理层和下属各部门的管理人员共同参与，通过上下级管理人员的沟通和磋商，制定出适宜的战略。

3 种方法的主要区别在战略制定中对集权与分权程度的把握。

2）评估战略备选方案

评估战略备选方案通常使用两个标准：一是考虑选择的战略是否发挥了企业的优势，克服了劣势，是否利用了机会，将威胁削弱到最低程度；二是考虑选择的战略能否被企业利益相关者接受。

3）选择战略

选择战略指最终的战略决策，即确定准备实施的战略。如果用多个指标对多个战略方案的评价产生不一致时，确定最终的战略可以考虑3种方法：①把企业目标作为选择战略的依据；②提交上级管理层审批；③聘请外部机构。

特别提示

使战略迷失的多是感性因素。榜样、利益、错觉、自大等影响战略的因素都是缺乏客观理性思考与判断的结果。

战略出现迷失时多是组织或个人发展得非常顺利的时候，这是因为人性的弱点——在逆境中我们对信念无比的执著与坚定，但到了顺境时却因为有太多的选择与诱惑而摇摆不定。

3．战略的实施和控制

想一想：

(1) 在企业内部各部门和各层次间如何分配使用现有的资源？

(2) 为了实现企业目标，还需要获得哪些外部资源以及如何使用？

(3) 为了实现既定的战略目标，有必要对组织结构做哪些调整？

(4) 如何处理出现的利益再分配与企业文化的适应问题？如何通过对企业文化的管理来保证企业战略的成功实施？

“好的开始就等于成功了一半”。战略的制定固然重要，但要想获得成功，战略的执行更为重要。战略执行体系一般由战略(方向)、策略(组织)、战术3个层次构成。策略，就是如何组织资源来落实战略。如何把策略落实下去，就需要形成计划。小企业一般可以合二为一，但是集团化战略规划，一定要分两步来做，并且是要先形成策略。

在策略层级最为关键的是组织。战略决定组织，组织传承战略，决定因素在组织上，落实在组织上。组织是由组织结构、流程和责权体系这3个要素构成的。三者合一才形成完整的组织。企业如果只抓其中一项，如单独进行流程变革而没有结构和责权的调整来配合，往往容易导致失败。人是为组织服务的，所有的人要配合组织，资金、技术等其他的资源同样需要在战略的指引下依靠组织去配置。

特别提示

战略的形成是一个科学的规划过程，只要内外环境没有根本性的改变，行业竞争制胜的关键要素没有改变，企业的战略就不需要调整，只要坚持下去就会实现既定的目标，不能被眼前的一些变化影响。战略目标的实现是有一个实施期的，并非一蹴而就。很多跨国企业刚进入中国市场时，连续亏损，但他们仍然坚持了下来，最后取得了不错的成绩。当然，在经济全球化的时代，环境的变数呈几何状增长，技术升级越来越快，资金流动愈加频繁，因此，企业必须密切关注环境的变化。

组织当中，非常重要的一项是绩效考核体系的设计和运行。从战略角度而言，绩效考核体系是帮助执行层了解企业战略的工具，而不是“秋后算账”的工具。很多企业战略执行失败的一个重要原因在于绩效考核体系设计失误，尤其是对企业中层的考核。企业存在一个“倍乘效应”，中层“偏一偏”，整个组织的工作就会“离题万里”。

特别提示

在现实中，企业即使有了一个好的战略，并制定出了相应的目标，却往往难以落实，其原因何在？影响战略落实的因素有很多，包括外部环境的变化、企业成员的素质、企业文化等；而从目标本身来看，它能否得到有效的传递，是战略能否得以落实的极为重要的先决条件。

企业的绩效考核体系必须从战略角度设计，并且企业的战略最后一定要落实到绩效管理体系上，因为让企业的战略意图真正被战略执行者理解是很困难的事情；执行者即使理解了，是否愿意遵照执行也是个很大的问题。这样就需要企业依靠绩效考核体系作为指引与约束。

绩效考核体系对战略的价值有 3 方面。

首先，企业要做出行业的取舍与选择。例如，企业是否做餐饮，如果通过各方面分析确定了要进入餐饮业，就要分析如何布局，这就进入了执行阶段，企业要根据自身的价值创造能力与行业竞争关键要素形成战略点。

其次，人员与组织搭配的问题。简单说，就是合适的人做适合的事。

最后，以战略为导向，设定企业相关的激励机制与业绩评价体系。明确的业绩评价体系会引导企业朝着既定战略目标迈进。

管理案例

迈克尔·波特谈战略

被称为“竞争战略之父”的迈克尔·波特认为：“我要在行业内数一数二”的抱负不是战略，“我要国际化，要兼并”的行动不是战略，“为社会创造价值”的愿景也不是战略，有多个战略更不是战略……“战略应该是你的竞争优势何在，是你在产业中如何定位才能取得竞争优势，才能持续发展。”

有效的战略需要有一个独特的价值诉求，就是你做的事情和其他竞争者相比有很大差异，要有一个不同的、为客户精心设计的价值链。而且在价值链上的各项活动，必须是相互匹配并彼此促进的。西南航空公司的低成本模式、戴尔公司的直销和大规模定制模式为什么难以模仿？因为它们的优势不是某一项活动，而是整个价值链一起作用。另外，有效的战略要有连续性，任何一个战略必须要实施 3～4 年，如果经常对战略进行改变的话，就等于没有战略，而是“赶时髦”！

有效的战略要“学会取舍”，确定哪些事不去做。企业常犯的一个错误，就是它们想做的事情太多。但如果你有取舍的话，对手学了你就会伤害他自己。这就又迫使对手做出取舍：或者彻底放弃自己已有的核心优势，或者放弃抄袭，至少不会有效地抄袭你。

只有企业实施了“有效的战略”，才能更有力地迎接来自5方面竞争的挑战，这5方面包括供应商、购买者、行业内竞争者、潜在竞争者、替代品生产商。

现在的竞争环境，即使是那些显赫一时的巨头，也正被这“五力”冲击得狼狈不堪(尤其是替代品的冲击。例如，笔记本电脑替代台式机，上网本替代笔记本电脑，现在，平板电脑又成了市场的宠儿，一两年一替代的滋味实在不好受)。这样的市场，不赢就会输得很惨，而“有效的战略”则是谁也避不开的问题！

(资料来源：http：//www.zwgl.com.cn/2011－10－24)

2.2 企业战略环境分析

企业战略环境一般分为内部环境和外部环境两大类。内部环境一般包括企业文化和企业经营条件这两部分。企业文化是指企业在一定经济、社会、文化背景下，经过长期发展逐步形成的独特的价值观，以及以此为核心形成的行为规范、道德准则、群体意识、风俗习惯等。企业经营条件是指企业所拥有的各种资源的数量和质量情况，包括人员素质、资金实力、科研力量、信誉等。这些因素不仅与外部环境因素一样，将影响一个组织目标的制定和实现，而且还将直接影响该组织管理者的管理行为。这些已经存在的内部环境因素是实施管理的条件。在一定的时间范围，管理只能在内部环境因素确定的框架内展开。因此，在这里主要是针对企业的外部环境进行的分析。

企业所面对的外部环境由多种因素构成。按照其对企业的影响方式(直接影响和间接影响)和作用力度或影响程度的大小，一般可分为两类：一类是一般环境(general environment)。一类是具体环境(specific environment)。其中每一类都包含若干环境因素。一般环境和具体环境与组织的关系及各自的环境因素：处于企业最外围的环境要素即经济环境、政治环境、社会环境和技术环境构成一般环境，它离组织相对较远，影响力度相对较弱，影响方式一般是间接影响；而与企业存在交叉关系的5个环境因素即资源供应者、公众压力集团、政府管理部门、竞争对手、服务对象(顾客)构成具体环境，它离企业相对较近，影响力度相对较大，影响方式一般是直接影响，如图2.2所示。

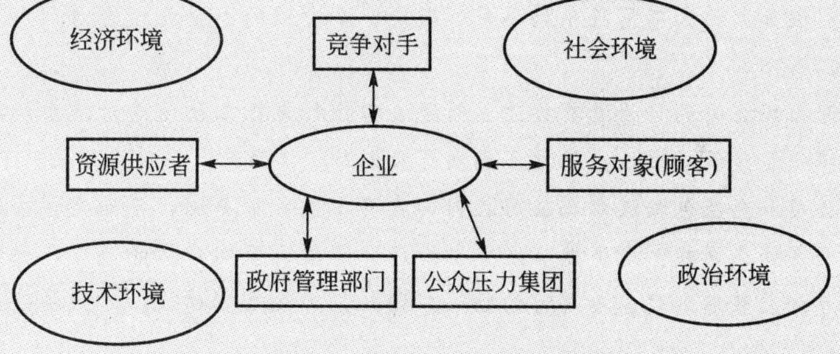

图2.2 战略环境因素构成

2.2.1 一般环境分析

一般说来，一般环境(宏观环境)因素分析可采用PEST分析法，PEST(political，economic，social，technological)分析法是指从政治与法律环境、经济环境、社会文化环境和科技环境等角度，分析环境变化对本组织的影响的一种方法。

1. 政治与法律环境

政治与法律环境是指一个国家或地区的政治制度、体制、方针政策、法律法规等方面环境因素。主要是指法律、政府机构的政策、法规以及各种政治团体对组织活动所采取的态度和行动，及其他的一些重大政治事件。政治与法律环境的变化显著地影响着企业行为和利益。

政治环境泛指一个国家的社会制度，执政党的性质，政府的方针、政策，以及国家制定的法律法规等。不同的国家有不同的社会制度，不同的社会制度对组织活动有着不同的限制和要求，即使是在一个社会制度不变的国家里，由于执政党的不同或在不同的时期，其政府的路线、方针、政策及其对组织活动的影响也是不断变化的。对于企业来说，要了解政府的政策、路线、方针和法律法规的要求，明确允许干什么、允许怎样干及限制和禁止什么。就政治环境而言，政治的稳定与开明和法律法规的健全是极其重要的。

法律环境分析的主要因素：法律规范、国家司法执法机关、临时性的行政执法机关、法律意识及国际法所规定的国际法律环境和目标国的国内法律环境。

管理案例

沃尔玛誓当老赖，究竟是谁之过？

据报道，10 年前，沃尔玛公司租了大连万国购物广场的房子进行经营，但房租至今未付。经过多次交涉、协调、仲裁，甚至法院多次强制执行都对沃尔玛公司没有办法。

事实上，这一切让人很不理解，在一个依法办事的观念已经深入人心的社会，何以对一件事实清楚、证据确凿的欠租案无计可施？

针对沃尔玛公司的一系列的“老赖”行为，如一问三不知，拒绝在现场踏勘记录上签字，对仲裁结果不理不睬，拒绝到庭，拒不执行裁决和判决等，我们不禁要问：假如这事发生在美国，沃尔玛公司还敢如此藐视法律吗？假如欠租的不是沃尔玛公司，而是一个中国的小企业或者自然人，上亿元的租金能否被拖欠 10 年之久？

并不是法律对沃尔玛公司的行为没有办法，而是法律执行者根本就没想对沃尔玛公司进行法律上的制裁。这其中有法律一贯疲软的惯性，但更多原因是我们对“洋品牌”的过分迷信。

事实上，一些公司和企业包括沃尔玛公司在内，在其本国，如美国，是非常讲求社会责任的，为何到了中国，就成了无良的公司呢？这虽然有主观上的厚此薄彼地区别对待的态度，但更多的却是我们的社会规则和法律引导和监督不到位，不得力的结果。因此，加快法制建设，增强执法能力，是我们今后必须要做的。

（资料来源：经济参考报 [N] .2011 - 11 - 3，第八版.）

2. 经济环境

经济环境是影响企业的重要因素。经济环境主要由宏观经济环境和微观经济环境两个方面构成。宏观经济环境包括国民生产总值、国民收入及其变化情况，以及通过这些指标反映的国民经济发展水平和发展速度。宏观经济环境好，显然可以为企业的生存和发展提供有利机会，而萧条、衰退的经济形势则可能给企业带来生存的困难。微观经济环境包括消费者的收入水平、消费偏好、可支配收入情况、就业情况等。如果居民的收入水平及可支配收入水平较高，则意味着一个地区或市场有较强的购买力，企业的发展潜力会有较大的市场机会。因此，微观经济环境的好坏直接影响企业的生存和发展。

3. 社会文化环境

从影响企业战略制定的角度来看，社会文化环境可分解为人口、文化、物质3个方面的因素。

人口因素是企业最关注的社会环境因素之一，人口构成了大多数产品的消费市场，对企业战略的制定有重大影响。例如，人口总数直接影响着社会生产总规模；人口的地理分布影响企业的厂址选择；人口的性别比例和年龄结构在一定程度上决定了社会需求结构，进而影响社会供给结构和企业生产；人口的教育文化水平直接影响着企业的人力资源状况；家庭户数及其结构的变化与耐用消费品的需求和变化趋势密切相关，因而也就影响到耐用消费品的生产规模等。

特别提示

对人口因素的分析可以使用的一些变量，如离婚率、出生率、死亡率、人口的平均寿命、人口的年龄和地区分布、人口在民族和性别上的比例变化、人口在不同地区的教育水平和生活方式上的差异等。

文化环境对组织的影响是间接的、潜在的和持久的。文化的基本内容包括哲学、宗教、语言与文字、文学艺术等，它们共同构筑成文化系统，对组织文化有重大的影响。哲学是文化的核心部分，在整个文化中起着主导作用。宗教作为文化的一个侧面，在长期发展过程中与传统文化有着密切的联系。语言、文字和文学艺术是文化的具体表现，是社会现实生活的反映，它对企业员工的心理、人生观、价值观、性格、道德及审美观点的影响及导向是不容忽视的。企业对文化环境的分析过程是企业文化建设的一个重要步骤，企业对文化环境分析的目的是要把社会文化内化为企业的内部文化，使企业行为符合环境文化的价值检验。

管理案例

在印度销售不加牛肉的汉堡

印度人对牛的崇拜使得麦当劳公司不得不调整其服务。这个“汉堡巨人”宣布将在印度开办一家连锁店，但是不出售巨无霸汉堡。为了表示对禁止食用牛肉的印度传统的尊重，麦当劳公司代之以鸡肉汉堡、鱼肉汉堡和蔬菜汉堡。这是麦当劳公司这家全球快餐连锁巨头第一次把牛肉从它的菜单中删掉。来自印度新德里的咨询专家认为，其他跨国公司应该学习麦当劳公司对别国文化的敏感性。“只靠一种固定不变的美国汉堡是很难风行印度的”这位专家说。

物质环境对企业的生存和发展具有直接的影响。几乎所有企业的生产经营活动都与物质环境息息相关，企业运行中离不开原材料、设备、能源和水资源等。随着工业生产活动范围的不断扩大，同时也由于前些年对环境保护的忽视，我国的物质环境在过去几十年中已遭受了很大程度的破坏，土地超载、耕地锐减、水土流失、森林赤字、淡水资源紧缺、不可再生的有限资源短缺、环境污染等问题日益凸显。今后，各种资源的短缺将对企业的生产和经营活动形成很大的制约；同时有关环境保护的立法也对企业提出了很多新的要求，如何以最低的环境成本确保自然资源可持续利用，将成为企业发展过程中所面临的一大难题。

4. 科技环境

科技环境指组织所处的社会环境中的科技要素及与该要素直接相关的各种社会现象的集合。大致包括科学技术发展水平、社会技术进步程度、国家科技体制政策、科学技术普及程度，以及发展和应用技术知识的能力和水平等。

如今已逐步从工业经济时代进入知识经济时代，经济发展从依靠自然资源、矿产资源、能源和资本为主逐步转移到主要依靠科学技术。变革性的技术正对社会发生着巨大的影响，技术成为决定人类命运和社会进步的关键所在，如同经济环境一样，技术环境变化对企业的经营活动有直接重大的影响，因此，世界上成功的企业无一不对新技术的采用予以极大的重视。例如，美国高技术产业在国内生产总值中的比重约占40%～60%。

特别提示

与经济因素不同的是，当一种新技术给某一行业或某些企业带来增长机会的同时，可能对另一行业形成巨大的威胁。例如，晶体管的发明和生产严重危害了真空管行业；电视机的出现使电影业受到沉重的打击；高性能塑料和陶瓷材料的研制和开发严重削弱了钢铁业的获利能力。因此，企业要密切关注与本企业产品有关的技术和它们的现有水平、发展趋势及发展速度，不仅要关注新材料、新工艺、新设备等硬技术，而且也要关注管理思想、管理方法、管理技术等软技术。

2.2.2 特殊环境因素分析

不同的企业有不同的特殊环境。与一般环境相比，特殊环境对企业的影响更为直接和具体。对大多数企业而言，其特殊环境因素主要包括资源供应者、服务对象(顾客)、竞争对手、政府管理部门和公众压力集团。

1. 资源供应者

一个企业的资源供应者是指向该企业提供各种所需资源的人或单位。这里所指的资源供应不仅包括设备、人力、原材料、资金，也包括信息、技术和服务等，即所有生产要素的供给。对大多数企业来说，金融部门、政府部门、股东是其主要的资金供应者，学校、劳动人事部门、各类人员培训机构、人才市场、职业介绍所是其主要的人力资源供应者，各新闻机构、情报信息中心、咨询服务机构、政府部门是其主要的信息供应者，大专院校、科研机构、发明家是其技术的主要源泉。

由于企业在其运转的每一个阶段中，都依赖于供应商的资源供应，一旦主要的资源供应者发生问题，就会导致整个组织运转的减缓或中止。因此，为了使自己企业避免陷入困境，管理者必须对供应商的情况进行比较全面的了解和透彻的分析。组织对供应商管理的目的，就是确定在哪些条件下对哪些原材料可以通过自行生产来解决，而哪些需要通过外购来解决。例如，对于在中国的肯德基餐厅来说，鸡肉及土豆的供应对其正常经营来说就具有非同寻常的意义。

知识链接

供应商的分类

一般地，按照与供应商的对抗程度，可以把供应商分为两类：一类是作为竞争对手的供应商(寄生关系)，另一类是作为合作伙伴的供应商(共生关系)。

(1) 作为竞争对手的供应商，在传统的观念中，对供应商的管理意味着实现输入成本的最优化。也就是说，企业主要关心原料的价格和数量，并设法维持一种强有力的与供应商讨价还价的能力，以获得更大的收益。例如，当一个企业在对自行生产还是在开放的原料市场上购买所需资源做决策时，它实际上关心的是以哪种形式投资可获利更多。类似的问题还有，确定库存的经济批量也是为了减少库存和供应成本。

(2) 作为合作伙伴的供应商，企业可以考虑3种方案。①可以考虑与供应商签署长期合同，而不是采用间断式的购买方式，这对稳定将来的供应关系有很大的作用，它可能带来的优势是使供应者拒绝向竞争者提供货物。在许多情况下，供应商实际上也喜欢签署长期合同。在考虑将来发生的偶然事件基础上签署长期合同，并不一定会使企业丧失灵活性。②说服供应商积极地接近顾客，尤其是当企业处于下游生产过程，也就是更接近于终端用户时。帮助供应商了解顾客是有益的，它有助于供应商更好地为企业提供服务。③分担供应商的风险。例如，企业可以与供应商密切协作以改进原料、制造工艺和质量，并以此降低供应商的成本。在特殊情况下，企业甚至可以向供应商投资以促进其对新技术的采用。在必要的情况下，企业也可以与供应商联合或合资，并通过共同研究和开发来进入新的市场。

虽然上述两种类型对于帮助我们认识不同的供应商是有益的，但在实际情况下，可能没有哪一家供应商的行为完全与其中一种类型相吻合，但无论对于哪种类型的供应商，管理人员都应该具备对他们进行理性分析的能力。

2. 服务对象

服务对象或顾客是指企业产品或服务的购买者，主要包括所有出于直接使用目的而购买以及为再加工或再销售目的而购买产品或服务的个体或组织。由于企业通常都是为了满足某种顾客需要而设立的，因此顾客或消费者便构成了企业的消费市场。如果一个企业失去了其服务对象，该企业也就失去了其自身存在的基础。一个企业如果其生产的产品无人问津，就必然走向破产。作为企业，要想方设法争取更多的顾客支持，使其购买本企业的产品或服务。

组织的服务对象是影响企业生存的主要因素，而任何一个企业的服务对象又是一个潜在的、不确定的因素。对于一个企业来说，最令人不安的莫过于顾客采取了它所不期望的行为，如许多顾客突然开始购买竞争对手的产品，要求它提供更好的服务或更低的价格等。实际上，顾客采取何种行为与其讨价还价的能力有很大的关系。

特别提示

在5种情况下，顾客具有较强的讨价还价能力：

①顾客的数量少，规模大，集中度高，失去这类顾客后很难有类似的大宗交易；②顾客的转换成本较低，比较容易找到其他供应商或替代品；③产品是标准化产品，缺少差别化，且顾客对价格非常敏感；④顾客具有后向一体化的资源和能力；⑤顾客充分了解产品信息，如制造过程、成本和价格，甚至了解企业与其他竞争对手交易的时间和条件。

上面分析了影响顾客讨价还价能力的因素。但是，顾客的需求是多方面的，并且会经常改变，针对顾客的不同特点和市场环境的变化，想要成功地拥有顾客，管理者就必须深入市场，分析顾客，根据顾客需求的变化，及时推出新产品、新服务，满足顾客的要求。

3. 竞争对手

竞争对手是指与本企业存在资源和市场争夺关系的其他同类企业。任何企业，都不可避免地会有一个或多个竞争对手。这些竞争对手不是相互争夺资源，就是相互争夺服务对象。因此，竞争对手是企业的重要环境要素，由于它与企业存在资源和市场的争夺及此消彼长关系，因此作为企业必须时刻关注竞争对手的发展状况和趋势，做到“知己知彼”，才能采取正确的应对策略。

基于资源的竞争一般发生在许多企业都需要同一有限资源时，最常见的资源竞争是人才竞争、资金竞争和原材料竞争。对经济资源的竞争可能来自于不同类型的企业。而当各企业竞争有限资源时，该资源的价格就会上扬。例如，当资金紧缺时，利率就会上升，企业的运营成本就会上升。

基于顾客的竞争一般发生在同一类型的企业之间，或许这些企业提供的产品或服务方式不同，但它们的服务对象是一样的，就同样会发生竞争。例如，航空运输部门与铁路运输部门之间、铁路与公路运输部门之间就可能为争夺货源和乘客而展开竞争。

竞争也不仅限于国内，随着我国加入世界贸易组织(World Trade Organization，WTO)，国内的各类企业不仅面临着来自国内企业的竞争，而且还将直接面临来自国外企业的竞争。在这种情况下，国内的竞争对手之间有时可能会出现某种程度的联合，以对抗来自国外的竞争。

没有一个企业在管理中可以忽视竞争对手，否则就会付出沉重的代价。竞争对手是管理者必须对其有所了解并及时做出反应的一个重要环境因素。

知识链接

竞争对手的分类

我们可以将主要竞争对手分3类：现有竞争对手、潜在竞争对手和替代品制造商。

(1) 对现有竞争对手分析主要包括：①行业内竞争的基本情况分析；②主要竞争对手的实力分析；③竞争对手的发展方向分析。对一个企业的竞争实力强弱，可以用相对于行业平均水平的销售增长率、市场占有率、产品获利能力等指标加以考察。

(2) 潜在竞争对手也是潜在的行业新进入者。这些新进入者大都拥有新的生产能力和某些必需的资源，期待能建立有利的市场地位。一方面，新进入者加入该行业，会带来生产能力的扩大，带来对市场占有率的要求，这必然引起与现有企业的激烈竞争，使产品价格下跌；另一方面，新加入者要获得资源进行生产，从而可能使得行业生产成本升高，这两方面都会导致行业的获利能力下降。新进入者的进入行业的可能性大小，主要取决于两个方面：一是现有企业可能做出的反应；二是由行业特点决定的进入难易程度(包括规模经济因素、产品内在差别化特性、先入者优势3方面)。

(3) 某一行业有时常会与另一行业的企业处于竞争的状况，其原因是这个企业的产品具有相互替代的性质。替代产品的价格如果比较低，它投入市场就会使本行业产品的价格上限只能处在较低的水平，这就限制了本行业的收益。本行业与生产替代产品的其他行业进行的竞争，常常需要本行业所有企业采取共同措施和集体行动。对替代品制造商分析主要包括两方面内容：一是确定哪些产品可以替代本企业提供的产品；二是判断哪些类型的替代品可能对本行业和本企业经营带来威胁。

4. 政府管理部门

政府管理部门主要是指国务院、各部委及地方政府的相应机构，如工商行政管理局、税务局、卫生防疫站、烟草专卖局、物价局等。政府管理部门拥有特殊的官方权力，可制定有关的政策、法规，规定价格幅度，征税，对违反法律的企业采取必要的行动等，而这些对一个企业可以做什么和不可以做什么以及能取得多大的收益都会产生直接的影响。任何一个企业的经营都不可以超越法律规定之外，这是因为法规的影响不仅仅限于时间和金钱，它还缩小了管理者可斟酌决定的范围，限制了可行方案的选择。作为企业，其行为内容及方式必须符合政府的要求，同时应在尽可能多的方面取得政府的支持。

5. 公众压力集团

公众压力集团即各类非政府的社会组织，如绿色和平组织、工人联合会、中华全国妇女联合会、中国消费者协会、新闻媒体等。这些组织尽管与企业没有直接的制约和管制关系，但却同样可以对各类企业施加相当大的影响。它们可以通过直接向政府主管部门反映情况，通过各种宣传工具制造舆论以引起人们的广泛注意。例如，新闻媒体对组织的表扬或批评抑或是“曝光”，都会对企业产生很大的正面或负面社会影响，从而影响企业的形象、声誉及生存发展环境。因此，企业应与这些组织建立良好的沟通协作关系，尽可能取得他们对企业的支持。

由上可见，任何企业都不是孤立的。企业把环境作为自己输入的来源和输出的接受者，企业也必须遵守当地的法律，并对竞争做出反应。正因为如此，资源供应者、服务对象、竞争对手、政府管理部门、公众压力集团可以对某一个企业施加压力，而管理者也必须对这些环境因素的影响做出适当的反应。

管理案例

爱尔兰石油行业分析

石油行业是一个传统上由国家政府管理的典型行业，20 世纪 80 年代发生在爱尔兰的一切是在其他更多的地方所发生的各种变化中的一个典型。爱尔兰的石油行业由 4 家燃料石油公司统治，仍然保留的公司法规是为了保证一些重要产品的供应，这些产品在爱尔兰没有本地的替代品。燃料石油公司比零售商受到的经营限制少得多。同时，燃料石油公司作为新竞争者进入行业有个天然的进入点(很容易进入行业)，这个行业在竞争较少的环境中取得了很高的利润。

(1) 潜在进入者的威胁很低。由于外行业缺少如何进入石油产品交易有关的知识，因此进入市场的威胁很低。

(2) 替代的威胁很低。一直到 20 世纪 70 年代后期，爱尔兰的石油可以满足国家 70%以上的主要能源需求。但是在爱尔兰南海岸发现了天然气后，政府便逐渐建立了天然气的分销体制，到 1984 年石油被天然气占去了超过 20%的份额。

(3) 购买者讨价还价能力很低。由管制者以石油公司的成本为基础，再加上一个允许的收益即最高价。由于市场的需求很高且正在不断增加，4 家主要的燃料石油公司都按规定价格(管制价格)对其石油定价。

(4) 竞争很弱。设定的价格可以弥补公司成本，并能为交易方提供利润。石油的需求很多，但是引入天然气后需求开始下降。

可见，石油行业是竞争不激烈，利润又很高的市场。但是到了 20 世纪 80 年代，随着现货市场交易的发展，企业家们可以用比现在公司低的运营成本进入燃油行业，它会逐渐削弱政府的定价，并且当市场发生变化时会废除这些规定。最终结果是使燃料石油行业的竞争大大加剧。

(资料来源：宋克勤. 企业管理教程 [M]. 上海：上海人民出版社. 2008：72.)

2.3 内部能力分析

企业进行战略决策前不但要对所处的外部环境进行分析，同时还要对企业内部的能力进行分析，所谓“知己知彼，百战不殆”。内部能力分析的主要方法有 3 种：功能分类法、资源分类法和价值链分析。

2.3.1 功能分类法

这是比较传统的企业内部能力分析法，该方法要求按管理功能对企业活动进行分类，然后按功能类别对各项功能所包括的因素进行逐步分析。具体包括的内容，如表 2－1 所示。

表 2-1 企业功能与企业能力分类表

功能区域	企业能力
公司管理	强有力的领导能力； 公司价值观的定位能力； 公司各部门或各事业部的协调能力
信息管理	是否制定了整体的信息战略； 是否建立了有效的管理信息系统
管理控制	有效的财务控制能力； 安全控制能力； 质量控制能力
营销功能	企业的分销手段和分销渠道能力； 市场信息的完备程度和对市场的反应能力； 品牌管理及品牌促进能力； 高质量的客户服务能力
人力资源功能	企业决策结构的有效程度； 培训系统的作用； 人员的忠诚度和流动性
生产制造	规模有效的生产系统； 灵活和快速的反应能力
研究与开发	基础研究能力； 新产品的开发能力和开发速度
财务管理	企业的财务管理能力； 企业的财务结构； 企业的融资能力； 企业在公众中的财务信誉

表 2-1 中的各类功能还可以细分为不同的要素。对单个企业来说，企业分析不一定涉及表中所有功能。在不同产业中，企业的功能分析重点和分析标准也会不同，因此，功能分析时的要点在于发现那些对企业最终成功具有影响作用的要素，并对这些功能进行深入了解和把握，而不是要求企业具备所有功能，对各种功能的管理也不能采取同样的强度。

2.3.2 资源分类法

较为简单的企业资源分类法是将企业资源分为有形资源、无形资源和人力资源，如表 2-2 所示。

表 2-2 企业资源分类

资源	主要特征	参考指标
财务资源	企业自有资金和融资能力决定了企业的投资能力和资金使用的弹性	资产负债率； 资金周转率； 各项开支； 财务制度

（续）

资源	主要特征	参考指标
实体资源	企业工厂的规模、技术、位置及灵活度；企业土地和建筑的地理位置和用途；企业拥有的原材料决定着企业可能的成本、质量及生产能力和水准	固定资产的现值； 工厂的规模； 固定资产的多用途； 固定资产的折旧率
声誉	通过产品品牌、质量、与客户的关系，从而建立起在客户心目中的企业声誉，企业在其供应、金融公众、员工等心目中的声誉形象	品牌知名度； 企业经营的水平及连续性； 产品市场表现的客观评价相对于竞争产品的价格表现
技术资源	技术储备包括专有技术和专有知识，决定了企业的技术应用状况，企业技术创新的资源，包括研究设备、科学技术人员	重要专利的数量； 出让专利的收入； 研究开发人员占员工的比例
人力资源	员工的训练和专业知识决定着他们的基本能力，员工的适应能力表现了企业本身的灵活性；员工的忠诚度和奉献精神往往决定了企业维护竞争优势的能力	员工的教育和技术状况相对于该行业的员工工资水平

其中有形资源包括财务资源和实体资源，无形资源包括技术资源和声誉。

1．资源类型

（1）企业有形资源主要包括企业的财务资源和企业的实体资源。这些资源比较容易被识别和评估，在企业的财务报表中也会有所体现。通过对现有有形资源的分析，可以考虑两个问题：一是是否可以更经济地使用企业的库存和固定资产；二是有没有可能使现有的有形资产在能获得更高利润的方面被利用。

（2）企业的无形资源在企业的竞争优势中的地位越来越突出。在企业的无形资产中，企业声誉和技术资源是两个非常重要的项目。企业声誉往往与企业产品的市场地位和形象，对顾客的服务、对员工的态度相一致，随着产品和技术的差别化程度越来越小，声誉在市场竞争中的地位越来越重要。企业的技术资源特指企业所拥有的专有技术，包括专利、著作权、专有技术和贸易秘密等。

（3）企业的人力资源是企业中的特殊有形资源。它决定着企业知识结构、技术和决策能力。

特别提示

有时候，企业的技术资源究竟被企业拥有还是被员工拥有，两者之间的界限并不清晰；企业员工结合在一起能否发挥协同效应也是值得考虑的问题。

2．资源状况评价

资源状况评价主要包括 3 个方面。

（1）资源的利用情况分析。该分析的主要目的是了解企业的生产效率及资源的投入产出比率，也可以用利润和成本的比率来表示。尤其是企业财务状况和实体资源的利用分析能够有效地反映企业的效率。为了客观反映企业资源的利用情况，可将之与产业平均情况或竞争对手情况进行比较。

（2）资源的灵活性和可持续性。资源的灵活性评估是要确定一旦企业内、外部发生变化，企业需要及时对资源进行重新组合和开发新资源，以满足新需要的能力。与此相反，资源的可持续性则分析了企业资源的长期性。企业内部各项资源的可持续性是不同的：有些表现为较长的周期性，如专利品牌；而一些则表现出短周期的特征，如容易被模仿的技术或产品。

（3）资源的平衡性。资源的平衡性需要考虑业务的平衡分析。首先，这需要对企业内各项业务所处的阶段进行分析，以确定资源在各项业务之间的分布是否合理；其次，还要考虑现金的平衡性及企业是否拥有必要的现金储备来应付近期的现金需要；最后，是企业高级管理人员的平衡分析，企业的高级管理人员是否包括了企业经营中所需要的各项职能，他们所采取的管理风格与企业战略和文化是否一致，管理人员的构成是否适应企业战略的变化。

2.3.3 价值链分析

价值链分析是企业在向用户提供产品过程中的一系列活动，按时间顺序和产品实体构成的作用，划分为在战略上相互关联的活动，根据他们对企业价值的作用来理解企业的成本变化及引起变化的原因和方法。

大部分企业可被视为是一个由设计、生产、销售等价值活动组成的集合体。企业在从事经营的过程中所做的每种活动都会产生成本，当企业出售产品的价格比所有活动的叠加成本高时，企业就可以获得利润。从这个意义上看，企业的任何活动都应该是创造价值的活动。如果一个企业能以较低的成本获得更多的利润，则它们与一些高成本低利润的企业相比就具有更强烈的竞争优势。

企业的价值活动可分为基本活动和支持活动，每一类中又包括许多具体的活动，如图 2.3 所示。

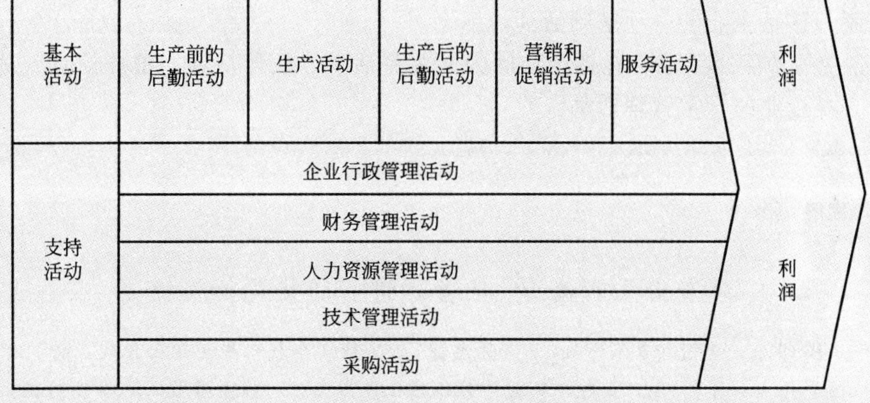

图 2.3 企业价值活动

1. 基本活动

基本活动主要包括5种。

(1) 生产前的后勤活动。企业生产经营所需的投入品和物料等经采购运送到企业后，在进入生产环节之前，需经过验收、储存、物料在场内的运输、存货控制、物料发放等活动。这些活动统称生产前的后勤活动，这些活动的有效组织将影响生产的连续性和效率。

(2) 生产活动。生产活动是将投入转换为产出的各项活动。制造企业的生产活动与服务行业的生产活动有较大差异。

(3) 生产后的后勤活动。产品在生产出来后和到达用户手中之前，需要进行储存、搬运、订货处理、运输配送、交货计划安排等。这些活动将影响企业存货水平，资金回笼能力，以及企业与用户的关系等。

(4) 营销和促销活动。这是为吸引用户购买而采取的有关活动，包括定价、广告、销售渠道建设等。

(5) 服务活动。服务活动包括产品的安装和维修，用户使用产品的培训、备件供应等。

2. 支持活动

支持活动主要包括5种。

(1) 采购活动。它的目的是获取企业经营所需要的各种资源，包括原材料、设备、劳动力等的购买活动。采购活动为企业各项活动提供了资源支持，贯穿于企业的整个价值链。

(2) 技术管理活动。企业中任何活动都含有一定的技术，因此技术开发活动服务于企业的全部活动。它既包括产品的设计，也包括价值链过程中各种活动的创造与改良。

(3) 人力资源管理活动。人力资源管理活动以人为对象，包括企业人员的录用政策，员工的晋升、激励等活动。企业中的一切活动都与人有直接或间接的联系，因此，人力资源管理是一项非常重要的工作。

(4) 财务管理活动。包括筹资管理、投资管理、营运资金管理和利润分配管理及财务分析和控制。这是企业的一项基础活动。

(5) 企业行政管理活动。包括企业的公共关系活动、法律活动、财务活动、战略计划制度等，它是企业的日常管理活动。

管理案例

惠普着手剥离PC业务，进一步优化价值链

2011年8月19日，美国惠普集团(以下简称惠普)在其第3季度财报会议上证实，将剥离PC(Personal Computer，个人计算机)生产业务，从世界第一的位置上离开。据惠普最新一季度财报：其PC业务所在的惠普信息产品集团(PSG)营收(营业收入)为95.92亿美元，占惠普总营收311.89亿美元的31%左右。一直以来惠普的解决方案部门的收入利润占比更大，但这些年PC业务逐步发展成了普通的商品，

它标准化后利润空间就小了。PC业务正在成为夕阳业务，它的销售额虽然还不错，但是利润实际上已经下降了很多。其最新一季度的PC业务营收同比下滑3%，利润率为5.9%，为惠普各业务部门利润率最低。对于惠普这艘船来说，PC业务这个沉重的锚，让惠普减速。

惠普转型，一方面大力发展打印业务，另一方面拓展软件及服务业务。惠普最新一季财报显示，其软件与服务业务利润率分别达到了19.4%和13.5%。除了计划剥离PC业务外，惠普还宣布拟以102亿美元并购英国第二大软件厂商Autonomy公司，这被视为惠普"押注"软件与服务的表现。至此，惠普将力图从侧重PC硬件的生产转向以软件研发为主的一家公司。惠普曾经力图成为全球最大的PC制造商，因此曾收购了康柏电脑公司。而现在随着整个IT产业的变革，惠普又在改变自己的业务架构。原来PC是和集成的解决方案紧密相关的，给任何一个企业提供一套全面的方案的时候，里面都要含PC。但现在PC越来越像一个标准化的商品，而且越来越向娱乐化转型，如iPad，它更多的是消费类的产品，而不完全是整合解决方案的一部分了，这个时候解决方案部门和PC部门实际上是完全不同的，基于两种完全不同的业务而进行剥离是一个很正确的选择。

现在的PC领域，微软公司、苹果公司一方面有强大的软件实力，另一方面在硬件领域"攻城略地"；而相对的，IBM则更多把精力集中在出售笔记本电脑业务上。这个产业一直以来都有相对明确的区分。做企业机或者行业机解决方案时，基本上要大而全。为了保证系统的整体质量，必须有一家公司来负责总质量，因此必须是大而全的，惠普只要集中在行业上，优化自己的价值链，未来发展机会将会很大。

此外，消费类产品的趋势要纵向细分，每一家公司只集中在自己擅长的领域，这时大而全很难做到每个层级都完全满意。以前的手机传统企业包袱太重，因此一直创新性不够，实际上是给了苹果公司一个机会，用一个从硬件到软件全都是自己做整合的产品来冲击了这个产业。但是未来的大趋势就像安卓一样，操作系统是一家研发的、手机又是另外几家生产的，然后软件又是别人生产的。未来的趋势其实是纵向细分，苹果公司的iPhone只是一个特例。

剥离战略是双赢战略，因为通过剥离，各方的价值链都得到了进一步优化。

（资料来源：http：//www.chinanews.com.）

2.4 战略分析矩阵

2.4.1 业务组合分析矩阵

1. 发展—份额矩阵

发展—份额矩阵也被称为波士顿矩阵，是由美国波士顿咨询公司发明的一种被广泛应用的业务组合分析法。该方法的基本思路是根据一个企业的相对竞争地位和业务增长率，分析各项业务对企业价值的贡献程度，由此来判断目前业务组合的合理化程度，从而决定一个企业的整体业务组合及某一特定业务单位应该采取的发展战略，如图2.4所示。

1）发展—份额矩阵的分析指标

（1）市场发展率。此指标反映了某一时期内某一特定产业市场的增长情况，可以用某一段时期内某一特定行业的市场上某种产品的目标销售增长率来表示，也可以用最近若干年内企业市场销售额或销售量的增长率来表示。需要注意的是，市场发展率指标应考虑到通货膨胀等因素的影响，尽量去除通货膨胀造成的增长率虚增。

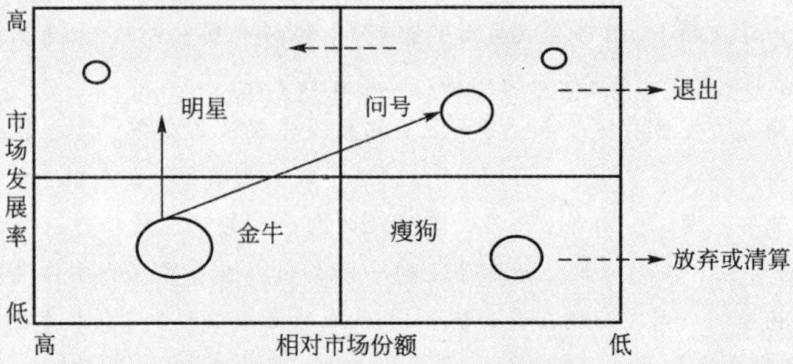

图 2.4 发展—份额矩阵

特别提示

为了确定图 2.4 中的横中线，需要综合考虑行业特征和竞争情况，通过分析竞争对手数量，对手力量的大小、市场进入壁垒等因素来制定。常用的方法是以多年的平均经济发展率指标作为市场发展率的中点。当企业某项业务的市场发展率高于平均经济发展率时，该业务被置于横中线的上方；当低于平均经济发展率时，则被置于横中线的下方。

(2) 相对市场份额。相对市场份额指标反映了企业中的各项业务在其各自市场上的竞争能力，可用企业某项业务的市场占有率来表示，但更常用的方法是用企业某项业务的市场份额与市场上最大竞争对手的市场份额之比得出。

图 2.5 中的纵中线所处的位置是相对份额为 1 的地方，即企业业务所占的份额与其最大竞争对手的市场份额相等。当相对市场份额大于 1 时，该业务被标置于纵中线的左方，这说明企业的竞争力较强；当相对市场份额小于 1 时，该业务被置于纵中线的右方，则企业的竞争力相对较弱。

特别提示

实践中，以相对市场份额为 1 的地方来确定纵中线也会有问题，因为该状态是不稳定的，因此实践中常常会以相对市场份额为 1.5 的地方作为纵中线。

2) 发展—份额矩阵结构与分析

此矩阵中，市场发展率和相对竞争地位根据高、低划分标准被分割为 4 个不同区域象限：高发展—高份额区域、高发展—低份额区域、低发展—高份额区域、低发展—低份额区域。企业的不同业务类型就分布在这些区域中，并被冠以不同的名称。

(1) 金牛类业务。这种业务所在的市场已进入成熟，发展速度比较低，因此对该业务的追加投入较少，但企业在该市场上的占有率较高，创造的现金流较多，因此金牛类业务创收高，投入少，是企业现金的主要来源。

(2) 明星类业务。这种业务的市场发展迅速，市场占有率较高，是企业业务组合中最有发展机会和获利能力的，他们代表着企业的前景。但从目前情况看，这种业务所获取收益较多，但需要投入的也多，因此现金净收益很少甚至是负数。

(3) 问号类业务。也称幼童类业务，是一种发展速度快，但目前市场占有率很低的业务。此业务的获利能力不明确，现金创造力很低，同时需要大量投入来培养，企业要根据自己的实际情况选择性地培养几个问号类业务。

(4) 瘦狗类业务。这是一种低发展、低份额的业务。其所处的市场已基本饱和，且竞争激烈，因此产业的平均利润率较低。对这种业务，企业可选择性地采取榨取或撤退战略，尽快回收资金，以满足其他业务对资金的需要。

2.4.2 发展—收益矩阵

发展—收益矩阵是对发展—份额矩阵分析法的扩展，如图 2.5 所示。

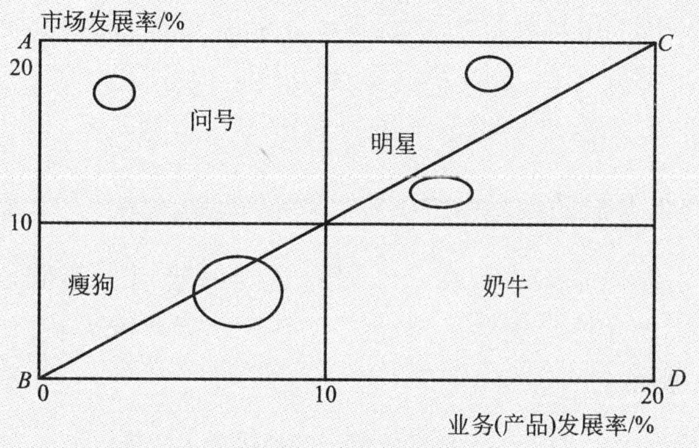

图 2.5 发展—收益矩阵

1. 发展—收益矩阵的分析指标

发展—收益矩阵的分析指标主要有 3 种。

(1) 市场发展率。这同样是反映某一时期内某一特定产业市场的增长情况的指标，它以百分比的形式在纵坐标轴上表示。

(2) 业务(产品)发展率。业务发展率指公司业务的发展与增长潜力。用百分比的形式在横坐标轴上表示。

(3) 业务销售额。业务销售额按不同业务的年销售额占企业总销售额的比例，以不同大小的圆圈标在市场发展率和业务发展率所共同决定的矩阵中。

在发展—收益矩阵中，还要计算企业所能取得的最大可能发展速度 G，其计算公式如下：

$$G=(D/E)\times(R-I)\times P+RP \tag{2.1}$$

式中，G 为企业最大发展速度；D 为企业债务量；E 为权益量；D/E 为债务量/权益量，该指标是由企业的财政政策决定的；R 为投资回报率；I 为利率；P 为留利率，反映了企业的分配政策。

当某业务的发展速度与 G 相同时，该业务标在 BC 线上方；当业务发展速度比 G 高时，标在 BC 线的下方，及 BCD 区域中；当业务发展比 G 低时，标在 BC 线的上方，即 ABC 区域。企业可以根据业务在矩阵中的位置来考虑业务的战略选择。

2. 发展—收益矩阵的结构与分析

(1) 明星或问号类业务。在图 2.5 中，处于明星区域和问号区域内的业务，其面临的市场增长快，在这种情况下，应扩大规模，提高市场占有率，如可通过降价、提高质量、扩大分销渠道、做广告等方式。总之，扩大市场，抢占份额对这些业务非常重要。当然，由于扩大规模需要资源投入，企业可选择恰当的业务支撑。

(2) 奶牛类业务。这种业务面临的市场发展趋于成熟，市场增长缓慢，而公司这种产品的占有率较高，因此，公司在这种业务或产品方面拥有一定的经验和优势。由于市场成熟，继续扩大销售的成本和风险都比较大，因此维持现有业务的经验，保持现金流收入更重要。

(3) 瘦狗类业务。对于市场发展率低，企业业务发展也低的瘦狗类业务在未来的市场发展前景黯淡。尽管此类业务的市场发展速度极快，但扩大市场份额所需的投入往往很大。因此，选择较好的方式退出，将是不错的选择。

2.4.3 业务地位—产业吸引力矩阵

此分析方法认为，各类业务的所在产业对投资者的吸引力不同，通过对产业吸引力、产业中的竞争地位的综合分析，能够了解企业业务的发展状况，由此能对业务组合进行战略性调整，如表 2－3 所示。

表 2－3 业务地位—产业吸引力矩阵

业务地位 / 产业吸引力	强(100%)	一般(0)	弱(－100%)
有吸引力(100%)	领导	能力	问号
一般(0)	领导	监管	衰落
无吸引力(－100%)	现金供应者	衰落	无希望

1. 矩阵的分析指标

运用业务地位—产业吸引力矩阵时，首先要将企业的每个业务按照一定的战略要素在坐标轴上进行定位，常用的战略要素分析指标有产业吸引力和企业业务竞争地位等要素。

(1) 产业吸引力指标。分析产业吸引力时，可综合考虑一些因素，如市场发展率、产业规模及获利能力、竞争强度、季节周期性特征、规模经济性、技术、社会、环境等因素，根据每项因素对产业整体吸引力的作用大小来决定其分数，通常描述为权数；然后对每项要素的具体表现打分，将得分值与权数相乘得出各因素的总得分。全部要素的总得分相加后，除以最大可能得分，就得到了某项业务的产业吸引力分值。

(2) 企业业务竞争地位指标。企业业务竞争优势分析就是要分析所有对企业业务优势有影响作用的因素，如业务的市场占有率、利润率、竞争力、对客户的了解程度、技术与管理等。分析过程与产业吸引力指标相类似，先要选择存在竞争优势的影响因素，然后对因素制定权数并打分，计算出全部要素的总分后除以最大可能得分，由此得到某项业务的竞争地位。

2. 矩阵结构与分析

此分析主要从产业发展前景和企业生产业务在产业中的地位来判断业务的价值，并从现金角度来分析业务对企业发展的贡献，进而帮助企业选择恰当的战略。

(1) 领导类业务。领导类业务有两类：第一类领导业务处于产业领导地位，其产品具有很强的竞争优势，如市场份额大，成本低，但由于市场发展速度快，因此需要大量的资源投入来扩大产能、提高销售，从而保持其领导地位，此种业务的净现金流入量较少；第二类领导业务是第一类领导业务的发展结果。随着产业逐步成熟，产业发展速度减慢，产业吸引力降低，此时的市场将会出现多家颇具竞争力的企业，一家企业可能无法占据绝对领导地位，而是有多家企业共享领导地位。此时，该业务为企业提高净现金的能力会提高。

(2) 现金供应者类业务。当产业继续走向成熟，其市场发展将逐步停止，产业变得不再具有吸引力，此时企业面临的竞争主要来自于现有企业较弱的竞争，潜在进入者的威胁减少。因此，企业的获利能力将大大提高，其创造的现金量超过自己需要使用的现金量。在企业的业务组合中需要较多业务处于该区域内，才能为企业的整体发展提高资源支持和现金保证。

(3) 能力类业务。当某项业务所处的产业具有较强的吸引力，但本公司的业务在市场份额和成本方面处于劣势时，为了建立或维持市场份额就需要高额的资源投入，这种业务的净现金一般为零或负值。能力类业务在公司的支持下有可能发挥成为领导类业务，否则将成为问号类业务。

(4) 监管类业务。这类业务在产业吸引力和业务地位方面都不具备明显的优势，而且市场上的竞争者往往比较多。对这种业务，应尽可能提高其净现金量。

(5) 衰落类业务。此业务分为两类：一类是因为产业吸引力丧失而导致业务的衰落。这种业务的发展前景较差，产业衰退非常明显，因此大多数企业会做出撤退决策；另一类是因为业务自身的竞争力低而导致的衰落。对这些业务来说，其所持的产业虽然衰退，但仍维持一般发展水平，但本企业该业务的竞争力非常弱，有些乐观的管理者会试图通过强化内部管理来提高业务的竞争力。但与此同时，一定要关注产业的发展趋势，如果产业衰退较快，企业就要尽快退出该业务；如果衰退比较缓慢，可以采取去分步撤退的策略。

(6) 问号类业务。这类业务所持的产业吸引力高，但业务的竞争地位较差，因此未来的发展趋势不明确。产业吸引力高会吸引新进入者进入，从而导致竞争激烈；该产业中竞争力较强的企业也会扩大投资来争夺市场，因此问号类业务不具备短期内提高现金的能力。对这种业务，企业需要做出分析，哪些值得支持，哪些应该尽快放弃，必须做出决策。

(7) 无希望业务。无希望业务所持的产业已经毫无吸引力，而业务的竞争力也不强，通常是企业的亏损业务，对这种业务，应尽快做出撤退决策。

2.4.4 产品—市场生命周期矩阵

产品—市场生命周期分析法是根据企业各项业务的生命周期阶段、业务的竞争地位等来确定业务组合的一种分析方法，如图 2.6 所示。

产品/市场进化阶段 \ 竞争地位	强	一般	弱
引进			
发展			
成熟			
衰退			

图 2.6 产品—市场生命周期分析图

在产品—市场生命周期分析图中，任何一种产品自投入市场后，将面临引进、发展、成熟和衰退的过程，在产品生命周期的不同阶段，企业采取的策略各异。图 2.6 将企业业务的竞争地位分为强势、一般和弱势 3 类，针对处于不同生命周期和不同竞争地位的业务，企业应进行分析并做出取舍。

1. 强势地位业务

强势地位业务在市场上处于领先和主导地位，通常是赢利较好的业务，具有良好的发展前景。如果该业务正处于市场的起步阶段(产业引进阶段)，一般应尽快扩大业务规模，提高业务的竞争力；如果该业务处于市场发展阶段，则需要考虑竞争局势和自身优势，强化业务的优势地位，建立成本或差异化优势；如果该业务处于成熟阶段，企业适于采取维护战略，保证业务的获利能力；当该业务进入衰退期时，就要考虑采取的恰当方式逐步退出市场了。

2. 一般地位业务

一般地位业务指企业的产品或业务尚受欢迎，但竞争力一般。当该业务市场处于引进或发展阶段时，其发展定位有两方面：一是增加投入，使之发展为强势业务；二是等市场前景良好时，用一个好价钱卖出该业务。如果该业务的市场处于成熟或衰退阶段，这种业务极容易陷入亏损局面，尽快退出将是更好的选择。

3. 弱势地位业务

弱势地位业务指市场竞争能力差的业务，通常为亏损性的。当该业务处于引进或发展阶段时，要提高该业务的竞争力需要大量的资金投入。因此，企业是否要培育这种业务，本身就是一个需慎重考虑的问题。如果该业务处于成熟或衰退阶段时，退出可能是唯一的选择。

管理案例

卡夫食品有限公司的“南海岸套餐”

在创新中蜕变——对于早在1916年即拥有无菌芝士专利的卡夫食品有限公司(以下简称卡夫)来说，推出只需5分钟微波加热的冷藏比萨和低糖健康系列的确算不上是公司发展的里程碑，但是对于首席执行官罗杰·德罗梅迪(Roger Deromedi)来说，这次的新产品是卡夫一系列策略性变革中的“探路兵”。

在肥胖问题严重的美国，消费者的食品消费观念已发生变化，一场以低热量、健康为潮流的饮食革命风靡全国。虽然只能算是健康食品领域的后进者，但卡夫却野心勃勃地推出全系列包括冷藏食物、比萨饼、麦片在内的“南海岸套餐”。卡夫预计这个系列能在今年内带来1亿美元的销售收入。

罗杰·德罗梅迪来承认，利润的增加需要在提升销售和降低成本方面取得平衡。“依靠一种突破性的产品就可以一夜暴富的神话通常只会出现在制药业。我们完全是另一种商业模式。在食品行业每年只有3种新产品能突破1亿美元的收入，而且完全取决于风险回报的表现如何。”

资料来源：《周末画报》，2005年5月28日。

2.5 战略选择模型

战略选择是企业战略管理的一项重要任务。进行战略选择时，企业可以借鉴相关的战略选择模型进行辅助分析，常用的方法有SWOT分析模型、公司战略选择模型、公司战略分类模型等。这些经验模型是集许多企业长期战略管理经验，根据战略选择的特定目标或出发点而设计的方法。

2.5.1 SWOT分析模型

SWOT(strengths，weaknesses，opportunities，threats)分析模型是一种常用的环境分析和战略选择工具。其基本目的是根据企业所面临的优势、劣势、机会和威胁这4个要素来选择公司战略。该模型认为，有效的战略能够最大限度地利用业务优势和环境机会，同时使业务弱势和环境威胁的作用降至最低。基于这个理论基础绘制的SWOT分析图，如图2.7所示。

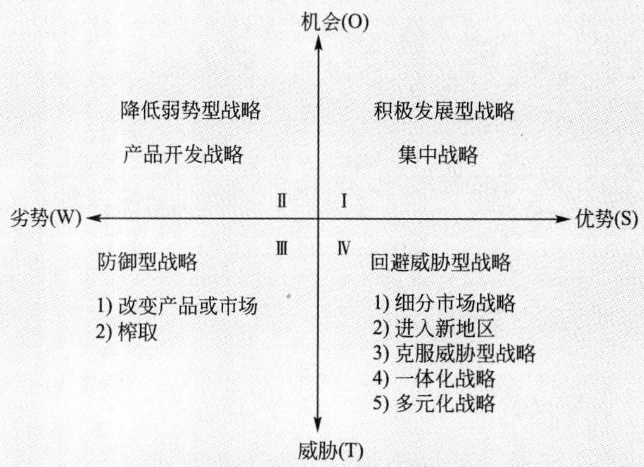

图2.7 SWOT分析图

1. 模型制作

利用SWOT模型进行战略分析时需要4个基本分析要素。

(1) 组织的优势。优势是企业所具有的、相对于竞争对手而言的优势资源或技术，这是企业独特的竞争力。

(2) 组织的劣势。劣势是影响企业经营效率的方面，或企业做得不够好的地方，如企业的设施、资源、管理、技术等方面的不足。

(3) 环境中的机会。机会是企业经营环境中出现的对企业业务发展具有重大作用的有利形势。这一机会或有利于企业的进一步发展，或能改变企业业务结构，或能改变企业的经营状况和赢利能力。环境中的机会随时会出现，它们往往不是企业所能控制的。

(4) 环境中的威胁。威胁是环境中出现的对企业经营不利的因素，如新对手的进入、消费力衰减、新技术的出现、政策法规变化等。这些因素将为企业的现有业务发展带来障碍。

这4个要素相互联系、互为影响，将上述4个方面相结合，就得到了不同的组合方式。

2. 模型分析

通过战略环境要素与组织自身能力的分析可以发现，企业可能处于4个象限中的某个象限之内。

(1) 象限Ⅰ。组织的优势与环境中的机会相对应，企业处于一个非常有利的发展局势下，必须充分利用现有资源优势来把握机会谋求大发展。

(2) 象限Ⅱ。如果企业处于劣势与机会相对应的状态下，市场环境对企业的发展很有利，但企业自身实力不强，这就需要充分认识自身的弱点所在，力求利用机会来扭转劣势。

(3) 象限Ⅲ。当处于劣势和威胁相结合的象限中，大多数企业会选择防御型战略，通过产品或市场的转移而从某些市场上撤退，通过部分地剥离或整体转型来抵御风险。

(4) 象限Ⅳ。当企业自身颇具优势，但市场状态不佳，威胁较多，企业往往倾向于利用自身优势来应对市场威胁，如通过市场策略和产品策略的调整来回避充满威胁的某个市场，通过横向一体化战略来扩大规模增加抗风险的能力，或通过纵向一体化加强产业链的协同来应对威胁。若整个产业趋于低谷走向衰退，许多企业乐于通过多元化战略来分散风险，寻找新机会。

SWOT通过外部环境和内部能力的综合分析，提出了战略选择的思路和战略框图。但是，由于环境中的机会、威胁以及内部的优势、劣势的具体表现是多种多样的，其组合方式也有多种，因此SWOT只能概略地选择战略类型，对于某些具体战略的选择，还需要进行更深入的分析。

管理案例

弗纳斯姜汁酒的细分市场战略

在现实生活中，没有一个企业能够获得整个市场，至少不能以同一种方式吸引住所有购买者，因为

购买者实在太多、太分散，而且他们的需要和购买习惯各不相同。因此，每个企业都必须寻找到最适合自己的市场，而不是试图满足整个市场。做自己擅长做的事，才能取得成功。

弗纳斯姜汁酒是一种酱色、温和的软饮料。对许多与弗纳斯公司(以下简称弗纳斯)一道长大的底特律人来说，弗纳斯姜汁酒无与伦比。他们凉着喝，热着喝；早晨喝，中午喝，晚上还喝；夏天喝，冬天也喝；喝瓶装的，也在冷饮柜台喝。他们喜欢气泡冒到鼻尖上痒痒的感觉。对绝大多数底特律成年人来说，弗纳斯那种熟悉的绿黄相间的包装带给他们许多童年时的美好回忆。

在美国的软饮料家族中，弗纳斯与可口可乐和百事可乐等“软饮料巨头”相比显得微不足道。但是，在竞争激烈的市场中，可口可乐公司为保住自己的优势每年要花费近3.5亿美元做广告，而弗纳斯只花100万美元就能顽强地存活下来。为什么呢？而且，与别的品牌的产品多样化相比，弗纳斯只有两种形式：原汁的和低热量的。可口可乐公司巨大的销售推销力量以大幅折扣和促销折让“摆布着”零售商，而弗纳斯只有小额市场营销预算，并且对零售商没有多少影响。如果你能幸运地在当地超市里找到弗纳斯姜汁酒，它通常和其他特殊饮料一起被藏在货架的最底层。

但是，弗纳斯不仅生存下来，而且繁荣兴旺！这是怎么办到的呢？弗纳斯与很多企业不同，它不是通过扩大企业规模或是延长企业战线来应付竞争，求得生存。它没有在主要软饮料细分市场与较大的企业直接较量，而是在市场中“见缝插针”，做自己最擅长的事——集中力量满足弗纳斯忠实饮用者的特殊需要。只要弗纳斯继续满足这些特殊顾客，它就能获得一个虽小但能获利的市场份额。而且，对这个市场中的“小”是绝对不能嗤之以鼻的，因为1%的市场占有率就等于5亿美元的零售额！因此，通过抓住难得的市场机会，选择合适自己的市场位置，弗纳斯可以在“软饮料巨人”的阴影下茁壮成长。

（资料来源：http：//finance. sina. com. cn.）

2.5.2 公司战略选择模型

想一想： 公司战略选择模型与SWOT分析模型有何区别？

SWOT分析模型帮助企业从环境因素与自身能力进行匹配的角度来寻求企业战略，公司战略选择模型则说明如何解决优劣势问题。公司战略选择模型的基本思路就是要克服企业在内部能力上的劣势或增加优势。但不论克服劣势还是增加优势，都需要资源的投入，因此，资源的来源便成为影响战略选择的另一个因素。

公司战略选择模型是在综合考虑“公司战略的基本目标”和“企业获得发展的资源来源”的基础上，试图克服企业的劣势或增加优势，从而保证内、外部发展的平衡。因为对于企业来说，其成功是建立在优势资源基础上的，克服劣势还是增加优势是企业提高自身竞争力所必需的。至于企业将利用内部资源还是利用外部资源来达到上述目的，则由于内部资源和外部资源的利用方式不同，导致企业实现其战略目标的根本做法有差异，如图2.8所示。

1. 模型制作

公司战略选择模型的分析建立在两项变量基础上，一是“公司战略的基本目标”，二是“企业发展的资源来源”。

(1) 公司战略的基本目标。公司发展的具体目标多样，但是，它们都不能忽视一个问题，即公司的优势和劣势各是什么。企业优势的定位和培育必须围绕公司宗旨展开。核心能力建设正成为当前理论界和企业界非常感兴趣的话题。对一个企业来说，培育独特、持久的核心能力，形成有别于竞争对手的竞争优势，已成为许多企业的发展目标。与此同

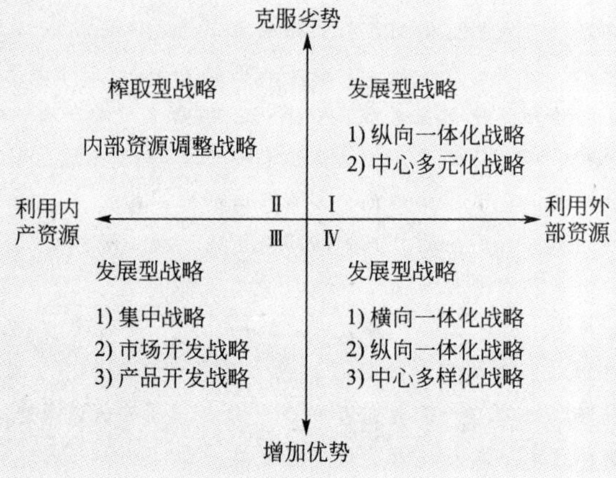

图 2.8 公司战略选择模型

时，克服劣势也是企业发展中面临的一个关键问题。当然，优势的培育与劣势的克服都需要资源投入，公司战略选择模型就是为了充分利用企业资源，以实现扬长避短的目的。

(2) 企业发展的资源来源。企业发展资源的获取途径有两个：一是通过兼并、收购或联盟合作等方式，从企业外部获取发展资源；二是通过内部资源的重新整合，实现内部资源的有效利用，从企业内部寻求发展的资源支持。这两种资源来源相互影响，当企业通过并购来获取外部资源时，同时可能带来管理上的矛盾，造成管理成本上升。而许多企业由于惯有的体制及文化影响，内部资源整合比较困难，这就需要借助外部力量或事件的推动来展开。因此，发展资源的选择，不仅要考虑资源本身，还要考虑资源结合过程中的矛盾和障碍因素以及企业应对矛盾的能力。

2. 模型分析

(1) 克服劣势。图 2.8 中，象限Ⅰ和象限Ⅱ中所推荐的方法都是为了克服企业的劣势。在象限Ⅰ中的企业试图利用外部资源来克服本身劣势，如通过纵向一体化实现产业链的延伸，可以降低企业在资源供应和顾客需求方面的不稳定性，实现降低风险的目的；通过中心多元化，可以在不偏离其原有业务的基础上开拓新产品或新领域。在象限Ⅱ中的企业的做法比较保守，它们通过内部资源的调整来改变劣势，如将资源从某些业绩较差的业务转向优势业务，削减或停止某些经营不善的产品等。

(2) 增加优势。象限Ⅲ和象限Ⅳ分别提出了利用内部资源或利用外部资源来增加优势的做法。企业的成功建立在其优势资源的基础上，如果企业拥有相当多质量好的资源，它可以通过资源的重新组合和充分利用来增加优势，如将所有资源集中于某一产品或某一市场，组织内部资源进行产品的开发与创新等。在象限Ⅳ中，企业则试图通过兼并、收购或联盟等方式来增加优势。

2.5.3 公司战略分类模型

公司战略分类模型是对发展一份额矩阵(波士顿矩阵)进行修正后提出的一种如何选择企业发展战略的方针。公司战略分类是针对现有市场进行的战略分析，并没有考虑创新战略的问题，这是因为创新战略意味着一个全新的市场，与现有市场的发展速度之间不存在必然的联系，如图 2.9 所示。

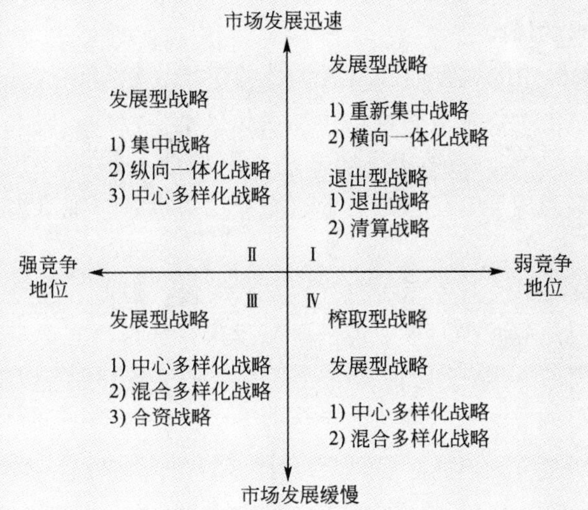

图 2.9　公司战略分类模型

1. 模型制作

公司战略分析模型采用两大类因素来分析战略选择。第一类因素是市场发展速度；第二类因素是企业竞争地位。

(1) 市场发展速度。企业经营所面临市场的发展速度不同，在公司战略分析模型中，粗略地将之分为市场发展迅速和市场发展缓慢。关于发展迅速和发展缓慢的判别可以参考发展—份额矩阵的方法。

(2) 企业竞争地位。企业竞争地位被划分为强竞争地位和弱竞争地位两类。关于企业竞争地位的判别，同样可以参考发展—份额矩阵或业务地位—产业吸引力矩阵。

这两项指标可以把企业的业务类型定位于不同的象限之中。

2. 模型分析

在公司战略分类模型中包括 4 个象限。

(1) 象限Ⅰ。该象限中的业务面临一个发展迅速的市场，但业务竞争地位较弱。这种业务面临的竞争较为激烈，因为一个快速发展的市场具有较强的吸引力，将诱导许多新企业进入，而公司的该项业务竞争力并不强，因此对这种业务，公司必须做出慎重的选择。首先，在快速发展的市场上，企业能够找到更多的发展机会。如果企业已经在此市场上竞争了很长时间，却仍未培育起竞争优势，那么，企业必须找出没有实现优势的原因，是因为企业缺乏某种竞争要素，还是缺乏规模效应，或是其他因素。其次，正因为竞争激烈，而自身竞争地位又不强，因此企业是否继续该业务，也是需要考虑的问题。企业可以选择不同方法来剥离这些业务，如清算和退出。

(2) 象限Ⅱ。该象限中业务市场发展迅速，业务的竞争又很强。这些业务处于非常有利的战略地位，企业应抓住这一有利时机，扩大产品的销售。通常而言，集中企业的资源于现阶段占据强竞争地位的业务，使之充分利用市场快速发展的机会。当企业资源较为充裕时，企业也可以考虑纵向一体化或适当的多元化，这样既可以延伸业务领域，也可以避免由于业务面过窄带来的风险

(3) 象限Ⅲ。该象限中的业务面临发展缓慢的市场，但是该业务的竞争力非常强。这种业务的现金流量大，由于该业务目前的市场增长已基本停滞，因此，继续发展本业务已无太大必要。在这种情况下，企业往往选择进入新的业务领域，走多元化发展道路。当然，最好选择那些能够利用原有优势的行业。企业还可以选择混合多样化战略，达到分散风险的目的。

(4) 象限Ⅳ。该象限中的业务面临的市场发展缓慢，但业务的竞争地位较弱。这种业务的发展希望不大，因此应减少对该业务的资源投入，选择恰当的退出策略。最好是通过榨取方式实现一定程度的退出，由此可节省资源以支持更有发展潜力的业务。

本章小结

在一个规范、有序的市场环境中，企业要想在竞争中取胜并取得长远的发展，必须有一套清晰的战略。没有战略的企业通常只能着眼于现在，为短期的物质利益而疲于奔命，最终往往是销声匿迹。企业战略一般分为拓展型战略、稳健型战略和收缩型战略 3 种。拓展型战略是采用积极进攻态度的一种战略形态，主要适合行业龙头企业、有发展后劲的企业及新兴行业中的企业选择；稳健型战略是采取稳定发展方式的一种战略形态，主要适合中等及以下规模的企业或经营不景气的大型企业选择；收缩型战略是采取保守经营态度的一种战略形态，主要适合处于市场疲软、通货膨胀、产品进入衰退期、管理失控、经营亏损、资金不足、资源匮乏、发展方向模糊的危机企业选择。

企业制定战略前，首先必须进行战略分析。战略分析的目的在于总结影响企业目前和今后发展的关键因素，并确定在战略选择步骤中的具体影响因素，它包括：外部环境分析、内部条件分析、确定企业的使命和目标。内部能力分析的主要有功能分类法、资源分类法和价值链分析 3 种。外部环境分析主要采用战略分析矩阵，主要有：业务组合分析矩阵、发展——收益矩阵、业务地位——产业吸引力矩阵和产品——市场生命周期矩阵 4 种。

战略选择是企业战略管理的一项重要任务。进行战略选择时，企业可以借鉴相关的战略选择模型进行辅助分析，常用的方法有 SWOT 分析模型、公司战略选择模型、公司战略分类模型。这些经验模型是集许多企业长期战略管理经验，根据战略选择的特定目标或出发点而设计的方法。

“好的开始就等于成功了一半。”战略的制定固然重要，但要想获得成功，战略的执行更为重要。战略执行体系一般由战略(方向)、策略(组织)、战术 3 个层次构成。

复 习 题

1. 填空题

(1) 战略环境一般分为组织________环境和________环境两大类。

(2) 经济环境主要由社会经济结构、____________、经济体制和____________这 4 个要素构成。

(3) 从影响企业战定略制定的角度来看，可分解为(　　)、(　　)、(　　)3个方面。

(4) 企业的价值活动可分为(　　)活动和(　　)活动。

(5) 较为简单的企业资源分类法是将之分为(　　)、(　　)和(　　)。

(6) 企业业务的竞争地位分为(　　)、(　　)和(　　)3类，针对处于不同生命周期和不同竞争地位的业务，企业应进行分析并做出取舍。

(7) (　　　)是企业战略管理的一项重要任务。

(8) 公司战略选择模型的分析建立在两项变量基础上，一是“(　　　　　　)”，二是“(　　　　)”。

(9) 公司战略分析模型采用两大类因素来分析战略选择。第一类因素是(　　　　　)；第二类因素是(　　　　　　)。

(10) 特殊环境因素主要包括(　　　)、(　　　)、(　　　)、(　　　)和(　　　　)。

2. 判断题

(1) 政治与法律环境对组织的影响特点是：直接性。　(　　)

(2) 宏观经济环境的好坏直接影响企业等经济组织的生存和发展条件。　(　　)

(3) 物质环境对组织与企业的生存和发展具有直接的影响。　(　　)

(4) 我们可以将主要竞争对手分3类：现有竞争对手、潜在竞争对手和替代品制造商。　(　　)

(5) 企业有形资源主要包括企业的财务资源和企业的有形资源。　(　　)

(6) 金牛类业务创收高，投入高，是企业现金的主要来源。　(　　)

(7) SWOT分析模型是一种常用的环境分析和战略选择工具。　(　　)

(8) 一个组织的资源供应者是指向该组织提供各种所需资源的人或单位。　(　　)

(9) 竞争对手是指与本组织存在矛盾和市场争夺关系的其他同类组织。　(　　)

(10) 成本领先战略属于市场渗透战略。　(　　)

(11) 滚石餐厅是通过提供“差异”服务来实现差异化战略的典型。　(　　)

(12) 任何企业只要愿意均可采用集中化的战略。　(　　)

(13) 综合多元化是直接利用新技术进入新市场实现的多元化经营。　(　　)

(14) 稳健性战略任何企业均可采用。　(　　)

3. 选择题(不定项)

(1) 组织内部环境一般包括组织文化和组织(　　)两大部分。

A. 经营条件　　B. 经济　　C. 政治　　D. 核心

(2) 顾客的需求是多方面的，且会经常改变，针对顾客的不同特点和市场环境的变化，想要成功地拥有顾客。管理者就必须深入市场，(　　)，根据顾客需求的变化，及时推出新产品、新服务，满足顾客的要求。

A. 开拓创新　　B. 满足顾客　　C. 分析顾客　　D. 调研市场

(3) 组织所面对的一般环境和具体环境的划分仅仅是相对的，二者没有明确的界限，有时是(　　)的，对不同类型或同一组织在不同时期而言，对一般环境和具体环境应做相对的和动态的分析。

A. 相互转换　　B. 相互排斥　　C. 毫不关联　　D. 相互包含

(4) (　　)是管理者必须对其有所了解并及时做出反应的一个重要环境因素。

A. 服务对象　　B. 资源供应者　　C. 竞争对手　　D. 公众压力集团

(5) 一体化战略主要包括(　　)。

A. 前向一体化　　B. 后向一体化　　C. 横向一体化　　D. 综合一体化

(6) 渗透战略主要包括(　　)。

A. 成本领先战略　　B. 差异化战略　　C. 集中化战略　　D. 多元化战略

4. 思考题

(1) 如何制定正确的企业战略，在竞争中取得成功？

(2) 如何确定企业的优势和劣势？优势和劣势是相对于什么而言的？

(3) 5种基本力量是如何影响企业战略的？

(4) 从战略管理的角度，分析企业的内部资源应从何处入手？

(5) 企业采用何种战略，主要取决于什么原因？为什么？

(6) 举出餐饮业中，基于成本领先、差异化和集中化而获得持续竞争力的公司。每项举一例(不能用书中的例子)，并说明理由。

5. 讨论题

(1) 如何分析全球化背景下中国企业的环境状况(可重点分析安徽或皖江城市带承接产业转移示范区的企业面临的经营环境，也可以分析海洋经济大发展的舟山群岛新区的企业面临的经营环境)？

(2) 战略决策者如何识别公司外部环境中的关键影响因素？

(3) 以一个具体行业为例(如汽车业或家电业)为例，探讨在这个行业中如何进行应对竞争。

(4) 企业战略如何能和营销与财务结合起来？

6. 案例分析题

西部航空公司的扩张战略

82%的市场份额，这就是加拿大航空公司的市场地位。自从2000年兼并了一家航空公司后，加拿大航空公司成为该国仅有的大型航空公司。从此，加拿大的航空产业开始饱受垄断之苦。消费者面对的是一个没有竞争者的市场，这在西方国家是十分罕见的，甚至连德国汉莎航空公司也只占有德国60%的市场份额。消费者抱怨航班座位被过度预定，办理登记时常要排长队，往呼叫中心打电话经常要等半个小时，飞往相邻省份的票价甚至比飞往欧洲还贵。最后，加拿大政府不得不鼓励低价航空公司的发展以引入竞争。议会于2000年5月通过了新的法律，界定了“滥用支配地位”的含义，并授权于管理局惩罚那些参与价格欺诈的公司。这些立法活动是在加拿大航空公司的竞争对手——西北航空公司的推动下进行的。西部航空公司是一家低价航空公司，力求在日益动荡的航空公司市场中寻求客源。

在过去20年间，加拿大先后有6家低价航空公司创办，但只有西部航空公司仍在运营。这家公司的总部设在埃尔伯塔省卡尔加里市，服务于加拿大西部的13个省，占有加拿大航空市场5%的份额。但是西部航空公司总裁史密斯(Smith)做了一项战略决策：要使公司成为一家全国范围的公司。

西部航空公司成立于1996年，在经营上模仿美国西南航空公司的战略模式。西部航空公司凭借其低票价和短途运输的战略模式获得了显著的成功。西部航空公司的票价平均比加拿大航空公司低40%，它只提供单一等级的舱位，且不提供免费供餐。旅客乘机无需机票，只凭一个确认号即可。为了削减成本，西部航空公司鼓励通过互联网销售机票，目前此项业务所售机票已占到该公司售出机票的11%。只要有可能，公司的飞机只降落在小型机场，这可以大大节约机场使用费。上述做法均与美国西南航空公司战略相同，唯一差别是美国西南航空公司的旅客是对号入座的。

正如许多这类战略所表明的，史密斯坚持使公司的运营成本保持在低水平上。此外，与美国西南航空公司一样，西部航空公司只采用一种系列飞机，即波音737，从而最大限度降低了飞行员的培训成本、飞机维护成本以及下机和登机的周转时间。为了使其雇员非工会化以使公司更有效地控制工资，西部航空公司实行了几项刺激计划，其中一项主要的刺激计划是面向所有的雇员的利润分享计划，任何雇员，只要加入公司时间在3个月以上，都可以参加此项计划。1999年的利润分享总额为400万加元。此外，70%的公司雇员参加了股票购买计划，股票分红额相当于雇员工资的20%。

史密斯简约的经营模式已收到显著效果。在成立以来的4年运营中，西部航空公司实现了稳定的增长，每位乘客的每公里收入在2000年的前4个月里增长了54%。2000年4月的平均上座率达到78%，高于1999年71%的水平。西部航空公司保持了持续的赢利记录。加拿大消费者协会的发言人指出，西部航空公司处于紧凑的运营和有效的管理状态，乘客投诉不多。但有些专家认为，史密斯进入全国市场的战略决策可能是一种冒险的赌博，航空运输业不是那种能承受多次失败的行业，西部航空公司的胜败在此一举。为了适应面向全国的扩张，西部航空公司又订购了20架波音737客机，这些飞机将在未来的8年里陆续交付。此外，公司还会租10架飞机。与此同时，西部航空公司的竞争对手加拿大航空公司，在2000年也启动了它的低价航班业务，专门服务于西部航空公司占据的加拿大西部的市场。虽然一些产业分析师认为，工会化的加拿大航空公司要达到非工会化的西部航空公司的成本结构绝非易事，但也有人认为，西部航空公司扩张过度，其扩张速度超过了它服务区域的市场需求的增长速度。

（资料来源：斯蒂芬·罗宾斯. 管理学[M]. 北京：中国人民大学出版社 . 2006：223.）

讨论题

(1) 请利用产业环境分析法对西部航空公司的外部市场进行分析。

(2) 请利用内部分析法对西部航空公司进行分析。

(3) 如何看待西部航空公司的全国扩张战略？你会给史密斯什么建议？

第3章　技术创新管理

学习目标

通过本章学习，学生应当能够达到以下方面要求。

识别和定义

技术创新

技术创新战略

技术创新能力

知识产权

描述或解释

产品创新和工艺创新

自主创新和模仿创新

技术创新团队的组织

技术创新能力的评价

技术创新中的知识产权保护

导入案例

“苹果”的创新

在2008年5月出版的美国《商业周刊》名为“最具创新企业”的封面文章中，公布了一年一度的全球创新企业排行榜。依靠革命性的iPhone一举杀入手机市场的苹果公司(以下简称苹果)连续4年排名榜首。苹果成功的秘诀是什么？就是在一套严密的产品研发体系下运用正确的产品研发方法与工具，并能将技术转化成为消费者所渴望的东西。

1. 苹果的产品创新体系——从10到3到1

对于任何一项新的设计，苹果的设计师们首先要拿出10种完全不同的模拟方案。这并非让其中有7个方案衬托剩下的3个方案的优秀。他们首先要求10个方案，是希望设计师们有足够的创新空间，在没有限制的情况下进行开放式创新。然后他们会从中挑出3个，再花几个月的时间仔细研究这3个方案，最终决定得出(不一定是选出)一个最优秀的设计方案。企业要创造卓越的产品，除了资本、技术和人才外，更需要卓越的产品创新与管理体系，这个体系的建立依赖于企业战略、组织、文化和流程各个层次在内的企业产品创新平台。

2. 苹果的产品创新方法——两次设计会议

设计团队每周会有两次会议。一次是头脑风暴会议，这个会议要求成员完全不受任何的条件限制，自由地思考，进行自由创意；另一次是成果会议，即产品的创意筛选，这个会议与前一次的会议正好相反，设计师和工程师必须明确每一件事情，前面疯狂的想法是否可能在实际中应用。尽管在这个过程中，重心已经转移到一些应用的开发和进程上，但团队还是要尽量多的考虑其他各个应用的潜在可能性。即使到了最后阶段，保持一些创造性的想法做后备选项也是非常重要和明智的。

3. 苹果的团队创新文化——“小马驹”会议

有时候设计和工程团队总在说他们自己认为应该是什么样的，这可能使他们被某一些假象误导了。解决的办法就是将设计团队每周两次会议上最好的几个想法交给领导层，由他们决定哪个想法是他们渴望已久的“小马驹”。领导层对哪一个设计方案能够胜任，心里很明白，对下一步的工作也有绝对的话语权，这就确保了苹果产品线不会出现低级的错误。

苹果的产品创新绝对是针对团队的创新体系，是运用科学的创新方法下集体智慧与团队团结创新的结果，不会是某一个设计人员、某一个市场人员、某一个领导的创意。史蒂夫·乔布斯(Steve Jobs)在团队中引入了凝聚力和纪律观念。强大的凝聚力促使苹果具有了创造功能简化产品的独特能力。在省略了很多民主议程之后，苹果呈现给世人的产品也因此简洁而独具特色。

(资料来源：http：//www. ufida. com. cn/viewpoint/theme. aspx? id＝39)

3.1 技术创新概述

技术创新是企业生存和发展的源泉所在，是企业不断获得竞争力的关键。因此经济学家克拉克(Clark)说“不创新就死亡”。企业从事一项技术创新，如新产品的开发，短则几年，长则十几年，甚至数十年，耗资几十万甚至数十亿，并且需要大量的人力和物力资源。可见，企业技术创新不是简单的科研项目，而是复杂的系统工程。

3.1.1 技术创新的含义

想一想：什么是技术创新？技术创新有哪些特征？

“创新”这一概念是著名经济学家约瑟夫·A. 熊彼特(Joseph A. Schumpeter)于1912年在其著作《经济发展理论》中首先提出的。他把创新定义为企业家实行对生产要素的新的组合，包括“引入一种新产品或提供一种产品的新的质量；采用一种新的生产方式；开辟一个新市场，获得一种原料或半成品的新来源，实行一种新的企业组织形式。”① 熊彼特的创新包含的范围很广，涉及技术性变化的创新及非技术性变化的组织创新，他始终将技术创新作为一个新的独立变量来考查其对经济增长以致社会变迁的影响作用，而没有对技术创新本身进行专门的研究。

特别提示

熊彼特是一位有深远影响的奥地利经济学家，其后移居美国，一直任教于哈佛大学。“创新”概念最先由熊彼特于1912年在《经济发展理论》一书中提出，并形成了以“创新”为核心概念的经济学理论——“创新”理论。后来熊彼特的“创新”理论被他的追随者发展成为当代西方众多经济学理论的两个分支——以技术变革和技术推广为对象的“技术创新”经济学，以制度变革和制度形成为对象的“制度创新”经济学。

在熊彼特之后，人们继续对技术创新做出了种种不同的解释，比较有代表性的解释，如表3-1所示。

表3-1 对技术创新的多种解释

学者	观点
J. L. 伊诺思 (J. L. Enos)	技术创新是几种行为综合的结果，这些行为包括发明的选择，资本投入保证，组织建立，制订计划，招用工人和开辟市场等
美国国家科学基金会 ((National Science Foundation)NSF)	技术创新是一个复杂的活动过程，从新思想和新概念的开始，通过不断地解决各种问题，最终使一个有经济价值和社会价值的新项目得到实际的成功应用
C. 弗里曼 (C. Freeman)	技术创新是技术的、工艺的和商业化的全过程，其导致新产品的市场实现和新技术工艺与装备的商业化应用
经济合作与发展组织	技术创新包括新产品和新工艺以及产品和工艺的显著的技术变化。如果在市场上实现了创新(产品创新)，或者在生产工艺中应用了创新(工艺创新)，那么就说创新完成了。因此创新包括了科学、技术、组织、金融和商业的一系列活动
柳卸林	技术创新是指与新产品的制造、新工艺过程、设备的首次商业应用有关的技术的、设计的、制造的及商业的活动
傅家骥	技术创新是企业家抓住市场的潜在赢利机会，以获取商业利益为目标，重新组织生产条件和要素，建立起效能更强、效率更高和费用更低的生产经营系统，从而推出新的产品、新的生产(工艺)方法、开辟新的市场、获得新的原材料或半成品供给来源或建立企业新的组织，它是包括科技、组织、商业和金融等一系列活动的综合过程。

① 金吾伦，等. 当代西方创新理论新词典［M］. 长春：吉林人民出版社，2001：116-117

由表3 1可以看出技术创新不仅仅是一个技术的概念，更是一个经济的概念，因此它的关键不仅在于研究与开发，而是更注重研究与开发成果的商业化实现，这个过程的本质就是通过对创新资源的整合而获取利润。整合的技术创新就是企业家对企业内、外资源的不断整合，通过内、外资源的相互作用提高产品质量，改进工艺，推出新产品、新工艺并实现产业化的过程。

特别提示

技术创新不等于发明创造，技术创新也不等于基础研究。

3.1.2 技术创新的特征

1. 高风险性

技术创新活动涉及许多相关环节和众多影响因素，从而使得创新的结果呈现随机性，这意味着技术创新带有较大的风险性。事实上，许多企业的产品开发成功率往往都较小，即使在西方发达国家，如美国，企业产品开发成功率也只有20%～30%。在国外，还有人对91项技术创新进行了调查，结果如表3-2所示。其中，成功的项目为29项，约占总数的1/3；而失败的项目为62项，约占总数的2/3。

表3-2 91个研究项目成功与失败情况

项目	调查的研究开发总项目	成功的项目	失败的项目	
			技术性失败	非技术性失败
总数/项	91	29	15	47
比例	100%	32%	16%	52%

技术创新是一项高风险的活动，是因为技术创新需要相应的投入，而且这种投入有时不只局限于技术的研究开发阶段，还可能延伸到生产经营和市场营销阶段，如投资生产设备，培训生产工人，开辟营销网络等。这些投入能否顺利实现价值补偿，则受到许多不确定因素的影响，既有来自技术本身的不确定性，也有来自市场、社会、政治等的不确定性，这就可能使技术创新的投入难以得到回报。

2. 并行化

技术创新的并行化不仅体现于企业在内部对技术创新元素做同步化安排(如设计开发、制度组织、制造工艺和营销服务等的并行化)，而且还逐渐扩展到企业外部创新元素及影响因素的同步化安排(对技术发展预测、利用外部资源的比较优势进行人才培养、合作研发、生产、销售等)。

3. 高投入性

一项技术创新活动，从研究开发到市场实现，其中包含的环节很多，所花费的人力、物力、财力巨大，可以说，技术创新活动的每一阶段都需要一定数量的资本投入作为保证，否则很难甚至无法实现预期的创新目标。而且创新的技术强度变动越大，所需的投入强度也就越高。同时，伴随着现代技术的发展，学科之间的交叉与渗透日益广泛，创新的投入强度还将进一步提高。因此，高投入已成为技术创新的一个显著特征。

4. 可持续性

持续的技术创新能力已成为企业成长的重要保证。缺乏持续创新能力和以此为基础的企业核心能力，即使凭侥幸成功完成一次或数次技术创新战略，最多只能获得短暂的优势，而无法保持较长时期的竞争优势。

管理案例

海尔的技术创新

海尔集团目前拥有1个国家级技术研发中心，5个综合研究中心，8个全球设计中心。为建立国际领先的前沿技术研究载体和人才培养基地，确保国家在数字化家电领域国际领先的竞争力，抢占家电核心技术的制高点。2006年年底，海尔集团成立了中国唯一的"数字化家电重点实验室"，2008年又建立了数字家电领域唯一的工程实验室——"海尔数字家庭网络国家工程实验室"，形成了最完备的数字家电的研发和产业化基地。

海尔集团目前拥有研发人员6823名，拥有外聘的两院院士7人，国家有突出贡献的中青年专家1人，享受国务院政府特殊津贴人员10人，泰山学者3人，省市级拔尖人才20多人，并建成了山东省唯一的海外高层次人才创业创新基地，强大的研发团队是科技开发及创新的坚实基础。

海尔集团长期的技术沉淀取得了累累硕果：已累计申报专利8795项，其中发明专利2261项；已累计主导和参与中国国家标准215项，其中172项已经发布，并有10项获得了国家标准创新贡献奖，参与行业及其他标准441项，是参与国际标准、国家标准、行业标准最多的中国家电企业，也是唯一进入了国际电工委员会(IEC)管理决策层的发展中国家家电企业代表；累计获得国家科技进步奖11项，承担国家国家高技术研究发展计划(863计划)项目13项，承担国家科技支撑计划项目5项，承担自然科学基金1项，是首家承担自然科学基金的家电企业。

（资料来源：http：//hea. yidaba. com/200912/031631081002100100020885890 _ 2. shtml)

3.1.3 技术创新的类型

1. 按技术创新的内容分类

想一想： 产品创新和工艺创新有哪些差异？

(1) 产品创新。是指首次上市的、从未出现过的产品或对现有产品进行了十分显著的改进。电子计算机的出现属于前者，而多媒体技术则是综合了计算机、电视机、音响等多种技术，是对原有技术的重大改进，属于后者。任何一个企业的生存与发展都有赖于新技术的采用和新产品的生产，产品的创新能力直接影响着一个国家或企业的科研实力和市场竞争力，因而各方面始终都对产品创新给予高度重视。

(2) 工艺创新。是指研制和采用新的生产方法或对原有生产方法的改进，这些方法可能包括生产设备的更新、生产组织的改革或两者兼有。这是在生产过程中的一种技术创新，因此也被称为过程创新。工艺创新有利于改进产品质量、降低产品成本和提高劳动生产率，增加产品的综合竞争能力。

特别提示

对于一个企业而言，推出一项新的或改进以后的产品常常伴随着工艺上的变革；而某些企业的产品创新，又能引发其他企业甚至行业的工艺创新。例如，数字化电视机是伴随着电子技术工艺在其生产过程中的应用而出现的，没有工艺创新，就不会有产品创新；计算机激光汉字照排系统是北大方正集团有限公司的重大产品创新，对于印刷行业则是一项重大的工艺创新，它使流传已久的排字技术发生了根本的变革。

产品创新和工艺创新也存在较大的差异，如表3-3所示。

表3-3　产品创新与工艺创新的差异

产品创新	工艺创新
制造产品的差异化	降低企业的成本
一般是独立于组织系统实施的	通常伴随着组织结构和管理系统的重大变革
成本费用通常通过产品的销售收入很快得到价值补偿	成本费用多数情况下是通过折旧、生产率提高后得到价值补偿
在产品随生命周期的成长变化中，产品创新的频率由高到低递减。在开发初期，产品创新频率高于工艺创新频率	在产品随生命周期的成长变化中，工艺创新的频率呈峰状延伸。当批量化生产后，工艺创新成为主导，并依靠工艺创新局部改进产品，从而推动同一类型下产品的多样化、专用化

(3) 服务创新。是指新的设想、新的技术手段转变成新的或者改进的服务，如电子银行、电子邮政、电子商务等。在近30年间，科技与经济的迅速发展使产业结构发生了重大变化，以信息产业为代表的服务业——第三产业迅速崛起。在大多数发达国家，第三产业在国民生产总值中所占的比重已超过第一、第二产业的总和，在一些发展中国家第三产业也是三分天下有其一，因此，应该对服务创新给予更多的关注。

(4) 组织创新。是指涉及生产组织方式和相应的生产关系的变动，是制度安排上的一种变革。组织创新有着十分广泛的含义，涉及政治学、经济学、管理学、法学等各个领域。道格拉斯·C. 诺斯(Douglass C. North)等人的研究表明，组织创新对经济绩效和行政绩效的影响越来越大，它有时直接体现为制度安排。

特别提示

诺斯是制度变迁理论的主要代表。他的著作主要有《制度、制度绩效与经济增长》，由于建立了包括产权理论、国家理论和意识形态理论在内的“制度变迁理论”，获得1993年诺贝尔经济学奖。

2. 按技术创新的重要性分类

(1) 渐进性创新。是一种几乎存在于所有工业和服务活动之中，主要依靠需求压力和技术机会持续不断地推动技术发展的创新活动。它可以是研究与开发项目的结果，但更常出自直接从事生产或服务的工程师、工人或用户的研发。通常所说的技术革新多属渐进性工艺创新；而渐进性产品创新是指对现有产品经过改进，使其性能得到显著的增强或提高的创新。这可以采取两种形式：一种是简单产品通过使用更高性能的组件或材料来提高性能或降低成本，如用塑料代替金属来生产厨房设备；另一种是由多个系统组成的复杂产品，通过对系统的一个部分做改进来达到整个系统的创新，如在小汽车的制动系统中引入电子技术。渐进性创新虽然没有技术上的重大突破，但其经济上的重要性却不可低估。由于这种创新常常伴随着企业和设备规模的扩大以及产品和服务质量的改进，大大提高生产效率，因此有人又称之为增量技术创新。

(2) 根本性创新。一般是指企业、大学和政府的研究与开发部门经过深思熟虑的研究和开发活动的结果。一般来说，这是一种不连续的活动，其特点是在技术设想上有新的突破。一旦实现了创新，就将开拓新的市场或者使现有产品的成本或质量得到巨大的改善。它常伴有产品创新、工艺创新和组织创新的连锁反应，可在一段时间内引起产业结构的变化。但它的经济效益需要通过随后的大量积少成多的渐进创新和扩散才能真正实现。例如，真空管被半导体代替就属于这类技术创新，同时改变了人们的思维方式和应用方式，对产业变革产生巨大影响，会“摧毁”一个旧产业(如真空管产业)，创造一个新产业(如微电子产业)。

想一想：根本性创新的产生需要哪些条件？

3.1.4 技术创新的要素

想一想：技术创新的要素有哪些？这些要素如何相互作用？

技术创新的4要素：机会、环境、支持系统和创新者。创新者一般是指企业家。在我国，创新者除了企业家外，还可以是科研单位负责人，政府计划管理人员等。这些创新者根据市场需求信息与技术进步信息，捕捉创新机会，通过把市场需求与技术上的可能性结合起来，产生新的思想。新的思想在合适的经营环境与创新政策的鼓励下(包括合理的价格、公平的竞争环境、对技术创新的鼓励政策等)。利用可得的资源(包括资金、科技人员)和内部的组织功能(研究开发、试生产、设计和生产、营销)，从而发展成技术创新。这4要素是创新活动得以开展的必不可少的因素，而其中创新者是最重要的因素。这些要素的相互作用，如图3.1所示。

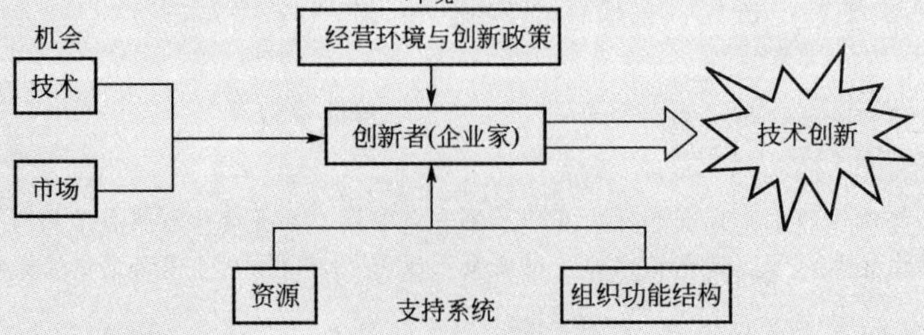

图 3.1 技术创新要素图

3.1.5 技术创新与产品生命周期

技术创新具有随时间而变化的动态特征，这种动态变化与产品生命周期和竞争环境变化有关，也与技术创新的过程模式有关。

想一想：技术创新随产品生命周期的阶段不同会呈现怎样的特点？

产品生命周期一般划分为4个阶段：引入期、发展期、成熟期和衰退期(或淘汰期)。如图3.2所示。

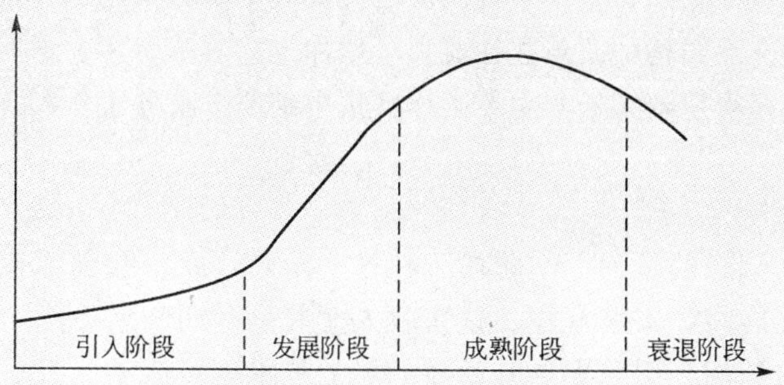

图3.2 产品生命周期图

1. 引入阶段

引入阶段是指将新产品引进市场的阶段。这个阶段是从产品开发和产品创新开始，一直延续到制造量到达一定的(较高的)数量。一定的(较高的)数量是指销售曲线开始迅速上升的数量值。

新产品生命周期的开始或是由于重大创新的出现，或是由于对产品的重大改型。一个重大的创新往往具有影响人们生活方式的潜在力量，如汽车和计算机的产生以及冷冻食品的出现，均引起了人们生活方式不同程度的变革。创新产品的首次应用，往往局限在非常狭窄的范围内，这时，原有技术已显得不适用了。同原有产品相比，在产品生命周期的早期，创新产品往往具有成本高、可靠性差和性能不稳定等缺陷。初期引入的创新产品往往还不完善，因而必须充分利用用户和顾客及时反馈的信息对新产品进行改进。在这个阶段中，研究与开发工作要瞄准市场需求与技术要求，要开发新知识和运用现有知识去改进产品的功能和特性。

2. 发展阶段

产品标准化和工艺过程合理化，是产品生命周期进入发展阶段的标志。从技术创新角度来看，发展阶段是从产品创新向工艺创新过渡的阶段。在这个阶段里，产品销售量开始急剧上升。在发展阶段，工艺创新比产品创新处于更加重要的地位。一方面，由于产品结构已渐趋定型化，有可能在工艺方面进行创新与改革。另一方面，市场竞争已从性能方面转向价格方面，因此必须在工艺与生产组织方面为降低成本创造良好条件。在这个阶段，企业开始加强产品与制造过程间的相互依存关系，做好产品定型设计与标准化是企业重要的工作内容。

在发展阶段，研究与开发工作的重要性大大提高。只要决定了企业核心技术和调查了市场需要，便可在这方面进行大量投资。但是为了长远的技术发展与储备的需要，在基础研究上应该保证一定的力量，这一点对企业长远发展十分重要。

3. 成熟阶段

进入成熟阶段以后，产品销售量基本稳定，产品已经标准化，产品创新与工艺创新数量都已减少而趋于稳定。由于对畅销产品的竞相仿造，同类产品相继进入市场，价格成为竞争焦点。企业除了努力降低成本外，还应努力减少运输费用，并努力改善服务质量。

在成熟阶段，企业产品制造过程是高效率的，采用各种高效率的加工设备与运输装置，机械化与自动化程度大大提高，生产系统的灵活性大大下降，产品结构与工艺上的相互依赖性进一步增强，一种产品结构的改革往往要大量增加工艺改革费用。这时，研究与开发工作已不如上两阶段那样显得重要了，其主要工作已集中到技术服务工作和工艺改进方面。

4. 衰退阶段

衰退阶段是技术创新的最后一个阶段。在这一阶段，原有的创新技术已经相对不再先进，甚至已经落后。同时，市场规模、销售收人尤其是利润开始下降，但其成本呈上升趋势。这时，企业又重新回到引入期，开始新一轮的技术创新活动。

从以上分析可以看出，在整个产品生命周期中，产品创新与工艺创新都在有规律地变化。要使产品创新和工艺创新能在有计划地进行，企业必须在整个产品生命周期的各阶段进行相应的组织调整与改革，并且按照产品生命周期不同阶段制定相应策略。

3.2 技术创新战略

3.2.1 技术创新战略定位

想一想：企业为何要做技术创新战略定位？与普通的战略定位相比，技术创新战略定位有哪些特点？

技术创新战略定位是指企业按照市场需求和企业目前的技术条件，根据技术创新能够给企业带来更多效益的重要属性定义技术创新的方法，或者说是根据市场需求和企业目前的技术条件，找出一种现有的、具有潜在优势的技术进行创新或者直接应用技术手段开发出一项能为企业带来更大效益的新技术。

根据技术发展方向、技术水平的应用范围，也可以认为技术创新战略定位有 3 种基本思路：①从已出现的科学发现、技术发明出发，寻找可能的市场；②从已有的或潜在的市场需求出发，开发新技术或应用已有技术，创造新的适合需要的产品，这种思路在企业运用得较为广泛；③上述两种思路的组合，在新技术出现的时期，在预计的潜在市场的指导下，选择相应的技术路线进行研究和开发。

3.2.2 技术创新战略目标

技术创新战略目标是对技术创新战略指导思想的进一步具体、明确的解释，其构成了技术创新战略的基本内容，反映了企业在一定时期内技术创新活动的方向和所要达到的水平。它既可以是定性的，也可以是定量的。在此考虑到技术创新战略层次的变化，对技术创新战略的实施期望结果加以总结，无非有两种：一是经济效益攀升，二是长期获取经济效益的能力即核心技术能力的提高。进而，可将企业技术创新目标分为两类：技术目标和经济目标。技术目标具体包括对现有产品和工艺的根本改进、对现有产品的渐进创新、采用别人开发的技术、对率先创新者的模仿等。经济目标具体包括：市场份额、产品质量与上市和效益。从依存关系来看，经济目标是核心，技术目标的制定是为了实现经济目标，技术目标的不断实现确保了经济目标实现的持久性，经济目标的实现为下一步技术目标的实现奠定了基础。

特别提示

企业在确定自己的技术创新战略目标体系的过程中，在考虑资源与目标的匹配程度的同时，还要考虑发展阶段与目标的匹配程度，这里的发展阶段指企业的发展阶段以及产品、技术的发展阶段等。

3.2.3 技术创新战略模式

技术创新战略模式有自主创新和模仿创新两种方式。

1. 自主创新

1）自主创新的含义

自主创新是指企业通过自身的努力和探索产生技术突破，攻破技术难关，并在此基础上依靠自身的能力推动创新的后续环节进行，完成技术的商品化，获取商业利润，获得领先优势的创新活动。自主创新战略是指以自主创新为基本目标的技术创新战略。

想一想：企业实施自主创新战略应该注意的问题？

2）自主创新的优势

(1) 有利于确定企业的行业领袖地位。

技术突破的内生性有助于企业形成较强的技术壁垒。一方面，这是创新技术本身的特性造成的，另一方面，这种技术壁垒还可通过专利保护的形式而加以巩固，进一步从法律上确定自主创新者的技术垄断地位。因此，自主创新企业能在一定时期内掌握和控制某项产品或工艺的核心技术，在一定程度上左右行业或产品技术发展的进程和方向。借助专利保护，自主创新企业可自己确定是否转让其核心技术，以及向谁转让，何时转让，转让到何种程度等。

管理案例

自主创新　巩固地位

美国杜邦公司通过对人造橡胶、化学纤维和塑料3大合成材料的自主创新，牢牢地占据了世界化工原料市场，推出和控制了合成橡胶、乙烯、尼龙、的确良和塑料新产品等一系列有重大意义的化工新产品，引起了世界汽车业和服装业等行业的深刻变化，在依靠这些新产品获得巨额利润的同时，也大大增强了自己公司在化工领域中的领袖地位。

(2) 有利于建立企业核心能力。

在生产制造方面，自主创新企业启动早，产量积累领先于跟进者，能够优先积累生产技术和管理经验，较早建立起与新产品生产相适应的企业核心能力。因此，自主创新企业能先于其他企业获得产品成本和质量控制方面的竞争优势。

特别提示

企业产品单位成本与其积累产量之间呈负相关关系，即在同样生产环境下，先行者生产成本较跟随者低。在激烈的市场竞争中，有时产品成本的微小差别往往会对竞争胜负产生重大影响。

(3) 有利于确立企业在市场上的独占性垄断地位。

自主创新企业一般都是新市场的开拓者。在产品投放市场初期，自主创新企业将处于完全独占性垄断地位，可获得大量超额利润。通过转让新技术专利和技术诀窍，自主创新企业亦可获得可观收入。由于自主创新企业在技术方面的率先性，其产品标准和技术规范很可能先入为主，演变为本行业或相关行业统一认定的标准，迫使后来者纳入到该标准技术规范中来，成为自主创新企业的跟随者。

管理案例

华为的自主创新

2011年公布的中国民营企业500强，华为技术有限公司(以下简称华为)首次入榜，即以1852亿元的营收名列第一。这个成绩，在今年世界500强排名中排在第352位，更难能可贵的是，1800多亿元收入中有超过65%来自海外。在竞争激烈的通信设备行业中，华为已经成功超越了诺基亚-西门子网络公司、阿尔卡特-朗讯公司、摩托罗拉公司等行业巨头，成为全球第二的电信设备制造商，距离世界第一爱立信公司仅一步之遥。

华为是如此成功，以至于在众多“中国制造”中显得有些“另类”。不少企业老总感叹现在制造业利润“薄得像刀片”，华为却在去年实现了200多亿元的净利润。不少中国企业的海外拓展步履蹒跚——除了几家挖煤开矿的企业，断臂求生者，折戟沉沙者，退守国内者大有人在。华为却在全球市场不断攻城略地，从门槛极高的欧洲市场到第3世界国家市场“通杀”，中国已经“降格”成为它的全球9大区之一。

华为为什么能取得成功？答案是自主创新。华为作为中国创新型企业的标杆，以技术立企，全球11万名员工中研发人员超过5万人，每年研发投入资金的比例都不低于营收的10%，华为的国际专利数占到全国所有企业的近3成。强大的研发能力让华为掌握了世界领先的核心技术，加上其“农村包围城市”的营销战略和低廉的价格与优质的服务，让华为从一个电信设备行业的追随者、模仿者成功变成了引领行业发展方向的领导者。在模拟交换机到程控交换机的技术范式转变过程中，华为跟随外国先进技术，以模仿创新为主，在国内市场和部分发展中国家市场占据了优势地位。但这种地位与任正非(华为总裁)提出的世界一流通信设备制造商的目标差距甚大，华为必须在全球通信设备主流市场占有优势才行。

机会来临了，3G(第3代移动通信技术)通信设备又是一次技术范式的转变。华为早有准备，与外国巨头同步研发，并且倾其全力。当技术和产品可商用，中国的3G市场并未启动时，华为将目标市场定在美国和欧洲。在美国市场，华为受到思科系统公司的全力阻击。华为把欧洲市场作为重点，利用自身的技术优势逐渐打开并占领市场，取得了较为有利的市场地位。华为在3G上的倾尽全力曾招致过“战略失误”的嘲笑，但华为始终认定：“传统产品的市场格局很难改变，只能在新增市场上争夺一席之地。”整整10个春秋，华为在3G研发上累计投入超过50亿元，投入研发人员近6000人，在美国、瑞典、印度和俄罗斯等国设立了多个研发中心。目前，他们的奋力追赶终于有了可观的回报，华为已拥有2700多项3G专利，其中94%为发明专利。由于掌握了核心技术，使华为用很短的时间，在荷兰、美国、阿联酋、马来西亚等国家部署了11个3G商用网络，2005年4月底入选英国电信公司未来5年优先供应商，第一次站到了由爱立信公司、思科系统公司、西门子股份公司等7家跨国巨头组成的顶级供应商行列。

（资料来源：国企躺着也赚钱 华为还想自主创新么？大众日报 2011-9-13）

3）自主创新的劣势

（1）高风险性。通常，新技术领域的探索都具有较大复杂性，因此要求企业必须具备雄厚的科研开发能力，需要巨大的人力、财力、物力的投入，同时研究与开发产出在时间上又是高度不确定的，短则数月、数年，长则几十年，因此创新主体面临较高风险。而且这种风险是由单个企业承担的，因此自主创新中的财务风险、技术风险和市场风险较高。事实上，自主研究与开发的成功率是相当低的。根据美国著名经济学家埃德温·曼斯菲尔德(Edwin Mansfield)对美国3家大公司自主创新的调查分析，60%的创新项目通过研究与开发能获得技术成功，只有30%的项目获得商业上成功，而最终只有12%的项目给企业带来经济收益。

（2）自主创新的生产成本较高。在生产方面，自主创新企业一般较难在社会上招聘到熟练的技术工人，而必须对生产操作人员进行必要的特殊培训，并帮助相关生产协作单位提高生产技术能力。此外，新工艺和新设备可靠性的风险也必须由自主创新企业承担，这在一定程度上增加了生产成本和质量控制风险。

（3）自主创新产品的市场开发成本较高。在市场营销方面，自主创新企业需要在市场开发、广告宣传和用户使用知识普及等方面投入大量资金，努力挖掘有效需求，打开产品销售局面。由于这种广告宣传对用户所起的作用在很大程度上是一种新产品概念和消费观念导入，因此其投入具有很强的外溢效果，即相当部分的投资收益将由模仿跟进者无偿占有。

知识链接

市场沉默期

在自主创新推出的诸多产品中，虽不乏市场期盼已久，一上市就能引起轰动的产品，但大部分产品都必须经历一个被用户逐步认识，逐步战胜替代品的过程，其性能和价格要为用户接受也需一定时间。这个过程有时需要数月，有时则长达数年或数十年，这种“市场沉默期”往往会使自主创新企业陷入困境，甚至因资金无法收回而破产。几种创新产品的沉默期，如表3-4所示。

表3-4 几种创新产品的沉默期

创新产品	市场沉默期/年	创新产品	市场沉默期/年
35毫米照相机	40	无酒精啤酒	6
圆珠笔	8	微波炉	20
信用卡	8	个人计算机	6
佐餐软饮料	10	电话应答机	15
干啤酒	9	磁卡录像机	20
电子计算机	10	电子游戏机	13

注：市场沉默期是指第一次在市场出现到获得商业成功的时间。

（资料来源：Schnaars，S P. Managing Imitation Strategy. Free Press，1994：197）

2. 模仿创新

1）模仿创新含义

想一想：模仿创新就是技术引进吗？与自主创新比较，模仿创新有哪些优势？

模仿创新是指创新主体通过学习模仿率先创新的方法，以率先创新者的创新思路和创新行为为榜样，并以其创新产品为示范，引进、购买或破译率先创新者的核心技术和技术秘密，并以其为基础进行改进和完善，进一步开发和生产富有竞争力的产品，从而参与竞争的一种渐进性创新活动。模仿创新是一种十分普遍的创新行为，是当今许多企业参与市场竞争的有力武器。

名人名言

在产品研制中，充分运用现有技术，发掘设计潜能。也就是说，在以资本为核心的经营思想向以技术为核心的经营思想转变的过程中，开拓成熟制造技术的运用深度和广度，是企业战胜世界性经济衰退问题和国内产品滞销问题的重要手段。

——三洋电机公司社长井植薰

2）模仿创新的优势

（1）前期投资少，风险小。模仿创新企业的研究与开发投资具有高度方向性、集中性和针对性，能够免费获得公开技术或能够以合理价格引进购买到的技术，研究与开发活动不涉足未知探索性领域，而主要从事渐进性改进、完善和再开发，因此，前期投资少，能够有效回避研究与开发风险。

管理案例

比亚迪——从模仿者到创新者

在汽车行业，比亚迪股份有限公司（以下简称比亚迪）生产的汽车一直被质疑模仿国外车型，只要仔细观察不难发现比亚迪的一个车型中可能包含了好几种国外知名车型的“特征”。不过这些“特征”一起出现在比亚迪汽车上，却完全没有突兀感，这也是比亚迪在模仿中的一种学习和创新，资深汽车评论人钟师认为“每一个品牌的汽车，都经历一个从模仿到改进，再到自主设计的过程，日韩汽车工业就正是从对欧美汽车的模仿中成长起来的。”

比亚迪的模仿并不是简单、被动的模仿，而是在原有的专利基础上再集成创新。凭借这个方法，比亚迪在中国申请了大量的专利。2008年，比亚迪申请的专利量在中国企业中排第4名，专利申请数量为153个。同时比亚迪加大研发投入，2008年的研发投入为11.6亿元，比2007年增加了66%；比亚迪现有员工14万人，其中1.2万名工程师做基础项目的研发，约占员工总数的9%。

（资料来源：刘龙静. 比亚迪从模仿者到创新者. 商学院[J]，2009.9）

（2）可尽快专注产品改进和生产。模仿创新企业高度关注产品性能改进、工艺进步、质量提高、成本降低和生产效率提高，企业能够细致而充分地研究市场需求，根据市场需求反馈信息迅速调整产品生产，改进产品工艺设计，使产品更具竞争力。

例如，日本许多产品引入市场晚于欧美国家，如照相机、复印机和汽车等，但在质量、性能和价格方面都有优势，这使得日本产品在国际市场上拥有很强竞争力。

此外，模仿创新在生产方面的优势还得益于后发者的跟随学习效应。模仿创新可以购置到性能更趋稳定、价格更低的设备，也能够在一开始便享受原辅配套材料产业规模经济效益。在生产效率方面，随着操作工人生产的熟练程度提高，单位成本将不断下降，新产品单位成本一般随积累产量呈下降趋势，如图 3.3 所示。

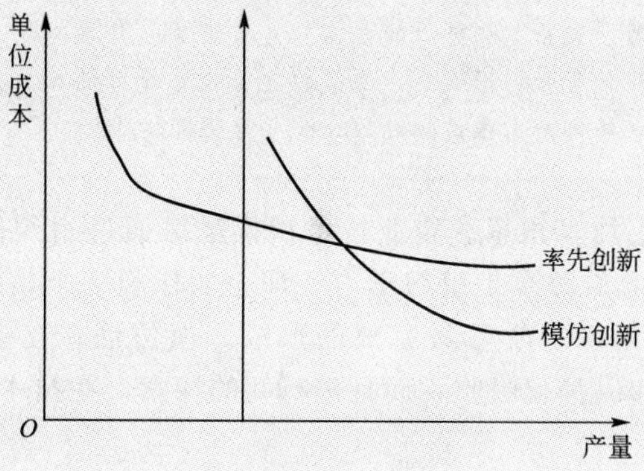

图 3.3　模仿创新的后发优势

特别提示

模仿创新在资源投入方面，与自主创新有较大区别。自主创新面临着艰巨的新技术和新市场的开发任务，必然要在创新链的前期(研究与开发阶段)和后期(市场开发阶段)投入足够力量，在创新链上的资源分布较为均衡。在某些情况下，为了集中资源进行强势投入，自主创新甚至会牺牲在创新链中段的投入。由于模仿创新省去了新技术探索性开发的大量早期投入和新市场开发的大量风险投入，因而能够集中力量在创新链的中游环节投入较大力量，在产品设计、工艺制造和装备等方面投入大量财力、人力和物力，使得创新链上的资源分布向中部聚积。如图 3.4 所示。

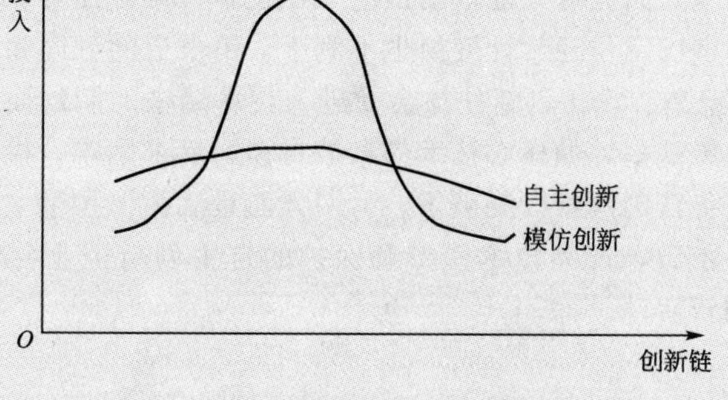

图 3.4　资源投入的中间聚积

(3) 市场开发具有更大的灵活性。模仿创新产品由于晚进入市场，特别是可以观望市场发展和演变，选择正确时间进入，因而可有效回避市场沉默期的损失。同时，模仿创新产品由于晚进入市场，因而可充分享受自主创新者新市场开拓的外溢效益，可节约大量公益性资金投入，而集中投资于产品品牌宣传，这对创新产品十分有利。

知识链接

微波炉与开拓市场的外溢效应

微波炉刚刚上市时，消费者对其功能、作用缺乏了解，对其微波辐射存在畏惧心理，害怕它会有损健康，也不知道如何利用微波炉做出美味可口的食品。为了教育、引导消费者，率先创新企业的美国雷神公司曾投入了巨额的广告宣传资金。很显然，这样的宣传教育费用投入，其受益者决非仅仅是率先创新企业自身，其效益有相当大的部分由模仿跟进的企业免费获得。

(4) 有利于加快企业技术积累。企业技术积累虽可通过组织间的存量迁移和流动而发生增减变化，但最终增长源泉是组织学习，即企业作为一个整体在所从事的实践活动中学习。模仿创新无疑是组织学习最有效的形式。模仿创新在模仿基础之上更进一步，不仅对率先者技术积累加以消化吸收，而且进行新的探索，在技术积累方面也“青出于蓝而胜于蓝”。

知识链接

模仿创新的实例研究

彼得(Peter)和泰利期(Tellis)对二战前和二战以来的50种创新产品的率先市场进入者及后来的成功者进行的细致的历史性追踪考察。结果发现，率先创新者的失败率平均为47%，长期市场份额平均为10%，其中二战后率先创新产品的平均市场份额仅为7%，保持领袖位置的只占11%。能够保持市场份额和领袖地位长期不变的少数企业都是一些国际知名企业，大多数竞争中的胜利者都是后来居上的模仿跟进者。

3) 模仿创新的劣势

(1) 被动跟随。由于模仿创新不做研究与开发的广泛探索和超前投资，而是做先进技术跟进者，因此在技术方面有时只能被动适应，在技术积累方面难以进行长远规划。在市场方面，被动跟随和市场定位经常性变换也不利于营销渠道的巩固和发展。

(2) 受制于技术壁垒。模仿创新往往会受进入技术壁垒的制约而影响实施效果。这种技术壁垒一方面是自然壁垒，如核心技术信息被封锁，反求困难，模仿创新难以进行，率先企业先期建立的完备营销网难以突破等。另一方面是法律保护壁垒，模仿创新有时会和率先者知识产权发生矛盾，产品技术受专利保护的自主创新企业会通过法律保护自身利益，阻碍其他模仿创新活动。

特别提示

模仿创新劣势也并非不可避免，只要正确认识并采取必要措施，其劣势在一定程度上可以克服。

4）实施模仿创新战略应注意的问题

(1) 正确领会模仿创新战略的内涵。模仿创新不是单纯机械模仿，它虽然是以模仿为基础的，但它与单纯机械模仿有着根本的区别，从本质上看，它应属于创新活动。模仿创新要求在模仿的基础上有所创新，是从单纯模仿向自主创新过渡的桥梁。模仿创新是企业技术积累的根本途径，在国家经济发展和技术扩散中起着重要作用。

特别提示

模仿创新不等于技术引进。技术引进并不一定能导致模仿创新，有相当部分的技术引进还只是引进生产能力，未能很好地对引进技术加以模仿复制，能够在此基础上创新的更少。同样，模仿创新也不一定必须通过技术引进，它可以通过自主地学习率先创新企业并自主地创造而实现。

(2) 妥善处理知识产权保护与模仿创新的关系。模仿创新不等于剽窃。模仿创新中通常会涉及发明专利、实用新型专利、外观设计专利、商标、著作权(含软件)这5类知识产权，在知识产权所覆盖的地区和市场中，模仿创新企业只要依照相应的产权法律，按适当的形式给知识提供者以符合法律、双方认可的物质与精神补偿就不会构成侵权行为。在知识产权保护观念淡薄，法律法规不完善的地区和市场中，容易发生模仿侵权行为，但其模仿创新的频度并不高，相反，在发达的市场经济中，合法的模仿创新却很普遍。

(3) 把握好模仿创新启动的时机。企业的模仿创新确定进入时间要考虑的因素：技术的稳定性、产品的生命周期、新产品的预期收益、市场的成长性、模仿跟进者的数量、竞争对手的水平、企业自身能力积累情况、企业资金实力。例如，导入期进入，技术和市场需求尚不稳定，风险较大，且技术壁垒较强，模仿的技术难度较高；成熟期以后进入，技术已趋于成熟，市场开始饱和，创新改进的空间有限，市场进入壁垒加强，同样面临较高风险。如表3-5所示。

表3-5　产品进入市场顺次、生命周期及成功率的关系

时期 \ 进入市场顺次		第1和第2	第3和第4	第5和第6	第7和第7以后
导入期	成功	5	7	3	6
	失败	5	1	4	1
	成功率	50%	87.5%	42.86%	85.71%
成长期	成功	0	9	6	11
	失败	1	2	3	6
	成功率		81.82%	66.67%	64.71%
成熟期	成功	1	3	1	6
	失败	0	3	1	6
	成功率		50%	50%	50%

(资料来源：Lilien G L，Yoon E. The Timing of Competitive Market Entry: An Exploratory Study of New Industrial Products. Management Science. 1990)

3.3 技术创新的组织与管理

创新是一种实践活动，创新主体需要在一定的客观背景下表现自己的创新行为，并受到某种背景的影响。这种对创新活动产生影响的非创新对象客体，就是创新环境。创新环境由外部环境和内部环境构成。

3.3.1 营造企业的创新环境

企业创新的外部环境除市场环境外，还包括社会的政治稳定、政策导向、金融形势、文化环境等。稳定的社会经济发展和政治环境与鼓励创新的法规与政策，会使创新的活力增加，吸引资金向技术创新流动，金融形势稳定让创新投资金融风险减少。

特别提示

外部环境优化主要是政府的责任，不是完全能由企业决定的。

企业创新的内部环境优化主要包括领导的重视、激励制度的建立、组织的落实、群体的气氛、宣传的力度、信息的提供、资金的支持、成果的实施等，其中最重要的是领导的重视和激励制度的建立。

1. 领导重视

企业领导重视创新是优化创新环境的决定因素。在支持、激励创新活动的环境里，创新者如鱼得水，他们可以无拘无束地大胆想象、构思和实践，从而容易将创新潜能充分释放出来。除了把握企业战略和产品方向外，领导对新产品开发活动的管理在很大程度上体现为对新产品开发团队的整体管理。领导很难深入新产品开发的技术细节，但在中国企业中(尤其是民营企业中)，领导对新产品的开发工作影响巨大。

作为领导，他必须具有影响和指挥小组向共同目标迈进的能力，这包含了有权指挥小组和个人的概念。同时，领导者还要对自己所下的命令和发生的结果负责。

知识链接

管理小故事

沙滩上，一只母螃蟹对它的儿子说："孩子，你为什么要这样横着走呢？你如果向前直走，不是方便许多吗？"小螃蟹回答说："亲爱的母亲，您的话没错，假如您给我一个直走的样子让我看看，我一定会按照您的样子走。"母螃蟹试了几次，根本无法直走，对儿子的不服也就无话可说了。

从上面的故事中可以看出，管理者要以身作则，言教不如身教。领导者如果能以自身的具体行为来作为表率，则胜过无数"条条框框"和指手画脚。

2. 激励机制

企业要进行有效的创新，企业内部的运行机制必须有利于所有创新资源充分发挥作用，尤其是必须能够调动人的积极性。关键问题就是根据激励原理，设计出一套奖励制度以激发人们将所拥有的知识、技术和信息等资源投入到企业技术创新领域的积极性。这就要求对企业的文化价值观、企业的规章制度、企业的绩效考评制度及利益分配制度等进行合理设计，营造一个能够激励员工创新的适宜的制度环境。

激励机制的效果，决定着企业技术创新过程的绩效。在创意提出阶段，需要以有效的激励保证潜在的创意提出者积极寻找问题并构思解决问题的方法以形成有价值的创意；在创新实现阶段，需要以有效的激励保证项目团队的积极性和创造性，从而保证项目团队的高效率；在创意和创新采纳阶段，需要以有效的激励保证企业管理者按照有利于企业技术创新的前提进行合理的资源配置。

知识链接

创新与奖励的实证研究

研究表明，企业创新的成果数量并非一定与奖励的数额成正比例关系。例如，日本、德国和美国的企业针对雇员的专利发明都有专门的规章制度。但是在日本，由雇员做出的发明及改进的数目要多于美国和德国，而相应的补助和奖金却远远低于美国和德国。在美国，一项专利或改进所得到的补助总额可能高达10万美元，在日本却只有1～2万日元，专利奖金也大多不超过200万日元。德国的研究表明，对研发部门非物质的激励方案比金钱激励更有效。诺伯特·汤姆(Norbert Thom)发现适用于德国企业的针对“具有创新任务的员工”的12项激励序列：①与员工能力相匹配的具有挑战性的任务；②同事间的出色合作；③可以实现自己的想法(直至申请)；④所在企业得到社会的认可；⑤得到上司的认可；⑥与上司配合默契；⑦与工作成绩相一致的薪水；⑧工作地点的安全性；⑨职业发展机会；⑩对创造性工作有益的工作条件；⑪工作轮换的可能性；⑫在同行中获得尊重的机会。这一发现得到许多专家的印证，对中国企业有参考价值。

（资料来源：周道生，赵敬明，等. 现代企业技术创新 [J]. 广州：中山大学出版社，2007.）

3. 团队文化

新产品开发的团队文化是企业整体文化的组成部分，因此新产品开发的团队文化具有企业文化的共有特性，又有它的独特性和自身要求，如表3-6所示。

表3-6 新产品开发的团队文化

新产品开发活动的特点	新产品开发的团队文化要求
创新性	鼓励原创性的工作
协同性	鼓励随时随地通畅的交流
风险性	重视细节和不同意见
时间性	强烈的时间观念和责任意识

塑造团队文化的最好方法是企业高层管理者的率先垂范和团结一致，建设良好的新产品开发团队文化，需要高层管理者从自身做起，而不是期待基层开发人员的自觉。

名人名言

创新不仅仅是技术创新，我们更强调运用领导力，创造鼓励创新的组织文化，使得优秀的人才之间能够有效协作，达到创新的结果。中国企业要想尽快跻身于“最受推崇的企业”行列，就应该把重点放在领导力和组织文化方面。

——合益集团全球总裁莫瑞(Murray)

4. 信息与情报服务

古语说：“知己知彼，百战不殆；不知彼而知己，一胜一负；不知彼不知己，每战必殆。”世界上的成功企业无不重视竞争对手的情报收集。任何企业的技术创新必须依赖于对团队的信息和情报服务，让团队成员及时了解有关创新课题的最新信息以及竞争对手的技术动向和进展，必须加强对竞争对手的情报收集和分析。IBM公司、宝洁公司、梅赛德斯-奔驰、海尔集团、联想控股有限公司等国内外知名企业的成功离不开其完善的竞争情报系统和周密的竞争情报运作，竞争情报已经成为企业克敌制胜的绝密武器。

知识链接

日本的“敏感嗅觉”

1964年，科学家海尔梅尔(Heilmeier)在美国无线电公司戴维·萨诺夫(David Sarnoff)研究中心取得了液晶显示关键技术的重大突破，为了防止被竞争对手抢先，公司立即将他的研究列为重大机密而“束之高阁”。在该技术以一项最新科技成果向世界报道后，立刻引起了日本科技界、工业界的重视。日本将当时正在兴起的大规模集成电路与液晶相结合，以个人电子化市场为导向，很快开发了一系列商品化产品，打开了液晶显示实用化的局面，掌握了主动，这一发展势头促成了日本微电子业的惊人发展，形成了今天日本和韩国等国家牢牢控制着390亿美元液晶显示器市场的局面。

(资料来源：周道生，等．现代企业技术创新[M]．广州：中山大学出版社，2007.)

3.3.2 技术创新团队的组织形式

想一想：技术创新团队的组织形式有哪些？每种组织形式各有什么特点？

根据创新活动的表现形式，技术创新队伍的组织形式分为内企业与内企业家、技术创新项目小组、新事业发展部、企业技术中心以及企业间的虚拟组织这5种形式。

1. 内企业与内企业家

内企业与内企业家，是指企业为了鼓励技术创新，允许部分员工在一定限度的时间内离开本岗位工作，利用企业的现有资金、设备、技术、经验等从事自己感兴趣的创新活动。由于这些员工的创新行为颇具企业家的特征，但是创新的风险和收益均在企业内，因此称这些从事创新活动的员工为内企业家。由内企业家创立的企业称内企业。内企业家往往是一个人或少数几个人，因此基本上没有分工，谈不上集权。

特别提示

为了鼓励技术创新，内企业家运作方式基本上是非正式的，是结构最简单、行动最灵活的创新组织方式。

2. 技术创新项目小组

如果创新规模较大，任务比较复杂繁重，那么企业活动肯定会受到内企业家个人能力的限制。在这种情况下，就需要一种人数更多、活动范围更大的技术创新组织，这就是技术创新项目小组。

技术创新项目小组是指为完成某一创新项目而成立的一种创新组织。这个小组可以是常设的，也可以是临时的；小组成员既可以是专职的，也可以是兼职的。人数也不确定，少到几个人，多到几百人。例如，IBM公司的个人电脑开发团队仅19人，但是IBM公司平均每个项目的开发人员接近200人。雅虎网站就是由13位软件开发工程师组成的几个小组创立的，每个小组只有1～3人。将小组成员的技能和努力结合在一起，使得团队解决问题的能力胜过个人。但是，团队的规模也并非越大越好。大规模的团队可能引起更多的管理成本和沟通问题，从而导致产品开发的延迟。此外，团队越大，团队成员的个人成就越难得到认可，责任心和积极性也会下降。美国的公司平均团队规模为11个成员。在一个产品开发项目的始末，团队成员的人数也有可能变化。

特别提示

技术创新项目小组成员的构成，应当考虑来源于不同部门和不同专业。其优势体现在：不同部门之间的专家能够为产品开发提供一个更为广阔的知识平台，有利于各种知识的互补、交流和融合；通过对各自业务交往和获取信息的渠道的扫描，可以为项目提供更多的信息来源；通过对各自的交往和沟通，可以产生更多创造性的设想。

3. 新事业发展部

一项意义重大、对企业生存发展具有重要战略性影响的技术创新，通常需要企业投入更多的人力、物力和财力资源。而企业一旦做出这种创新决定，无论是在创新活动的规模上，还是业务的复杂性，都不是创新小组所能胜任的，这就需要一种新的创新组织——新事业发展部。新事业发展部是大企业为了开创全新事业而单独设立的组织形式，新事业涉及重大的产品创新或工艺创新。由于重大的技术创新往往伴有很大的风险，因此这种创新组织又称风险事业部。风险事业部拥有很大的决策权，只接受企业最高主管的领导。

特别提示

国外学者认为，风险事业部是永久性地独立于现有运行体系之外的分权组织，是企业进入新的技术领域和产业领域的重要方式。

4. 技术中心

技术中心是大企业集团中从事重大关键技术和新一代产品研究、开发活动的专门机构，是企业技术创新体系的重要组成部分。技术中心通常有较完备的研究、开发条件，有知识结构合理、素质较高的技术力量。技术中心的主要职能包括①对重大关键技术进行自主开发，着眼于企业的长期发展；②参与技术发展战略的制定、重大技术引进和技术改造项目的论证，为企业产品和技术决策提供咨询；③与有关的高等院校、研究院所以及国内外同行建立长期的、稳定的技术交流与合作关系，促进产、学、研合作创新；④以较好的工作条件吸引国内外科技人才以各种形式来企业工作，通过研究、开发实践为企业培养和造就大批高素质的科技人才；⑤对企业内其他技术机构的工作提供系统的指导、咨询和服务，对科技成果进行技术经济评估，促进科技成果在企业内外的推广、应用等方面。

5. 虚拟组织

近年来，企业组织创新方面的一个新动向是虚拟组织的出现。虚拟组织(Virtual Organization)又称动态联盟，指为响应已经出现或即将出现的市场机会而组成的公司或集团联合体。虚拟组织不是一个法人实体，它是一些独立的经济实体基于某种共同的目标而组织起来的一种灵活的临时性联盟。联盟中的成员具有互补的资源和核心能力。当某个新的市场机会出现时，通常由最早意识到这一市场机会或者掌握某一关键技术的企业领头，联合其他有关机构和企业形成一个一体化的临时组织，迅速动员各自的资源和能力，对市场机会做出敏捷的反应，共同完成新产品的开发和新市场的开拓。

特别提示

虚拟组织的成员共担风险并分享利益，当目标实现时，这一联盟也就随之解散。

3.3.3 创新团队的管理与绩效考核

1. 创新团队的管理

想一想： 创新团队的管理与普通团队管理比较，有什么特点？

在很多高技术企业，技术开发团队多采用独立的专职团队形式。开发人员被“关”在一个“与世隔绝”的空间里，在特定的时间内展开“科研攻关”。

“跨部门临时团队”的组织形式是在消费品的新产品开发中最常见的、基本的、难以管理的组织形式。说它“基本”，是因为在其他两种团队类型的早期，经常以“跨部门临时团队”的形式出现；说它“难于管理”，是因为部门之间存在着观念和信息的“壁垒”，这些壁垒很难被打破，而打破这些“壁垒”，恰恰是新产品开发管理的关键。研发团队的工作机制，其目的在于沟通信息、明确责任、协调进度。

工作机制可以分为两种：正式机制和非正式机制。正式机制多体现为团队会议，非正式机制则是不同部门的开发人员之间的随机交流。在很多消费品生产企业，新产品开发项目的主要责任者是市场部门和研发部门，因为它们是新产品的设计师、知识源和“专家”。开发团队的工作机制首先是这两个部门的协调机制，然后才是由这两个部门主导的团队工作机制。对于那些非正式的团队机制，是不好用制度规定的，非正式的团队机制很大程度上受到团队文化的制约，如表 3－7 所示。

表 3－7　新产品开发团队的工作机制

	参与部门	主要内容	关键	备注
研发—市场部门联席会议	市场部、研发部门	定期交流所有项目情况，确定开发方向，产生新项目	长期坚持	也称“新产品开发委员会”，范围也有所扩大
项目运行会议	项目组所有成员	在某个里程碑式的项目完成后评估项目进行情况，做出下一步安排	完成情况的可靠性	
项目回顾会议	项目组所有成员	项目完成或终止后对项目整体运行的总结	真正明确失败原因	避免犯同样的错误，形成经验积累
总结报告制度	市场部或研发部项目经理负责	项目每一阶段结束后汇总项目运行情况，并发给每位项目组成员	保证决策信息的真实性	

2. 研发团队的绩效考核

1）确定考核原则

（1）结果考核为主，行为考核为辅的原则。研发人员的工作是高度结果导向型的工作，对研发人员的评价最终往往都要落实到其工作成果上来。在研发人员的考核中，过度关注研发人员的行为而不是结果本身，往往会带来一系列错误的导向，也容易挫伤研发人员的积极性。

（2）个人考核与团队考核相结合的原则。在研发人员的考核中，把团队业绩作为研发人员绩效考核的重要指标，有利于培养研发人员的团队合作精神，对研发团队及个人成长均具有重要意义，如表 3－8 所示。

表 3－8　团队绩效考核

贡献	行为绩效	结果绩效
团队整体绩效	会议有效性，群体沟通	完成任务数量，产品客户满意度，工作完成时效性
团体个体绩效	参加会议程度，承担相应责任程度，参与团队交流程度，为其他成员提供帮助	个体任务完成时间和质量，为团队提供的有效建议，提供给团队数据的准确程度

2）设定三维指标

企业研发人员考核应围绕 3 个维度来进行，分别是业绩指标、能力指标及行为指标。

一般来说，企业的研发人员可以分为项目经理、开发人员及测试人员3类，对于不同类型的研发人员，在指标设计上应该有所差别。下面以项目经理的绩效指标体系设计为例来说明。

(1) 业绩指标。项目经理的业绩指标主要包括新产品开发周期、技术评审合格率、项目计划完成率、项目费用控制、内外部客户满意度等客观性指标。

(2) 能力指标。项目经理的能力指标主要包括业务知识与技能、沟通协调能力、团队领导与控制能力、指导及帮助下属的能力、员工管理能力、决策能力等主观性指标，可以采用类似于360°评价的方式进行。

(3) 行为指标。项目经理的行为指标主要包括工作的积极性、主动性、协作精神、团队意识、工作责任心、服从意识等。

从绩效考核的目的来看，如果考核的目的是主要用于加薪、发放奖金、红利等奖励，考评指标体系主要为业绩指标和行为指标；如果考核目的是为了员工发展，而且考核结果将用于教育培训、能力开发、升迁、调动等人力资源规划与配置，考核指标体系应包括业绩指标、能力指标和行为指标。

3) 确立评价主体

研发人员的绩效考核方法可以采用员工自我评价、同级(事)评价、上级评价、下属评价(适用于研发管理人员)相结合的方法进行。

(1) 自我评价主要是研发人员对过去一段时间内业绩目标的实现程度进行评估。

(2) 同级(事)评价的主要作用是考核员工的团队协作能力，特别是对于一些需要多人、多部门协作的研发项目来说，这种能力就显得尤为重要。而对于一些出于保护自己技术优势地位而不愿与人合作的员工来说，这也可以作为一个有力的约束条件。

(3) 上级评价可以是直线经理的评价，也可以以项目经理的评价为主，或者是二者的结合。因为对于那些跨部门协作的研发项目来说，直线经理也许不知道自己的员工干了什么、工作质量如何。

(4) 对于研发项目经理的考核来说，引入下属评价是为了促进项目经理对项目组成员的培养，促进项目经理与成员的沟通，从而保证项目的顺利开展。

管理案例

华为：构建研发人员的动力机制

《华为基本法》明确指出：华为价值分配形式是机会、职权、工资、奖金、安全退休金、医疗保障、股权、红利及其他人事待遇。只要你肯干又有潜力，华为提供给每个研发人员充分的发展机会和发展空间。华为强调向各级研发人员下达挑战性的目标和任务，同时每个开发项目组会得到充分的授权，开发部门的领导主要是把握方向，不会干预项目开发工作的细节。

高绩效的企业文化和良好的工作氛围是华为研发人员动力机制的另一个源泉。为了早日实现产品的创新突破，缩短和国外通信巨头的差距，华为必须坚持艰苦奋斗的精神，研发人员的工作压力是很大的，工作时间也是比较长的。“床垫文化”被认为是华为研发精神的集中体现和象征，早期的研发人员甚至提出过“干到晚上10点钟不是加班”的口号。尽管现在研发人员的负荷与原来相比已经大为降低了，但加班还是常有的事。同时，华为努力营造较为宽松的环境和团队协作的氛围，令研发人员心情舒畅，集中精力投入工作。

研发活动是华为的核心活动，又是创造性劳动，待遇水平向研发人员倾斜是华为一直坚持的薪酬分配原则。根据职位职责和胜任能力定工资，根据业绩定奖金，根据潜力定股权，是华为在报酬机制上的具体做法。在研发人员的评价上，兼顾过程和结果，既要关注过程中的交付，又要与产品市场成功与否直接相关，但又不绝对，因为有些是由于公司决策造成的，研发人员所付出的努力还是应该得到承认。同时，华为也清醒地认识到在评价和薪酬方面要绝对的公平是不现实的，更多要通过程序的公正来保障结果的公平，或者说保障研发人员对结果的公平感。

另外，华为非常重视各种精神方面的认可、鼓励和奖励。例如，研发主管通过各种方式对员工良好的表现和进步进行认可和表扬，根据评比的奖牌和奖杯，结合企业文化的各种荣誉奖(如创新奖、协作奖、攻关奖等)，公开的表彰等。

（资料来源：http：//www.higet.com.cn/Publication_show.asp? id=38&lid=&MaxID=8)

3.4 技术创新能力与核心竞争力培育

技术创新能力是一种系统能力，是技术能力中最具有攻击性的一种能力。企业技术能力的提高最终应以提高技术创新能力为依托。企业的技术创新能力直接关系到企业的核心竞争力。可以通过技术创新能力评价指标体系来衡量一个企业的技术创新能力。

特别提示

技术创新能力不等于技术能力。

3.4.1 技术创新能力评价指标体系

1. 资源投入能力

技术创新的资源投入能力，指企业用于研究和开发的经费、服务于创新的非研究开发经费(如购买外来技术的经费)与研究开发的人员投入等；投入技术创新资源的数量和质量可用于同行业企业对比。它主要包括4个方面。

(1) 用研究与开发经费占销售收入的比重和人均研究与开发经费衡量经费投入能力。

(2) 用研究与开发人员数量和素质衡量人员投入能力。

(3) 用研究与开发设备净值反映设备投入能力。

(4) 用中间试验投入及与研究与开发投入的比例来反映技术转换投入能力。

2. 技术创新的管理能力

技术创新的管理能力表现为企业如何评价创新机会，能否对技术创新活动进行有效组织管理的能力。一个善于管理创新的企业应具有明确可行的创新战略和有效的创新机制。由于组织化是现代技术创新活动中的基本特征之一，因此有效的创新机制，应当包括技术创新人员得到合理安排，企业内研究开发、生产、营销与综合管理部门存在良好的沟通方式和渠道，部门间能够开展旨在实现创新的大协作，人员流动和奖励的效果明显，技术创新项目的选择有一套科学方法，企业与外部的技术力量(大学、研究机构)能有效合作等。

企业技术创新的管理能力是指企业整体上、战略上部署和实施技术创新的能力，主要从3方面来反映。

(1) 创新战略。企业技术创新战略侧重于发现和评价创新机会，选择创新主攻方。例如，日本企业就将重点放在可直接商业化的应用技术研究的战略上。

(2) 创新机制。企业技术创新机制要体现在对人员激励的有效性上。

(3) 创新周期。企业技术创新周期表现为不断缩短技术创新从概念形成到商业化的周期。企业技术创新周期是企业创新管理水平的一种综合体现，直接关系到创新成果的收益，如表3-9所示。

表3-9 进入市场的时间与收益

创新成果进入市场晚	6个月	4个月	2个月	1个月
在产品生命周期内潜在总收入减少	−33%	−18%	−7%	−3%
进入时间提前，则收入增加	11.9%	7.3%	4.3%	3.1%

3. 技术创新的倾向

创新倾向指企业家具有的创新主动性和前瞻性。创新倾向强表现为创新效率高、创新视野开阔、创新规划长远和具有强烈的创新愿望。可以通过创新活动和成果多少来判识技术创新倾向。行为特征是能力的外在表现，能力很强但创新不足是因为保守，能力不强但创新行为很多则潜伏着盲目。因此，企业家要具有创新的主动性和前瞻性，能看到市场潜在的利润，敢于冒创新的风险。

4. 研究与开发能力

研究与开发能力主要指企业能否把握市场需求、找到问题、确定选题并组织人力和物力去解决这些问题的能力，这里的关键在于是否有好的创新思想与决策效率。

研究与开发能力包括对企业应用基础研究，开发具有商业活动潜在技术的能力(不能实现市场转化的技术创新，对于企业而言就不是有效的技术创新)以及对引进技术消化吸收后的再创新能力，反映在所形成的专利、专用技术(科技成果)，所建立技术的转让、应用和扩散上。

5. 生产能力

生产能力是指把研究开发成果从实验室成果转化为符合设计要求的批量产品的能力。生产能力包括两个基本方面：一是企业装备的先进性，如技术装备水平、先进制造技术的采用率；二是工人的技术等级、适应性和工作质量。在装备水平一定时，技术创新所要求的生产能力关键在于生产工人。企业的生产工人的技术等级、适应性和工作质量也是生产能力的重要组成部分。

6. 营销能力

这里的营销能力并不仅仅指产品开发出来后所具有的推销能力，还指研究市场，使消费者接受新产品，通过企业用户和竞争者反馈信息以改进产品，从而提高新产品市场占有和扩大市场范围的能力。营销能力反映了企业市场创新的能力和新产品的市场开拓与市场占有。重点体现在 3 方面。

(1) 市场定位能力——与市场调研、市场细分和营销策略有关。

(2) 市场推销能力——与市场开拓、销售传媒、营销手段和营销人才有关。

(3) 销售服务能力——售后对用户的支持和服务及对创新改进的反馈。

3.4.2 企业核心竞争力及其培育

想一想：什么是企业的核心竞争力？核心竞争力有什么特征？技术创新与核心竞争力有什么关系？

1. 企业核心竞争力的内涵

企业是由一系列生产要素有机组合而成的组织。当企业能够比竞争对手更好地使用这些要素完成某项工作时，企业就拥有一定的竞争优势，企业竞争力的实质就是企业有效地使用生产要素的能力。竞争力的形式多种多样，如由掌握某种重要技术专利而具有的技术方面的竞争力，由出色的市场营销经验和高效力的市场分销网络形成的市场营销方面的竞争力，等等。对具体的企业来说，不是每种竞争力都同样重要，如丰田汽车公司与中间商打交道的经验和能力，就远不及它在汽车发动机技术方面的专长重要。企业竞争力中那些最基本的，能使整个企业保持长期稳定的竞争优势、获得稳定超额利润的竞争力，就是企业的核心竞争力。

知识链接

企业的“核心能力”

1990 年，C. K. 普拉哈拉德(C. K. Prahalad)和 G. 哈默(G. Hamel)在《哈佛商业评论》发表的《企业核心能力》中认为，应该以企业最为本质的东西来规定企业的内涵，这种本质的东西就是能力，而一个企业之所以具备强势竞争优势或者竞争优势关键是因为其具备了自己的“核心能力”，同时提出了一个非常形象的“树型”理论，他们将企业比作一棵大树，企业的最终产品是果实，最终服务是叶子，树枝是结合产品与服务的战略业务单位，树干和主枝是核心产品，而为整棵树提供养分，维系生命，稳固树身的树根就是核心竞争力。

企业长期竞争力来源于它的核心能力，公司创造价值的基础是企业的核心能力，并在各种不同业务之间利用这些核心能力。专家们认为，公司不仅仅是业务的组合，也是能力的集合，而核心能力是企业组织中知识的集合，特别是那些有关协调各种不同产品、将不同的技术集成起来的知识的集合。因此，核心能力必须是竞争对手难以模仿的，必须是能广泛应用于其他领域的，必须是有益于最终产品的顾客利益的。如图 3.5 所示。

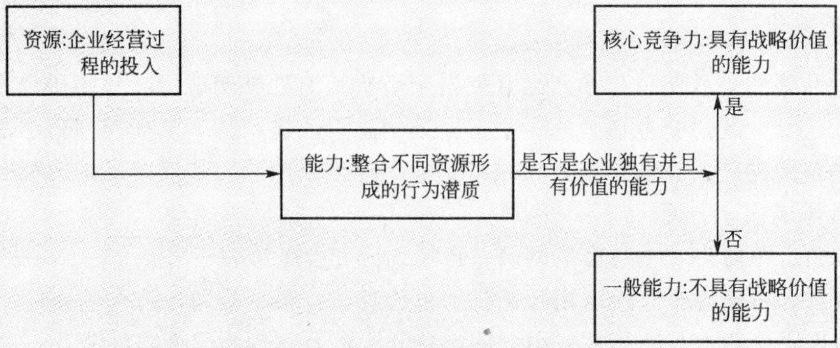

图 3.5 资源、能力、一般能力与核心竞争力的关系

2. 企业核心竞争力系统的组成部分

1）核心技术能力

核心竞争力的核心是企业的核心技术能力，它包括企业的 R&D(researoh and development)能力，产品和工艺创新能力。核心技术能力的高低决定了企业将技术资源向技术优势进行转换的能力。

2）应变能力

企业应变能力是指企业随时根据市场供求状况的变化、消费倾向的改变和技术革新进展而及时调整产品结构，这种应变能力是使企业在复杂的竞争环境中得以取胜的关键。

3）组织协调能力

组织协调能力涉及企业的组织结构、信息传递、企业文化和激励机制等诸多要素，它的作用在于通过管理过程的制度化、程式化，将企业的技术知识和生产技巧融入企业的核心竞争力中。企业组织效率的高低决定了企业将技术优势向市场优势转换的效率。

4）企业影响力

企业影响力是指反映企业在成长过程中培育的对外影响力，其直接或间接影响企业的核心竞争力，它主要包括两个方面：企业的市场营销能力和企业产品在消费者中的美誉度。

3. 技术创新与企业核心竞争力的关系

技术创新与企业的核心竞争力之间有着密切的联系。技术创新的趋势是更多地关注企业持续竞争优势。通过有效地技术创新，其成果在企业内部迅速扩散，成为企业核心技术并由此形成企业的核心业务，企业将逐渐形成自己新的核心竞争力和技术优势，从而获得持续的竞争优势。

(1) 技术创新是企业获取核心竞争力的有效手段。研究开发是技术核心竞争力的前提，技术核心竞争力通过产品和市场产生优于竞争对手企业的经济效益。企业好的经济效益和前期的技术储备，又为企业的创新活动提供条件和保障，从而开始下一循环的技术创新活动。

(2) 形成核心竞争力是企业技术创新的目标之一，也是企业技术创新的结果。企业技术创新的动力主要是为了形成企业的核心竞争力或者迫于市场的压力而更新技术并维持生产，因此企业进行技术创新的目标之一就是形成企业的核心竞争力。

4. 企业核心竞争力的培育

企业要想获得持久的竞争优势，就必须准确地把握未来市场的发展趋势，并在建立和发展核心竞争力方面不断努力。核心竞争力的培养过程可以划分为3个主要阶段。

1）开发和获取构成核心竞争力的专长和技能阶段

核心竞争力是由一系列专长和技能共同构成的，企业在建设和发展核心竞争力的过程中，必然会在所需要的各种要素或专长方面面临程度不同的贫乏，因此通过各种方式获取建立核心竞争力所必需的专长和技能是整个努力的第一步。这个阶段的竞争有两个主要方面：其一，在竞争力要素方面的积累，主要发生在技术、人才等要素市场上，谁能得到最关键的技术和人才，谁就能赢得最初的胜利；其二，是时间的竞争，核心竞争力的建设是一个漫长的过程，那些能最早或在最短的时间内完成这项工作的企业无疑会取得有利的市场地位。尽快获取和建立核心竞争力的重要专长是这一阶段的核心。

特别提示

通过内部发展建立核心专长是比较慢的，因为受到企业内部资源的约束和传统观念的束缚。相比之下，通过吸收外部资源，则有可能在较短的时间内获取必要的竞争力要素。获取外部资源的途径，如吸引掌握关键技术的人才，与拥有核心专长的公司建立战略联盟，或者直接将这些公司通过某种方式纳入本企业的阵营等，尽管有些人才所掌握的技术专长不能很快带来经济效益，但只要从长远看对企业发展具有意义，就是企业的宝贵财富。

然而，不少企业在现实的重组中，更多关注于收购短期财务利益，而很少考虑其中所包含的竞争力要素。财务利益固然不能忽视，但核心竞争力对企业发展更有意义。在不少情况下，具有显著短期财务利益的兼并对象，自然也难以得到企业核心竞争力的支持，因此从长远发展看，并没有多大价值。而短期内不具备明显赢利能力的兼并对象却完全有可能包含某些核心竞争力所需要的重要要素。如果企业在重组中不能明确地获取重要的竞争力要素作为战略目标，而过于追求短期的财务利益，就可能在并购企业的短期财务利益消失后为其所累，同时错过一些可以获取关键竞争力要素的机会。因此，企业重组应把战略目标定位于尽快获取对核心竞争力的培育和发展有重要意义的资源和专长上，而不要被短期的利益所蒙蔽。

2）竞争力要素整合阶段

核心竞争力是由不同的竞争力要素有机联系而成的整体的竞争实力，一组分散的技能、专长和竞争力要素都不被称为竞争力。因此，在企业通过各种手段得到建立核心竞争力所需要的要素后，如何将这些要素有效地整合为核心竞争力，就成为关键问题。

核心竞争力要素的整合，涉及几乎企业内部管理各个方面的具体问题。例如，要使企业在某核心技术方面的专长成为核心竞争力，首先，需要企业在该技术领域不断创新和进取，始终保持领先地位，做到这一点又要求企业不仅能给予必要的资金支持，还要建立有效的研究与开发激励制度，以保证研究与开发人员充分的研究热情；其次，需要在产品的试制和试销方面对新产品开发予以支持，并很好地协调部门与生产销售部门之间的关系；再次，在产品营销阶段，需要建立营销部门与研发部门之间密切的信息联系，以及时将市场信息反馈到研究与开发部门，使研究与开发更好地与市场需求相一致；等等。几乎每一项竞争力的实现都需要类似的涉及多方面内容的管理整合工作。可以说，企业竞争力要素的整合与企业内部管理所涉及的问题是基本重合的，其实质都在于企业内部资源的优化配置。

特别提示

在一定程度上，竞争力要素的整合是原有企业核心竞争力扩展范围的阶段，通过优势互补确立新的竞争优势，是核心竞争力发展壮大的过程，是企业外部重组的结果得以实现的过程。如果将第一阶段比作“采购”的话，那么这一阶段就是“生产”，没有“生产”，“采购”过来的各种竞争力要素就没有意义，而且会很快消失。

3）核心产品市场的开发阶段

核心产品是介于企业核心竞争力与最终产品之间的中间性产品。与最终产品的市场份额相比，企业核心产品的市场份额更有意义。一方面，核心产品的发展，可以借助于下游合作伙伴的销售渠道和品牌来实现，使企业回避最终产品的激烈竞争，获得可观的“虚拟市场份额”，由此获得的收入和经验可以加快企业核心竞争力的发展；另一方面，在最终产品市场上建立垄断地位会受到法律和市场销售渠道等多方面因素限制，核心产品份额则不受这些限制，可以相当自由地发展。因此，不管是从短期利益看，还是从长期发展看，核心产品都具有重要的战略意义，应该成为企业市场重组中的发展重点。

特别提示

如果企业将注意力全部集中在最终产品市场，当企业遇到巨大竞争压力时，受到影响的就不仅仅是最终产品的销售量和利润水平，以该市场为依托的核心竞争力的发展也会受到直接影响。

3.5 知识产权和技术创新

3.5.1 知识产权及其类型

1. 知识产权的内涵

技术创新成果包括新技术、新工艺、新生产方式和新经营管理模式等新知识。若从自然属性分析，技术创新成果属于智力成果；若从经济学角度分析，技术创新成果属于生产要素或资源，是一种重要的财产；若从法学角度分析，技术创新成果可以属于知识产权。

从本质上来说，知识产权制度就是通过法律手段，确认知识产权的权利归属，规定对知识产权的保护措施，以法律的形式赋予权利人对其在科学文化领域内所创造的智力成果享有的权利，以促进知识发展，推动人类进步。

想一想：在企业技术创新中，知识产权保护起到什么作用？

2. 知识产权的类型

按照智力活动成果的不同，知识产权分为两类：一类是版权，另一类是工业产权。版权是指著作权人对其文学作品享有的署名、发表、使用以及许可他人使用和获得报酬等的权利。工业产权则是包括发明专利、实用新型专利、外观设计专利、商标、服务标记、厂商名称、货源名称或原产地名称等的独占权利。

按照内容组成，知识产权由人身权利和财产权利两部分构成，也分别称之为精神权利和经济权利。人身权利是指权利同取得智力成果的人的人身不可分离，是人身关系在法律上的反映。例如，作者在其作品上署名的权利，或对其作品的发表权、修改权等，即精神权利。财产权是指智力成果被法律承认以后，权利人可利用这些智力成果取得报酬或者得到奖励的权利，这种权利也被称为经济权利。它是指智力创造性劳动取得的成果，并且是由智力劳动者对其成果依法享有的一种权利。

知识链接

世界知识产权保护新趋势

知识产权不仅被各国视为科技问题、经济问题，乃至于演化成为重大的政治问题、国际问题。而且，随着科学技术的迅猛发展和经济全球化，世界知识产权制度的变革进入快速发展时期，植物新品种、电子软件、生物技术等相继加入知识产权保护的行列，世界知识产权的保护也随之呈现出新的特点和发展趋势。

(1) 知识产权的保护范围不断扩大。随着新技术、新知识的不断涌现，知识产权的新类别也相继出现。现代知识产权的保护范围已从传统的专利、商标、版权扩展到包括计算机软件、集成电路、植物品种、商业秘密、生物技术等在内的多元对象。发达国家由于在高新技术方面占有绝对的优势，因此不断地扩展电子、通讯、网络、生物领域的保护范围，如美国、德国、英国、瑞典等国家都开办了基因专利授予业务。美国甚至将网络营销模式等理念都列入了专利保护范围。

(2) 知识产权的保护更加强化专有性。例如，驰名商标现在已经脱离了商品或服务而作为一个专有种类被列入保护范畴。美国专利和商标局颁发的基因专利，不仅有完整的生化、生物学、遗传学方面功能证据的新基因，而且还包括功能尚不明确的DNA(脱氧核糖核酸)序列。目前，美国还通过进一步放宽专利的范围来扩大知识产权保护的种类。

(3) 强调本国特色的知识产权保护战略取向。仍以美国为例，美国的传媒业是世界上最为发达的，同时在美国经济中传媒业占有相当重要的地位。而传媒业特别是现代传媒业中涉及诸多知识产权。因此，美国将打击盗版等知识产权侵权行为作为知识产权保护的重点，其中媒体盗版是重中之重。发展中国家由于起步相对较晚，很难搭上发达国家的对全球现代工业知识产权“圈地运动”的快车，于是只能转而注重寻求“传统知识”资源的保护，包括对遗传资源、传统知识和民间文艺提出保护的构想。

3.5.2 知识产权制度在技术创新中的作用

1. 激励发明创造

进行新技术的发明创造，是技术创新的第一环节。激励人们发明创造的积极性，对推动技术创新至关重要，知识产权制度是激发人们发明创造积极性的一个重要机制。通过给发明创造者以发明创造专利权，专利权人就可以占领市场，从而得到丰厚回报。在市场经济条件下，能独家占有市场，就是对发明人莫大的激励。发明人取得具有排他性的专利权后，不仅能收回研究与开发付出的投入，还能取得比其投入大得多的回报，从而继续新的发明创造，保障技术创新活动定向良性循环。技术创新者的利益得不到有效保护，其投入得不到回报，就会影响其研究创新的积极性。据美国著名经济学家曼斯菲尔德研究分析调查统计，如果没有知识产权保护，药品研发有 60%研究不出来，有 65%不会被利用；化学发明有 38%不会研究出来，有 30%不会被利用。

2. 有效配置技术创新资源

技术创新资源包括用于研究与开发的资金、人力和设备。要进行技术创新，离不开技术创新资源的支持。我国研究与开发经费占 GDP(国内生产总值)比例、每万人中科学家和工程师的比重和拥有的专利数均低于或相当于发展中国家平均水平。我国的科技投入本来就不足，长期以来还存在低水平重复研究与开发，严重制约了科技发展，使科技产出效果很差。花巨资研究与开发产品，当产品鉴定会前进行专利文献检索，发现国外在几年前甚至十几年前就已有了相同专利产品的事例也屡见不鲜。这是科技资源的一种严重浪费。知识产权制度在有效配置科技资源，提高研究与开发起点和水平，避免人力、财力、物力的浪费中具有特别重要作用。

知识链接

重视专利文献，事半功倍

专利文献是丰富的“知识宝库”，是集技术、经济、法律三位一体的信息载体。它几乎覆盖了所有的技术领域，全世界 90%以上的新技术信息都会最早在专利文献上得到反映，而在这些专利文献中，70%左右的专利均是在完成后一年内申请的。在国际技术竞争日趋激烈，科技发展日新月异的今天，各个国家都认识到了知识产权信息在企业技术进步、生产经营活动中的重要性。充分、有效地利用知识产权信息已经成为加速科技发展，谋求技术竞争优势的重要手段，这一点已为世界上越来越多国家的政府和企业所重视。世界知识产权组织的研究结果表明，全世界最新的发明创造信息有 90%以上最先都是通过专利文献反映出来的。在研究与开发工作的各个环节中充分运用专利文献，不仅能提高研究与开发的起点、而且能节约 40%的科研开发经费和 60%的研究与开发时间。知识产权信息虽然不是直接的经济信息，但是，通过对知识产权信息的分析，可以预测到有关产品及技术进入市场的情况。通过授予专利权的国家和地区分布的分析，能够得出有关产品及技术的销售规模和潜在市场等有关经济情报。通过对竞争对手的专利信息分析，可以了解对方产品的技术水平、经营方向及市场范围，以便决定自己的经营战略与对策。分析知识产权信息，预测发展趋势，是一个企业乃至国家的经济发展生死攸关的大事。

(资料来源：http：//www.shanghaiip.cn/wasWeb/jsgl/zscqfxzx.html)

3. 促使新技术商品化和市场化

知识产权制度是市场经济的产物，其规则是按市场经济体制、市场机制运作的，自其诞生之日起，就把保护和鼓励技术发明的商品化和市场化作为根本出发点。知识产权制度的这一作用，可以有效地解决我国科技与经济脱节的问题。按照专利法的规定，对发明人的奖励和回报，重点不是在技术发明完成后，而是在技术发明市场化以后，从其创造的效益中提取。知识产权制度的这一作用极大程度上促使技术创新活动形成了良性循环。

4. 保护技术创新成果

保护知识产权，是知识产权制度的核心。在全世界180多个国家实行了知识产权制度，专利等知识产权保护日趋国际化，关税壁垒逐渐消除，世界经济日趋全球化，企业仅仅研制出了高新技术成果还不足以拥有市场竞争优势，只有将其取得专利等知识产权保护才能最终形成自己独特的市场竞争优势。IBM公司、杜邦公司、日立集团、索尼公司、飞利浦电子公司等大公司，目前拥有有效专利数万件，每年的发明专利申请就上千件，有的高达一万多件，如此多的有效专利成了它们雄霸国际市场最重要的资本。

知识链接

中国知识产权立法进程

1982年8月23日，第五届全国人民代表大会常务委员会第二十四次会议通过了《中华人民共和国商标法》，并于1983年3月1日起施行。这是中国开始系统建立现代知识产权法律制度的一个重要标志。

1984年3月12日，第六届全国人民代表大会常务委员会第四次会议通过《中华人民共和国专利法》，并于1985年4月1日起施行。

1986年4月12日，第六届全国人民代表大会常务委员会第四次会议通过了《中华人民共和国民法通则》，并于1987年1月1日起施行。知识产权作为一个整体首次在中国的民事基本法中被明确，并被确认为公民和法人的民事权利。该法也首次明确公民、法人等享有著作权(版权)。

1990年9月7日，第七届全国人民代表大会常务委员会第十五次会议通过了《中华人民共和国著作权法》，并于1991年6月1日起施行。

1993年9月2日，第八届全国人民代表大会常务委员会第三次会议通过了《中华人民共和国反不正当竞争法》，并于1993年12月1日起施行。

2007年12月29日，第十届全国人民代表大会常务委员会第三十一次会议修订通过《中华人民共和国科学技术进步法》，自2008年7月1日起施行。《中华人民共和国科学技术进步法》修订后在保留“保护知识产权”内容的基础上进一步规定：“国家制定和实施知识产权战略，建立和完善知识产权制度，依法保护知识产权，激励自主创新”，并对科技创新知识产权提出进一步具体措施。

2008年6月5日，中华人民共和国国务院发布《国家知识产权战略纲要》，确定到2020年，把我国建设成为知识产权创造、运用、保护和管理水平较高的国家，5年内自主知识产权水平大幅度提高，运用知识产权的效果明显增强，知识产权保护状况明显改善，全社会知识产权意识普遍提高。

2008年12月27日，第十一届全国人民代表大会常务委员会第六次会议通过新专利法草案，并于2009年10月1日起施行。

（资料来源：http：//news.163.com/09/0915/19/5J9BR10B00013038.html）

3.5.3 知识产权的保护方式

对企业的知识产权加以良好的保护、进行完善的知识产权管理对企业技术创新的成功至关重要，对从事高新技术开发的高科技企业尤其如此。

1. 自主创新的知识产权保护

自主创新企业通常采取的知识产权保护的策略是申请专利。但企业在是否申请专利、何时申请专利、是否申请外国专利、是否进行专利许可等方面要根据技术的先进程度、后续技术的研究开发情况、竞争企业的发展状况以及市场的成熟程度来综合分析、考虑。企业对于竞争对手多、市场需求量大，容易被模仿开发的成果应及时申请专利。而对于企业创造性很强而很难被模仿的技术创新成果，则不一定要很快申请专利，而应采取 KNOW-HOW(先进技术)的形式加以保护，以免因为技术公开过早而被竞争对手开发形成专利网反包围，也解决了专利文献公开后信息传布的全球性与权利保护的地域性的矛盾。因为专利申请一旦被公开，各国皆可获得专利文书，了解有关的技术内容，而专利权只有在申请了专利的国家或地区才能得到保护。技术的持有人不可能到各国都去申请专利，甚至有些国家和地区没有实行或未健全专利制度，这就有可能使得该技术被他人在一定范围内合法地免费使用。

2. 模仿创新的知识产权保护

模仿创新是企业进行技术创新采用较多的一种模式。任何一个企业不论有多强的技术创新能力也不可能研究开发出所有的技术。即使研究开发能力强的企业、国家也是如此，如美国是世界上头号的技术输出国，每年也要花费 4～5 亿美元用于引进技术。许多企业不仅拥有自己的研发人员，具有较强的研究创新能力，而且还通过购买其他企业的专利来不断增强自己的技术优势。模仿创新主要是通过使用许可的形式，双方签订许可证协议。根据是否允许专利权人在同一时间及同一地点自己使用该技术或向第 3 方发出许可证，许可证可分为 4 类：普通许可证、独占许可证、独家许可证、交叉许可证。提供同一技术，独占许可证的使用费最高，独家许可证次之，普通许可证最低。究竟选择哪一种，主要看在同一地域内可能应用同一技术生产相同产品的竞争者的情况而定，对短期内不会有竞争者，或市场容量大的产品就没必要选择独占许可证。同时，在签订专利使用许可合同时，还要注意专利的保护期限，以及专利是否失效，避免取得过期专利或即将过期的专利。因为专利保护需缴纳专利年费，且逐年累进，在专利保护的后期，专利权人通常会不缴年费而自动放弃保护，使专利失效。

特别提示

模仿创新与知识产权侵权之间并没有绝对的对应关系。

3.5.4 完善我国企业的知识产权保护

1. 提高和培养知识产权意识

企业各层领导、全体员工特别是研究与开发人员要深刻认识到企业知识产权在应对经济全球化和 WTO(世界贸易组织)挑战中的重要作用，提高和培养知识产权意识。对于领导干部，可以把知识产权工作考核纳入到年度业绩考核中去，引导他们增强知识产权意识。

2. 研究制定知识产权战略

知识产权战略是企业技术创新战略的重要组成部分。知识产权战略是指企业从发展的全局角度制定并实施的长期运用知识产权的总体谋划和策略。主要目的是指导企业围绕发展战略目标，形成和保护自己的知识产权，增强核心竞争力；充分有效地利用知识产权制度争取在市场竞争中的主动地位。企业知识产权战略的内容很多，但至少应包括两方面。

(1) 知识产权投资决策。包括研究与开发何种技术产权，引进哪些技术产权和现有知识产权的运营与管理。

(2) 市场竞争小的知识产权策略。包括专利防御策略和专利进攻策略。知识产权战略必须要围绕企业的技术创新策略，突出优势和特色技术，突出市场竞争的需求，最终为企业的发展战略服务。

3. 建立完善的工作网络和健全的规章制度

对于经营规模比较庞大，涉及的专业领域较宽，可能产生知识产权的环节也比较多，仅靠企业中的一个部门或某部门的一个岗位，难以满足企业知识产权管理的要求。因此，必须在全企业建立起知识产权保护工作网络。除各级技术创新管理部门应设立专职知识产权管理岗位外，研究与开发机构、生产技术部门、销售服务部门都应设立兼职岗位，要建立明确的岗位职责和工作制度。完善的知识产权规章制度应包括的主要内容：明确主管部门职责，相关部门的职责，主管岗位的职责，技术创新各环节产生的知识产权权利的界定，对研究与开发、中试、生产、销售等过程中的知识产权管理，技术引进和出口的知识产权管理，知识产权的许可、转让、销售，专有技术(技术秘密)和计算机软件的管理，企业员工的保密义务，知识产权工作的考核，知识产权纳入资产管理，奖励和罚则等。

4. 做好研究与开发过程中的知识产权管理

(1) 在根据市场需求选题立项时，要认真检索专利信息，并深入研究分析。没有有关专利的，可以立项开发；已经有专利的，但又是自己市场竞争所需的，要认真研究他人专利的保护点或专利群保护网，如果能够找到避开这些保护点或保护网的思路，可以立项研究，如果找不到突破口，就只能放弃开发计划，否则即使沿用别人的思路开发成功，知识产权也不是自己的，也不能用同样的产品或技术与对手竞争。

(2) 在项目研究与开发过程中，要定期监测和检索相关的专利信息。如果在研究与开发过程中发现同类专利的申请，就要放弃现在的研究思路或该研究项目。一个新的设计思想、数学模型、设计方法都可以申请专利，不必要等到新产品或新技术研究开发完成后再申请，这个可以防止研究与开发过程中由于别人的抢先申请导致整个研究前功尽弃。因此，研究与开发过程中专利的申请要讲究策略。另外，在研究与开发过程中，对有关研究与开发项目的所有资料、研究信息、样机要采取严格保密措施，如确实需要在展览、会议、论文或其他可能泄露秘密的场合公布前，公布的内容必须要经过知识产权审核，防止技术秘密的泄漏。在申请专利前，一般禁止披露上述信息。

(3) 在项目完成后验收前，要认真分析申请多少个专利才能最有效地保护所有的创新点。是整体申请还是拆开申请，如何形成专利群保护网，如何编写专利的技术交底书等问题，提出申请专利的策略，及时申报专利。应该申报而没有申报专利的成果，不得进行验收或鉴定。否则，在验收或鉴定后，丧失了新颖性，就不能申请专利了。

5. 要培养一批高素质的知识产权工作人员

人才是做好各项工作的关键，企业知识产权管理也不例外。企业的知识产权管理既不同于社会上的专利代理，也不同于专利审查，它要求工作人员既要精通知识产权管理技能和有关法律，还要熟悉企业技术，并能够把握这些技术领域的最新发展动态。

管理案例

创新专利让朗科底气十足

2006年2月10日，深圳市朗科科技有限公司(以下简称朗科)向美国得克萨斯州东区联邦法院递交了一纸诉状，将美国PNY(必恩威)科技有限公司(以下简称PNY)告上法庭，这是国内企业第一次在境外起诉外国企业侵犯中国企业发明专利权的事件。事实上，激励企业自主创新的一个重要因素就是要有效地保护属于自己的知识产权。当朗科在北京召开新闻发布会宣布这一消息后，立刻引起各界关注。

据了解，早在起诉PNY之前，朗科就已经对其他厂商发起过类似的专利诉讼。2002年9月与2004年12月，朗科以侵权为由，将北京华旗资讯数码科技有限公司与日本索尼公司旗下全资子公司索尼电子(无锡)有限公司告上了深圳市中级人民法院，要求两被告立即停止侵权行为，并分别索赔100万元和1000万元人民币。在这两起案件还未结束时，即2004年12月，朗科的闪存盘发明专利在美国获权，专利号是US6829672。这是中国计算机存储企业在美国获得的第一个全球基础性发明专利。

时隔一年多以后，朗科远赴美国就闪存盘专利侵权事件打起了“维权大旗”。而成立于1985年的PNY占美国闪存市场份额前3位，其闪存产品已经开始进军中国市场。朗科状告PNY是国内企业第一次在境外起诉外国企业侵犯中国企业发明专利权的事件，在当前国内大力倡导自主创新的情况下，具有十分典型的示范效应和现实意义。2008年3月26日，朗科在北京人民大会堂举行新闻发布会，朗科远赴美国诉PNY侵犯朗科专利权一案，以朗科向PNY签署专利授权许可而告终。

(资料来源：http://theory.people.com.cn/GB/40557/56837/56840/4168821.html)

本章小结

企业技术创新是一个复杂的系统工程。技术创新存在着高风险性、并行化、高投入性和可持续性等特征。技术创新随产品的生命周期的不同阶段呈现不同的特点。企业可以采取的技术创新战略的模式主要有自主创新和模仿创新两种。这两种战略各有其优劣势，对我国众多企业来说，更适合采取后一种战略。

技术创新需要营造良好的内部环境，包括领导重视、激励机制、团队文化等。技术创新可以采取内企业与内企业家、技术创新项目小组、新事业发展部、企业技术中心以及企业间的动态联盟这5种组织形式。对企业创新团队的管理方式和绩效考核形式会直接影响到团队的工作绩效。

企业的技术创新能力是技术能力中最具有攻击性的一种能力，可以通过技术创新能力评价指标体系表现，企业的技术创新能力直接关系到企业的核心竞争力。

完善的知识产权管理对企业技术创新的成功至关重要。知识产权管理对企业技术创新的作用体现：激励发明创造、有效配置技术创新资源、促进新技术商品化和市场化及保护技术创新成果。

复 习 题

1. 选择题

(1) 熊彼特认为，创新的目的是(　　)。

A. 获得新的生产方法　　B. 为了挖掘市场潜能

C. 为了获取潜在的利润　　D. 创新组织管理

(2) 由收音机发展起来的组合音响属于(　　)。

A. 重大的产品创新

B. 渐进的产品创新

C. 重大的工艺创新

D. 渐进的工艺创新

(3) 内企业家与企业家是有差别的，其根本的不同在于(　　)。

A. 内企业家可以自主决策

B. 内企业家的活动局限在企业内部

C. 内企业家的活动不需征得所在企业的认同和许可

D. 内企业家可以选择自己认为有价值的机会

(4) 下列关于产品创新与工艺创新关系的表述中，正确的是(　　)。

A. 工艺创新是企业创新的核心活动

B. 产品创新相对系统，工艺创新更为独立

C. 产品创新、工艺创新相互依赖和交互

D. 产品创新成本费用与工艺创新成本费用主要补偿途径是一样的

(5) 技术创新小组的主要特点有(　　)。

A. 是一个封闭性组织

B. 组成人员完成任务后随之解散

C. 完全由创新小组成员自主决定工作方式

D. 小组成员之间存在工作中的协作与合作关系

(6) 集中在基础科学和前沿技术领域的创新主要是(　　)。

A. 原始创新　　B. 集成创新

C. 技术引进　　D. 引进、消化吸收再创新

(7) 技术创新的特点有(　　)

A. 时间差异性　　B. 技术性

C. 低风险性　　D. 外部性

(8) 自主创新的优势主要体现在(　　)

A. 风险低　　B. 市场开发成本低
C. 易形成技术壁垒　　D. 易形成行业垄断地位
(9) 模仿创新的特点表现为(　　)。
A. 首创性　　B. 跟随性
C. 经济效益显著　　D. 风险高
(10) 在产品生命周期的(　　)期，工艺创新比之产品创新处于更加重要的地位。
A. 引入　　B. 发展
C. 成熟　　D. 衰退

2. 判断题

(1) 技术创新能力即技术能力。(　　)
(2) 根据技术创新的重要性来划分，可以将技术创新分为产品创新与工艺创新。(　　)
(3) 企业的研究开发活动即技术创新。(　　)
(4) 按熊彼特关于创新的观点，技术创新的承担者(主体)是科学家。(　　)
(5) 核心竞争力是难以模仿和学习的竞争能力。(　　)
(6) 技术创新是一项高风险活动。创新过程中各种未知因素难以预测，不确定性较大。(　　)

3. 思考题

(1) 我国企业在实施自主创新战略时应注意什么问题?
(2) 我国企业在实施模仿创新战略时应注意什么问题?
(3) 结合我国的情况，谈谈如何提高技术创新中的知识产权保护?

4. 讨论题

1985 年，乔布斯被苹果董事会赶出了自己一手创办的公司，理由是“此人不切实际地追求技术创新”。当时他正在领导研发世界上最先进的个人电脑“麦金托什”(Macintosh，Mac)，它拥有先进的图形操作系统，还配备了鼠标，技术上遥遥领先于竞争对手 IBM 个人计算机。可惜技术领先不等于市场领先，“麦金托什”销售不佳，却占用了公司大量资源，最终不得不“下马”。痴迷于技术、力挺“麦金托什”的乔布斯，也因此被扫地出门。12 年后，乔布斯重返公司时，有了全新的思路，从而一举把苹果带到世界之巅。乔布斯领悟到，技术并不是最重要的东西；一味追求技术领先，技术过于超前，结果往往是消费者难以“消化”，市场难以接纳，这正是“麦金托什”让人记忆犹新的失败教训。事实上，无论 iPod、iPhone、iPad，其核心技术很少由苹果自己开发。如果需要技术，可以购买专利。苹果的独到之处，即乔布斯的新理念的核心是“用户体验”——集中精力改进既有技术，使其变得更好用、更容易被用户接受。

(资料来源：苹果仅仅是“技术创新”吗?文汇报，2011.9.6)

讨论题：技术创新就是技术领先吗?技术创新的真正内涵是什么?苹果成功的关键是什么?

5. 案例分析题

PDA 产 业

2000 年 1 月，分析家估计 1999 年全球的手持电脑已经达到 570 万部。尽管 PDA(掌上电脑)产业在刚出现时遇到一定的麻烦，但此时已经拥有足够大的市场，而许多潜在进入者对 PDA 产业却依然怀有复杂的感情。PDA 产业从 20 世纪 80 年代末 90 年代初形成发展到现在，很多当初创业的企业都已经失败。

1）起步阶段

1966 年，吉恩罗登贝利设计的“star Trek”是世界上的第一款 PDA 模型。这个便携式信息处理器激起了人们心中无数幻想，也正是它带来了今天 PDA 的设计灵感。然而，直到 20 世纪 90 年代早期，这项技术才脱身于它的灵感时代。那个时期，很多预测家们都相信笔录式电脑将会带来下一次技术发展浪潮。1993 年，福李斯特研究公司预测那年有 29.8 万台手持电脑问世，而到 1996 年将增加到 400 万台。1994 年初，工业观察家们预测 1994 年将是属于“笔”的一年，两个处于领导地位的操作系统，即微软公司(以下简称微软)的 Pen for Windows 和 GO 公司的 PenPoint 将在这个热火朝天的市场展开厮杀。

1990～1993 年，有一批公司都介入了 PDA 的开发，其中包括一些著名的计算机制造公司，如苹果、IBM、惠普以及摩托罗拉等；还有一些刚创立的企业，如 GO 公司、EO 公司和 Momenta 公司等。因为 PDA 采用笔录式以及尺寸上的一些原因，PDA 能否开发成功依赖于几项必备技术，包括字迹识别软件，调制调解器以及电源盒存储系统的小型化等。

2）必备技术

到 1993 年为止，起步阶段中提到的几项必备技术并没有得到很好的解决。字迹识别软件就是其中最突出的问题。尽管现有的字迹识别软件正确率已经能够达到 95%，但是用户还是难以忍受那 5%的错误率。调制调解器也是一个突出的问题，许多人都认为 PDA 的关键特征就是它的无线连接特性，而到 20 世纪 90 年代初，调制调解器仍然因为其重量和尺寸得到一个“砖块”的外号。因此，那些实现了无线连接的 PDA 的尺寸和重量都是普通 PDA 的两倍。

电池寿命及处理能力上的限制也使 PDA 尺寸过大且性能也大打折扣。将现有的办公软件复制到 PDA 上所需的记忆容量和存储量，比任何一款现有 PDA 都要大得多，增加记忆容量和存储量将会额外增加 PDA 的尺寸和成本，而且大处理量需要大功率电池，这也影响到最终产品的尺寸。

3）PDA 市场的困惑

伴随这些技术难题，人们缺乏对笔录式 PDA 功能或其潜在功能的认识。为了使 PDA 能在市场竞争中顺利生存下去，企业必须售出大量的 PDA 才能达到必需的规模经济，从而分摊开发成本。然而在 20 世纪 90 年代初，PDA 市场还很不成熟。与台式机相比，PDA 的价格更贵，而且潜在用户对于 PDA 的性能、与现有计算机系统的兼容性以及配套软件的可获取性都还不太确信。不仅要继续提高用户的认识，更关键的问题是生产商不清楚谁才是 PDA 的主要客户。一些企业明确地将 PDA 定位为大众消费的电子产品，而其他一些企业则认为 PDA 主要是移动办公的工具。还有一些公司认为 PDA 是一个特定的“尖端市场”，是一个用于存活扫描和销售预测的专业工具。

1993 年，市场上只有一小部分的早期采用者还在订购新的 PDA 产品。当微软宣布将凭借它的 WinPad 占领市场时，许多早期用户都要求撤回他们的订单以观望微软的下一步动作。微软在计算机行业以往的经历表明，一旦进入 PDA 市场，微软将会控制 PDA 的主导设计，从而它的产品将拥有最好的兼容性。更重要的是，如果 PDA 能装上微软的界面和软件，消费者以前使用的微软产品所积累的经验将能够派上用场，从而免去重新学习的麻烦。然而事实证明，微软在以后几年内并没有把笔录式电脑市场当回事，而它的宣言却阻碍了市场对 PDA 技术的接受。

到 1994 年，许多笔录式 PDA 企业开始步履蹒跚。尽管有几家企业已经在技术上取得长足的进步并且生产出了产品，然而它们的产品却远不能给它们带来赢利，因此许多企业开始资金短缺的状况。到 1996 年，对于多数的零售商和用户来说，PDA 的价格和特征仍然未能达到一个合适的结合点。尽管 AT&T 公司、康柏公司、IBM、摩托罗拉、NCR 公司和东芝集团等企业已经在开发笔录式计算机上投资了数以百万计的美元，但是到 1996 年，这些企业都大大减少了对 PDA 的投资，或者干脆放弃了这个市场。

4）PDA 标准的形成

一些企业和产品顺利地从这次市场竞争中生存了下来，许多将 PDA 定位为专业设备的零售商很好地经受住这次风暴。虽然 Telxon、Psion、Fujitsu、Casio 和 Sharp 等品牌都在市场上取得了不错的业绩，然而最大的赢家却是进入 PDA 市场相对较晚的一家企业——PalmComputing 公司，其推出的 Palm Pilot 在市场上取得了很大的成功。Palm Pilot 的设计者杰夫·霍金斯(Jeff Hawkins)最初的创意是要设计一台快速简单而售价低于 300 美元的产品，这个产品直到 1996 年才问世。但是到 1996 年年底，销售量很快达到了 35 万台，而在 18 个月以后销售量达到了 100 万台。到 1999 年年底，市场占有率达到了全世界 PDA 市场的 77%，而微软的 Windows CE 操作系统在全世界 PDA 市场的占有率只有 13%，到 2001 年底，Palm 系统的市场份额下降到了 66%，但是相对于排在第 2 位的 Windows CE 而言，仍然处于统治地位。

2003 年，市场上开始出现了另外一个产业——智能电话，即具有 PDA 功能的无线电话。尽管一些型号的 PDA 也具备了无线电话的功能，但是往往显得相对笨拙。而只能电话强调具备移动电话的设计特性，因此被当成通讯工具使用时仍然相对舒适。与那些具有上网功能的常规移动电话不同的是，智能电话拥有更大、更清晰的显示屏幕，可以直接显示正常的网页，而不像常规移动电话那样只能显示那些专门为手机定制的小号网页。此外，与 PDA 相比，智能电话还有更高的销售利润。人们预测，到 2002 年，智能电话的销售量将达到 500 万台，而销售额将达到 23 亿美元。然而，移动电话和 PDA 的结合也意味着现有的 PDA 生产商将面临来自那些大型移动电话生产上的巨大挑战。

（资料来源：http：//www2. sus. edu. cn/SIMBA - course/anli. asp)

讨论题

(1) 为什么大部分早期的 PDA 生产企业即使拥有创新且成熟的产品设计，仍然会失败？

(2) 早期的 PDA 企业能够做点不同的事情从而使企业顺利地存活下来吗？

(3) 为什么许多企业都失败了而 PalmComputing 公司却取得了成功？

(4) 智能电话的出现对 PalmComputing 公司意味着什么？

第4章 企业生产管理

学习目标

通过本章学习，学生应当能够达到以下方面要求。

识别和定义

生产管理的类型

合理组织生产过程的基本要求

“5S”管理

定置管理

目视管理

制造资源计划

企业资源计划

描述或解释

生产管理的时间组织和空间组织的方法

生产进度控制的基本方法

企业生产能力

库存控制的ABC分类法

准时制和精益生产

敏捷制造

导入案例

阿根廷鲍吉斯-罗伊斯公司的生产计划

鲍吉斯-罗伊斯公司阿根廷是布宜诺斯艾利斯的一家泳装生产商。该公司制定了一项人事改革政策，不仅降低了成本，也增强了员工对顾客的责任心。由于公司的产品受季节影响大，该公司不得不在夏季的 3 个月将其产品的 3/4 销往海外。公司的管理层还是采用传统方法，依靠加班、聘用临时工、积聚存货来应付需求的大幅上升。但这种方式带来的问题很多：一方面，由于公司提前几个月就将泳装生产出来，其款式不能适应需求的变化；另一方面，在繁忙的 3 个月里，顾客抱怨、产品告急、时间经常变动及出口事务繁忙，这一切使得管理人员大为恼火。

鲍吉斯-罗伊斯公司的解决办法：在维持正常的每周 42 小时工作报酬的同时，相应改变生产计划，8 月到 11 月中旬改为每周工作 52 小时，等到高峰期结束到第 2 年 4 月，每周工作 30 小时，在时间宽松的条件下，进行款式设计和正常生产。

这种灵活的调度使得公司的生产占用资金降低了 40%，同时使高峰期的生产能力提高了一倍。由于产品质量得到了保证，该公司获得了价格竞争优势，因而销路大增，产品出口到了巴西、智利和乌拉圭等国家。

（资料来源：李道芳，姚和平. 企业管理概论［M］. 北京：高等教育出版社，2011(10)：179.）

4.1 生产管理概述

4.1.1 生产管理的有关概念

1. 生产管理

生产管理是企业管理的主要组成部分，是企业管理大系统中的一个具有重要地位的子系统，它是对企业日常生产活动的计划、准备、组织和控制，是和产品制造有密切关系的各项管理工作的总称。生产管理有广义和狭义之分。广义的生产管理是对整个生产系统的管理，指企业根据经营方针和目标，从原材料、设备、动力、劳动力的输入，经过生产转换系统(即计划、设计、制造、检验、包装、核算和销售)，直到产品输出的整个过程的管理，这相当于以生产为中心的工厂管理。狭义的生产管理是指生产作业的管理工作，主要是安排生产作业计划、控制在制品流转、组织均衡生产及生产调度等工作。

2. 生产运作

与企业生产产品或提供服务直接相关的所有活动统称运作。对于任何一个企业来说，生产运作活动是其核心内容。企业的产品生产或服务正是通过生产运作职能来实现的，即投入、转换、产出的过程。为确保生产运作的顺利进行，必须在整个过程的各个阶段进行目标控制，并对产出情况进行信息反馈，以决定是否需要对生产运作过程进行必要的修订。

基于上述原因，生产运作活动的过程表述如图 4.1 所示。

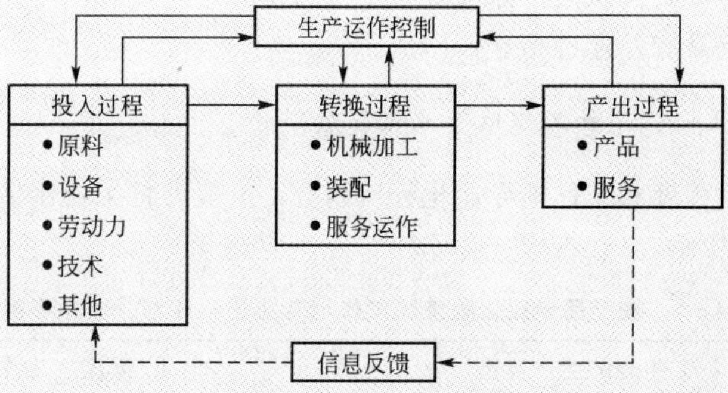

图 4.1　生产运作过程

图 4.1 中的虚线代表的是信息移动，整个生产运作活动过程受到统一控制。企业根据生产计划，确定要生产何种产品或提供何种服务，决定投入相应的人力、物力等资源，为生产转换做好准备。根据产品的质量、规格要求或服务标准，控制转换过程严格按规程进行生产运作。用户使用产品或接受服务后，对存在的问题或满意程度进行信息反馈，企业根据反馈信息决定是否对投入的各种资源进行调整，或对转换过程进行必要的修订。

3. 制造业和服务业运作过程的不同

生产产品与提供服务的企业的运作有很多区别，最显著的就是服务业要大量地直接接触顾客。制造业与服务业的运作过程主要有 4 方面区别。

(1) 制造业的生产率测定比服务业容易。因为前者是有形产品，后者通常都是无形产品。例如，汽车轮胎厂的日产量很容易计算，但修理行业虽然可以计算修理了多少有形产品或更换了多少零部件，但其主要的服务却是知识和技能的应用，如咨询服务只是说了几句话，对这种无形产品就很难进行测量。

(2) 服务业的运作很难确定质量标准，也很难评估其服务质量。无形产品既不能用手拿，也无法称重和测量长短，质量的差别也只能和以前的服务做比较，如对于律师的法律辩护这种服务就很难评价它的质量。

(3) 提供服务的工作人员经常接触顾客，但制造业的操作人员却很少见到其产品的顾客。服务中的营销活动以及与顾客的关系经常掩盖了部分运作功能，如理发师与顾客的交流必不可少，销售人员或餐馆服务人员的不礼貌是众多企业最关心的问题。

(4) 制造业的运作，尤其是标准产品的重复性生产，可积累或减少其成品的存货。但服务业却不能储存自己的服务，如理发店不能在理发淡季将其服务储存起来以便在理发需求高峰时提供。提供服务的企业经常努力拉平这种需求的高峰与低谷，如电话公司在某时间段打折话费，以鼓励用户在电话使用低谷打电话。

4.1.2　生产类型的划分

想一想： 企业有哪些生产类型？哪些因素会影响到企业的生产类型？

在组织企业的生产过程中必须注意不同企业的不同特点，其中最重要的特点就是生产类型。影响企业生产类型的因素是多方面的，如产品的品种、数量、生产的重复性和专业化程度等。每种分类方式都从某一侧面反映了产品及其生产过程的不同特征，对产品的生产运作活动在宏观上具有一定的指导作用。

1. 按产品的专业化程度和工作地专业化程度划分

按产品的专业化程度和工作地专业化程度划分，一般可将工业制造企业的生产类型划分为 3 种如表 4－1 所示。

表 4－1　按产品专业化程度和工作地专业化程度划分的生产类型

工作地的生产类型		固定在工作地上的工序数目/项
大量生产		1～2
成批生产	大批生产	2～10
	中批生产	10～20
	小批生产	20～40
单件生产		40 以上

(1) 大量生产的特点：产量大、品种少，工作地经常重复地进行固定的一道或几道工序，专业化程度很高。大量生产具有生产稳定、效率高、成本低和管理简单等优点，但也存在着投资大、适应性和灵活性差等缺点，因此，大量生产类型的企业，其产品的更新换代较困难。

(2) 成批生产的特点：产品品种从几种到若干种，加工对象周期性地更换，专业化程度随批量的大小而变化。按照进行工作的种数，成批生产还可以再分为大批生产、中批生产和小批生产。成批生产随着批量由大到小，它的专业化程度也发生变化，成本由低到高，效率由高到低。大批生产与大量生产具有相近的特点。

(3) 单件生产的特点：产量少、品种多，每个工作地负担 40 项以上工序，专业化程度差，采用通用设备和工装工具，计划管理工作复杂、产品成本高、劳动生产率低，对工人的生产技术水平要求高，设备按工艺原则排列，适应品种变化的能力好，经济效益差。

特别提示

大量生产可以采用高效率的设备和专用工具，经济效益最好，成批生产次之，单件生产最差。但不同的生产类型，适应品种变化的能力也不同。一般来说，单件生产品种多、通用设备多、适应能力强，成批生产次之，大量生产最差。

2. 按生产方法划分

按生产方法划分，企业的生产类型可分为 4 种。

(1) 合成型：将不同的原材料(零件)合成或装配成一种产品，如机械制造厂、纺织厂、水泥厂、合成洗衣粉厂等。

(2) 分解型：将原材料经加工处理后分解成多种产品，如石油化工企业、炼油厂、焦化厂等。

(3) 提取型：从地下、海洋中提取产品(采掘原料的企业)，如油田、煤矿等。

(4) 调制型：通过改变加工对象的形状或性能而制成产品，如炼钢厂、橡胶厂。

特别提示

一个企业的生产可能采用多种生产方法，上述4种类型同时并存，如机械制造企业属于合成型，但兼有调制型，如铸锻、热处理、电镀等；石油化工工厂既裂化分解出各类油，又生产合成纤维，并存合成型与分解型的特点。

3. 按接受生产任务的方式划分

按接受生产任务的方式划分，企业的生产类型可分为两种。

(1) 订货生产方式。指接受用户提出的具体订货要求后才开始组织生产。生产出来的成品在品种规格、数量、质量和交货期等方面各不相同，并按合同规定立即向用户交货，基本无库存。生产管理的重点是抓交货期，按“期”组织生产过程各环节的衔接平衡，保证如期实现。

(2) 存货生产方式。指在对市场需要量进行预测的基础上，有计划地组织生产，也称预测生产。产品有库存，为防止库存积压或脱销，生产管理的重点是抓供、产、销之间的衔接，按“量”组织生产各环节之间的平衡，保证全面完成计划任务。

4. 按生产的连续程度划分

按生产的连续程度划分，企业的生产类型可分为两种。

(1) 连续生产方式。指长时间连续不断地生产一种或很少几种产品，生产的产品、工艺流程和使用的生产设备均是固定的、标准化的，工序之间无在制品储存，如油厂的采油作业、炼油厂等。

(2) 间断生产方式。指生产过程的各种生产要素是间断性地投入，生产设备和运输装置必须适合多种产品加工的需要，工序之间要求有一定的在制品储存，如机床厂、汽车厂等。

知识链接

现代生产管理的特点及发展趋势

现代生产管理与传统生产管理的主要区别在于，传统的生产管理着眼点主要在生产系统内部，是对产品的生产过程进行计划、组织、指挥、协调和控制等。而随着世界经济及科学技术的迅猛发展，制造企业所处的环境发生了重大的变化，从而带来了生产管理内容及重点的重大变化，企业生产管理不仅限于某一具体产品的生产过程，更强调企业的发展战略、产品开发、新工艺技术与自动化的应用等长期决策问题。全面质量管理、物料需求计划、准时制生产等新的管理方法和管理理念的出现，更加充分地反映了生产管理新的内涵，即生产管理本身已成为一个复杂的系统工程。要做好企业的生产管理工作，就必须用系统的观点看待整个生产经营过程，强调各职能管理机构的内在联系，即管理的集成性。

进入20世纪80年代以后，随着第3产业的迅猛发展，生产管理的研究范围不断扩大，由原来单纯对制造业生产管理的研究扩展到非制造业管理的运作研究，使生产管理所涉及的领域得到了扩大，形成了现今的生产运作管理学科。

进入20世纪90年代以后，随着经济全球化和知识经济时代的到来，信息技术、计算机技术、管理信息系统、资源短缺、环境恶化、需求个性化、竞争国际化和市场一体化、制造资源计划、企业资源计划、精益生产方式、敏捷制造、再造工程、核心竞争力、物流技术、供应链管理等一系列与生产运作管理相关的技术、管理方式及生产中所存在的各种问题的大量涌现，更为生产运作管理学科提出了新的课题。可以预见的是，在21世纪的今天，谁能率先在生产运作管理中采用最先进的技术和管理方式，并不断进行管理创新，谁就能在市场竞争中始终立于不败之地。而对生产运作管理学科而言，也必将由单纯对企业生产系统研究，扩展到对企业整个生产经营过程的研究；由对一个企业的研究，扩展到对整个供应链上所有企业的研究；由对某一行业或地区的研究，扩展到对全球经济这一大环境的研究。

4.2 生产过程的时空组织

生产过程组织是生产管理的重要内容，它研究工业企业怎样从空间上和时间上合理地组织产品生产，将生产活动中各项生产要素有机地组织起来，使生产过程能以尽可能少的劳动消耗和劳动占用，生产出尽可能多的、符合市场需要的产品，从而获得最好的经济效益。

4.2.1 生产组织的对象与要求

1. 生产过程的构成

不论哪一类生产过程，其组成可按生产各阶段的不同作用，分为5个组成部分。

(1) 生产技术准备过程：产品投入生产前所进行的全部生产技术准备工作过程。主要包括产品设计、工艺设计、工艺装备的设计和制造、新产品的试制和试验等。

(2) 基本生产过程：直接把劳动对象变为企业基本产品的生产过程。例如，纺织企业的纺纱、织布和印染等过程；钢铁企业的炼铁、炼钢、轧钢过程；机械企业的铸锻(造)、机械加工、装配过程；汽车厂零部件的加工、装配过程；纤维板生产的流水生产等过程。基本生产这一过程是企业主要的生产过程，基本产品代表着企业的专业方向。

(3) 辅助生产过程：为了保证基本生产过程的正常进行所必需的各种辅助性的生产活动。例如，机械企业中的动力生产(如电力、蒸汽、压缩空气)、工具与量具制造、设备维修等过程。

(4) 生产服务过程：为基本生产和辅助生产所进行的各种生产服务活动。例如，原材料、半成品的供应、采购与运输等过程。

(5) 附属或副业生产过程：为基本生产提供附属材料或为市场提供某些非专业化方向的产品的生产过程。前者是企业自行生产的包装箱过程；后者。例如，飞机制造厂生产日用铝制品过程等，如某飞机制造厂，主产品为飞机，副产品为客车、旅游车及日用铝制品等。

上述5个部分既有区别，又有联系。核心是基本生产过程，其他部分可根据企业具体情况，或包括在企业的生产过程中，或由独立的专门单位来完成，如生产技术准备过程可由公司、总厂研究所、设计单位完成，动力生产、工具制造、设备修理可由专门的协作厂来完成；分析化验、运输等可由专门的生产服务单位(如化验站、运输公司)来完成。

特别提示

影响企业生产过程构成的因素很多，有内外因素，因此要根据企业的内外条件，应用系统分析的方法确定先进合理的生产过程构成，以取得最大的经济效益。

2. 合理组织生产过程的要求

合理组织生产过程，指把生产过程从时空上很好地结合起来，使产品以最短的路线、最快的速度通过生产过程的各个阶段及工序，并且使企业的人、财、物得到充分利用，达到高产、优质、低耗。其目的就是生产出满足社会需要的产品和劳务，提高企业经济效益。因此，组织生产过程必须努力实现5方面的要求。

(1) 生产过程的连续性。指产品在生产过程各阶段、各工序之间的流动，在时空上是紧密衔接、连续不断的，不发生或很少发生不必要的中断、停顿和等待现象，即产品在生产过程中始终处于连续运动状态。要达到生产过程的连续性，必须做到：①按工艺流程的要求，搞好工厂布置；②采用先进的技术、设备，提高自动化、专业化水平；③采用先进的生产组织形式；④做好生产前的一系列准备工作和生产中的服务工作。

(2) 生产过程的比例性(协调性)。指生产过程的各个工艺阶段、各工序之间在生产能力上要保持适当的比例关系，即各个生产环节的工人数、机器设备数、生产效率、开动班次、生产面积等因素要符合客观需要的比例，避免互不适应、脱节现象。为此需要做到：①在工厂设计或生产系统设计时，要统筹规划；②加强计划管理，做好综合平衡；③采取必要措施，消除薄弱环节，保持各生产单位间应有的比例关系。

(3) 生产过程的节奏性(均衡性)。指产品在生产过程的各个工艺阶段，从投料到成品入库，都能按计划有节奏地、均衡地进行，在相等的一段时间间隔内，生产相等或递增数量的产品，使各工作地点的负荷充分并相对稳定，不出现前松后紧、时松时紧、松紧不匀的不良现象。节奏性表现在生产的全过程，包括产品的投入、生产和产出3个环节，其中产出的节奏性是最关键的一环，而生产的节奏性是实现产出节奏性的基础，生产的节奏性又取决于投入的节奏性。因此，必须把3个环节统筹安排，才能保证整个生产过程的节奏性。

(4) 生产过程的平行性。指生产过程的各个工艺阶段、各工序在时间上实行平行作业，有两种情况：一是组成产品的各个零部件，同时在各个生产环节进行生产；二是在大量、成批生产条件下，同种产品(零件)同时分散在各个生产环节进行生产。

(5) 生产过程的经济性。指在生产过程中，以最少的消耗，生产出尽可能多的适销对路的产品。因此，首先，保证连续性、比例性、节奏性等要求；其次，必须加强生产系统的全面管理工作，开展经济活动分析，力求成本费用的支出最低。

特别提示

上述要求是相互联系、相互制约的，比例性是实行连续性、平行性的条件，是保证均衡性的前提；均衡性、连续性、平行性又相互影响与作用。这几项要求是衡量生产过程是否合理的标准，也是取得良好经济效益的重要条件。

4.2.2 生产过程的空间组织

企业产品生产过程，不仅要有一定的场地、厂房、设备等，而且还要把这些物质生产条件按一定的原则加以组合，使它们在空间布局上形成一个有机整体。这就是生产过程空间组织问题，主要包括厂址选择、总平面布置、生产单位的空间组织形式。

1. 厂址选择

选址问题在很大程度上影响了企业的固定成本和变动成本。有些企业仅运输成本一项就可以占到产品售价的25%以上，这时的选址决策就显得非常重要。选址决策常取决于企业的类型。对于工业企业，其战略重点通常是成本最小化；对于零售业和服务企业，其战略重点通常是利润最大化。总之，选址策略的目标就是使企业的选址收益最大化。

影响厂址选择的因素有多种，如表4-2所示。

表4-2 影响厂址选择的因素

产品销售条件	是否方便目标客户群的购物或订货交易
提供服务条件	是否靠近目标客户群，方便客户享受服务
交通条件	是否便于运输，及时送货和大宗货物的集散
劳动力供应条件	劳动力的素质、成本以及可获得性
资源供应条件	获取原材料的方便性，外协加工的方便性
基础设施条件	水、电、煤气供应，“三废”处理的可靠性和方便性，以及通信基础设备状况
地价和税收条件	土地价格高低，各种税费负担轻重等
环境保护法规	环保法规是否允许所要从事的生产经营活动，环保投资和维护费用的高低
扩展条件	是否有可扩展利用的空间和场所
地理条件	地质条件能否承受工厂建筑物的全部载重，是否有地震断裂带、下沉性地带和滑坡层，是否有适当可选择的坡地，可利用斜面便于运输和建立排水系统

选择厂址的方法主要有两种。

(1) 加权分等评分法。该方法的使用步骤：①找出所有影响选址的因素；②确定影响因素的权数，可选择影响最少的因素定其权数为1，其他因素的权数可通过与此因素比较而确定，权数的确定可由有经验的专业人员共同研究决定；③拟定可选择的厂址，确定各影响因素对候选厂址影响等级系数；④计算得分，将权数和等级系数相乘则可得出每个因素情况下各候选厂址的得分；⑤汇总得分，将每个厂址得分进行汇总，其中总分最高者就是要选择的最佳厂址。

【例4-1】 以加权评分法选择厂址的实例，如表4-3所示。

表 4-3 以加权评分法选择厂址的实例

影响因素	权数	候选厂址			
		A	B	C	D
地理条件	5	4 / 20	2 / 10	2 / 10	1 / 5
气候	6	3 / 18	4 / 24	3 / 18	2 / 12
交通运输	2	3 / 6	4 / 8	2 / 4	2 / 4
产品销售	3	5 / 15	4 / 12	3 / 9	4 / 12
资源供应	4	4 / 16	4 / 16	3 / 12	4 / 16
地价和税收	6	1 / 6	3 / 18	3 / 18	2 / 12
扩展余地	1	4 / 4	4 / 4	2 / 2	1 / 1
劳动力供应	5	2 / 10	3 / 15	3 / 15	1 / 5
基础设施	3	1 / 3	1 / 3	3 / 9	4 / 12
总计	—	98	110	97	79

(2) 最优化生产—分配解决法。该方法适用于多厂的区位选择，对现有企业的扩展尤为适用。多厂区位受到现有厂区和厂址选择的各种因素的影响。每个可供选择建厂的地区，都必须以现有工厂市场区域相关的经济观点来考虑。目标是选择新的建厂地区，使得企业总的生产——分配成本为最小。

【例 4-2】

某针织品公司在 A 市和 B 市的工厂生产 T 恤衫，有 5 个分销中心分别设在 C，D，E，F，G 五市。为满足增加的需求，公司决定建造一个年产 25 万件 T 恤衫的新工厂。经考察分析，已经把建厂的选址范围缩小到 3 个地区：D 市、E 市、G 市。生产和分销成本以及生产能力和分配需求如表 4-4(分销成本包括运费、装卸和仓储费用)所示。

表 4-4 某针织公司测算数据

从 / 分销成本 / 至	现有工厂/万元		拟建工厂/万元			预计年市场需求/万件
	A	B	D	E	G	
C	2.10	1.60	2.20	2.30	2.40	10
D	1.80	2.20	1.50	1.25	2.25	15
E	2.05	2.10	1.85	1.50	2.15	16

（续）

至 \ 分销成本 \ 从	现有工厂/万元		拟建工厂/万元			预计年市场需求/万件
	A	B	D	E	G	
F	1.90	2.40	1.90	2.10	2.30	19
G	2.50	2.45	2.25	2.15	1.05	12
年生产能力	27	20	25	25	25	
单位生产成本	13.5	13.4	13.45	13.20	13.10	

根据上表数据建立3个分配矩阵，选择总成本最低者为最佳建厂区位，如表4－5～表4－7所示。

表4－5　D市建厂方案

至 \ 从	A/万元	B/万元	D/万元	需求/万件
C	15.60	15.00	15.65	10
D	15.30	15.60	14.95	15
E	15.55	15.50	15.30	16
F	15.40	15.80	15.35	19
G	16.00	15.85	15.70	12
生产能力/万件	27	20	25	72

此方案生产成本：968.75万元。分销成本：134.8万元，合计：1103.55万元。

表4－6　E市建厂方案

至 \ 从	A/万元	B/万元	E/万元	需求/万件
C	15.60	15.00	15.50	10
D	15.30	15.60	14.45	15
E	15.55	15.50	14.70	16
F	15.40	15.80	15.30	19
G	16.00	15.85	15.35	12
生产能力/万件	27	20	25	72

此方案生产成本：962.50万元；分销成本：128.05万元；合计：1090.55万元。

表4－7　G市建厂方案

至 \ 从	A/万元	B/万元	E/万元	需求/万件
C	15.60	15.00	15.50	10
D	15.30	15.60	15.35	15

（续）

至＼从	A/万元	B/万元	E/万元	需求/万件
E	15.55	15.50	15.25	16
F	15.40	15.80	15.40	19
G	16.00	15.85	14.15	12
生产能力/万件	27	20	25	72

此方案生产成本：960万元；分销成本：128.40万元；合计：1088.40万元。

经过3个方案成本的比较，表明在G市建厂为佳。

2. 总平面布置

企业总平面布置合理与否将长期影响企业的经济效益，必须慎重对待。在进行设计时必须具有整体观念，不仅要考虑满足生产方面的要求，而且要满足安全与美观方面的要求；不仅要考虑当前生产方面的需要，而且还应考虑长远发展的要求。当两者产生矛盾时，目前利益必须服从长远利益，局部利益必须服从整体利益。

1）企业总平面布置的基本要求

合理的布置应满足4点要求。

（1）各基本车间、辅助车间及服务部门，如仓库、运输、公用设施的布置，应满足生产工艺流程的要求，按生产工艺流程的顺序来排列，以便使原材料、半成品和产成品按一个方向流动，方便运输，缩短运输距离，尽量减少往返交叉的情况。

（2）有协作关系的车间，应尽量靠近，辅助车间及服务部门应设置在其主要服务的车间附近，以保证最短的运输距离，有利于管理，但应以符合照明、通风、安全、防火等为条件。

（3）充分利用城市现有的运输条件（如铁路、公路、港口等）和公共设施（如供排水、输变电、大型娱乐场所等），以满足生产和生活上的需要，并节省建设投资。

（4）还应考虑企业发展的可能性，如“三废”处理和环保的要求。

2）企业总平面布置的基本方法

（1）物料流向图解法。就是按照原材料、毛坯、在制品在生产过程中的流动方向和运输量进行工厂总体平面布置的一种方法。

（2）物料运量图法。就是根据企业各生产单位（包括仓库与站场等）的物料运输数量的大小，来进行企业的总平面布置。

（3）生产活动相关图布置法。这种方法首先要绘制生产活动相关图，以表明企业各组成部分之间的关系，然后依次为依据，按其相关程度进行布置，以求得最优的总体布置方案。

3. 生产单位的空间组织形式

工业产品的生产过程，是在一定时间内，由许多相互联系的车间、工段、班组等生产单位来实现的。这些生产单位应该按照怎样的专业化形式来设置，这就是生产过程空间组织所要确定解决的问题。

1）对象专业化

对象专业化，即按照不同的产品来设置生产单位，每个生产单位基本上独立完成该产品的全部工艺过程。在这种生产单位内，集中了为制造同一产品所需要的各种不同类型的生产设备和不同工种的工人，进行不同工艺方法的加工。

优点：大大缩短产品在生产中的运输路线，节省运输费用；缩短生产周期，节约流动资金；有利于采用先进的生产组织形式，如流水生产、成组加工等；减少了车间之间的协作联系，简化了计划、在制品管理、质量管理等工作；有利于按期、按质、按量、成套地完成生产任务。缺点：适应品种变化的能力差；需要较多的生产设备，投资大，设备和生产面积的利用率较低；不便于对工艺进行专业化管理和指导。

2）工艺专业化

工艺专业化即按照生产工艺特点来设置生产单位，每个生产单位只完成产品生产过程的部分加工任务。在这种生产单位内，集中着同种类型的生产设备和相同工种的工人，对企业生产各种不同产品(零件)进行相同工艺方法的加工。

优点：产品制造顺序有弹性，较灵活，能较好地适应产品品种变化的要求；便于充分利用生产设备和生产面积；便于进行专业化的技术管理和指导工作。缺点：产品在生产中的运输路线长，增加了运输费用；产品生产周期长，占用流动资金较多；各生产单位间的协作、往来频繁，使计划、在制品、质量等项目管理复杂。

3）混合专业化

混合专业化是将上述两种原则结合起来的一种形式。在一个企业(车间)中，既有按对象专业化形式布置的车间(班组)，又有按工艺专业化形式布置的车间(班组)。按混合专业化形式建立车间的企业，一般以对象专业化形式为主，然后对一些特殊的车间采用工艺专业化形式。当然，每一个企业采用什么专业化形式，必须根据自己的情况，灵活运用上述3种形式。

特别提示

上述3种专业化形式在应用时不能离开企业的具体条件。如果企业的专业方向已定，产品的结构、产量、品种比较稳定，工种和设备配套比较齐全，生产类型属于大量、大批生产或成批生产，则按对象专业化形式设置生产单位是适宜的；如果企业的专业方向未定，生产的产品不稳定，专业化程度低，生产类型属于单件小批生产，则采用工艺专业化形式可能比较有利。

管理案例

TACO 厂区的重新布置

TACO 公司(以下简称 TACO)是英格兰一家老牌的生产循环机泵的企业。原来的产区布置是根据工艺专业化设计的，即所有的机器加工设备集中在一个地方，所有的装配设备集中放在一个地方，所有的喷漆设备又集中在一个地方，其他类型相同的设备以此类推。因此，TACO的产品从一个地方到另一个地方要花费很多时间，且经常在完成所需加工过程前需要等待很长时间，这些长时间的等待就是过多的存货积压所致。厂区内堆满了存货，而且产品的交货要花费数周甚至数月的时间。

因此，TACO按照产品导向而非流程导向重新设计了厂区布置：3个重要的生产车间被分成3个主产品线，第1个车间用来生产大批量的民用泵，组建了一条装配线；在第2个车间建立了成组技术制造单元，每个单元用于生产家用产品，生产批量可以柔性变化；第3个车间生产小批量产品，通常是一些体积较大的、需求量较小的，有时甚至一种设计只生产一台或两台。这个车间采用单一流程布置，在很多方面像装配线，而且每个工作站都设计得很灵活。

经过实践证明，TACO的产品导向(对象专业化)的布置减少了30%的在制品库存，减少了50%的产品平均产出时间。新布置带来的另一个好处是TACO能够增加超过50%的产出量而不需要额外增加厂区空间。

(资料来源：关志民. 运营管理 [M]. 北京：机械工业出版社，2007：71.)

4.2.3 生产过程的时间组织

合理组织生产过程，不仅要求各生产环节在空间上密切配合，而且要求在时间上紧密衔接，以实现有节奏地连续生产，达到提高效率、缩短生产周期的目的。

1. 生产过程的时间组成

生产过程是劳动过程和自然过程的总和。

进行劳动过程所需的时间叫作业时间或工序时间；还有一部分时间是劳动过程中断的时间，简称中断时间。劳动过程中断，有的是自然过程所要求的，被称为工艺性中断时间。在某些情况下，产品生产过程时间中还包括由于组织上的原因引起的中断时间。

缩短生产过程时间要针对形成产品时间耗费的不同时间采取不同的措施，如通过强化工艺、采用先进的机器设备来缩短作业时间，采用强制手段改变自然过程为劳动过程来缩短工艺性中断时间。从生产管理的角度看，更要着重分析引起组织性中断的原因，并提出消除和压缩此种中断时间的措施。引起中断的原因有4种。

(1) 由于机器设备进行修理而造成的中断。应采取措施，尽量缩短修理时间，甚至有时可组织热修，不停产或不减产来组织修理和修理工作的平行交叉作业，以减少中断时间。

(2) 由于管理工作不善而造成的中断。对设备事故、原材料、燃料、备品备件供应不及时等引起的中断，必须通过加强计划管理工作来加以消除。

(3) 由于前后工序能力不协调而造成的中断。对此中断应采取协调各道工序加工能力的办法，来消除或压缩这类中断时间。

(4) 成批性中断。这是由于在制品不宜在工序间逐件运输引起的。在某些情况下，对那些价值小，加工时间短的在制品来说，这种中断时间是难以全部消除的。

2. 工序间的移动方式

生产过程的时间组织，主要研究劳动对象在工序间的移动方式。劳动对象的移动方式，指零部件从一个工作地到另一个工作地之间的运送形式。如果某种产品只生产一件，那么就只能加工完一道工序之后，再把零件运送到下一个工作地去进行下一道工序的加工。

对成批性中断的分析，可表明各工序在时间上是否安排得当，对消除中断时间和缩短生产周期有重要作用。因而有必要研究工序间的移动方式。工序间的移动方式有 3 种。

(1) 顺序移动方式。指一批零件在上道工序全部完成后，才送到下道工序去进行加工。这种方式的特点：零件在工序之间是按次序连续地整批运送，生产周期长。其加工周期的计算公式如下：

$$T_{顺序} = nt_1 + nt_2 + nt_3 + \cdots + nt_n + \cdots + nt_m = n\sum_{i=1}^{m} t_i \tag{4.1}$$

式中，n——每批零件个数；

m——工序总数；

t_i——第 i 道工序上的加工时间。

【例 4－3】

每批零件 4 个，每个零件在各道工序上的加工时间：$t_1=10$ 分，$t_2=5$ 分，$t_3=20$ 分，$t_4=10$ 分，则该批零件在顺序移动方式下的加工周期为

$$T_{顺序}=4\ 个\times(10+5+20+10)分/个=180\ 分$$

顺序移动方式的示意图，如图 4.2 所示。

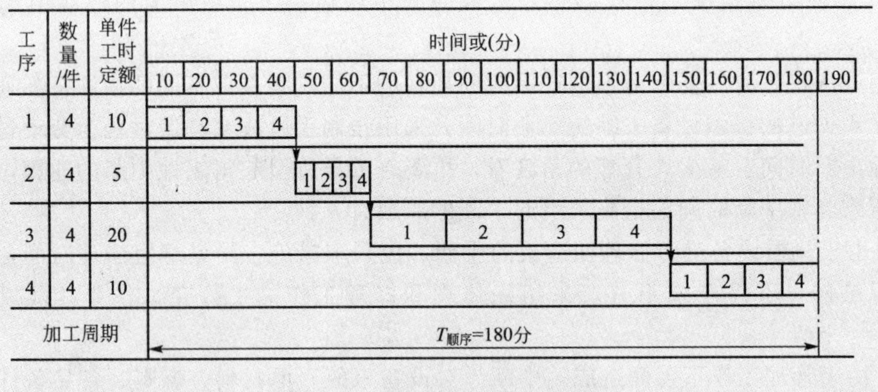

图 4.2 顺序移动方式示意图

(2) 平行移动方式。指一批零件中的每个零件在上道工序完工后，立即送到下道工序去进行加工。其特点：零件在工序间是逐件运送，并在不同工序上平行加工。此方式加工周期的计算公式(4.2)如下所示。

$$T_{平行} = \sum_{i=1}^{m} t_i + (n-1)t_{长} \tag{4.2}$$

式中，$t_{长}$ 为最长工序的单件加工时间。

例 4－3 在平行移动方式下的加工周期为

$$T_{平行}=(10+5+20+10)+(4-1)\times 20\text{ 分}=105\text{ 分}$$

平行移动方式的示意图，如图 4.3 所示。

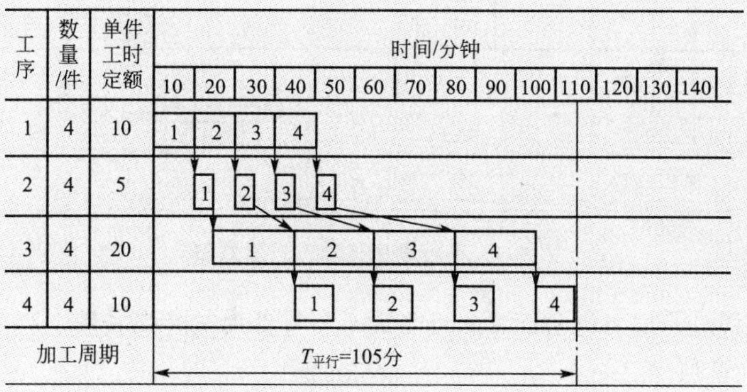

图 4.3　平行移动方式示意图

由此可见，由于所有的工序几乎都是完全平行完成的，因此，在这种移动方式条件下，每批零件的整个加工过程时间最短。

特别提示

由于必须使各道工序时间长短相等或成整数倍才能保证工作地不发生停顿，因此再实际工作中除流水线生产以外就很少采用平行移动方式。一般用于零件的需求非常紧迫，如军工产品、政治性任务时可采取这种方式。

(3) 平行顺序移动方式。指顺序移动和平行移动方式的结合，即一批零件在前道工序尚未全部加工完毕，将已加工好的一部分零件送到下道工序，并使下道工序能连续地加工完该批零件。其具体做法：当后道工序单件加工时间比前道工序加工时间短，则后道工序的最后一个零件只能等到前道工序所有零件加工完毕后才能开始加工，后道工序第一个零件的加工时间，可从最后一个零件的加工时间依次向前倒退得到。这种移动方式加工周期的计算公式如下：

$$T_{平顺}=n\sum_{i=1}^{m}t_i-(n-1)\sum_{i=1}^{m-1}t_{si} \tag{4.3}$$

式中，n 为每批零件个数；m 为加工工序总数；t_i 为第 i 道工序上的加工时间；t_{si} 为相邻两道工序间较短工序的单间加工时间。

例 4－3 在平行顺序移动方式下的加工周期为

$$T_{平顺}=180-(4-1)\times(5+5+10)\text{分}=120\text{ 分}$$

平行顺序移动方式示意图，如图 4.4 所示：

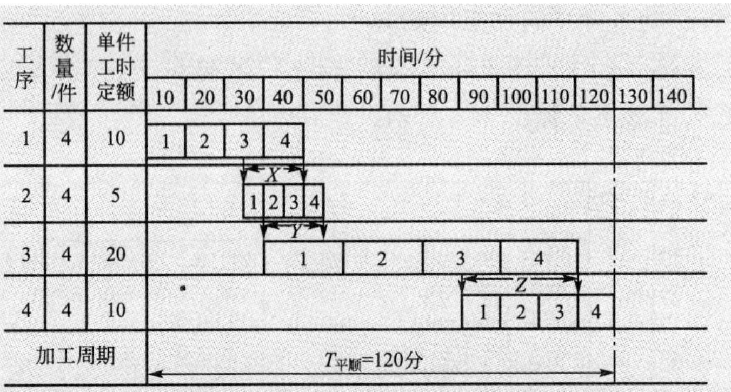

图 4.4 平行顺序移动方式示意图

选择移动方式时，应考虑的因素：批量大小、零件加工时间长短、生产单位的专业化形式等。如表 4－8 所示。

表 4－8 选择移动方式考虑的因素

考虑因素＼移动方式		顺序	平行	平行顺序
生产类型	单件小批	√		
	大量大批		√	√
生产任务	缓	√		
	稳		√	√
专业化形式	工艺原则	√		
	对象原则		√	√
调整设备时间	短		√	√
	长	√		
零件加工时间	短	√		
	长		√	√

4.3 生产计划与生产作业计划

生产计划是对企业的生产任务做出统筹安排，规定企业在计划期内产品生产的品种、质量、数量、进度指标。生产计划确定以后，为了便于执行，还要编制生产作业计划，它把企业全年的生产任务，在时间和空间上具体展开，详细分配到车间、工段、班组以至工人，规定各自在月、旬、日、轮班、小时的工作任务。

4.3.1 生产计划及主要指标

1. 生产计划

生产计划也称基本生产计划或年度生产大纲，是企业为了生产出符合市场需要或顾客要求的产品，所制定的何时生产、何处生产以及如何生产的总体计划，是对企业总体生产任务的确定与进度安排，多为年度计划。

企业的生产计划是根据销售计划制定的，它又是企业制定物资供应计划、生产任务平衡、设备管理计划和生产作业计划的主要依据。

生产计划工作的主要内容：调查和预测社会对产品的需求、核定企业的生产能力、确定目标、制定策略、选择计划方法、正确制订生产计划、库存计划、生产进度计划和计划工作程序以及计划的实施与控制工作，如图 4.5 所示。

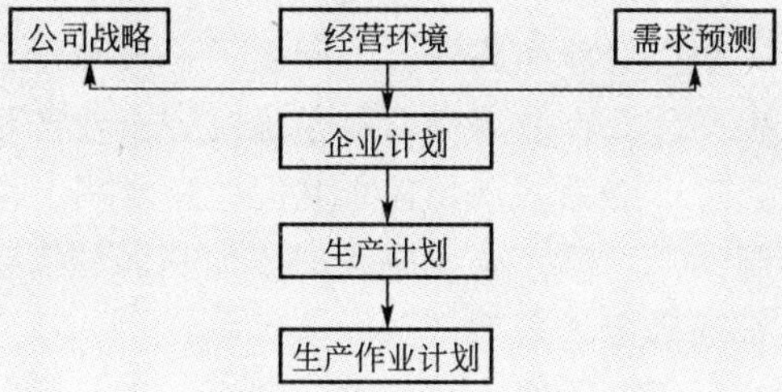

图 4.5　生产计划工作的主要内容

特别提示

生产计划方案的确定不仅需要满足需求和生产能力两个方面的要求，而且要考虑收益和成本方面的要求，是一个多目标的优化过程。

2. 生产计划的主要指标

制订生产计划指标，是生产计划的重要内容之一，生产计划的主要指标从不同侧面反映了企业生产产品的要求。生产计划的主要指标：产品品种指标、产品质量指标、产品产量和产品产值指标。

(1) 产品品种指标。包含两方面的内容：一是企业在计划期内生产的产品名称、规格等质的规定性；二是企业在计划期内生产的不同品种、规格的数量。品种指标能够在一定程度上反映企业适应市场的能力，一般来说，品种越多，越能满足不同的需求。但过多的品种会分散企业生产能力，难以形成规模优势。因此，企业应综合考虑，合理确定产品品种，加快产品的更新换代，努力开发新产品。

(2) 产品质量指标。是衡量一个企业的产品满足社会需要程度的重要标志，是企业赢得市场竞争的关键因素，包括内在质量和外在质量两方面。内在质量是指产品的性能、使用寿命、工作精度、安全性、可靠性和可维修性等因素；外在质量是指产品的颜色、式样、包装等因素。我国的产品质量标准分为国家标准、部颁标准和企业标准 3 个层次。

(3) 产品产量指标。常用实物指标或假定实物指标表示，如钢铁用“吨”、发电量用“千瓦·时”等表示。产品产量指标是表明企业生产成果的一个重要指标，它直接来源于企业的销售量指标，也是企业制定其他物量指标和消耗量指标的重要依据。

(4) 产品产值指标。解决了企业生产多种产品时，不同产品产量之间不能相加的问题。企业的产品产值指标有商品产值、总产值和净产值3种表现形式。

4.3.2 生产任务的统筹安排

确定企业生产计划的各项指标、做好企业生产任务的综合平衡，是一个复杂的工作过程。如何科学地确定产品产量、合理安排产品生产进度、做好多品种生产的品种搭配，是生产任务综合平衡工作的主要内容。

1. 科学地确定产品的产量

生产怎样的产品，是一个企业所面临的首要问题，一般来说，企业产品的方向在建厂初期就已经确定。在确定生产什么产品以后，科学地决定企业产量就成了企业决策的首要问题。企业的产量又受企业生产能力、市场需求状况、原材料、能源供应状况、企业的技术水平和生产组织方式的制约。同时，企业应考虑增加利润的需要，用产量、成本、利润三者之间的规律性关系，合理确定计划期产量。

盈亏平衡点分析模型是分析企业产量、成本、利润三者关系的数学方法。该模型把企业的成本分解为两部分：随着产品产量的增加而增加的变动成本和不随产品产量变化的固定成本。在此基础上，比较销售收入和总费用的关系，如图4.6所示。

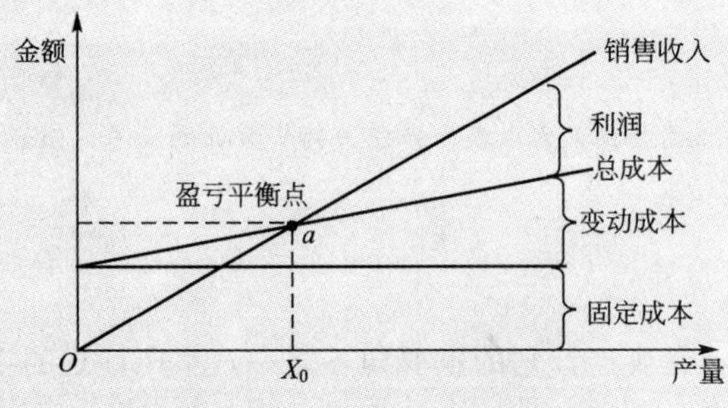

图4.6 盈亏平衡点示意图

图4.6中a点即为盈亏平衡点，X_0为其相应的产量，称界限产量。当产量小于X_0时，销售收入小于总费用，出现亏损；当产量大于X_0时，销售收入大于总费用，出现盈利。界限产量的计算公式如下：

$$界限产量=\frac{固定费用}{单位产品销售价格-单位产品变动费用} \tag{4.4}$$

【例4-4】

企业计划明年生产某种新产品，销售价格可达1000元/台，单位变动成本为600元/台，全年的总固定费用为400000元，求盈亏平衡点产量。

解：

$$盈亏平衡点产量=\frac{400000元}{1000-600(元/台)}=1000台$$

也就是说，企业明年的计划产量只有超过1000台，才有可能赢利。

当然，工厂决定计划期的产量，并不仅仅靠分析量、本、利关系而定，还要牵涉人力、设备、原材料、能源等多种因素，这种多制约条件下的企业最优产量的决定，可用线性规划的办法解决。下面举例加以说明。

【例 4－5】

某企业同时生产甲、乙两种产品，设备能力的有效台时为每月 150 台时，电力消耗每月不能超过 240 千瓦时。每吨产品的台时消耗和电力消耗定额，如表 4－9 所示。

表 4－9　单位产品的台时消耗和电力消耗定额

产品 资源	甲产品	乙产品
设备能力/台时	6	3
电力消耗/千瓦时	3	8

甲产品每吨的利润为 200 元，乙产品每吨的利润为 400 元。求甲、乙产品各生产多少可使企业获得的利润最大？

先列出线性规划的模型。设甲产品月计划生产 x_1 吨，乙产品月计划生产 x_2 吨，最大利润为 $maxP$。根据上述条件可列出一组联立方程为

目标函数　　$maxP = 200x_1 + 400x_2$

约束条件(1) $6x_1 + 3x_2 \leqslant 150$　（设备能力限制）

(2) $3x_1 + 8x_2 \leqslant 240$　（电力限制）

(3) x_1，$x_2 \geqslant 0$　（产量非负）

上述联立方程，可以用图解法解出，图解法的基本原理是确定上述联立方程(线性规划模型)的可行解区域，然后从中找出最优解。

解： 横坐标为 x_1，纵坐标为 x_2。由于产量不能是负数，因此图解范围应当在第 1 象限。如图 4.7 所示。

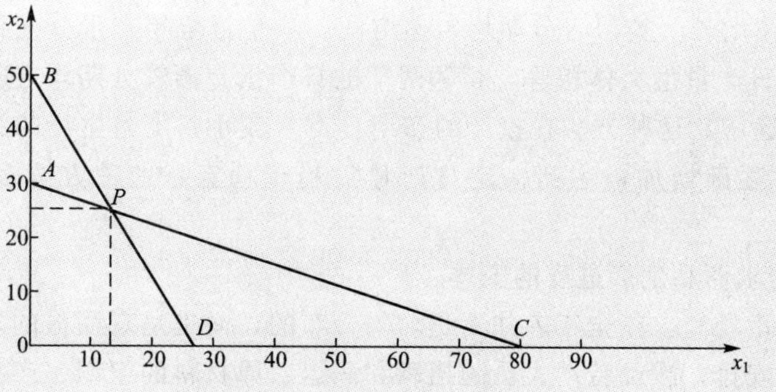

图 4.7　线性规划的图解法

图 4.7 中，直线 BD 满足方程 $6x_1 + 3x_2 \leqslant 150$

直线 AC 满足方程 $3x_1 + 8x_2 \leqslant 240$

AC、BD 两直线相交于 P 点。根据提议，坐标图中的 $OAPD$ 区域构成可行解区。P 点坐标：(12.3，25.4)。

可见，最优解：甲产品每月生产 12.3 吨，乙产品每月生产 25.4 吨，每月可获得最大

利润额是 $maxP$＝12.3 吨×200 元/吨＋25.4 吨×400 元/吨＝12620 元

2. 产品生产进度安排

产品生产进度的安排，因企业的特点不同而有所不同。

1）大量生产产品产出进度的安排

大量生产产品的进度，一般采用均衡生产方式，把全年生产任务分配到各季、各月。但是，把全年计划均衡地分配到各月，并不意味着平均地分配到全年 12 个月，而是考虑产品特点和企业状况，随着工人操作技能的逐渐熟练而逐渐增加产量。具体有 4 种类型，如图 4.8 所示。

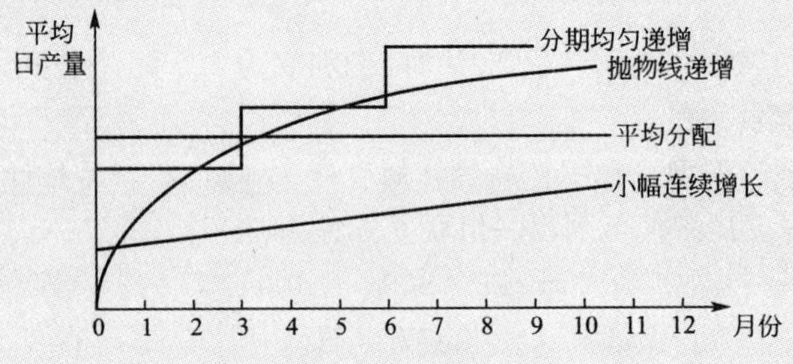

图 4.8 大量生产方式进度安排

(1) 平均分配。即把全年的计划产量平均地分配到各期中，一般使日产量大体相等。这种方法适用于产品生产能力基本饱和，生产技术和工艺过程比较成熟的情况。

(2) 分期均匀递增。这种方法把全年产量分配到各期之中，每期的平均日产量之间成等差递增数列，而在每一阶段内，日产量大体相等，这种方法考虑技术的不断进步。

(3) 小幅连续增长。类似于分期均匀递增法，只是把全年产量分配到各期的时期间隔较短，短期内的日产量也大体相等，相邻两期的日产量差额较分期均匀递增较小。

(4) 抛物线递增。这种方法在投产的初期日产量较小，随着生产的进行，企业的日产量以递减的速度逐渐增加，达到一定日产量后趋于稳定，这种方法多适用于新产品的生产。

2）季节性需求商品生产进度的安排

有些商品的市场需求在全年内并不是均匀分布的，而是呈现明显的季节性变化。这类商品生产进度的安排，涉及劳动人员的招聘和辞退、原材料的组织、产品库存量的大小等众多因素，工作比较复杂。

(1) 均衡安排方式。这种安排方式不管市场需求如何，都把全年的生产任务均匀地分配到各季度、各月份，使全年日产量大体相等。这种安排方式有利于人力、物力的合理利用和管理，但有时库存量很大，占用很多流动资金，有时又会出现供不应求，丧失市场机会的情况。

(2) 变动安排方式。这种安排方式是在合理市场调查的基础上按照市场调查得出的市场需求资料，随着市场需求量的变化安排生产量。和均衡安排方式相反，这种方式抓住了市场机会，降低了商品库存，节约了流动资金，但劳动力和原材料的供应工作也要求季节性的变动，这给企业的管理提出了更高的要求，也不利于稳定产品质量。

(3) 折中方式。这种方式使企业的日产量大小相同，既减少了库存，满足了市场需求，又容易组织劳动力和原材料供应，便于管理。

3. 品种搭配

单品种生产的企业，在确定了产品总产量和各期产品产量以后，就可以着手编制生产作业计划了。但是，对于多品种生产的企业，则需要进行合理的品种搭配。这主要应该考虑两方面的问题。

一方面，对经常生产和产量较大的产品，要考虑在保证市场供应和满足顾客订货的前提下，尽量在全年各季度、各月份安排均衡生产，以保持企业生产过程的稳定性。

另一方面，对于企业生产的非主要品种，组织“集中轮番”生产，加大产品生产的批量，完成一种产品的全年生产任务之后，再安排其他品种的生产，以减少设备调整和生产技术准备的时间和费用。

特别提示

复杂产品与简单产品、大型产品与小型产品、尖端产品与一般产品，在生产中应合理搭配，以使各个工种、设备以及生产面积得到充分的利用；同时，新老产品的交替要有一定的交叉时间，在交叉时间内，新产品产量逐渐增加，老产品产量逐渐减少，以避免给企业生产造成大的震动，这也有利于逐渐培养熟练工人，提高新产品生产的合格率。

4.3.3 生产能力同任务的平衡

1. 生产能力的概念

企业的生产能力，是指一定时期内(通常是一年内)，企业的全部生产性固定资产，在一定的组织技术条件下，所能生产一定种类和一定质量的产品的最大数量，或者能够加工处理一定原材料的最大数量。

企业的生产能力，是反应企业生产可能性的一种指标，通常用实物单位来计量。多品种生产企业，可以选择一种代表产品来计量。一般来说，代表产品可以按照3个原则来选择：

① 企业专业方向中的主要专业产品；

② 国家和市场迫切需要的重点产品和短线产品；

③ 产量较大，结构和工艺具有代表性的产品。

2. 生产能力的分类

企业的生产能力指标，一般有设计能力、查定能力、计划能力3种。

(1) 设计能力。指企业设计任务书与技术设计文件中所规定的生产能力。它是按照工厂设计中规定的产品方案和各种设计数据来确定的，在企业建成投产后，由于各种条件限制，一般均需经过一定时间后才能达到。

(2) 查定能力。指企业生产了一段时期以后，重新调查核定的生产能力。当原设计能力水平已经明显落后，或企业的生产技术条件发生了重大变化后，企业需要重新查定生产能力。查定能力是根据查定年度内可能实现的先进的组织技术措施来计算确定的。

(3) 计划能力(或现有能力)。指企业在计划年度内依据现有的生产技术条件，实际能达到的生产能力。

特别提示

设计或查定能力同计划(或现有)能力指标，在水平上是存在差异的，它们各有不同的用途。新建和改建的企业，由于基建工程竣工后刚投入生产，需要有一个熟悉和掌握技术的过程，因而这时的计划能力水平要低于设计能力，经过相当一段时间后，才能逐渐接近或达到。查定能力也不是企业当时就能达到的能力，一般应高于计划能力，只有当企业实现了先进的组织技术措施，才能达到查定的生产能力。设计能力和查定能力，可以作为确定企业生产规模、编制企业长远规划、安排企业基本建设和技术改造计划的依据，而计划能力则是企业编制年度计划、确定生产指标的依据。

3. 企业生产能力的核定

查定的企业生产能力水平，是由生产中的固定资产的数量、固定资产的工作时间和固定资产的生产效率3个因素决定的。

(1) 生产中固定资产的数量。指企业在查定时期内所拥有的全部能够用于生产的机器设备、厂房和其他生产性建筑物的面积。机器设备包括正在运转、正在修理、正在安装或者等待修理的机器设备以及因生产任务变化而暂停使用的机器设备。对于因为损坏严重，已丧失了原有生产能力，而在计划期内不能修复使用的机器设备以及企业留在备用的、封存待调的机器设备，则不应计算在内。

(2) 固定资产的工作时间。指机器设备的全部有效工作时间和生产面积的全部利用时间。不同企业的工作制度不同，其工作时间也是不同的。在连续生产的企业里，机器设备的有效工作时间一般等于日历时间减去计划停修时间；在间断生产的企业里，机器设备的有效工作时间是在日历天数中扣除节假日之后，按照企业规定的工作班次来计算的，其中也要扣除计划修理时间。生产面积的利用时间，在一般情况下没有停修时间。

(3) 固定资产的生产效率。对于机器设备来说，固定资产的生产效率是指单位机器设备的产量定额或单位产品的台时定额；对于生产面积来说，是指单位产品占用生产面积的大小和时间的长短。同前两项因素相比，它是核定生产能力时最难确定的一项因素，受各种条件的影响。而生产能力的大小，又在很大程度上取决于定额水平是否合理。影响定额水平的各种条件：产品的结构与质量要求，原材料成分和质量，技术设备使用年限及其状况，工艺操作方法，工人技术水平，生产组织与劳动组织状况以及企业的专业化协作水平等。

核定生产能力，就是通过对上述因素的调查，在查清现状的基础上，将这些因素加以确定，从而计算出企业的查定能力。这一工作不能孤立地进行，必须与确定企业生产方向、确定企业外部供应条件、定企业专业化水平等工作结合起来，才能收到良好的效果。

4. 生产能力和生产任务之间的平衡

确定查定能力的工作量很大，它不是经常进行的工作。需经常进行核算的是企业的计划能力(现有能力)。在编制年度、季度生产计划和编制月度生产作业计划时，都需核算现有能力，以便同计划的生产任务进行比较和平衡，使生产任务得到落实，使生产能力得到充分利用。

计划能力的计算原理同查定能力是相同的，但计算方法上有些差别，主要表现在两个方面。

(1) 组织技术条件不同。计算查定能力所依据的是今后相当长的一段时间内能实现的组织技术条件，它往往是本计划年度内尚不能达到的。而计算计划能力所依据的组织技术条件则是指在本年度或本季度内经过努力可以实现的现实条件。因此，查定能力所依据的定额水平通常比较先进，而计划能力依据的定额水平则是在计划期内可以实现的平均先进水平，或者是实际已经达到的定额水平。

(2) 核算方法上的差别。计算计划能力，通常并不需要在计算出各个生产环节的能力后再去综合成企业的生产能力。只需要计算出各个生产化解或各个设备组的计划能力，并与完成生产任务所需的各类设备需要能力进行平衡，了解各类设备的负荷程度。因此，计划能力的核算，通常又称设备和生产面积的负荷核算。

【例 4-6】

设备和生产面积的负荷核算，如表 4-10 所示。

表 4-10 设备和生产面积的负荷核算表

设备组名称	台数	工作班数	计划检修率	全年有效台时数	计划产量/台	单位产品计划台时定额	计划所需台时数	能力多余(+)或能力不足(-)	负荷率
车工组	15	2	2%	69722	300	211.2	63360	+6362	91%
铣工组	17	2	2%	79018	300	268.8	80640	-1622	102%
磨工组	9	2	2%	41833	300	120.0	36000	+5833	86%
⋮									

注：①车工组的全年有效台时数=15 台×306 天×15.5 小时×(1-2%)=69722 台时；②单位产品计划台时定额=单位产品现行台时定额×(1-定额压缩系数)，如车工组的单位产品计划台时定额=220 台时×(1-4%)=211.2 台时；③负荷率=$\frac{\text{计划所需台时数}}{\text{全年有效台时数}}$，如车工组的负荷率=$\frac{63360\text{ 台时}}{69722\text{ 台时}}\times 100\%=91\%$。

特别提示

进行设备和生产面积负荷核算的目的是为了发现生产任务与生产能力之间的不平衡状况，以便有计划地采取各种有效的措施，保证计划任务的落实和生产能力的充分利用。在平衡时，应当注意把当前同长期结合起来。这就是说，不仅要考虑到本年、本季、本月的生产能力之不足或有余，同时还要注意到今后较长时期内社会需求量同企业生产能力的平衡情况。

短期与长期的生产能力同需求之间的各种组合情况，如表 4 - 11 所示。

表 4 - 11 生产能力同需求量之间组合情况矩阵表

时期（行）／能力与需求的关系状况／时期（列）		短期		
		能力＞需求	能力≈需求	能力＜需求
长期	能力＞需求	Ⅰ	Ⅱ	Ⅲ
	能力≈需求	Ⅳ	Ⅴ	Ⅵ
	能力＜需求	Ⅶ	Ⅷ	Ⅸ

第Ⅰ种情况，表示短期和长期的生产能力都大于需求量。为了充分利用生产能力，应当要求上级机关调走多余的设备和工人，或者部分设备和工人改产别种产品。

第Ⅱ种情况，短期来看，生产能力与需求量基本相符，但从长期来看，则生产能力大于需求量。虽然当前任务与能力是平衡的，但要及早抓好新产品的研制和开发，以便今后扩大社会需求量，充分利用企业的生产能力。

第Ⅲ种情况，从当前看，生产能力不足，但从长期看，生产能力有富余。为了解决当前能力不足的问题，可以采取合理的加班加点、临时性外协、同用户协商推迟交货期等措施来解决。同时仍然需要及早研究解决今后生产能力利用不足的问题。

第Ⅳ种情况，当前的生产能力大于需求量，但从长期来看，能力同需求量基本适应。为了充分利用生产能力，企业可以承接一些临时性协作任务或来料加工任务，也可以提前进行一些生产准备工作，如提前进行一些设备的检修，增加在制品库存等。

第Ⅴ种情况，当前的和长期的生产能力都同需求量相一致，这是最理想的情况。

第Ⅵ种情况，当前生产能力不足，但从长期看，能力与需求基本相符。这时可以采取一些临时性外协，加班加点等措施来解决。

第Ⅶ种情况，当前生产能力有富余，但长期来看则能力不足，应当利用当前生产任务较轻的有利时机，抽出力量进行技术改造、职工培训等，以扩大今后的生产能力，如尚有富余，也可以承接一些临时性协作任务和提前做一些生产准备工作。

第Ⅷ种情况，当前能力与任务基本相符，但从长期看，将发生能力不足的情况，要早做准备，在完成当前任务的同时，挤出力量，进行技术改造和职工培训。

第Ⅸ种情况，从当前和长期来看，生产能力都满足不了需求，可以采取组织专业化生产、进行技术改造、签订长期的外包协作合同等措施来解决。

4.3.4 生产计划及生产作业计划的编制

1. 生产计划编制的内容

生产计划工作的主要内容，是规定出生产系统的任务和工作进度，也就是说，要确定企业生产的产品产量、品种、质量、产值等，以及安排产品出产进度。

对于企业产品产量、品种、质量、产值等指标，是根据企业生产能力和需求量等，经过优化、平衡后，最终确定的。一旦确定，则成为企业编制其他计划的依据。

产品出产进度的安排，是将全年的计划产量分配到各月中去，确定各月产量，因此，称大日程计划。

计划年度内各月产量，一般可以根据销售计划确定。在企业运行过程中，生产与销售往往在时间、空间、数量上存在一定差距，企业要制定合理的库存标准，使生产量、销售量、库存量达到最佳组合。

在具体编制生产进度计划时，可以根据企业的生产类型、生产特点选用不同方法，如平均分配法、分期递增法等。

2. 生产作业计划的编制

生产作业计划就是详细描述生产何种产品、生产量多少、何时生产的计划。生产作业计划是生产计划的具体执行过程，是生产计划的延续和补充，是组织企业日常生产活动的重要依据，具有指挥和控制两种功能。其特点是把生产计划规定的季度、月度生产计划具体分配到各车间、工段、班组甚至工人，规定了相关单位在季、月、旬、日、小时的生产任务，并按日历顺序安排生产进度。其功能主要表现在生产任务分解、分配和进度安排等方面。制订生产作业计划的步骤，如图 4.9 所示。

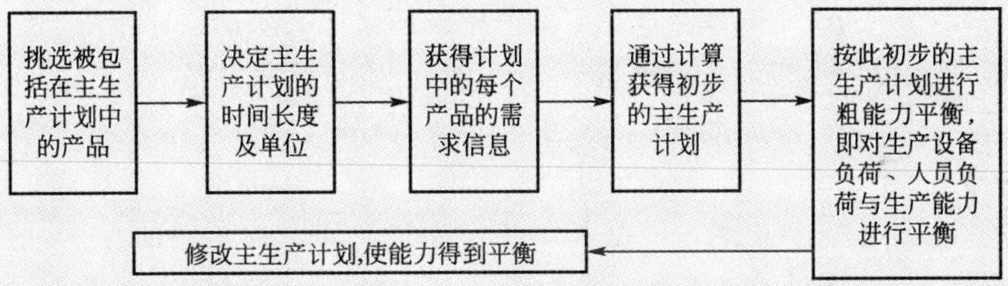

图 4.9 制订生产作业计划的步骤

编制生产作业计划，一般是先将企业生产任务分配到各车间，编制车间生产作业计划，然后由车间再分配到工段、班组直至工人，编制车间内生产作业计划。

特别提示

编制厂级生产作业计划的方法，主要取决于车间组织形式和生产类型。如果是按对象专业化形式组织的车间，可以按生产任务直接分配给车间。如果是按工艺专业化形式组织的车间，应根据不同的生产类型，采取不同方法编制生产作业计划。

知识链接

期量标准

期量标准，又称作业计划标准，就是为制造对象(产品、部件、零件等)在生产期限和生产数量方面所规定的标准数据。它是编制生产作业计划的重要依据。制定期量标准，实质上就是科学地规定生产过程各个环节之间在生产数量和生产期限上的内在联系，合理地制定期量标准对于提高生产作业计划的质量有重要作用。它有利于保证各个生产环节之间的衔接，从而保证按期出产和交货；有利于建立企业正常生产秩序和工作秩序，客服前松后紧现象；有利于合理利用人力、物力、财力资源，提高生产的经济效益。

企业的生产类型和生产组织形式不同，生产过程各个环节在生产期限和生产数量方面的联系也就不同，因而形成了不同的期量标准。

大量流水生产的期量标准：节拍、流水线工作指示图表、在制品定额等。成批生产的期量标准：批量、生产间隔期、生产周期、提前期、在制品定额、交接期等。单件生产的期量标准：产品生产周期、提前期等。

由于企业的生产类型和企业情况不同，编制生产作业计划有 3 种方法。

1）在制品定额法

在制品定额法，指运用在制品定额，结合在制品实际结存量的变化，按产品反工艺顺序，从产品出产的最后一个车间开始，逐个往前推算各车间的投入、产出任务。在制品定额法用在制品定额作为调节生产任务量的标准，以保证车间之间的衔接，这种编制生产作业计划的方法主要适用于大量大批生产企业，车间产出量和车间投入量的计算公式如下。

$$\begin{aligned}某车间产出量 &= 后车间的投入量+本车间半成品计划外销量\\ &\quad +中间库半成品定额-中间库半成品期初预计存量 \end{aligned} \tag{4.5}$$

$$\begin{aligned}某车间投入量 &= 本车间的产出量+本车间计划允许废品数量\\ &\quad +本车间在制品定额-本车间在制品期初预计存量 \end{aligned} \tag{4.6}$$

【例 4－7】

某厂 6 月生产汽车 1000 辆，根据在制品定额法，某两种零件的投入、产出量安排，如表 4－12 所示。

表 4－12　零件投入产出计划

零件编号、零件名称每台用量		541 轴 1	550 齿轮 4
装配车间	装配产出量(1)	1000	4000
	车间在制品定额(2)	100	500
	期初在制品预计储存量(3)	60	350
	装配投入量(4)＝(1)＋(2)－(3)	1040	4150
零件库	零件外售量(5)	0	400
	库存半成品储备定额(6)	80	500
	期初半成品预计储存量(7)	100	400
机加车间	机加产出量(8)＝(4)＋(5)＋(6)－(7)	1020	4650
	废品数量(9)	10	100
	车间在制品定额(10)	180	450
	期初在制品预计储存量(11)	60	300
	机加投入量(12)＝(8)＋(9)＋(10)－(11)	1150	4900

2）累计编号法

累计编号法也称提前期法，指根据预先制定的提前期标准，规定各车间出产和投入应达到的累计号数的方法。这种方法将预先制定的提前期转化为提前量，确定各车间计划期应达到的投入和产出的累计数，减去计划期前已投入和产出的累计数，以求得各车间应完成的投入和产出数。采用这种方法，生产的产品必须实行累计编号。提前量的计算公式如下：

$$提前量=提前期\times平均日产量 \tag{4.7}$$

采用累计编号法编制企业的生产作业计划的方法一般应用于成批生产的企业，并应遵循3个步骤。

步骤1，计算各车间在计划期末产品产出和投入应达到的累计号数，公式如下：

$$\begin{aligned}某车间产出累计号数&=成品产出累计号数+该车间产出提前期定额\times成品的平均日产量\\&=成品产出累计号数+产出提前量\end{aligned} \tag{4.8}$$

$$\begin{aligned}某车间投入累计号数&=成品产出累计号数+该车间投入提前期定额\times成品的平均日产量\\&=成品产出累计号数+该车间投入提前量\end{aligned} \tag{4.9}$$

步骤2，计算各车间在计划期内应完成的投入量和产出量，公式如下：

$$计划期车间产出量=计划期末产出的累计号数-计划期初已生产的累计号数 \tag{4.10}$$

$$计划期车间投入量=计划期末投入的累计号数-计划期初已投入的累计号数 \tag{4.11}$$

步骤3，把根据公式(4.10)和公式(4.11)计算出的投入量和产出量，根据零件的批量进行修正，使车间产出或投入的数量与批量相等或成整数倍关系。

【例4-8】

某车床厂，装配车间5月生产机车应达到的累计号数为200号，平均日产量为3台，如机械加工车间出产提前期为8天，投入提前期为16天，问机械加工车间5月的生产任务是多少？

解：机械加工车间产出的累计号数：200号+(8天×3号/天)=224号

机械加工车间投入的累计号数：200号+(16天×3号/天)=248号

机械加工车间5月的生产任务：达到累计产出224台份，累计投入248台份。

3）生产周期法

单件小批生产的企业，组织生产时，各种产品的任务数量是接受订货的数量，不需进行调整，因此，不宜采用在制品定额法或累计编号法编制生产作业计划。编制生产作业计划要解决两个方面的问题：一是保证交货期，二是保证企业在各个生产车间相互衔接。为了实现这一目标，单件小批生产的企业经常使用生产周期法编制生产作业计划。生产周期法，一般包括3个步骤。

步骤1，根据接受顾客订货的情况，分别安排生产技术准备工作。

步骤2，根据合同规定的交货期，采用网络计划技术及相关技术，为每一项订货编制生产周期进度表。它是单件小批生产企业的主要期量标准。并且，根据合同规定的交货期和生产周期进度表，为每一项产品制定一项生产说明书，详细规定该产品在某一车间投入和产出的时间，如表4-13所示。

表 4-13 订货生产说明书

订货编号	交货期限	成套部件编号	工艺路线	投入期	产出期
503	3月31日	110	铸工车间	1月20日	2月15日
			机械车间	2月25日	3月10日
			装配车间	3月15日	—
		111	铸工车间	1月15日	2月5日
			机械车间	2月10日	3月5日
			装配车间	3月10日	—

步骤 3，进一步调整平衡后，编制日度作业计划，正式确定各车间的生产任务。

4.4 生产控制

4.4.1 生产进度控制

生产进度控制是以时间为主要参数，对生产过程各环节的投入产出按品种、规格、数量进行监督、分析和处置，保证生产按时完成的管理工作，亦称生产作业控制。主要包括投入进度控制、产出进度控制和工序进度控制 3 方面。

1. 生产进度控制的程序

企业生产过程的运行，是从外部环境获得一定的物资资源和信息，经过生产转换机构，再把产品或劳务提供给外部环境的一个动态循环。生产过程的输入和输出的向量，具体表现为生产的一定进程，并通过一定的物质和信息流量来表示。要对反应产品生产过程的输入、转换、输出过程进行控制必须具备 3 个要素，如表 4-14 所示。

表 4-14 必须具备的 3 个要素

标准	能够反应生产系统活动过程客观要求的各种计划和标准，以此作为控制的标准和依据
信息	能够反应生产过程物资流、能量流和输入、转换、输出进程的各种信息。特别要获得生产过程中原有标准与实际执行结果之间可能产生或正在产生的各种偏差的信息
措施	能够预防和及时纠正各种偏差的具体措施，以及控制的手段、步骤和具体实施方案

只有同时具备以上 3 个基本要素，才能对企业生产过程及其进程进行有效的控制。

生产进度控制和其他控制的基本程序一样，可以分为 4 个阶段。

(1) 分配作业。根据生产计划的规定，检查生产准备工作情况，编制生产作业计划，给各生产环节下达作业指令，这就是确定控制标准。

(2) 测定差距。通过原始记录、现场巡视、调度电话、生产统计报表和计算机信息网络等了解生产作业的实际进度，并与计划要求相比，发现偏差，测定差距，这就是作业检查与作业核算。

(3) 处理偏差。按照差距的内容、严重程度和产生原因，采取有效措施，迅速消除、补偿和减轻对计划的冲击，这就是纠偏。

(4) 提出报告。在一个项目、一个阶段结束时，对作业计划执行结果提出报告，对计划执行全过程做出评价，为生产系统调整和管理改进提供必要的资料和建议，这就是总结。

2. 生产进度控制的方法

对于预测型企业和订货型企业，其进度控制的方法有所不同。

(1) 预测型企业的生产指标。主要是根据市场预测、经营目标和生产能力等确定的，如纺织厂、汽车厂、钢铁厂、交通运输企业等。这类企业产品品种比较单一，产量大，自动化程度高，工序能力比较平衡，属于大量大批生产。

(2) 订货型企业的生产任务。来源于订货合同，生产的产品品种、规格、数量、交货期等都按合同规定。这类企业生产的产品品种规格多，工序能力经常出现不平衡，生产管理比较复杂，如重型电机厂、专用机床厂、按订单生产的服装厂等。

上述两类企业的进度方法对比如表 4-15 所示。

表 4-15 预测型企业和订货型企业的进展方法对比表

	主要标准	信息来源	控制重点	主要措施
预测型企业	年度生产计划，生产作业计划，流水生产线的节拍、节奏，在制品定额，库存量定额	生产日报；生产任务完成情况统计表；现场巡视中所了解的人员、设备、物流情况；通讯报告，如电话报告、口头报告等；产品销售情况，从成品库和销售部门得到	能源动力供应正常；原材料、零配件供应正常；在制品、库存品储备正常；职工思想情绪稳定、健康；设备运转状况良好	组织厂内外力量，突击抢修设备；与协作、供货单位及时磋商，保证物货供应；调整人员，保证生产正常运转；调整班次，适应销量变化
订货型企业	投入、产出进度计划，包括综合进度计划和分产品进度计划。计划格式可以是“表格式”，也可是“横道图”、“网络图”；产品生产周期、关键零件、关键工序生产周期；投入、产出提前期；批量；订货周期和订货点	订货单；生产计划与生产作业计划；设计、工艺准备工作进度；特殊原辅材料供应；外协件完成情况；生产作业进度报表；关键零部件、关键工序加工进度；产品台账；库存情况；市场行情	生产技术准备进度；关键零部件加工进度；关键设备、关键工序进度完成情况；特殊原辅材料采购情况、外协件加工进度	采用平行加工方法，抢进度；调整班次和人员配备，赶时间；增加协作件，借用厂外力量；提前进行通用件、基础件的设计和生产

3. 生产进度控制的工具

1) 坐标图

坐标图是根据产量随时间变化的对应关系，通过绘制坐标图方式来描述生产进度及其变化趋势，用以控制计划执行的一种方法。在连续均衡生产的情况下，因产品规格较稳定，工序专门化程度高，产量又是随着时间而变化，对生产过程的进度控制就可放在最终工序的完成数量上。在这种条件下，用坐标图来描述实际生产数和计划产量数的进度，就能比较实际生产进度与计划进度的差异，控制生产作业进行。某产品每日计划产量和实际产量资料，如表 4－16 所示。

表 4－16 某产品的产出计划和实际进度表

生产进度		1	2	3	4	5	6	7	8	9	10
计划	日常量	40	40	40	40.	40	40	40	40	40	40
	累计	40	80	120	160	200	240	280	320	360	400
实际	日常量	20	30	25	30	35	40	45	60	55	60
	累计	20	50	75	105	140	180	225	285	340	400
差异	日常量	－20	－10	－15	－10	－5	0	＋5	＋20	＋15	＋20
	累计	－20	－30	－45	－55	－60	－60	－55	－35	－20	0

根据某产品每日计划产量和实际产量资料(表 4－16)所绘制的生产进度，如图 4.10 所示。

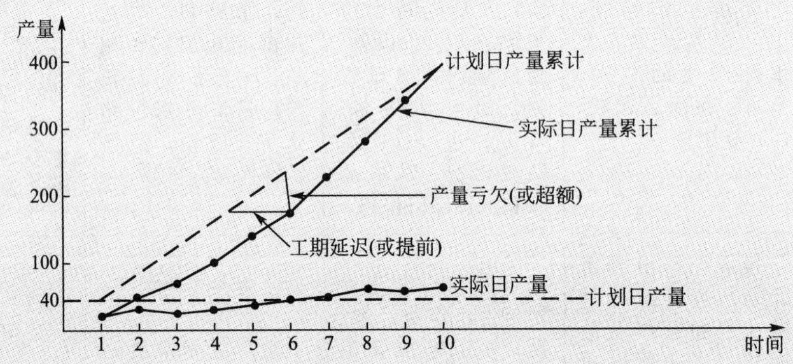

图 4.10 生产进度坐标图

2）甘特图

甘特图(Gantt Chart)又称横道图、条状图(Bar Chart)，是以图示的方式通过活动列表和时间刻度形象地表示出任何特定项目的活动顺序与持续时间的一种方法。它直观地表明任务计划在何时进行，及实际进展与计划要求的对比。管理者由此可方便地明确一项任务(项目)还剩下哪些工作要做，并可评估工作进度。

甘特图应用于生产进度控制时，通过绘制生产进度条形图来展示产品或零件在各工艺阶段的投入和产出期限，借以控制整个产品生产过程。对于零件或工序复杂的单件和成批生产，以及加工周期长的零部件，一般要按各项订货合同规定日期和主要工艺阶段的投入、产出日期进行加工进度的控制。其应用如图 4.11 所示。

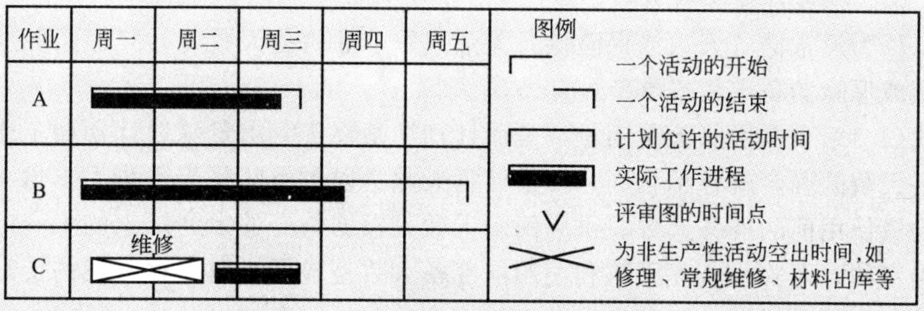

图 4.11 甘特图

4.4.2 库存控制

1. 库存控制的作用

库存水平的高低，对企业生产经营将产生重要影响。必要的库存数量是防止供应中断、交货延误、保证生产连续和稳定的重要条件，它有利于提高供货弹性、适应需求变动、减少产销矛盾。但库存同时也需占用资金、支出库存费用，过量库存会掩盖生产中的各种问题。例如，设备故障造成停机，工作质量低造成废品或返修，横向扯皮造成工期延误，计划不周密造成生产脱节等，都可以动用各种库存，使矛盾钝化、问题被掩盖。表面上看，生产仍在平稳进行，但实际上整个生产系统可能已经是千疮百孔。因此，日本人提出“向零库存进军”的口号。压缩库存是各企业普遍需要重视的问题。一个将库存水平降到最低点的生产系统，无疑是一个高效率的系统，但它同时又是一个非常“脆弱”的系统。系统中任何一个环节出了问题，都可能造成该系统全面停顿。因此，在一定的生产技术和经营管理水平下，还需要有库存，更需要加强库存控制，使库存数量能始终保持在经济合理的水平上。

2. 库存控制标准的制定

库存控制标准就是物资的储备定额。物资储备定额是指在一定条件下，为保证生产顺利进行所必需的、经济合理的物资储备数量标准。

企业的物资储备定额，一般有 3 种：①经常储备定额，指某种物资在前后两批进厂的供应间隔期内，为保证生产或争产进行所必需的、经济合理的物资储备数量；②保险储备定额，指为预防物资到货误期或物资的品种、规格不合要求，为保证生产正常进行而储备的物资数量；③季节性储备定额，指物资的生产或运输受季节影响，为保证生产正常进行而储备的物资数量。

1）物资储备定额通用计算公式

经常储备定额、保险储备定额、季节性储备定额都可以用通用计算公式(4.12)确定，公式如下：

$$M=r\times D$$

式中，M——物资储备定额；

r——该物资平均每天需用量；

D——该物资合理储备天数。

例如，D 为经常储备天数或保险储备天数或季节性储备天数时，M 就是相应计算的经常储备定额或保险储备定额或季节性储备定额。

运用式(4.12)，平均每天需用量都是用计划期某物资需求量除以计划期工作天数求得的，而储备天数的确定就各不相同。经常储备天数是以供应间隔天数为主，再考虑验收入库天数和物资使用前的准备天数。供应间隔天数是根据物资的生产厂家的生产间隔期和运输周期来确定的，而验收入库天数和使用前准备天数是根据企业库存管理的统计资料确定的。保险储备天数是根据物资到货误期或差错率的统计资料加以分析确定的。

2）经济订购批量法

经济订购批量法是从企业本身节约费用支出来确定物资经常储备的一种方法。从物资储备有关的费用来分析，主要有订购费用和保管费用两大类。订购费包括差旅费、管理费、验收搬运费等。保管费包括仓库设备的折旧费、维修费，物资存储损耗费，物资占用资金的利息等。订购费与保管费都与物资的订购次数和每次订购数量有关联。其规律：从节约订购费来说，应减少订购次数，而增加每次订购数量；从节约保管费来说，应增加订购次数，减少每次订购数量。这表明，订购与保管费是相互制约的，互为消长的，客观上存在这样一种订购数量，使得按这种数量订购所需的订购费与保管费的中和费用最小，这个订购数量就是经济订购批量，如图 4.12 所示。

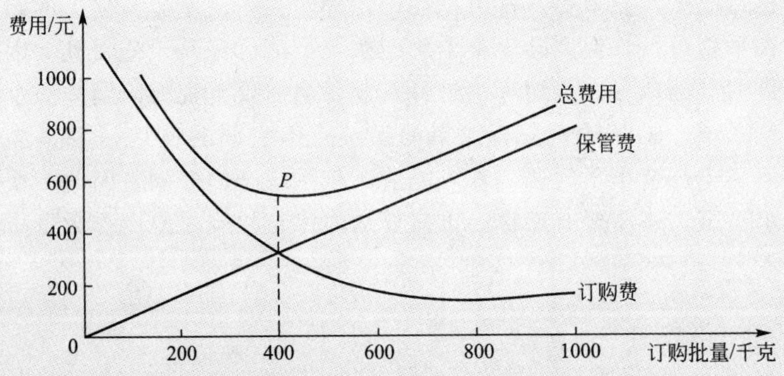

图 4.12　经济订购批量

从图 4.11 可以看出，保管费随订购批量增大而增加，而订购费则随订购批量增大而减少。两条曲线叠加所形成的总费用曲线的最低点 P，所对应的费用最小，所对应的订购数量为经济订购批量。经济订购批量的计算公式如下：

$$\text{经济订购批量}=\sqrt{\frac{2\times\text{每次的订购费}\times\text{物资年需用量}}{\text{单位物资的年保管费}}}\qquad(4.13)$$

用经济订购批量确定企业物资的经常储备定额，是比较经济有效的方法。但采用这种方法需具备一个前提条件，就是企业能自行解决采购的量和采购时间，不受物资供应方和运输条件的制约。

3. *库存控制的方式*

物资的存量与订购的时间和订购的数量都有关系。如果订购时间过早或过完，则存量就会超过储备或低于正常储备需要。同理，订购数量的多少更是明显与库存量相关。

因此为了有效地控制库存量，可以从订货时间和订货批量两方面入手。物资订购控制方式有两种。

1）定量订购控制方式

定量订购控制方式是指订购时间不定，但每次订购的数量固定不变的订购控制方式。就是预先规定一个订货点量，当库存量降至订货点量时，就按规定的订购数量(通常是经济订购批量)提出订货或采购。这种方式又称订货点法。订货点量通常介于最高储备量与最低储备量之间。订货点量的计算公式如下：

$$订货点量=平均每天需用量\times订购时间+保险储备量 \tag{4.14}$$

式中，订购时间是指提出订购至物资到库所需的时间，如图 4.13 所示。

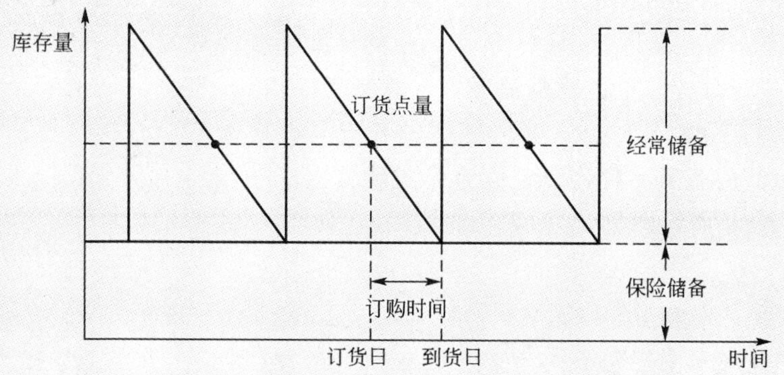

图 4.13 物资库存与订货点量示意图

订货点法在实际运用中往往采用“双堆法”控制，即把该种物资分为两堆(两个容器)储存，第一堆是订货点量，其余为第二堆。在发料时先用第二堆，一旦第二堆用完，就及时提出订货和采购。这种控制方式简便，减少了事务性工作，便于目视管理和计算机管理。

2）定期订购控制方式

定期订购控制方式是指订购的时间预先固定，如每月订购依次，而每次订购的数量则不固定，随时根据库存情况来决定。订购量的计算公式如下：

$$\begin{aligned}订购数量=&平均日需用量\times(订购时间+供应间隔期)\\&+保险储备量-实际库存量-期货数量\end{aligned} \tag{4.15}$$

式中，供应间隔期为相邻两次订购日之间的时间间隔；期货数量为已经订货但尚未到货的数量。

采用定期订购控制方式，在规定供应间隔期时，应当与该物资的经济订购批量相适应。例如，某物资日需量为 10 千克，该物资经济订购批量为 280 千克，则该物资供应间隔期可定为一个月(280 千克/天÷10 千克/天=28 天)。采用定期订购控制方式，每次订购时都要检查实际库存，并对每次的订购量做出调整。这种控制方式既能保证生产需要，又可避免物资储量超过标准，是一种较严格的控制方式，需要花费较多精力，一般适用于控制主要的物资和重点物资。

4. 库存物资的 ABC 管理法

ABC 管理法又称物资的重点管理法，是著名的帕累托原理(最省力法则)在库存管理中的应用。其基本原理：把品种繁多的物资，按照某种标准(一般采用年消耗金额)进行分类排队，区分出 A、B、C 3 类物资，分别采用不同的管理方法，既突出重点，又照顾一般。这种物资的重点管理法，对于提高物资管理工作的效率，节省物资管理费用，具有重要作用，已在企业中得到了广泛的应用。

1) A、B、C 3 类物资的确定

(1) 收集企业所需物资的各种特征数据，如品种、规格、型号、数量、单价等。

(2) 进行统计整理。对收集来的数据进行统计加工和汇总，一般按品种、各品种数量、某种物资的价值等指标进行整理，计算出累计百分数和占总数的百分比。

(3) 按某种分类标准进行 ABC 分写。分类标准无统一规定，一般是按物资年消耗资金量这一标准进行分类。把占物资消耗资金总量累计在 0～80％区间的若干品种物资定为 A 类物资；累计百分数在 80％～90％区间的若干品种物资定为 B 类物资；累计百分数在 90％～100％区间的若干品种物资定位为 C 类物资。

(4) 绘制 ABC 曲线图(又称帕累托曲线图)，如图 4.14 所示。

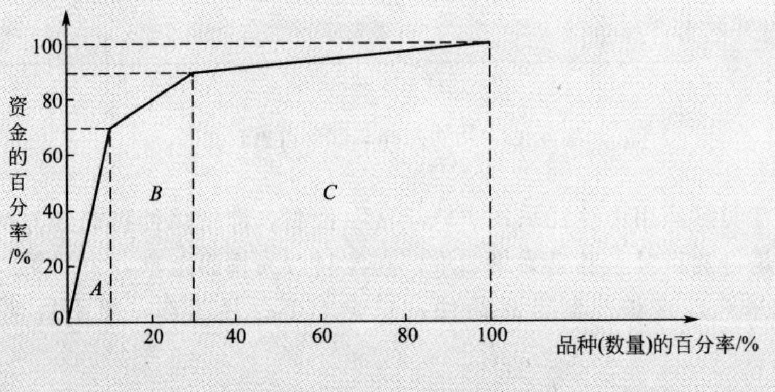

图 4.14 ABC 曲线图

2) 对 3 类物资的管理方法

区分出 ABC 3 类物资后，就应分别采用不同的管理方法。

A 类物资虽品种不多，但耗用资金多，价值高或者消耗量大，占用仓库面积多。应对这类物资进行重点管理，就是要按定期订购方式控制此类物资；详细按品种乃至规格、型号制定储备定额；要使保险储备量保持在最低水平；对物资的收发要有详细的日常记录；对库存应经常进行检查。

C 类物资虽品种繁多，但资金耗用较少，或是不经常领用的。对 C 类物资，可进行一般管理，就是按定量订购方式控制；不必制定储备定额，只需按总金额控制；采用“双堆法”管理，可不检查库存；可适当加大保险储备量。

B 类物资，其特点和重要性介于 A 类和 C 类物资之间，因此对 B 类物资的管理也是介于严格和粗放之间。企业应根据实际需要和自身条件，进行适中的管理，就是可按定期或定量订购方式控制；可按类别定制储备定额；可定期检查库存；对物资的收发应有总账记录；保险储备维持在适中水平。

【例 4－10】

硅谷芯片公司是一家超高速 DRAM 芯片制造商，它基于年度费用管理其 10 项库存物品。下面以 ABC 分类表示这些库存物品(以库存编号区分)的年需求量、单位成本、年度费用以及每件物品的年度费用占总额的百分比，如表 4－17 所示。

表 4－17　ABC 计算

物品库存编号	库存数量百分比	年需求量/单位	单位成本/美元	年度费用	年度费用百分比	类别
#10286	20%	1000	90.00	90000	38.8%	A
#111526		500	154.00	77000	33.2%	A
#12760	30%	1550	17.00	26350	11.3%	B
#10867		350	42.86	15001	6.4%	B
#10500		1000	12.50	12500	5.4%	B
#12572	50%	600	14.17	8502	3.7%	C
#14075		2000	0.60	1200	0.5%	C
#01036		100	8.50	850	0.4%	C
#01307		1200	0.42	504	0.2%	C
#010572		250	0.60	150	0.1%	C
合计	100%	8550	—	232057	100.0%	

此表中需要注意的是，并不一定要把物品分成 A、B、C 3 类，关键是把“重要的”和“不重要的”分开。

除年度费用之外的其他标准也可以用于库存分类。例如，预期工程变更、发货问题、质量问题或高单位成本也可能将物品归入更高的类别。

4.5　生产现场管理

生产现场管理，就是运用科学的管理原理、管理方法和管理手段，对生产现场的各种生产要素进行合理地配置和优化组合，以保证生产系统目标的顺利实现。生产现场管理是企业管理的主要组成部分，它直接影响企业的生产效率和经济效益。创造良好的生产环境和生产秩序是企业实现产出优质产品、安全运行、按期交货、降低生产费用的主要保证。生产现场管理的主要方法有 3 种。

4.5.1　“5S”管理

“5S”管理源于日本，指的是在生产现场，对材料、设备、人员等要素展开相应的整理(seiri)、整顿(seiton)、清扫(seiso)、清洁(seiketsu)、素养(shitsuke)等活动，为其他的管理活动奠定良好的基础。因为上述 5 个日语外来词的罗马文拼写的第一个字母都为“S”，所以日本人又将其称为“5S”管理。

“5S”管理的口号：不是要我做，而是我要做。其内容：①整理，对各种物品进行彻底地清理，把长期不用和报废的物品全部干净地清除出去，对有用的东西，按实际需要要摆放好。核心就是对生产现场的物品加以区分，是要还是不要；②整顿，对物品进行科学合理的布置、摆放；③清扫，对生产现场的设备、工具、物品、工作地面等进行打扫；④清洁，保持良好的现场环境；⑤素养，作业习惯和行为规范，自觉执行各项目规章制度。

“5S”活动是一种人性的素质的提高、道德修养的提升，最终目的在于“教育”新“人”，从而达到提升企业经济效益、提升员工归属感、提升效率、保障品质、减少浪费的目标。

4.5.2 定置管理

定置管理是以生产现场为对象，研究分析生产要素中人、物、场所及其有关部门信息之间的联系，并通过整理、整顿、改善生产现场条件，促进人、机、料、法、环结合的一种方法。定置管理是“5S”活动的一项基本内容，是“5S”活动的深入和发展。

定制管理的范围包括生产现场、库房、办公室、工具箱(柜)、资料柜和文件柜等。其基本思路就是通过整理，把生产中不需要的物品清除掉，不断改善生产现场条件，科学地利用场所，向空间要效益；通过整顿，促进人与物的有效结合，使生产中需要的物品随手可得，向时间要效益，从而实现生产现场管理规范化与科学化。

1. 定置管理的原理

(1) 从人与物的直接、间接两种结合方式入手，来研究问题。

(2) 通过研究人与物的结合，扩展到两个方面的形态：一是物与场所的结合，二是人与物的结合。

(3) 定置管理的核心和关键是研究人与物的连接信息。

(4) 物的定置3要素：物的存放场所；物的存放姿态；现场标示。

(5) 定置管理最终要实现人，物，场所的有效结合，形成最佳组合，从而高效地完成预定的生产任务。

(6) 定置管理的考核，是使定置管理不断健康开展下去的保证。

2. 定置管理的工作程序

(1) 准备阶段：建立定置管理工作领导小组；制订工作计划；抓紧培训工作；广泛地发动和依靠群众。

(2) 设计阶段：现场调查，分析问题；制定定置标准；绘制定置图。

(3) 实施阶段(注意的问题)：①领导始终要身先士卒，带头贯彻执行，这是开展定置管理的关键，群众看领导，领导有多大信心，决心，群众就会有多大的信心和决心；②全面发动，依靠员工；③严格按定置图进行科学定置，不走过场；④自查，验收，要高标准严格要求。

(4) 巩固提高阶段：开展教育；加强日常检查与考核；发挥专业部门的作用；做好定置管理的深化工作。

4.5.3 目视管理

目视管理是利用形象直观、色彩适宜的各种视觉感知信息来组织现场生产活动，达到提高劳动生产率的管理手段，也是一种利用视觉来进行管理的科学方法，人们习惯称其为“看得见的管理”。

目视管理是一种以公开化和视觉显示为特征的管理方式，综合运用了管理学、生理学、心理学和社会学等多学科的研究成果。企业推行目视管理的目的：以视觉信号为基本手段、以公开化为基本原则，尽可能地让大家都看得见管理者的要求和意图，借以推动看得见的管理、自主管理、自我控制。

目视管理需要借助一定的工具，按照这些工具的不同，目视管理可以分为红牌、看板、信号灯、操作流程图、反面教材、提醒板、区域线、警示线、告示板、生产管理板等类型。目视管理实施得如何，在很大程度上反映了一个企业的现场管理水平，其要点：无论是谁都能辨别清楚是好是坏(异常)；能迅速判断，精度高；判断结果不会因人而异。

无论是在生产活动现场，还是在办公室，目视管理都大有用武之地，对于迅速快捷地传递信息、形象直观地将潜在的问题和异常现象都显现出来以及促进企业文化的建立和形成，都有积极的作用。

4.6 现代生产管理方式

4.6.1 制造资源计划

1. 物料需求计划理论

物料需求计划理论(Material Requirement Planning，MRP)也称基本MRP。1965年，美国的约瑟夫·A. 奥利基(Joseph A. Orlicky)博士提出了“物料独立需求和相关需求”的学说。独立需求，即某一物料的需求与其他物料的需求无关。换句话说，一个物料的需求，不是任何其他库存物料需求的函数，称独立需求，它是根据预测得到其需求量的。反之，某物料的需求与另一物料或产品的需求直接有关，或者由其他物料推算而得到，这种物料需求称相关需求。

知识链接

相关需求

相关需求也称非独立需求，指对一种项目的需求与另一种项目的需求相关。例如，福特的Explorer汽车，福特对汽车轮胎和冷却器的需求取决于Explorer汽车的生产。4个轮胎和1个冷却器集成到最终的Explorer汽车中。当项目间的关系能够确定时，对项目的需求就是非独立的。因此，当管理人员收到订单或对产品的需求做预测时，所有零件的需求量就可以计算出来，因为所有的零件都是非独立的。例如，波音公司运作经理每星期做飞机的生产安排时，就可以知道所有零部件的需求，哪怕是最小的铆钉。对任何产品来说，产品的所有部件都是非独立的项目。一般地说，对于任何可以编制计划的零部件，都应当采用非独立需要技术。

相关需求是有依赖性的，其上一级需求影响了对下一级的需求。在物料清单(Bill Of Materials，BOM)中，产品、部件、组件、零件到原材料，从0层、1层、2层、3层到4层，相互依赖组成了一个“产品结构树”。产品是部件的双亲，部件又是组件的双亲，组件又是零件的双亲，而零件又是原材料的双亲，上一级是下一级的双亲，称父件，而下一级对上一级来说称子件，同时它自身又是再下一级的双亲，这种关系如图4.15所示。

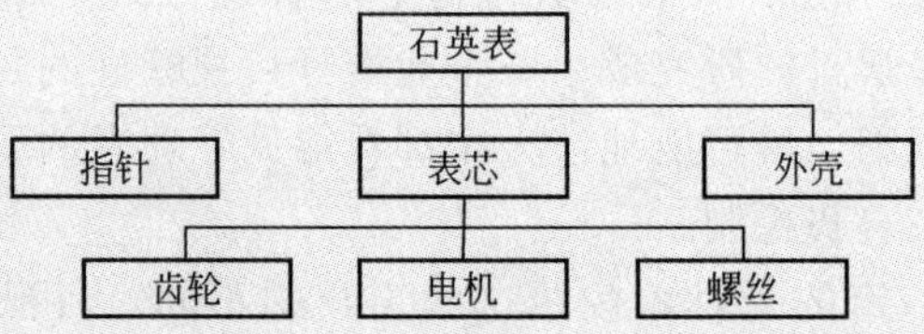

图4.15 石英表组成

由于产品构成有一定的层次，产品在生产时的生产和组装就存在一定的顺序，假设该产品生产的各层零部件的制造时间周期如表4-18所示。

表4-18 产品加工周期

物料名称	产品结构层次	构成数量/个	采购提前期/h	单件加工周期/h	总加工周期/h	总提前期/h
齿轮	2	3	8	—	—	—
电机	2	1	8	—	—	—
螺丝	2	15	6	—	—	—
指针	1	3	6	—	—	—
表芯	1	1	—	5	5	13
外壳	1	1	6	—	—	—
石英表	0	1	—	3	8	16

换成用更加直观的时间坐标来表示，如图4.16所示。

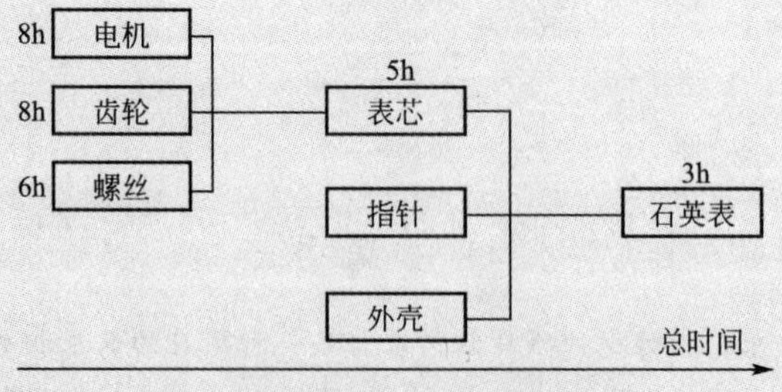

图4.16 电子表时间顺序

从表4-16与图4.15中可以看出，要完成该产品，产品的累计提前期为16个小时。可以看出，由于产品各层次需求时间不同，这就要求“在需要的时候”，“提供需要的数量”。产品结构是多层次和树状结构的，其最长的一条加工路线就决定了产品的加工周期。

这个原理也就是网络计划中的关键线路法原理。

在对产品及各层次安排生产时，应按照产品需求的日期和时间往低层次安排，也就是倒排计划，即从确定各层次物料的最迟完工与最迟开工时间开始。因此，在制订物料需求计划时，需要考虑产品的结构，得出需求后，才考虑物料的库存(含在制品)数量，再得出各层次物料的实际需求量。其中最终原材料就是采购的需求量，中间件就形成了生产的加工计划。MRP 的运作思路可以用简化的逻辑流程图来表示，如图 4.17 所示。

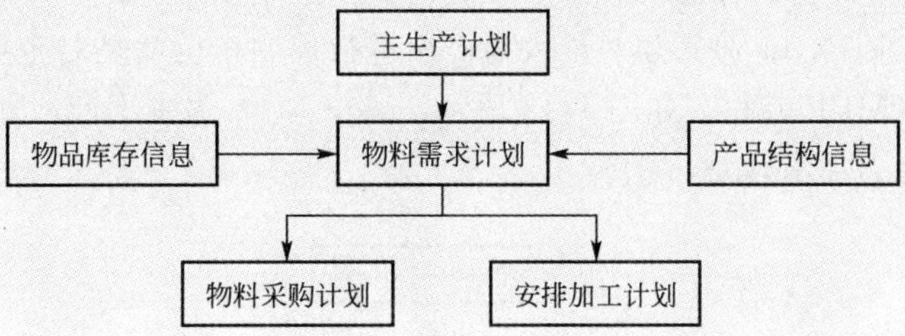

图 4.17　MRP 逻辑流程图

管理案例

MRP 为柯林斯工业公司带来竞争优势

总部位于美国堪萨斯州哈钦森市的柯林斯工业公司(以下简称柯林斯)是世界上最大的救护车制造企业。这个价值 20 亿美元的公司具有很强国际竞争力，它的产品中有 25%销往国外市场。其最大的救护车分公司轮箱救护车公司位于美国佛罗里达州的温特帕克，救护车就是在那里的装配线上生产的。

20 种主要型号的救护车是在佛罗里达州的工厂组装的，使用了 1.8 万种不同的库存零件，包括 6000 种自制零件和 1.2 万种采购零件。

产品的多样性和流程特性要求良好的物料需求计划(MRP)。MRP 的有效使用要求准确的物料清单和库存记录。柯林斯的系统在 IBM AS400 微型计算机上使用了 MAPICS DB 软件，支持每日数据更新。在过去的两年中，该软件已经帮助柯林斯削减了至少 30%的库存。

柯林斯坚持有 4 项关键任务是必须做好的。①物料计划必须同时符合主生产计划的要求和生产设备的能力要求；②必须按计划执行；③必须通过有效的分时段物料配送、寄售库存以及对采购方式的不断审查来降低库存投资；④必须保持良好的记录完整性。记录准确性被认为是柯林斯成功开展 MRP 项目的基础。柯林斯的库存盘点人员要负责物料审计，不仅要纠正错误，还要调查和改正问题。

柯林斯利用 MRP 作为低库存、高质量紧凑计划及准确记录的催化剂。通过 MRP，柯林斯获得了竞争优势。

柯林斯以及其他许多公司发现了 MRP 的巨大好处。这些好处：①通过严格执行计划，更好地响应客户需求；②对市场变化做出更快的反应；③改进设备和劳动力的利用率；④降低库存水平。更快地对客户需求和市场变化做出响应，能够赢得更多的订单和市场份额。更好地利用设备和劳动力，能够提高生产率，并且更快地收回投资。更低的库存可以腾出资金和空间。这些好处来源于使用非独立库存调度系统这项战略决策。救护车的每一个零件的需求都是相互关联的。

(资料来源：杰伊·海泽，巴里·伦德尔. 运作管理原理 [M].
寿涌毅译. 北京：北京大学出版社，2010：631.)

2. 闭环 MRP

随着市场的发展及基本 MRP 的应用与实践，20 世纪 80 年代初在 MRP 的基础上发展形成了闭环 MRP 理论。闭环有两层意思：一是把生产能力计划、车间作业计划和采购作业计划纳入 MRP，形成一个封闭系统；二是在计划执行过程中，必须调整能力数据，能力需求计划须有来自车间、供应商和计划人员的反馈信息，并利用这些反馈信息进行计划调整平衡，从而使生产计划方面的各个子系统得到协调统一。

在这种思想要求下，企业必须对投入与产出进行控制，也就是对企业的能力进行校验和执行控制。闭环 MRP 流程，如图 4.18 所示，其中 MPS 为主生产计划，MRP 为物料需求计划，CRP 为能力需求计划。

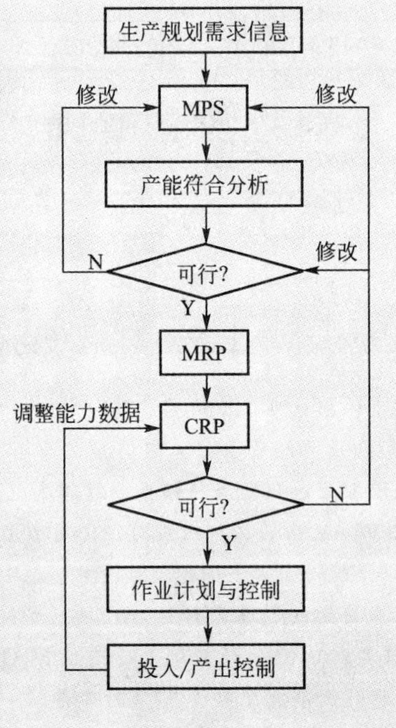

图 4.18 闭环 MRP 流程

企业根据发展的需要与市场需求来制订企业生产规划；根据生产规划制订主生产计划，同时进行生产能力与负荷的分析。该过程主要是针对关键资源的能力与负荷的分析过程。再根据主生产计划、企业的物料库存信息、产品结构清单等信息来制订物料需求计划；由物料需求计划、产品生产工艺路线和车间各加工工序能力数据生成对能力的需求计划，通过对各加工工序的能力平衡，调整物料需求计划。采购与车间作业按照平衡能力后的物料需求计划执行，并进行能力的控制，即输入输出控制，并根据作业执行结果反馈到计划层。因此，闭环 MRP 能较好地解决计划与控制问题，是计划理论的一次大飞跃。

3. 制造资源计划

MRP 只关注物料的供给，闭环 MRP 虽然考虑到了产能的结合，但还没有说明企业的经营效益。1977 年 9 月，美国著名生产管理专家奥列弗 · W. 怀特(Oliver W. Wight)提出了制造资源计划(manufacturing resource planning)的概念，它的英文缩写也是 MRP，为了区别于基本 MRP 而记为 MBP－Ⅱ。

MRP－Ⅱ是对制造业企业中的资源进行有效计划的一整套方法。它是一个围绕企业的基本经营目标，以生产计划为主线，对企业制造过程中涉及的各种资源进行统一地计划和控制，使企业的物流、信息流、资金流流动畅通的动态反馈系统。

MRP－Ⅱ最主要的进步在于它实现了业务数据同财务数据的集成，同时，将准时化生产方式(Just In Time，JIT)的运营模式和 MRP 的计划模式进行了整合，改变了财务信息严重落后于生产信息的现象，从而达到企业整体赢利的目标。MRP－Ⅱ的逻辑流程图，如图 4.19 所示。

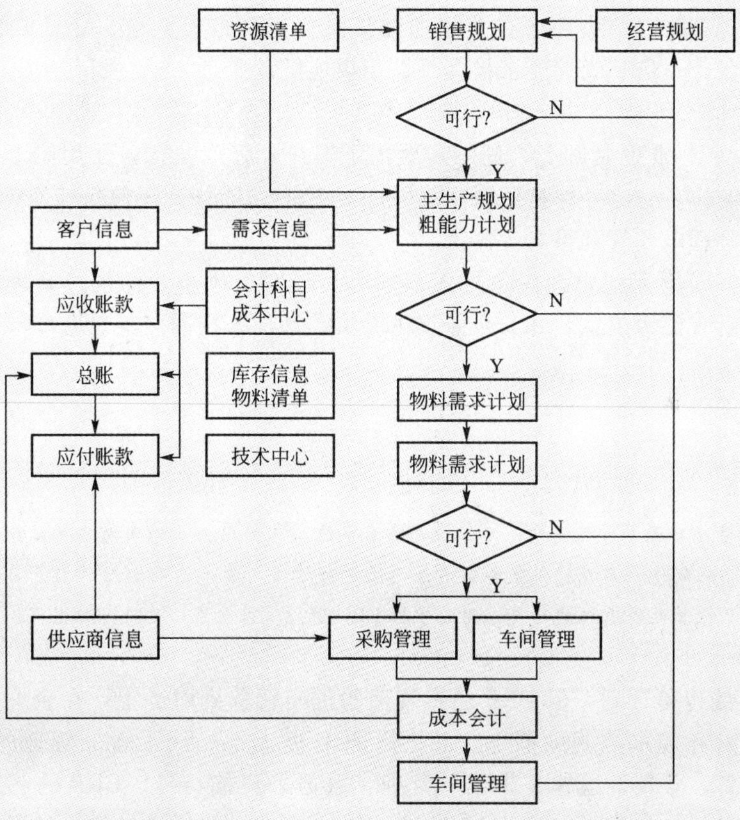

图 4.19　MRP－Ⅱ的逻辑流程图

MRP－Ⅱ在闭环 MRP 已有的制造和分销系统基础上，进一步集成了应收、应付、成本及总账的财务管理体系，通过对企业小产成本和资金运作过程的掌握，调整企业的生产经营规划和生产计划，以得到更为可行、可靠的生产计划。它把企业中的各子系统有机地结合起来，形成一个面向整个企业的一体化的系统。其中，生产和财务两个子系统的关系尤为密切。MRPⅡ的所有数据来源于企业的中央数据库。各子系统在统一的数据环境下工作。同时，MRPⅡ还具有模拟功能，能根据不同的决策方针模拟出各种未来将会发生的结果。

4.6.2 企业资源计划

企业资源计划(enterprise resource planning，ERP)是20世纪90年代以后，在MRP-Ⅱ的基础上发展起来的一种新型的管理理念。

MRP-Ⅱ虽然已经解决了生产制造企业内部的主要问题，但随着市场竞争日趋激烈和科技的不断进步，MRP-Ⅱ思想也逐步显示出其局限性，主要表现在3个方面。

(1) 企业竞争范围的扩大。要求在企业的各个方面加强管理，要求企业有更高的信息化集成，要求对企业的整体资源进行集成管理，而不仅仅对制造资源进行集成管理。

(2) 企业规模不断扩大。多集团、多工厂要求协同作战，统一部署，这已超出了MRP-Ⅱ 的管理范围。

(3) 信息全球化的趋势要求企业间加强信息交流和信息共享。企业之间既是竞争对手，又是合作伙伴。信息管理要求扩大到整个供应链的管理，这些更是MRP-Ⅱ所不能解决的。

ERP在MRP-Ⅱ的基础上，进一步融入了客户—服务架构，使用图形用户接口，采用开放式系统制作。它除了保持原有MRP-Ⅱ的标准功能外，还包括其他特性，如质量控制、过程运作管理以及管制报告等。

概括地说，ERP是建立在信息技术基础上，利用现代企业的先进管理思想，全面地集成了企业的所有资源信息，并为企业提供决策、计划、控制与经营业绩评估的全方位和系统化的管理平台。

特别提示

ERP是一种管理理论和管理思想，不仅仅是信息系统。它利用企业的所有资源，包括内部资源与外部市场资源，为企业制造产品或提供服务创造最优的解决方案，最终达到企业的经营目标。由于这种管理思想必须依附于电脑软件系统的运行，因此常把ERP当成一种软件，这是一种误解。

ERP的主线也是计划，但ERP已将管理的重心转移到财务上，在企业整个经营运作过程中贯穿了财务成本控制的概念。总之，ERP极大地扩展了业务管理的范围及深度，包括质量、设备、分销、运输、多工厂管理、数据采集接口等。ERP的管理范围涉及企业的所有供需过程，是对供应链的全面管理和企业运作的供需链结构，如图4.20所示。

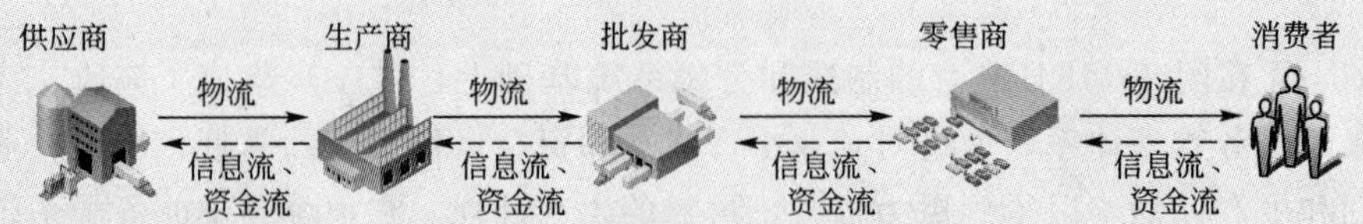

图4.20 企业运作的供需链图

ERP的总流程图，如图4.21所示。

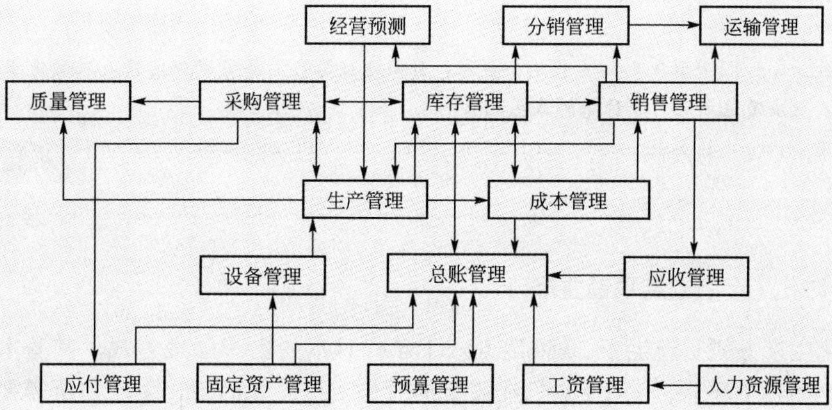

图 4.21 ERP 总流程图

一般 ERP 包含的主要模块，如表 4-19 所示。

表 4-19 ERP 的主要模块

销售管理	采购管理	库存管理
主生产计划	物料需求计划	能力需求计划
质量管理	车间管理	设备管理
成本管理	账务管理	现金管理
应收账管理	应付账管理	固定资产管理
工作流管理	工资管理	人力资源管理

管理案例

用 ERP 软件管理贝纳通

多亏有了 ERP，意大利运动服装生产商贝纳通公司才能宣称拥有世界上生产最迅速的工厂和服装行业最有效的分销网络。贝纳通公司位于意大利的蓬扎诺，每年生产和销售 5000 万件衣服。每年有 3 万箱装满订购服装的货箱被运送到贝纳通公司位于 60 多个国家的 5000 多家分店。

ERP 软件的工作可分为 6 步。

(1) 下单。位于美国波士顿南部的某商店销售人员发现畅销的蓝毛衣就要卖光了。通过笔记本电脑，她所在地的贝纳通公司销售代理登录 ERP 销售模块。

(2) 当前库存。ERP 库存软件立刻把订单发送到意大利的主机，发现意大利仓库中的存货可以满足订单中一半的需要。其余部分将在 4 个星期内完成生产和运输。

(3) 生产。因为蓝毛衣是由 CAD(Computer Aided Design)设计的，ERP 制造软件把详细规格传送给编织机。编织机开始生产毛衣。

(4) 仓储。蓝毛衣被装入贴有 RFID(电子标签)的箱子中，标签上指定送往波士顿的商店。这些箱子放在意大利仓库的 300000 个库位中的某一个。机器人通过读取 RFID，分拣出所有需要发送到波士顿商店的箱子，然后准备发货。

(5) 订单跟踪。波士顿的销售人员通过互联网登录 ERP，查询到毛衣(和其他物品)已经生产完成，正在运输途中。

(6) 计划。基于 ERP 预测和财务模块的数据，贝纳通公司的主要买家确定蓝毛衣的需求量大，有利可图。因此，她决定追加采购 3 种新的蓝色毛衣。

资料来源：Frontline Solutions (April 2003)：54; and MIT Sloan Management Review(fall 2001)：46-53.

4.6.3 准时化生产方式与精益生产

准时化生产方式是产生于 20 世纪五六十年代日本的生产管理方式。其基本思想是企业生产系统的各个环节、工序，“只在需要的时候，按需要的量，生产出所需要的产品”。在此思想引导下，丰田汽车公司开发了包括“看板”在内的一系列具体方法，并逐渐形成了一套独特的生产管理体系。

准时化生产方式是一种管理理念，是支持精益生产的一种持续消除浪费的问题解决方案。

精益生产(Lean Production，LP)通过持续改进方式在顾客要求的时间为顾客提供需要的产品，非常精确，没有浪费。精益生产的驱动力是顾客订单的“拉动”。JIT 是精益生产的关键要素。当 JIT 和精益生产被作为全面的制造战略而实施时，它们能够为企业保持竞争优势并带来更大的全面回报。

在 JIT 中，一个系统将供应者和组件在需要它们的时候“拉”到所需的地点，这使 JIT 能够非常有效地帮助企业通过消除浪费和偏差为产品增加价值。由于 JIT 中不存在过剩的库存和时间，因此可以消除由不需要的库存所引起的成本，提升生产能力。JIT 的优点尤其有助于支持快速响应和低成本战略。

准时化生产方式的目标是彻底消除无效劳动和浪费，努力降低成本、提高质量，最终帮助企业取得高的利润，它的主要目的有 4 点。

1. 减少浪费

任何不能为产品增加价值的东西都是浪费。产品的储存、检查、延迟或闲置等候以及不能创造价值的残次品，都是 100%的浪费。进一步来说，任何在顾客看来不能为产品添加价值的活动都是浪费。JIT 为企业提供更快的传输速度，减少在制品数量，提高生产能力，所有这些都能够减少浪费。此外，由于 JIT 减少了在制品，人们把更多的注意力放到了质量上，这也使容纳错误的空间大为减少。总的来说，为减少浪费所做的努力使得库存这种资产可以被用于更高产的用途。JIT 将浪费赶出了生产系统。

2. 减少偏差

为了实现准时化的物流，管理人员必须减少由内部以及外部因素造成的偏差。最优流程是一种每次都能按时生产出完善产品的流程，任何与最优流程的差异都是偏差。库存掩盖了偏差。系统中的偏差越小，浪费就越少。大多数偏差都是由于容忍浪费或者不当的管理造成的。偏差产生的原因有 4 个方面：①员工、机器及供应商不能提供符合标准的零部件，或是没有按时提供零部件，或是没有提供合适数量的零部件；②工程图纸或技术规格不准确；③生产人员试图在图纸或规格完成之前开始生产；④顾客需求未知。

库存的存在常常使物料的偏差难以被发现，而JIT的持续改进理念有助于消除偏差，从而使我们可以准时地传递和使用合格物料。JIT减少了整条供应链中的物料，使我们能够在生产的每个阶段为产品增加价值。JIT的作用与贡献，如表4-20所示。

表4-20 JIT对竞争优势的贡献

供应商	供应商数量减少；形成与供应商相互支持的关系；按时提供合格原材料
布置	采用工作单元布置，在每道工序都有检测环节；成组技术；可移动的、柔性的机械；工作场所整洁有序；减少库存占地；材料直接送至工作区域
库存	小批量；调整时间短；能装固定数量部件的特制容器
调度	完全遵循作业计划；平准计划；供应商了解调度作业计划；看板技术
预防性维护	事先编制维护计划；纳入日常作业；操作人员参与
高质量生产	统计过程控制；高质量供应商；公司内部质量管理
员工授权	员工授权和交叉培训；培训支持；尽量少的工作分类以保证员工的柔性
承诺	管理层、员工及供应商的支持

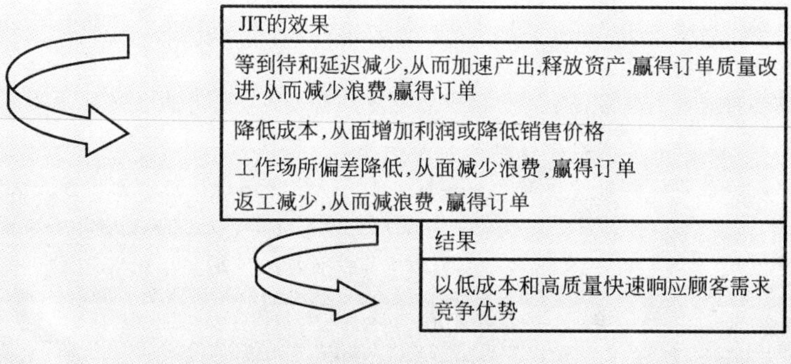

图4.22 JIT的效果与结果图

3. 拉动与推动

隐藏在JIT背后的概念是拉式系统，即将物料按需求“拉”到所需地点的系统。拉式系统使用信号来传递需求信息，从生产线上游向下游工作点传送物料。拉动的概念不仅用在直接的生产流程内部，还可以用于与供应商的关系。以所需的小批量拉动材料供给，这时库存就无法继续掩盖问题，于是问题就突显出来，持续改进也就得到了重视。此外，降低库存还能减少库存投资，加速制造周期。

制造周期是从接收原材料到发送产成品的时间。例如，美国电话系统制造商北方电信公司的原材料就是从具备资质的供应商那里直接“拉”到装配线上的。这一举措使北方电信公司接收货物的时间从3周减少到4小时，检验人员从47人减少到24人，由不合格的原材料引起的生产问题减少了97%。

管理案例

JIT为格林动力单车公司带来竞争优势

美国俄勒冈州尤金市的格林动力单车公司设计制造了一种高性能的旅行自行车——Bike Friday。这个名字来源于罗宾逊·克鲁索(Robinson Crusoe)的忠实仆人(Man Friday)。Bike Friday是一款装在手提箱里的自行车，便于携带。这种可折叠的手提旅行自行车的独特生产线是按订单生产的。成立于1992年的格林动力单车公司将它的目标定为制造高质量、高度定制、价格实惠的自行车。根据这个目标，它制定了大规模定制的战略。这个战略要求快速产销、低库存、工作单元以及消除机器调整时间。这个战略还意味着采纳关于JIT和供应链管理的运作管理最佳实践。

通过与供应商的合作，格林动力单车公司在公司内部发展了准时制物料传递，以期获得最低的库存水平。其他措施，包括在物料的使用位置进行储存、发展支持小批量物料需求的内部系统，使公司得以在降低库存的同时提高产品质量。专用机械和一次性夹具同样对零件的小批量需求有所帮助。格林动力单车公司的高质量、低库存系统得以发挥作用，JIT的指导功不可没。这个系统就是所谓的"看板"系统，它常常使用卡片这样的简单信号，而不是正式的指令，来传达对多个部件的需求。

出于对竞争力和效率的考虑，格林动力单车公司的管理者希望将一辆自行车从原材料到产成品的总生产时间保持在1天之内。要拥有这样高的生产能力，在它的生产布置中必须尽可能地缩短设备的调整时间。于是公司形成了两条流水线：一条生产双人自行车，另一条生产单人自行车。这两条流水线上的7个工作单元由3个支持单元提供零配件、粉末涂层和车轮。它们通过看板得知需求。每个工作单元的产出时间都相互匹配，以达到整个生产线的平衡。这些精心设计的工作单元使格林动力单车公司拥有极高的生产能力和极少的在制品。

格林动力单车公司的每一辆自行车都根据顾客的要求精确定制，并在装配完成后立即装载发送。因此，这个基于定制的JIT要求极少的原材料和在制品库存，不允许存在产成品库存。与供应商的合作、充满活力的工作单元、设备调整时间的消除及卓越的质量使它得以保持极低的库存并实现大规模定制。

(资料来源：杰伊·海泽，巴里·伦德尔. 运作管理原理[M]. 寿涌毅译. 北京：北京大学出版社，2010：718.)

4. 尝试零库存

JIT正越来越多地与制造过程结合起来，以提高质量、压缩库存投入和降低其他成本。同时，由于顾客的要求，餐饮行业开始实践JIT，农产品行业也别无选择地开始实践JIT。

管理案例

美国太平洋预加工农产品公司的准时化生产

位于美国加利福尼亚州特雷西的太平洋预加工农产品公司，是市值1400万美元的水果蔬菜加工企业，它成功地将持有库存降至零。采购员在清晨就开始工作。早上6点，农产品生产部门开始工作。上午8点到下午4点，超市、餐馆及集体食堂订单纷至沓来，内容包括各种各样的水果蔬菜沙拉以及烹饪原料。运送工作从晚上10点开始，直到第2天清晨5点完成最后一笔订单为止。此时的库存为零。这种状态大概会持续一个小时左右，然后新一天的工作继续开始。太平洋预加工农产品公司已经完成了一个在24小时内从采购、制造到运送的完整循环。

副总裁将其公司的流程称大规模定制的终极流程。“我们像批发日用品一样采购原料，然后把它们切成薄片和小块以满足最终用户的要求。例如，我们总共提供20种不同的烹饪原料组合。有些顾客希望荷兰豆能两侧去头，有些只希望一侧去头。有些顾客希望在混合装产品中只有红色灯笼椒，有些则希望只有黄色灯笼椒。我们根据顾客的要求定制产品，试着去满足大多数终端用户的需求，而且每家餐馆和零售商都希望自己出售的产品与众不同。”

资料来源：Supermarket News (September 27, 2004): 31; Inbound Logistics (August 1997): 26 - 32; and Progressive Grocer(January 1998): 51 - 56.

4.6.4 敏捷制造

20世纪80年代以来，随着市场变化越来越快，竞争日益激烈，人们不得不重新认识制造业的作用。敏捷制造(agile manufacturing，AM)就是在这种背景下提出来的。其指导思想是“灵活性”，其优势在于通过提高灵活性，增强企业的应变能力和竞争能力。

敏捷制造的功能有5个方面。

(1) 借助信息技术，把企业内部与外部供应商、客户有机地结为整体，快速响应市场需求，迅速设计和制造全新的产品。

(2) 不断改进老产品，用以满足顾客不断提高的要求，延长产品寿命。

(3) 采用先进制造技术和高柔性化设备。做到完全按订单生产，以获得长期经济效益为企业目标。

(4) 改变金字塔式的多级管理模式，采用更多变的动态组织结构。指把企业内部优势和其他企业的各种优势力量集合到一起，使每个项目都选用能够产生最大竞争优势的管理工具，从而赢得竞争。

(5) 最大限度地调动和发挥人的主动性、创造性，把它作为强有力的竞争武器。

本章小结

生产管理是企业管理的主要组成部分，是对企业日常生产活动的计划、准备、组织和控制，是和产品制造有密切关系的各项管理工作的总称。

生产过程组织是生产管理的重要内容，包括生产过程的空间和时间组织。生产过程空间组织，是把场地、厂房、设备等物质生产条件按一定的原则加以组合，使它们在空间布局上形成一个有机整体，主要包括厂址选择、总平面布置、生产单位的空间组织等形式。生产过程时间组织，就是要使企业中的各生产过程在时间上紧密衔接，以实现有节奏的连续生产，达到提高效率、缩短生产周期的目的。

企业生产能力，是反应企业生产可能性的一种指标，一般有设计能力、查定能力、计划能力3种。企业的生产能力与生产任务间达到良好的平衡，才能使企业生产计划具有更好的可执行性。

生产作业计划是生产计划的具体执行过程，详细描述生产何种产品、生产量多少、何时生产的计划。生产进度控制以时间为主要参数，对生产过程各环节的投入产出按品种、规格、数量进行监督、分析和处置，保证生产按时完成。主要包括投入进度控制、产出进度控制和工序进度控制3方面，坐标图和甘特图是常见的生产进度控制工具。

ABC管理法是库存管理的重要方法，它把品种繁多的物资，按照一定标准进行分类排队，区分出A、B、C 3类物资，分别采用不同的管理方法，提高了物资管理的效率，节省了物资管理费用，在企业中得到了广泛的应用。

生产现场管理是企业管理的主要组成部分，它直接影响企业的生产效率和经济效益。是指运用科学的管理原理、管理方法和管理手段，对生产现场的各种生产要素进行合理地配置和优化组合，以保证生产目标的顺利实现。生产现场管理的方法主要有“5S”管理、定置管理、目视管理。

复 习 题

1. 填空题

(1) 生产能力包括：设计能力、__________能力、和__________能力。

(2)“5S”活动包括：__________、整顿、__________、清洁和素养。

(3) 查定的企业生产能力水平，是由生产中的固定资产的数量、________________和________________3个因素决定的。

(4) __________是生产计划的具体执行计划，是企业组织日常生产活动的依据。

(5) 按产品的专业化程度和工作地专业化程度划分，一般可将工业制造企业的生产类型划分为__________、__________和__________ 3种

(6) 生产计划的主要指标：__________、__________、产品产量和产值。

(7) 企业的生产能力，是反应企业生产可能性的一种指标，通常用__________来计量。

(8) 计划年度内各月产量，一般可以根据____________________确定。

(9) 生产进度控制主要包括__________进度控制、__________进度控制和工序进度控制3方面。

(10) 企业的物资储备定额，-般有3种：__________、__________和季节性储备定额。

2. 选择题

(1) 平行移动最突出的优点是(　　)

A. 组织生产简单　　B. 工序间搬运次数少

C. 生产周期最短　　D. 降低搬运难度

(2) 库存管理的ABC分析法是按照(　　)将物资进行分类的。

A. 物资保管要求　　B. 物资占用资金额的大小

C. 物资管理方式的不同　　D. 订货方式的不同

(3) 某企业每年需某种物资2000千克，每次订购费用均为10元，每公斤存储费用4元，该种物资的经济订购批量是(　　)。

A. 200　　B. 100　　C. 150　　D. 170

(4)“5S”活动的核心是(　　)。

A. 整理　　B. 清扫　　C. 素养　　D. 整顿

(5) 一批产品经多道工序加工时，将这批产品在一道工序加工完后，统一搬运到下一道工序去加工的方式为(　　)。

A. 顺序移动方式　　B. 平行移动方式

C. 平行顺序移动方式　　D. 交叉移动方式

(6) 制订年度计划，除了明确年度计划指标，还包括(　　)。

A. 制订生产作业计划　　B. 制订生产作业计划控制措施

C. 在时间上对产品出产进度作出安排　　D. 制定期量标准

(7) 汽车家电采用(　　)的生产方式。

A. 成批生产　　B. 大量生产

C. 单件小批生产　　D. 流程生产

(8) 产品从投入时刻起至加工完毕的时间长度称(　　)。

A. 零件工序生产周期　　B. 零件加工生产周期

C. 产品生产周期　　D. 大量生产周期

(9) MRP 中的 BOM 指的是(　　)。

A. 物料清单　　B. 加工工艺数据

C. 生产能力资源数据　　D. 工厂日历

(10) 下列不属于大量生产的特点的是(　　)。

A. 品种少　　B. 设备专用

C. 周期长　　D. 成本低

(11) 如图 4.23 所示，N 代表(　　)。

A. 能力闲置部分　　B. 能力短缺部分

C. 能力需求部分　　D. 能力供给部分

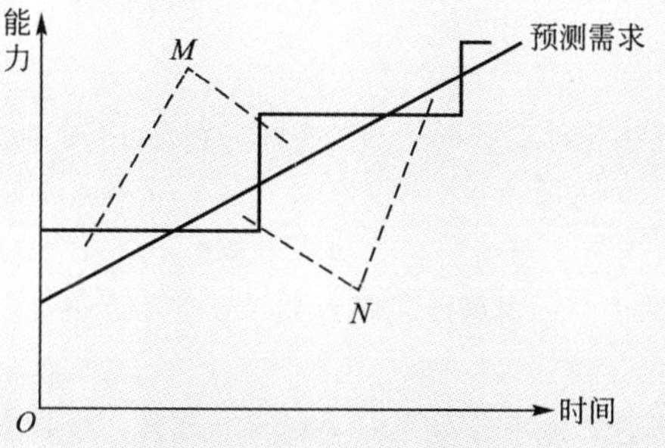

图 4.23　预测需求图

(12) 流水生产最适用于(　　)。

A. 大量生产　　B. 成批生产

C. 单件生产　　D. 任何形式生产

(13) 在库存管理中，订货点是指(　　)。

A. 应该提出订货时的库存量　　B. 应该提出订货时的需要量

C. 应该提出订货时的供应量　　D. 以上都应考虑

(14) 在需求数量一定的情况下，如果每次订货量比较大，则在定时期内(　　)。

A. 订货费用越多　　B. 订购次数越多

C. 保管费用越少　　D. 保管费用越多

(15) 某产品固定费用为 420 万元，单位产品变动费用 300 元/台，单位产品销售价格为 500 元/台，则盈亏平衡点销售量为(　　)台。

A. 8400　　B. 21000

C. 5250　　D. 2100

3. 判断题

(1) 生产周期就是指连续完成相同的两个产品之间的间隔时间，即完成一个产品所需的平均时间。 ( )

(2) 独立需求不是企业本身所能控制的，因此采用“补充库存”的控制机制。 ( )

(3) 生产能力是指一个设施额度平均生产率。 ( )

(4) 当企业的生产产量小于盈亏平衡点的产量，则企业处于亏损状态。 ( )

(5) 产品生命周期的发展趋势是越来越短。 ( )

(6) 在顺序移动方式中，每个零件在工序之间的移动是顺次连续的，没有等待加工时间。 ( )

(7) 订货周期是从发出订单到物资入库所经历的时间，其长度是库存管理系统控制的。 ( )

(8) 设置库存的优点之一是对缩短响应用户需求的周期有利。 ( )

(9) 减低库存，可以使问题暴露，不利于问题的解决。 ( )

(10) 生产计划就是详细描述生产什么产品、生产多少、何时生产的计划。 ( )

4. 简答题

(1) 合理的生产过程有哪些要求？

(2) 什么是“5S”管理、定置管理、目视管理，它们各自包含哪些内容？

(3) 生产进度控制的工具有哪些？

(4) 什么是ABC分类法？对于库存的利与弊，你如何理解？

5. 计算题

(1) 已知某零件加工需经4道工序，其单件加工时间分别为12分钟，8分钟，10分钟和5分钟，批量为5件，试计算在顺序移动、平行移动和顺序平行移动3种移动方式下整批零件的加工周期。

(2) 某产品固定费用为420万元，单位产品变动费用300元/台，单位产品销售价格为500元/台，试计算：①盈亏平衡点销售量为多少？②当目标利润为200万时，销售量应为多少？③如果经营安全率为30%，则其销售量为多少？

(3) 某公司需要外购一种零件，该零件每年需求量为5万件，单价为100元，单位维持库存费用为单价的25%，每次订货费用为10元，求经济订货批量及订购次数。

6. 案例分析题

星光公司的生产计划决策

星光公司生产某种零件，年生产能力32万件，此产品市场容量处于饱和状态，竞争激烈，去年销量25万件，售价40元/件单位变动费用30元/件，年固定费用150万元，赢利100万元。

近年因原材料调价，使单位变动费用上升5%，在年固定费用、售价不变的情况下，公司拟在确保去年赢利水平的基础上，增加8万元的目标利润计划。

经讨论有两个方案：销售科和生产科意见为“增产增利”，即把产销量提高到30万件，可望实现利润计划；财务科和企管办的意见为“降耗增利”，即根据公司理念实际成本资料分析，通过降低采购费用、库存费用，降低原材料消耗和提高劳动生产率，完全可消化原材料涨价因素而将单位变动费用降低6%，这样不必增产增销，就能达到利润目标。

另外，采购部经理带来好消息：最近某外商愿试销这种产品，但提出产品价格如能降至35元/件，可先订货2万件，并承担运输和推销费用。如果销路好可继续订货，价格另定。

讨论题

(1) 这两种意见是否均能实现110万元的目标利润?

(2) 你的决策是什么?说明理由。

(3) 你认为是否可以接受外商订货?为什么?

恰逢其时的管理方式

近年来，美国数万家公司纷纷推行一种叫做“恰逢其时”的管理方式。这种管理方式的内容：在电脑的辅助下，大刀阔斧地简化生产过程，减少零件库存。在从原材料进厂到成品上市的整个过程中，每一个环节要十分紧密地衔接，杜绝“停工待料”和“停料待工”现象，有效地提高生产效率。在通用汽车公司生产“土星品牌”汽车的生产车间新安装了101扇自动门。这些门平时是关闭着的，人力打不开，只有到了该部门所管辖的那道工序需要某种零件的时候才会自动打开，把零件送进去。

例如，在流水线上缓缓运行着的汽车到了需要装配座椅的时候，另一家生产座椅的公司从电脑主机上收到送货指令，随即用卡车把座椅运到通用汽车公司的工厂来。这时候，靠近装配座椅工段的那道门自动打开，座椅被送上装配线，这就是“恰逢其时”。

这种管理方式的好处是减少仓储费用，缩短了从仓库到装配线的运输时间和距离，从而可以降低生产成本。此外，这样也能促使装配线不出任何事故，保证准确无误，迫使生产部门提高工作质量和产品质量。

推行这种新的管理方式的关键是提高工人的素质，把工人培养成掌握多种技能的多面手，为此，已经或准备实行这项管理制度的美国企业都不惜花费巨资培训职工。通用汽车公司规定，每个工人每年都要抽出5%的工作日参加培训班，学习各种专业技能。

讨论题

(1) 通用汽车公司的这种简化生产过程、减少零件库存的管理方式的目的是什么?

(2) 同时追求杜绝“停工待料”和“停料待工”的目标是否有风险，什么情况下会出现?

(3)“恰逢其时”的管理方式的实施需要具备何种条件?

第5章 质量管理

学习目标

通过本章学习，学生应当能够达到以下方面要求。

识别和定义

质量

质量管理

全面质量管理

质量标准体系

6σ 管理

服务业中的全面质量管理

描述或解释

质量管理的发展阶段

全面质量管理的基本观点

全面质量管理的工具

导入案例

肯德基的质量管理

肯德基(以下简称 KFC)作为一家大型快餐连锁企业，其特许经营和分支餐厅超过5000家。KFC在全公司范围内实施质量管理计划，目的是要在提高质量的同时提高生产效率。这个质量管理计划包含两个衡量质量的部分：①由顾客来评价服务和食物质量的被称QSC的方案，即质量(quality)、服务(service)、整洁(cleanness)；②为了衡量餐厅与KFC操作标准的切合程度的作业设施评估(OFR)方案。

作为QSC方案的一部分，与KFC保持联系的“神秘顾客”每月为每个餐厅评估两次。为了使评估客观、准确，有前后可比性，神秘顾客在评价每个餐厅时填写一个标准的QSC表格。此外，KFC的一些餐厅还用顾客鉴定和意见卡片来协助评价。

OFR方案目的在于帮助KFC来确认顾客在所有KFC餐厅期望的高质产品与高效服务的一致性。OFR评价方案考察餐厅操作绩效与KFC操作标准的切合程度。餐厅的总经理需要每周上报一份统一的OFR评价表。经理们同时也要培训餐厅雇员并依据KFC操作标准来保养设备、机器和装饰餐厅。

除了QSC和OFR方案，为了提高每一工序的质量，KFC有时还采用其他控制质量手段，如帕累特图、鱼骨刺图和控制表。事实上，KFC采用质量管理方案使一些工序取得了明显改进，而且这些改进的思路也扩展到了它所有的餐厅。

5.1 质量管理概述

质量是经济发展的战略问题，质量水平的高低反映了一个企业、一个地区乃至一个国家和民族的素质。优良的产品和服务质量能给人们带来便利和愉悦，给企业带来效益和发展，给国家带来繁荣和强大。而劣质的产品和服务会给人们带来烦恼甚至灾难。

质量是企业的生存之本。没有质量，就没有顾客，也就没有效益，企业也将无法生存。随着科技的进步，生产力水平的不断提高，消费者对质量的要求在不断提高，质量竞争也日趋激烈，这一切也促进了质量管理理论的发展。

5.1.1 质量的含义

在ISO 9000质量体系中将“质量”的定义为一组固有特征满足要求的程度。在这个定义中，产品质量是指产品满足顾客要求和法律要求的程度。“固有的”是指在某事或某物中本来就有的，尤其是那种永久的特性，包括产品的适用性、可信性、经济性、美观性和安全性等。

现代质量的概念既包括了生产者的内部质量，即符合技术规定要求；又包含消费者的外部质量，即满足顾客的需求，如图5.1所示。

因此质量具有4方面的基本特性和特征：①狭义的产品质量特征，包括性能、寿命、可靠性、安全性、外观、经济性等；②与成本、价格有关的特性，包括成本、价格、利润、损失、生产效率、原材料消耗、生产费用等；③与数量、交货期有关的特性，包括生产量、销售量、库存量、交货期等；④产品出产后的质量保证和服务，包括环境、公害、

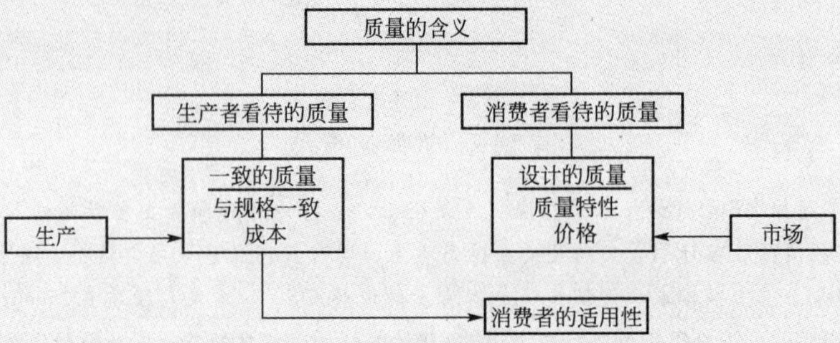

图 5.1 质量的含义

产品责任、保证期和三保、备品备件、保养方法等。

5.1.2 质量管理

质量管理是指在质量方面进行指挥和控制组织的协调一致的活动。在质量方面的指挥和控制活动通常包括制定质量方针、质量目标及质量策划、质量控制、质量保证和质量改进等。

特别提示

质量管理涉及组织的各个方面，是否有效地实施质量管理关系到组织的兴衰。组织在整个生产和经营过程中，需要对诸如质量、计划、劳动、人事、设备、财务和环境等各个方面进行有序地管理。由于组织的基本任务是向市场提供符合顾客和其他相关方要求的产品，围绕着产品质量形成的全过程实施质量管理是组织的各项管理的主线。

5.1.3 质量管理的发展阶段

质量管理是随着现代工业生产的发展逐步形成、发展和完善起来的。质量管理的发展过程大致经历了 3 个阶段。

1. 质量检验阶段(20 世纪初至 20 世纪 40 年代)

这是质量管理的早期阶段。在此阶段，质量管理工作逐渐从生产工艺工作中分化出来，形成相对独立的部门和专业队伍。当时，质量检验的手段就是对产品进行事后的检查，防止不合格品流入下道工序或出厂，对产品的质量保证起到了一定作用。但它存在很大的局限性，不能预防不合格品的产出，而且对那些不便全数检验的产品，如炮弹、感光胶片等，也无法起到事后把关的作用。

2. 统计质量控制阶段(20 世纪 40 年代至 20 世纪 60 年代)

第二次世界大战期间，美国军需品的生产数量庞大，产品质量和交货期一时难以适应，经常拖延交货期，而且部分军需品产品质量的检验无法采用事后检验手段。因此，美国国防部决定启用沃特·A·休哈特 Walter A. Shewhart 等专家普遍推行的“统计质量控制”(Statistical quality control，SQC)方法。此方法以确保产品质量符合规范和标准为重点，提高了采用此项的军工产品的质量和检验的效率，引起人们的普遍关注，第二次世界大战后，此法在民用产品的生产中得到了广泛的应用。但这一阶段过分强调了数理统计方法，没有做好通俗化、普及化、大众化工作，忽视了人的积极作用和组织管理工作，在一定程度上限制了它的普及与推广。

3. 全面质量管理阶段(20 世纪 60 年代初至今)

随着生产力的发展、科技的进步，对大型产品及复杂系统的质量要求不断提高，单纯依靠统计质量控制的方法已经不能适应时代的要求了。于是，美国通用电气公司阿曼德·V. 费根堡姆 Armand U. Feigenbaum 和质量管理专家约瑟夫·M. 朱兰 (Joseph M. Julan)提出了“全面质量管理”(total quality management，TQM)的新概念，认为质量管理是综合性的管理，要把组织管理、数理统计方法和现代科学技术密切结合起来，建立一整套管理体系，以保证生产出价廉物美、满足消费者需要的产品。

全面质量管理要求把管理工作的重点从“事后把关转移到事前预防”；从管结果转变为管过程。

5.1.4 质量成本管理

1. 质量成本的概念

20 世纪 50 年代，美国质量管理学家费根鲍姆提出质量成本的概念，最先将质量、成本和企业的经济效益联系起来。随着这一理论的迅速传播和广泛实践，产品的提供者和使用者都从中得到了实惠。质量成本管理已经成为指导企业进行质量改进、降低成本和提高效益的重要工具。

质量成本是企业为达到和确保所规定的质量水平所支付的费用，包括 4 类。

(1) 预防成本。指与减少不合格零部件或服务的可能性相关的成本，如培训费、质量改进措施费、质量评审费、质量管理人员的工资及福利。

(2) 鉴定成本。指与评估产品、流程、零部件及相关服务相关的成本，如测试检验费、质检部门办公费、质监部门工作人员的工资及福利、检验设备维修折旧费。

(3) 内部故障成本。指在产品交付顾客前，由于生产不合格零部件或服务而造成的成本，如报废损失费、返修费、降级损失费、停工损失费、产品质量事故处理费。

(4) 外部故障成本。指交付不合格零部件或服务后产生的成本，包括可预测的，如索赔费、退货损失费、折旧损失费、保修费和不可预测的很难量化的信誉损失。

2. 质量成本分析

4 项质量成本之间在数值上的比例关系，影响着质量成本的高低。虽然这种比例关系因行业不同而不同，但仍能揭示出提高产品质量、降低质量成本的潜力所在。美国质量管理专家朱兰提出了一个质量成本模式：

(1) 当内外部故障成本之和大于 20%，预防成本小于 10%时，质量管理工作的重点应放在寻求质量改进措施和加强预防性上。

(2) 当内外部故障成本之和接近50%，预防成本接近10%时，质量管理工作的重点应放在寻求质量维持和控制上。

(3) 当内外部故障成本之和小于40%，鉴定成本大于50%时，质量管理工作的重点应放在寻求质量改进措施和加强预防性上。

美国质量管理专家费根鲍姆对质量成本各项直接的关系也做过类似分析。他曾对20世纪60年代的美国工业界做了估计：一般企业的内外部故障成本之和占全部质量成本总额的65%～70%，鉴定成本占全部质量成本总额的20%～25%，而预防成本却不及5%，这种比例关系说明，一些财富由于产品故障而付之东流；另有大量的资金用于鉴定、把关，以防止不合格产品流入顾客手中；而用于预防产品缺陷发生的费用却很少。这种质量成本高、产品可靠性低的恶性循环，导致效益低下。他指出，如果能增加预防成本，就可以使产品缺陷减少，这样不仅降低了内外部故障成本，而且鉴定成本也随之下降。虽然这样做会使预防成本稍有增加，但质量成本总额却降低30%左右。这些降低的部分可以转化为公司的利润。

知识链接

质量管理领域的大师

质量管理领域的大师及他们的思想(贡献)，如表5-1所示。

表5-1 质量管理领域大师及思想(贡献)

管理学家	思想(贡献)
W. 爱德华兹·戴明	管理层具有建立优良系统的责任。员工生产产品的平均质量不可能超过流程所能提供的质量。他提出了关于质量改进的14个要点。
约瑟夫·M. 朱兰	作为日本人如何改进质量的先驱，他坚信管理层的承诺，支持以及参与对质量努力的重要性。他认为，团队应该不断寻求途径以提高质量标准。与戴明不同的是，他关注顾客的需求，并将质量定义为适用性，而不一定是满足设计的说明书。
阿曼德·费根鲍姆	他在1961年提出了质量改进过程的40个步骤。他认为质量并不是一系列的工具，而是整合了企业流程的所有领域。他的有关人们如何相互学习成功经验的工作引起了跨职能团队的出现。
菲利普·R. 克劳斯比	他因1979年出版了《质量是免费的》一书而引起广泛关注。他认为，在改进质量成本和劣质成本的传统权衡上，劣质成本被低估了。劣质成本应该包括实际第一次未能完成好工作在内的所有事情。他采用了“零缺陷”这个术语，并且表示：“对任何的产品和服务，出现错误或缺陷是绝对没有理由的。”

5.2 质量标准体系

质量标准体系是由若干要素构成的。通常包括几方面要素：①市场调研；②设计和规范；③采购，工艺准备，生产过程控制；④产品验证；⑤测量和实验设备的控制；⑥不合格控制；⑦纠正措施；⑧搬运和生产后的职能；⑨质量文件和记录；⑩人员；⑪产品安全与责任；⑫质量管理方法的应用等。

质量标准体系有两种形式：一种是用于内部管理的质量体系，一般以管理标准、工作标准、规章制度、规程等予以体现；另一种是用于外部证明的质量保证体系，指为完成某项活动所规定的方法，即规定某项活动的目的、范围、做法、时间进度、执行人员、控制方法与记录等。

质量标准体系作为一个有机体，还应拥有必要的体系文件，包括质量手册、程序性文件(包括管理性程序文件、技术性程序文件)、质量计划及质量记录等。本节着重介绍ISO 9000系列标准及ISO 14000环境管理体系标准。

想一想：ISO 9000系列标准是质量管理的最高标准吗？

5.2.1 ISO 9000质量管理标准体系

为了适应国际市场竞争中统一质量规则的需要，国际标准化组织(ISO)于1987年发布了ISO 9000《质量管理和质量保证》系列标准，从而使世界质量管理和质量保证活动统一在ISO 9000系列标准基础之上。它标志着质量标准体系走向规范化、系列化和程序化的世界高度。经验表明，采用ISO 9000系列标准是走向世界的通行证。

1994年，国际标准化组织对ISO 9000系列标准做了重大改动，增加了很多新内容，并将改动后的1994版标准称ISO 9000族标准，这套标准特别强调了控制程序、设计评审、设计的技术管理和预防措施等，它通过质量策划、质量控制、质量保证和质量改进等一系列手段来实施全面质量管理。企业通过实施ISO 9000系列标准，使企业影响质量的全部因素在生产过程中始终处于受控状态，它在促进企业全面质量管理上起到了很大的作用。2000年，国际标准化组织又对ISO 9000系列标准进行了修改。目前，国际上最新的质量标准是替代1994版ISO 9000系列标准的2000版ISO 9000系列标准。

特别提示

ISO 9000系列标准是推荐标准，不是强制执行标准。但由于国际标准化组织的独特地位及各国政府的认可，哪个国家不按此标准执行就无法在国际市场站稳脚跟。在国际贸易、产品开发、技术转让、商检、认证、索赔、仲裁等方面，ISO 9000系列标准都成为国际公认的标准。在这种情况下，积极采用ISO 9000系列标准就成为对世界级企业的基本要求。

要获得ISO 9000系列标准的认证，组织要经历一个9～18个月的过程，涉及为产品或者服务的质量流程提供文档、现场评估以及持续的审计。想要使自己的产品或服务进入国际市场，尤其是欧洲，通过ISO 9000系列标准的认证是非常重要的。许多国家级和国际级产品认证体系，如英国标准协会(BSI)的风筝标志、日本工业标准(JIS)标志等，都把ISO 9000系列标准作为取得产品认证的首要要求，把ISO 9000系列标准结合到产品认证计划中去。

为了实现质量目标，2000版ISO 9000系列标准突出体现了质量管理的8大原则，并作为主线贯穿始终，这8大原则如下：

① 以顾客为中心；

② 领导作用，即最高管理者具有决策和领导一个组织的关键作用；

③ 全员参与，要对职工进行质量意识、职业道德、以顾客为中心的意识和敬业精神的教育，还要激发他们的积极性和责任感；

④ 过程管理，即将相关的资源和活动作为过程进行管理，可以更高效地得到期望的结果；

⑤ 针对设定的目标，识别、理解并管理一个由相互关联的过程所组成的体系，有助于提高组织的有效性和效率；

⑥ 持续改进；

⑦ 基于事实，在对信息和资料做科学分析时，统计技术是最重要的工具之一，可用来测量、分析和说明产品和过程的变异性，统计技术可以为持续改进的决策提供依据；

⑧ 通过互利的关系，增强组织及其供方创造价值的能力。

5.2.2 ISO 14000 环境管理标准体系

1992 年在巴西里约热内卢召开了联合国环境与发展大会，183 个国家和 70 多个国际组织出席会议，通过了《21 世纪议程》等文件。这次大会的召开，标志着全球谋求可持续发展的时代开始了。各国政府领导、科学家和公众认识到要实现可持续发展的目标，就必须改变工业污染控制的战略，从加强环境管理入手，建立污染预防(清洁生产)的新观念。通过企业的“自我决策、自我控制、自我管理”方式，把环境管理融于企业全面管理之中。为此，国际标准化组织于 1993 年 6 月成立了 ISO/TC3207 环境管理技术委员会，正式开展环境管理系列标准的制定工作，以规划企业和社会团体等所有组织的活动、产品和服务的环境行为，支持全球的环境保护工作。

该系列标准融合了世界上许多发达国家在环境管理方面的经验，是一种完整的、操作性很强的体系标准，包括为制定、实施、实现、评审和保持环境方针所需的组织结构、策划活动、职责、惯例、程序过程和资源，包括 5 个核心要素，即环境管理、审计、绩效评估、贴牌、生命周期评估。

推行 ISO 14000 环境管理标准体系的好处：①可以取得贸易的“绿色通行证”，目前国际贸易中对环保标准 ISO 14000 的要求越来越多，我国由于不符合相关国家的环保要求，在 1995 年的外贸损失高达 2000 亿元人民币；②提高企业形象，降低环境风险，在市场竞争中取得优势，创造商机；③提高管理能力，形成系统的管理机制，完善企业的整体管理水平；④掌握环境状况，减少污染，体现“清洁生产”的思想；⑤节能降耗，降低成本，减少各项环境费用，获得显著的经济效益；⑥符合我国“可持续发展”的发展战略，不受国内外环保方面的制约，享受国内外环保方面的优惠政策和待遇，促进企业环境与经济的协调和持续发展。

5.3 全面质量管理

全面质量管理(total quality management，TQM)，指在全社会的推动下，企业的所有组织、所有部门和全体人员都以产品质量为核心，把专业技术、管理技术和数理统计结合起来，建立起一套科学、严密、高效的质量保证体系，控制生产全过程影响质量的因素，以优质的工作、最经济的办法，提供满足用户需要的产品(服务)的全部活动。简言之就是全社会推动下的、企业全体人员参加的，用全面质量去保证生产全过程的质量活动，其核心就在“全面”二字上。

全面质量管理体现的是对质量的重视，它贯穿于从供应商到顾客的整个组织。全面质量管理强调公司管理层做出全公司持续努力的承诺，从而在顾客所重视的产品和服务的各个方面都获得优异的表现。

质量管理专家戴明使用14个要点来阐述他是如何实施全面质量管理的。我们将这些要点发展为实现有效全面质量管理的7个方面：①持续改进；②6σ；③员工授权；④标杆管理；⑤准时制；⑥田口方法；⑦TQM工具。

知识链接

戴明实施质量管理的14个要点

(1) 企业要树立不断改进的长期发展目标。

(2) 随时吸收可以降低残次品的新原理和新方法。

(3) 不要依赖检验来取得质量，应重视过程改进。

(4) 重视发展供应商关系，采购不能以低价竞标。

(5) 坚持从系统资源和人力资源两个方面对生产过程进行改进，以此提高生产率和降低成本。

(6) 建立员工的培训机制，培训他们掌握预防质量问题的技能和统计质量控制的方法。

(7) 建立新的领导机制，帮助员工更好地工作。

(8) 鼓励员工的参与，消除员工对提问题或发现质量问题可能会遭到报复的忧虑。

(9) 消除部门之间的障碍，鼓励合作和团队工作。

(10) 不要使用口号或数字目标去要求员工达到一定水平的业绩目标，应该教育他们如何去工作。

(11) 消除对员工提出数字限额，鼓励员工创新精神。

(12) 尊重员工的工作自豪感，鼓励改进管理和生产过程。

(13) 促进各种形式的教育和培训项目，从最高管理层到一线员工学习质量改进的方法，使企业形成不断改进的企业文化。

(14) 上层管理人员的贡献，促成企业去执行以上的13个要点。

5.3.1 持续改进

全面质量管理要求一个永无止境的持续改进过程，涉及人员、设备、供应商、原料以及生产流程。这个概念的基本思想：运作的每一个方面都可以被改进。其最终的目标是达到完美，“完美”虽然永远无法实现，但总是被追求的目标。

1. PDCA循环的内容

“计划(plan)—执行(do)—检查(check)—处理(act)”是质量管理的另一个先驱休哈特开发的一个循环模型，被称PDCA。该模型体现了他对持续改进的观点。随后，戴明在第二次世界大战之后将该观念带到了日本。如图5.2展示了PDCA循环，并将其描述成一个周期，强调了质量改进过程的持续性。

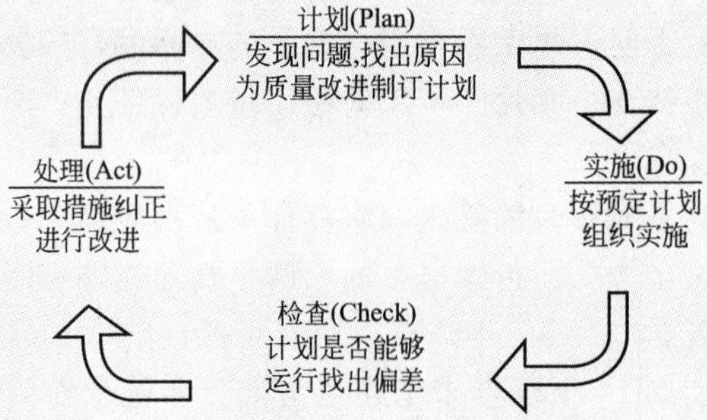

图 5.2 PDCA 循环

PDCA 工作方法的 4 个阶段。

(1) P 阶段。指要适应顾客的要求，并以取得经济效果为目标，通过调查、设计、试制，制定技术经济指标、质量目标，以及达到这些目标的具体措施和方法。

(2) D 阶段。指要按照所制订的计划和措施去实施。

(3) C 阶段。指对照计划，检查执行的情况和效果，及时发现和总结计划实施过程中的经验和问题。

(4) A 阶段。指根据检查的结果采取措施，巩固成绩，吸取教训，以利再干。

2. PDCA 循环的特点

(1) 大环套小环，互相促进。PDCA 循环不仅适用于整个企业，而且也适用于各个车间、科室和班组以至个人。根据企业总的方针目标，各级各部门都要有自己的目标和 PDCA 循环。这样就形成了大环套小环，小环里又套有更小环的情况。整个企业就是一个大的 PDCA 循环，各部门又都有各自的 PDCA 循环，依次又有更小的 PDCA 循环，具体落实到每一个人。上一级的 PDCA 循环是下一级 PDCA 循环的依据，下一级 PDCA 循环又是上一级 PDCA 循环的贯彻落实和具体化。通过循环把企业各项工作有机地联系起来，彼此协同，互相促进，如图 5.3(a)和图 5.3(b)所示。

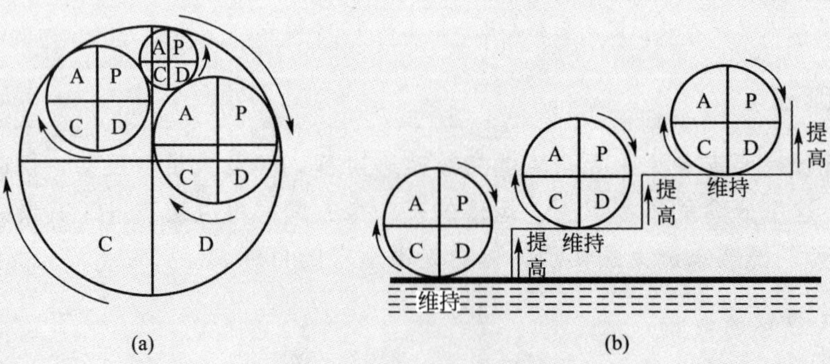

图 5.3 PDCA 循环特点图

(2) 不断循环上升。4 个阶段要周而复始地循环，而每一次循环都有新的内容和目标，因而就会前进一步，解决一批问题，质量水平就会有新的提高。如同上楼梯一样，每经过一次就登上一级新台阶，这样一步一步地不断上升提高。

(3) 推动 PDCA 循环的关键在于 A 阶段。总结，就是总结经验、肯定成绩、纠正错误、提出新的问题以利再干，这是 PDCA 循环之所以能上升、前进的关键。如果只有前 3 个阶段，没有将成功经验和失败教训纳入有关标准、制度和规定中，就不能巩固成绩、吸取教训，也就不能防止同类问题的再度发生。因此，推动 PDCA 循环一定要始终抓好 A 阶段。

PDCA 循环实际上是有效进行任何一项工作的合乎逻辑的工作程序，在质量管理中得到了广泛的应用并取得了很好的效果，因此有人称 PDCA 循环是质量管理的基本方法。

特别提示

日本人用“kaizen”一词来描述这个无止境改善的持续过程——设立并实现更高的目标。在美国，TQM 和零缺陷同样被用来描述持续改进的努力。然而，无论是 PDCA、kaizen、TQM 还是零缺陷，管理人员在建立认同持续改进的工作文化方面扮演着关键的作用。

5.3.2 6σ 管理

1. 6σ 的概念

σ(sigma，西格玛)是一个希腊字母，在统计学中用来表达数据的离散程度，即标准差。对于任何变量 ξ，$E\xi$ 为其平均值，$\xi-E\xi$ 为其离差，离差平方的平均值为方差，方差的平方根为标准差。标准差可以通过公式(5.1)求得。

$$\sigma=E(\xi-E\xi)^2 \tag{5.1}$$

式中，E——平均值符号。

一般情况下，变量大多服从正态分布的规律。正态分布是一种对称的分布，靠近平均值的数据较多而远离平均值的数据较少。σ 描述的就是数据与其平均值的离散程度，σ 的值越大，表明数据越分散，越有机会超出允许的偏差范围。

通常而言，对于产品的质量或工艺过程的某项指标，企业会规定一个目标值和一个允许的偏差范围。假定有两个工厂，都生产某种型号的零件。该零件长度的目标值为 100 毫米，允许偏差的下限和上限分别为 98 毫米、102 毫米，甲工厂生产的 10 个零件长度分别为 99 毫米、98 毫米、100 毫米、101 毫米、100 毫米、102 毫米、100 毫米、99 毫米、101 毫米、100 毫米；乙工厂生产的 10 个零件长度分别为 99 毫米、98 毫米、100 毫米、101 毫米、102 毫米、100 毫米、99 毫米、97 毫米、101 毫米、103 毫米。尽管两个工厂生产的零件长度平均值都是 100 毫米，但由于甲工厂的标准差要比乙工厂小，因此，甲工厂的 10 个零件全部合格，而乙工厂合格的零件只有 8 个，废品率为 20%。此时，乙工厂的标准差为 5.48 毫米，远远大于 2 毫米的允许偏差范围。

特别提示

质量特性一旦偏离目标值就会造成损失，质量特性越远离目标值，造成的损失就越大。质量改善的目标之一就是要使标准差变小。

为了降低废品率，乙工厂的管理者决定采用6σ管理。他用6个σ去分摊可以被允许的2毫米偏差，则每个σ仅为0.33毫米。由于σ数值大大缩小，管理标准立即严格了很多，就可以大大减少乃至消除生产废品的可能性。σ前面的倍数越大，表明品质管理越严格。传统的公司品质已提升至3σ，此时，产品的合格率已达至93.32%的水平，只有6.68%为废品。通过将标准提高到6σ，进一步缩小标准差，收窄数据分布的范围，可以大大减少产品品质落在允许的偏差范围之外的概率。达到6σ意味着每百万机会缺陷数(Defect Per Million Opportunities，DPMO)只有3.4个，如表5-2所示。

表5-2 6σ管理法转换表

合格率	百万机会缺陷数	σ
30.85%	691500	1
69.15%	308500	2
93.32%	66800	3
99.38%	6200	4
99.977%	230	5
99.99966%	3.4	6

可见，6σ管理是为追求同业领先地位而全面策划、持续规范化的质量改进活动。它以提升品质作为主线，以顾客需求为中心，利用对事实和数据的分析，改进企业的业务流程能力。6σ管理成功地将质量意识与企业每个员工的日常工作融合在一起，改变了传统的以检查审核为主的质量控制观念，从企业核心流程的角度保证了最终产品的质量。

6σ管理是一种战略，因为它关注全面的顾客满意度。同时它也是一种准则，因为它遵循规范化的6σ改进模型，即我们所熟悉的DMAIC。该改进模型的5个步骤：

① 定义(define)，定义关键输出并识别需要改进的差距；

② 测量(measure)，收集整理能够帮助缩小差距的数据，为量化分析做好准备；

③ 分析(analyze)，分析数据；

④ 改进(improve)，通过修改或重新设计来改进现有的作业流程；

⑤ 控制(control)，控制新的流程，确保维持一定的绩效水平。

6σ管理是7种质量管理工具，即调查表、帕累托图、因果分析图、相关图、分层法、直方图及控制图的集合。详见5.4节。

2. 6σ管理的特征

作为持续性的质量改进方法，6σ管理具有5方面特征。

1) 对顾客需求的高度关注

6σ管理以更为广泛的视角，关注影响顾客满意的所有方面。6σ管理的绩效评估首先就是从顾客开始的，其改进的程度用对顾客满意度和价值的影响来衡量。6σ管理代表了极高的对顾客要求的符合性和极低的缺陷率。它把顾客的期望作为目标，并且不断超越这种期望。企业从3σ开始，然后是4σ、5σ，最终达到6σ。

2) 高度依赖统计数据

数据是实施 6σ 管理的重要工具，以数字来说明一切，所有的生产表现、执行能力等，都量化为具体的数据，成果一目了然。决策者及经理人可以从各种统计报表中找出问题所在，真实掌握产品不合格情况和顾客抱怨情况等，而改善的成果，如成本节约、利润增加等，也都以统计资料与财务数据为依据。

3）重视业务流程的改善

6σ 管理将重点放在产生缺陷的根本原因上，认为质量是靠流程的优化，而不是通过严格地对最终产品的检验来实现的。企业应该把资源放在认识、改善和控制原因上，而不是放在质量检查、售后服务等活动上。质量不是企业内某个部门和某个人的事情，而是每个部门及每个人的工作，追求完美成为企业中每一个成员的行为。6σ 管理有一整套严谨的工具和方法来帮助企业推广实施流程优化工作，识别并排除那些不能给顾客带来价值的成本浪费，消除无附加值活动，缩短生产、经营循环周期。

4）积极开展主动改进型管理

掌握了 6σ 管理方法，就好像找到了一个重新观察企业的放大镜。人们惊讶地发现，缺陷犹如灰尘，存在于企业的各个角落。这使管理者和员工感到不安。要想变被动为主动，努力为企业做点事情。员工会不断地问自己：现在到达了几个 σ？问题出在哪里？能做到什么程度？通过努力提高了吗？这样，企业就始终处于一种不断改进的过程中。

5）倡导无界限合作、勤于学习的企业文化

6σ 管理人为质量不是某个部门和某个人的事情，而是每个部门和每个人的工作。为了避免出现质量问题，有效解决各种质量问题，需要各部门和各个人之间相互学习，进行合作。因此，应在企业中倡导无界限合作、勤于学习的企业文化，最大限度降低质量问题。

3. 6σ 管理的组织结构

6σ 管理需要一套合理、高效的人员组织结构来保证改进活动的顺利实现。在过去，之所以有 80%的全面质量管理实施者失败，最大原因就是缺少这样一个组织结构。

1）6σ 管理委员会

6σ 管理委员会是企业实施 6σ 管理的最高领导机构。该委员会主要成员由公司领导层成员担任，其主要职责：设立 6σ 管理初始阶段的各种职位；确定具体的改进项目及改进次序，分配资源；定期评估各项目的进展情况，并对其进行指导；当各项目小组遇到困难或障碍时，帮助他们排忧解难等。成功的 6σ 管理有一个共同的特点，就是企业领导者的全力支持。6σ 管理的成功在于从上到下坚定不移地贯彻。企业领导者必须深入了解 6σ 管理对于企业的利益以及实施项目所要达到的目标，从而使他们对变革充满信心，并在企业内倡导一种旨在不断改进的变革氛围。

2）执行负责人

6σ 管理的执行负责人由一位副总裁以上的高层领导担任。这是一个至关重要的职位，要求具有较强的综合协调能力的人胜任。其具体职责：为项目设定目标、方向和范围；协调项目所需资源；处理各项目小组之间的重叠和纠纷，加强项目小组之间的沟通等。

3）黑带

黑带(black belt)来源于军事术语，指那些具有精湛技艺和本领的人。黑带是 6σ 管理的中坚力量。对黑带的认证通常由外部咨询公司配合公司内部有关部门来完成。黑带由企业内部选拔出来。全职实施 6σ 管理，在接受培训取得认证之后，被授予黑带称号，担任项目小组负责人，领导项目小组实施流程变革，同时负责培训绿带(Green Belt)。黑带的候选人应该具备大学数学和定量分析方面的知识基础，需要具有较丰富的工作经验。他们必须完成 160 小时的理论培训，由黑带大师一对一地进行项目训练和指导。经过培训的黑带应能够熟练地操作计算机，至少掌握一项先进的统计学软件。那些成功实施 6σ 管理的公司，大约只有 1%的员工被培训为黑带。

4) 黑带大师

黑带大师是 6σ 管理专家的最高级别，其一般是统计方面的专家，负责在 6σ 管理中提供技术指导。他们必须熟悉所有黑带所掌握的知识，深刻理解那些以统计学方法为基础的管理理论和数学计算方法，能够确保黑带在实施应用过程中的正确性。统计学方面的培训必须由黑带大师来主持。黑带大师的人数很少，只有黑带人数的 1/10。

5) 绿带

绿带的工作是兼职的，他们经过培训后，将负责一些难度较小项目小组，或成为其他项目小组的成员。绿带培训一般要结合 6σ 管理的具体项目进行 5 天左右的课堂专业学习，包括项目管理、质量管理工具、质量控制工具、解决问题的方法和信息数据分析等。

一般情况下，由黑带负责确定绿带培训内容，并在培训之中和之后给予协助和监督。

4. 6σ 管理的实施程序

6σ 管理的实施程序包括 5 步。

(1) 辨别核心流程和关键顾客。随着企业规模的扩大，顾客细分日益加剧，产品和服务呈现出多标准化，人们对实际工作流程的了解越来越模糊。获得对现有流程的清晰认识，是实施 6σ 管理的第一步。

(2) 定义顾客需求。

(3) 针对顾客需求评估当前行为绩效。如果公司拥有雄厚的资源，可以对所有的核心流程进行绩效评估。如果公司的资源相对有限，则应该从某一个或几个核心流程入手，开展绩效评估活动。

(4) 辨别优先次序，实施流程改进。对需要改进的流程进行区分，找到高潜力的改进机会，优先对其实施改进。如果不确定优先次序，企业多方面出手，就可能分散精力，影响 6σ 管理的实施效果。

(5) 扩展、整合 6σ 管理系统。当某一 6σ 管理改进方案实现了减少缺陷的目标之后，如何巩固并扩大这一胜利成果就变得至关重要了。因此需要提供连续的评估以支持改进，同时定义流程负责人及其相应的管理责任，并实施闭环管理，不断向 6σ 绩效水平推进。

特别提示

成功的 6σ 管理项目与公司的战略方向是相关的。它是一种以管理为导向、基于团队并由专家领导的方法。并且，实施 6σ 管理需要大量的时间，尤其是来自管理层的时间。这些高层必须阐明计划，传达公司的目标并获得员工的认同，并且在给他人树立榜样方面发挥显著作用。

管理案例

6σ管理在企业中的实践

(1) 摩托罗拉——6σ管理的先驱

最早实施6σ管理的是摩托罗拉公司。摩托罗拉公司早先以生产军用通讯设备著称，20世纪80年代初，随着移动电话的兴起，它开始开发移动电话机。作为高科技产品，移动电话机对可靠性要求极高。延用常规的3σ控制标准进行产品制造过程的质量控制，使得产品质量屡屡报警。在这样的情况下，摩托罗拉公司专门组织资深质量工程师从事可靠性质量控制，通过数年的研究和实践，首创了6σ管理方法，将传统的以3σ为标准的质量控制方法，改革为以6σ为标准的过程控制方法，极大程度地限制了不合格产品流入下道工序，保证了装配的质量和产品的可靠性。摩托罗拉公司1987年开始导入6σ管理，仅仅用了2年的时间，公司就获得了美国马可姆·波里奇(Malcolm Baldrige)国家质量奖。3年后，摩托罗拉公司的6σ管理战略取得了空前的成功，产品的百万机会缺陷数从6210(约4σ)减少到32(5.5σ)，在此过程中，节约的成本超过20亿美元。随后，德州仪器公司、联信公司，后与霍尼维尔公司等在各自的制造流程中推广6σ管理，均获得成功。

(2) 通用电气——6σ管理名声大振

6σ管理真正名声大振，是在通用电气公司全面实施6σ管理模式取得辉煌业绩之后。1995年，在公司董事长兼CEO杰克·韦尔奇(Jack Weloh)的主持下，通用电气公司开始推行6σ管理方法。作为与产品服务、全球化并列的3大战略之一，6σ管理为通用电气公司的发展立下了汗马功劳。自实施6σ管理以来，其公司的营业利润从1995年的66亿美元飙升至1999年的107亿美元。6σ管理的收益在1997年为3亿美元，1998年达到7.5亿美元，1999年达到15亿美元。韦尔奇简直是疯狂地迷上了6σ管理，他说："6σ管理永远地改变了通用电气公司。所有的人(从6σ的热心者到工程师、审核员、科学家以及将公司领向新世纪的高层领导)都是6σ这一公司正在运作的管理方法的忠实信徒"。6σ管理最终使通用电气公司发展成为全球最大、最成功的多元化经营的跨国公司。韦尔奇也被人们赞誉为"世界头号CEO"。

(3) 其他公司

6σ管理很快受到其他世界级大公司的关注，很多美国大公司相继实施这种先进的管理方法。一直在质量领域领先全球的日本企业也在20世纪90年代后期纷纷加入6σ管理的行列，这其中包括索尼、东芝等。韩国的三星集团、LG集团也开始了向6σ管理进军的旅程。几乎所有的《财富》世界500强制造型企业都陆续实施了6σ管理战略。花旗银行、亚马逊网站等一些服务性企业也开始实施6σ管理，以提高服务质量、维护客户忠诚度。6σ管理不再只是一种单纯的面向制造性业务流程的质量管理方法，也成为有效的提高服务性业务流程的管理方法。

5.3.3 向员工授权

想一想： 质量管理中为什么要对员工授权？如何授权？

1. 向员工授权的重要性

员工授权意味着生产过程中的每一个环节都包含员工的参与。大约85%的质量问题来自材料和生产过程，而不是员工的表现。因此，企业的任务是设计设备和过程，使其产出的质量满足期望。对于这些任务，做得最好的是那些了解生产系统缺点并高度参与生产的员工。尤其是那些每天都使用系统的人，他们对系统的了解比其他任何人都多。某项研究发明，将质量责任委派给生产现场员工的全面质量管理项目要比那些通过“自上而下”的指令予以实施项目的成功的可能性往往要高出一倍。

当不符合标准的情况出现时，很少是员工的错。不论是产品设计上的错误，还是员工接受的培训不当，这些都属于产品制造系统的设计错误。虽然员工可能有能力帮助组织解决问题，但是他们很少制造问题。

2. 实施员工授权的方法

实现员工授权的方法主要包括：①建立员工参与的沟通网络；②培养开放的、起支持作用的管理人员；③将经理和全体职能员工的责任转移给生产人员；④构建士气高昂的组织；⑤创建正式的组织结构，如团队和质量小组。

建立团队能够处理各种各样的问题。团队的一个常见关注点是质量。这样的团队通常被称为质量小组。质量小组是一组员工，他们经常会面以解决与工作相关的问题。成员们接受有关队伍计划、问题处理以及统计质量控制的培训。他们通常每周会面一次(一般在工作后，但有时也会在上班时间)。虽然成员们得不到金钱上的奖赏，但是他们得到了来自公司的赞誉。团队中有一名受过特殊训练的成员，叫做促进者，总是帮助培训团队成员，并且保证团队会议顺利召开。关注质量的团队已经被证明是一种具有成本效益的方式，既可以改进质量又可以提高生产率。

5.3.4 标杆管理

1. 标杆管理的含义

标杆管理是一个组织全面质量管理项目的另一部分，它包括选择一个被证实的产品、服务、成本或者实践的标准。该标准代表了与自身非常相似的流程或活动最佳绩效。这种思想是制定一个既定的目标，然后开发一个标准或者标杆，以便与自身的绩效进行比较。

2. 实施标杆管理的步骤

实施标杆管理的步骤：①明确需要管理的对象；②成立标杆管理团队；③识别标杆目标；④收集并分析标杆信息；⑤采取行动达到或超越标杆。

在标杆管理中，典型的绩效测定方法包括缺陷率、单位产品或单位订单成本、单位产品加工时间、服务响应时间、投资回报率、顾客满意率以及顾客回头率。

一般地，自己会在很多领域内发现一个甚至更多的组织，它们处于领先地位。然后以自己与他们进行比较。所选择的公司不一定属于自己所在的行业。如果某个行业已经学会了如何通过快速产品开发来实现竞争，而自己的行业还没有，那么研究自己所在的行业是没有意义的。标杆常常表现为其他公司或者部门的“最佳实践”。

知识链接

解决顾客抱怨的最佳实践

解决顾客抱怨的最佳实践包括：①使顾客提出抱怨变得容易，这是免费的市场调查；②对抱怨做出快速响应，这会增加顾客量并提高其忠诚度；③在首次接触时解决抱怨，这会降低成本；④使用计算机管理抱怨，发现趋势，分享信息，调整服务；⑤聘用最好的人员从事客户服务工作，这应该成为正式培训和职业发展的一部分。

管理案例

L. L. Bean 公司的声誉使其成为最受欢迎的标杆

当施乐公司先进性改善其采购时，它将目光投向了 L. L. Bean 公司。复印机零部件与 L. L. Bean 公司的户外用品有什么相似之处吗？答案是"没有!"。但施乐公司的管理人员感到他们的采购流程是相似的：他们都涉及处理各种不同尺寸和形状的产品，而且这些工作都需要手工完成。结果是 L. L. Bean 公司为订单配货的速度比施乐公司快 2 倍。汲取这个经验后，施乐公司将库存成本降低了 10%。"许多公司遭受失败，是因为他们不相信别的公司比自己做得更好!"施乐公司负责标杆管理的负责人说。

随后，戴姆勒-克莱斯勒公司开始学习 L. L. Bean 公司的仓储方法。L. L. Bean 公司的员工使用流程图来识别浪费情况。实践中，一名员工提出大体积物料应接近包装工位的建议。戴姆勒-克莱斯勒公司便学习 L. L. Bean 公司，更多依靠工人来解决问题。

L. L. Bean 公司现在每周收到标杆参观的请求多达 5 次，因为数量太多，因此他们会做出选择：只安排对质量感兴趣，而不是好奇的申请者进行参观。

（资料来源：Catalog Age(April 2002)：35；and Business Week (September 18，1995)：122 - 132.）

3. 内部标杆管理

当一个组织拥有很多部门或业务单元时，就可以采用内部标杆管理。相对于外部，内部的数据更容易获取。一般来说，总有一个内部单元较之其他单元具有更高的绩效，从而值得人们去学习。

5.3.5 准时制

准时制(JIT)背后的理念是持续改进和强化解决问题。JIT 系统设计只在需要时生产或交付产品。JIT 与质量的关系体现在 3 个方面。

(1) JIT 降低质量成本。这是因为废品、返工、库存投资以及损坏成本与现有的库存直接相关。由于 JIT 系统中现有的库存很少，因此成本就更低。此外，存货会掩盖低劣质量，而 JIT 会使低劣质量立刻曝光。

(2) JIT 改进质量。由于 JIT 缩短了交货提前期，因此它使得错误的迹象更加明显，并且减少了潜在错误的源头。无论是在工厂内部，还是与供应商之间，JIT 有效地创建了一个质量预警系统。

(3) 更好的质量意味着更少的库存和更好的、操作更简单的 JIT 系统。保持一定量存货的目的，通常是预防因质量不可靠而引起的生产绩效的低下。如果质量保持稳定，那么 JIT 将有助于企业降低所有与库存相关的成本。

5.3.6 田口方法

大多数质量问题是由产品与生产过程设计的不合理造成的。针对产品与生产过程的质量改进，日本人田口玄一提供了 3 个概念，它们是质量稳健性、质量损失函数以及目标导向的质量。

1. 质量稳健性

质量稳健的产品：在不利的生产和环境条件下能够始终如一且稳定地生产。田口玄一的想法是消除不利条件的影响，而不是消除问题的根源。田口玄一认为，要生产稳健产品，消除不利因素的影响往往比消除根源花费更少的成本并且效果更好。在这种方式下，材料和过程的细微变化不会破坏产品的质量。

2. 质量损失函数

质量损失函数涉及与低劣质量相关的所有成本，并说明产品偏离顾客期望时这些成本的增长情况。这些成本不仅包括顾客不满意成本，也包括保证和服务成本，内部检查、维修和废品成本以及社会成本。值得注意的是，质量损失函数是一条变化率递增的曲线，它的一般形式如下：

$$L = D^2 C \tag{5.2}$$

式中，L 为社会损失；D^2 为与目标值差距的平方；C 为标准规格界限内的偏差成本。

由于低质量造成的全部社会成本都包括在该损失函数中。损失越小，产品越令人满意。产品偏离目标值越远，损失越严重。

3. 目标导向质量

传统的符合性导向的标准规格(只要产品在公差极限内就是好产品)太过简单，而且不够关注顾客满意度，这使得企业的损失可能更大。而目标导向的质量要求努力是产品达到需要的规格，并生产出更多更好的接近目标的产品。目标导向质量是一个持续改进产品质量以使产品精确地按照目标生产的原理。

5.3.7 TQM 工具

员工授权和实施 TQM 作为一种持续的努力，组织中的每一个人都必须接受全面质量管理工具方面的培训。

管理案例

质量争先，永无止境——海尔的全面质量管理

海尔集团(以下简称海尔)的全面质量管理主要包括4个方面。

1.“全面质量管理”的观念

1985年，海尔的员工亲眼目睹了海尔首席执行官张瑞敏流泪砸76台质量不合格的冰箱的情景。“全面质量管理”观念树立后，员工的质量责任心迅速增强，从而使企业有了坚实的质量管理基础。“精细化，零缺陷”成为全体员工的心愿和行动指南。

2. 质量零缺陷

海尔认为，企业努力的目标是第一次就把事情完全做好，也就是达到“零缺陷”的目标。如果第一次就能把事情做好，那些浪费在补救工作上的时间、金钱和精力就可以避免，生产成本也会大大降低。这是质量管理的一个全新境界，它将质量管理的重点由事后检查转向生产过程中的控制。同时，海尔不认同“人难免会犯错误”这种根深蒂固的看法，主张任何缺陷都不能接受，不论缺陷大小，只有完美无缺，即顾客的完全满意，才是企业应全力追求的标准。

建立零缺陷的质量平台，首先是零缺陷的设计，即保证设计在工艺过程中无损坏，在使用过程中也用不坏；其次是零缺陷的模块化制造网络和零缺陷的质量保证系统。海尔在全球共有13个工业园，每个工业园和制造单位都有各自的模块功能。这些模块的零缺陷要靠每个人“第一次就做对”、“绝不从我手中放过任何一个缺陷”的意识来实现。国际标准质量管理体系的平台是倍速发展的有力保证，ISO 9001系列标准的2000版中“顾客满意度”条款的有关要求，海尔早在10年前就提出并实施。

为了提高产品质量，海尔对零部件严格执行国际标准，宁可停产也不降低标准。张瑞敏提出“下道工序是用户”，依靠“三检制”(自检、互检、专检)对生产过程进行质量控制。同时，在员工中开展质量控制小组活动，强化员工的自主管理意识，对症下药，随时解决已出现或可能出现的问题。为正确处理产量和质量的关系，海尔实行了严格的质量否决制度，根据每道工序的质量责任大小，编制质量责任价值券，上下工序之间出现质量问题均可当场撕券，奖优罚劣。

为保证每个部件质量水平的稳定与提高，海尔在供应商的选择上制定了非常苛刻的条件，如规定重要零部件的供应商必须是国内或国际同行业前3名的企业，每月对供应商的产品质量、价格、服务水平进行综合评比，以促使供应商无论在产品质量控制、生产管理还是在新产品开发方面都产生了一种无形的压力，相对保证了零部件质量的稳定与提高。

3. 严格的质量审核工作

海尔实行严格的质量控制，在内部实行了5级HR质量认证制度，通过这种制度决定是否允许新加入海尔的企业使用海尔商标。在国际上，海尔为自己制定的方针：要在国际市场竞争中取胜，第1是质量，第2是质量，第3还是质量。在家电质量方面要参加国际比赛，必须取得3项资格：①质保体系——取得ISO 9001认证；②产品国际认证——取得德国VDE、GS、TUV，美国UL，加拿大CSA等认证；③检测水平必须达到国际认可，如加拿大EEV、CSA等能效认证，美国UL用户测试数据认可。这3项资格海尔都拿到了。

海尔的质量管理严格按照ISO 9001体系的要求，建立全面的内部质量审核体系。质量保证工作不仅是质管处、质检处的责任，而且是贯穿整个生产过程，需要各部门通力合作才能实现的。这种严格按照ISO 9001体系建立的内部质量审核制度使海尔产品的质量进一步向“零缺陷”的目标靠拢。

4. 没有终点的质量改进工作

海尔认为，质量改进是个没有终点的连续性活动，停止就意味着倒退。而改进也不是单靠一道命令或一次宣传即可达到的，它是一项系统工程，涉及思维方法、行为方式和最终的结果。在此观念指导下，

海尔的各个事业部都设立了具有国际先进水平的质量分析室，该分析室集“信息中心”、“案例中心”、“培训中心”于一身，对社会反馈的质量信息及工序不良品信息进行有效跟踪和改进。

利用典型案例的示范作用对员工进行培训，以杜绝类似质量问题的再度发生。该分析室每天把海尔分布在全国的33个电话服务中心全天24小时得到的用户意见整理出来，定期整理出全部意见，然后从意见最大的那一条开始进行改进。

海尔的质量改进工作主要是以OEC管理为依托，即“日事日毕，日清日高”，就是要求今天的质量工作的内容和目标必须完成，而且今天完成的事要比昨天有提高，明天的目标也必须比今天高，OEC管理给“精细化，零缺陷”的质量标准增加了新的内涵，并把全面质量管理推向了一个新的境界。

（资料来源：方正．企业生产与运作国际化管理案例．北京：中国财政经济出版社，2002：129－132）

5.4 全面质量管理的工具

全面质量管理的工具主要有7种，即调查表、帕累托图、因果分析图、相关图、分层法、直方图及控制图。

5.4.1 调查表

调查表(Check Sheets)是利用统计图表来进行数据整理和粗略分析影响质量原因的一种方法。调查表的形式不尽相同，一般按所调查的产品质量等特性要求而自行设计。使用目的不同，调查表也不同，常用的调查表有缺陷位置调查表、不良品原因调查表、频数分布调查表和不良项目调查表等。

【例5－1】

表5－3所示为某企业使用的产品不良项目调查表，表中一目了然地记载了所有产生的不良项目及发生频率。

表5－3 不良项目调查表

品名：	时间： 年 月 日
工序：最终检验	工厂：
不良品种类：表面缺陷、加工不良、形状不良等	班组：
	检验员：
检验总数：2530	批号：
备注：全数检查	合同号：

不良种类	检验	小计
表面缺陷	正正正正正正丅	32
砂眼	正正正正丅	22
加工不良	正正正正正正正正丅	42
形状不良	正	5
其他	正丅	7
合计		108

5.4.2 帕累托图

帕累托图(Pareto Chart)是以意大利经济学家柏拉图(Pareto)的名字而命名的，又称排列图、主次图，是将质量改进项目按照发生频率大小顺序排列而绘制的一种图示，是一种分析影响产品质量主要因素的有效工具。

帕累托图用双直角坐标系表示，左边纵坐标表示频数，如不良品件数、金额、时间等，右边纵坐标表示频率。分析线表示累积频率，横坐标表示影响质量的各项因素，按影响程度的大小(出现频数多少)从左到右排列，每个直方形的高度表示该因素对产品质量的影响大小，曲线表示各个因素影响的累计百分数，如图 5.4 所示。

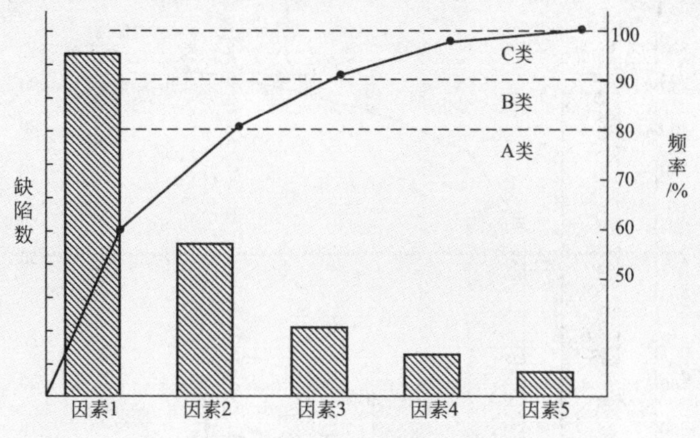

图 5.4　帕累托图

影响产品质量的主要因素的判断标准：①累计百分数在 0%～80%之间的因素为 A 类因素，是影响质量的主要因素，要作为质量管理的重点研究对象。②累计百分数在 80%～90%之间的因素为 B 类因素，是次要因素。③累计百分数在 90%～100%之间的因素为 C 类因素，这一区间的因素是一般的质量影响因素。

画出因果图后，就要针对主要原因列出对策表。对策表，顾名思义就是对因果分析质量问题和用排列图找到的质量改进项目所采取一种科学的、系统的解决手段、策略及方法的一种表格，包括原因、改进目标、措施、负责人、进度要求、效果检查和存在问题等。

排列图、因果图和对策表，称两图一表，在质量管理中用得最普遍。

【例 5－2】

某床垫生产企业生产的床垫出现质量问题，不良品数量及影响因素如表 5－4 所示。

表 5－4　质量问题频次统计表

序号	项目	频数/次	累计频数/次	累计频率
1	缝纫与面料	458	458	46.3%
2	尺寸偏差	297	755	76.2%
3	缝边	80	835	84.3%

续表

序号	项目	频数/次	累计频数/次	累计频率
4	铁架	55	890	90.0%
5	半成品垫料	38	928	94.1%
6	其他	62	990	100.0%

根据表5-3中数据做出排列图，如图5.5所示。从图5.5中可以看出，缝纫与面料问题及尺寸偏差是影响产品质量的主要因素，质量管理要着重从这两方面入手，制定措施，展开质量攻关。

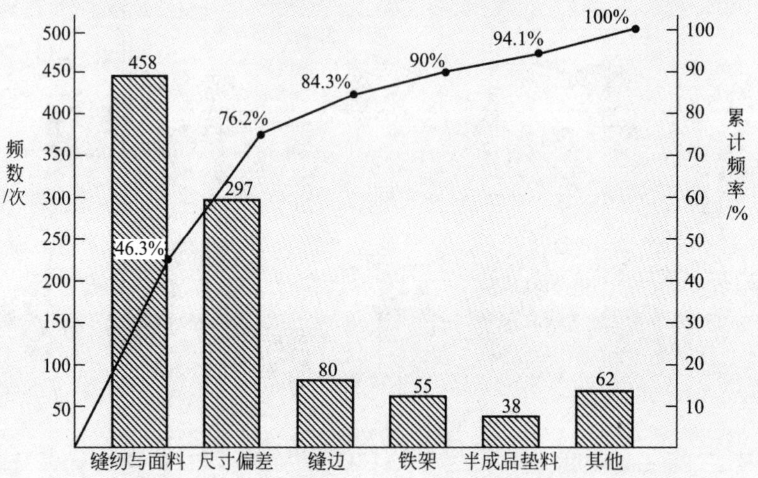

图5.5 产品缺陷的帕累托图

5.4.3 因果分析图

1. 因果图

质量管理的目的是减少不合格品，保证和提高产品质量，降低成本和提高效率，控制产品质量和工作质量的波动以提高经济效益。为了解决在实际设计、生产等各项工作中常常出现的质量问题，就需要查找问题原因、考虑对策、采取措施，以解决问题。

因果图又称鱼刺图或特性要因图，是用来分析影响产品质量各种原因的一种有效的方法。它对影响产品质量的一些较为重要的因素加以分析和分类，并在同一张图上把它们的关系用箭头表示出来，以对因果作明确系统地整理。

2. 因果图的构成及画法

因果图由质量问题和影响因素两部分组成。在图中，用主干箭头指明质量问题，主干上的大枝表示引发质量问题的大原因，中枝、小枝、细枝分别表示原因的依次展开。

因果图的画法可分为6步。

(1) 确定待分析的质量问题，将其写在右侧的方框内，画出主干，箭头指向右端。

(2) 确定该问题中影响质量原因的分类方法。一般分析工序质量问题，常按其影响因素：人(man)、设备(machine)、原材料(material)、方法(method)、测量(measurement)、环境(environment)等分类，也有按加工工序分类。作图时，依次画出大枝，箭头方向从左到右斜指向主干，在箭头尾端写上原因分类项目，如图5.6所示。

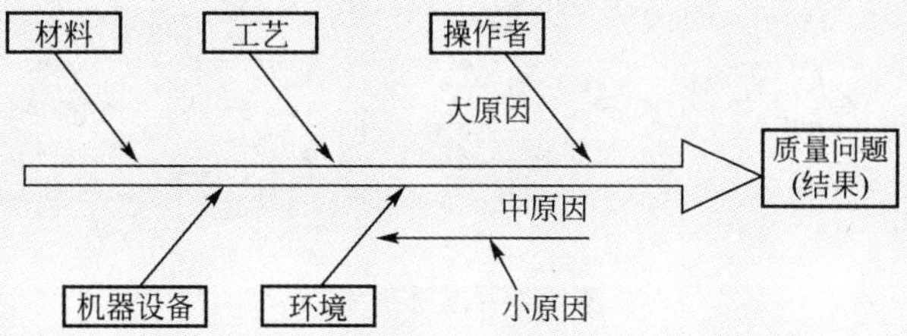

图5.6 5因素因果图

(3) 将各分类项目分别展开，每个中枝表示各项目中造成质量问题的一个原因。作图时，中枝平行于主干，箭头指向大枝，将原因记在中枝上下方。

(4) 将原因再展开，分别画小枝，小枝是造成中枝的原因，依次展开直至能采取措施为止。

(5) 分析图上标出的原因是否有遗漏，找出主要原因并画上方框，作为质量改进的重点。

(6) 注明因果图的名称、绘图者、绘图时间，参加分析人员等。

【例5-3】

在例5-2中，针对该企业生产的床垫出现尺寸偏差过大的问题，其原因可能有4大类：操作者的因素、机器的因素、原材料的因素和测量器具的因素。

每一类原因可能又是由若干个因素造成的。与每一因素有关的更深入的考虑因素还可以作为下一级分支。例如，绕簧和打簧时弹簧的口径偏差过大或过小；缝纫或缝边时工作人员的手不太干净或地面很不干净；搬运过程时工作人员对成品做不到轻拿轻放，不注重成品保护工作；弹簧垫处理不符合要求或用了个别未经热处理的弹簧；员工对企业不信任，不认同或企业缺乏对员工的沟通与认可等。

开始画图，把“结果”画在右边的矩形框中，然后把各类原因放在它的左边，作为“结果”框的输入，并继续一层一层地展开下去，如图5.7所示。

3. 注意事项

需要注意的事项有3点。

(1) 分析大原因时应根据具体情况，适当增减或另立名目，除人、设备、原材料、方法、环境等因素外有时还包括其他因素，如动力、管理、计算机软件等因素。

(2) 发扬民主，集思广益，畅所欲言，结合别人的见解改进自己的想法。

(3) 主要原因可用排列图、投票或试验验证等方法确定，然后加以标记。

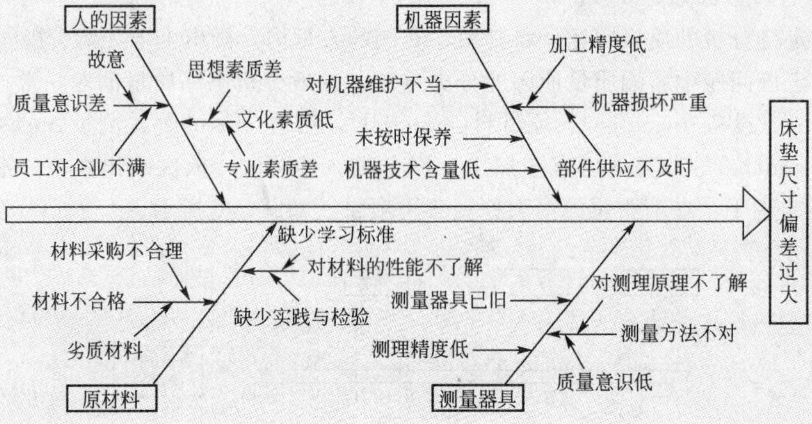

图 5.7 因果分析图

画出因果图后，就要针对主要原因列出对策表。包括原因、改进目标、措施、负责人、进度要求、效果检查和存在问题等，如表 5－5 所示。

表 5－5 对 策 表

序号	缺陷项目	缺陷内容	对策方法
1	缝纫与面料	跳线、浮线长、面料不干净、面料过紧或过松、不顺直	查找机械故障、清洗、审核、提高专业技术
2	尺寸偏差	长、宽、高及垂直度偏差过大	校验弹簧、铁架，调整、提高专业技能
3	缝边	浮线长、跳线多、不顺直、面料配错	调整设备、提高专业技术和质量意识，细心细致、专心
4	铁架	偏差过大、不方正	调整铁架，采用正确的测量方法，提高质量意识和专业技能
5	半成品垫料	配错、不解释、偏差过大	细心、专心、耐心、提高质量意识和专业技能
6	其他	口径偏差过大、高度不一致，包装里有附着物、不美观	不定期检查口径，及时调整，包装前将床垫清扫干净

排列图、因果图和对策表，称两图一表，在质量管理中用得最普遍。

5.4.4 相关图

相关图又称散布图法、简易相关分析法，是分析两个测定值之间的相互关系的一种图表。在质量管理中常遇到一些变量共处于一个统一体中，他们相互联系、相互制约，存在着不确定性关系，不能由一个变量精确地求出另外一个变量，在这种情况下可以收集影响质量特性因素的各对数据，用点的两个变量因素为坐标的坐标图中，以观察、判断两个质量特征之间的关系。

作相关图一般是以横坐标 x 代表相关原因，即质量影响因素；纵坐标 y 代表相关结果，即通常被分析的质量特性。数据点一般取30个以上。相关图一般有六种基本形式，如图5.8(a)到图5.8(f)所示。

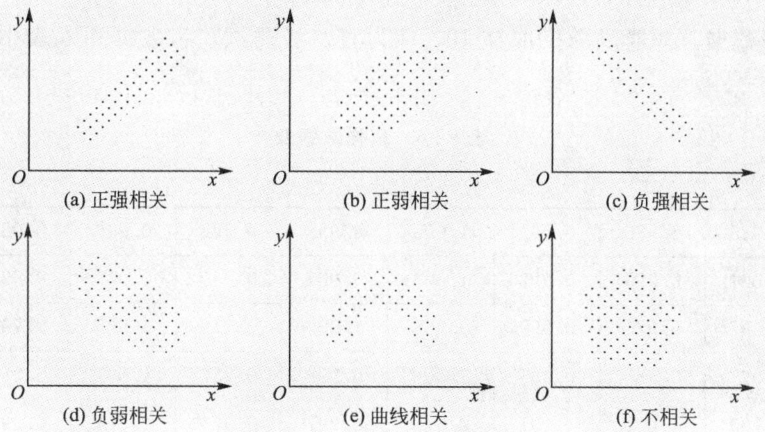

图5.8　相关图的基本形式

图5.8(a)到图5.8(f)的分析：①图5.8(a)，正强相关，x增大，y迅速增大；②图5.8(b)，正弱相关，x增大，y缓慢增大；③图5.8(c)，负强相关，x增大，y迅速减少；④图5.8(d)，负弱相关，x增大，y缓慢减少；⑤图5.8(e)，曲线相关，x、y之间为非线性关系；⑥图5.8(f)，不相关，x、y之间没有相关关系。

5.4.5　分层法

分层法，又称分类法，即将收集的数据按研究目的、数据性质、数据来源等因素加以分类，这样可以使数据反映的事实更明显突出，便于找出问题、对症下药。一般先按照影响质量的5大因素进行分类，然后再进一步细分。分层时，使同一层次内的数据波动幅度尽可能小，而使各层之间的差别尽可能大。

分层的标志可以根据目的而定，常用的：①按人的因素分，可分为新、老员工，男、女员工和不同工龄的员工等；②按工作时间分，可分为早、中、晚班，不同的日期等；③按设备分，可分为新、旧设备，普通、精密设备和不同的型号的设备等；④按原材料分，可分为不同的供货单位、不同的进料时间、不同的材料成分等；⑤按操作方法分，可分为不同的切削用量、温度、压力等。

分层法可以列表，也可以根据分层的目的选择不同的图形来表示，通常渗透在其他各种工具中。

5.4.6　直方图

1. 直方图的绘制

直方图，又称质量分布图，指判断工序产品质量变化状态的一种常用统计工具。直方图是将全部收集到的数据依据其特点(波动性和统计规律性)分为若干组，画出以组距为底边、以频数为高度的许多个直方形。

直方形的绘制是一个过程，需要结合实例进行。

【例 5－4】

某企业生产某金属片，尺寸规格为 $0.1^{+0.01}_{-0.03}$mm。

(1) 搜集数据。一般以随机取样 100 件为宜。经测试，将数据列入表中，如表 5－6 所示。

表 5－6　取样数据表

单位：mm

0.974	0.985	0.986	0.991	1.009	0.998	0.992	0.999	0.989	0.994
0.993	1.001	0.995	0.992	1.003	0.984	0.990	0.980	0.995	0.996
1.003	0.987	0.975	0.999	0.988	1.002	0.979	0.995	0.994	0.999
0.983	0.997	0.988	0.995	1.008	0.998	0.987	1.001	0.984	0.993
0.988	0.990	1.001	0.991	0.993	0.997	0.973	0.996	0.998	0.995
0.999	0.989	0.994	0.981	0.994	1.003	0.987	0.999	0.989	0.997
1.008	0.996	0.999	0.986	0.994	0.994	0.983	0.999	0.998	0.983
0.990	0.998	0.991	0.979	0.977	1.002	0.994	0.991	0.994	0.998
0.995	0.993	1.002	0.993	1.001	0.992	1.007	0.981	1.006	0.990
0.992	0.979	1.004	0.991	0.999	0.988	0.998	0.992	1.005	0.985

(2) 找出最大值 L_a 和最小值 S_m，并求极差 R。从表上可以看出：$L_a=1.009$mm，$S_m=0.973$mm。因此，求极差 R 的公式(5.2)如下所示。

$$R=L_a-S_m=1.009\text{mm}-0.973\text{mm}=0.036\text{mm} \qquad (5.2)$$

(3) 确定组距和组数。数据为 100 个左右，K(组数)一般取 10。h(组距)是组与组之间的间隔，其计算公式(5.3)如下所示。

$$h=\frac{R}{K}=\frac{0.036}{10}\text{mm}=0.0036\text{mm} \qquad (5.3)$$

(4) 计算各组的上、下限值即边界值。一般地，第一组的下限向前推移半个组距，则第一组的上限计算公式(5.4)和下限计算公式(5.5)如下所示。

$$S_m-\frac{h}{2}=0.937\text{mm}-\frac{0.0036}{2}\text{mm}=0.9712\text{mm} \qquad (5.4)$$

$$S_m+\frac{h}{2}=0.937\text{mm}+\frac{0.0036\text{mm}}{2}=0.9748\text{mm} \qquad (5.5)$$

然后计算其余各组上、下限值。以第一组的上限作为第二组的下限，第二组的下限加上组距即为第二组上限，依此类推。第二组下限为 0.9748mm；第二组上限为 0.9784mm(0.9748mm ＋ 0.0036mm)；第三组下限为 0.9784mm；第三组上限为 0.9820mm(0.9784mm＋0.0036mm)。

……

(5) 计算各组中心值 x_i。中心值是每组中间数值，计算公式(5.6)如下所示。

$$x_i = \frac{\text{第 } i \text{ 组下边界限} + \text{第 } i \text{ 组上边界线}}{2} \quad (5.6)$$

依据公式(5.6)求得第一组中心值 x_1 为 0.9730mm$\left(\frac{0.9712\text{mm}+0.9748\text{mm}}{2}\right)$；

第二组中心值 x_2 为 0.9766mm$\left(\frac{0.9748\text{mm}+0.9784\text{mm}}{2}\right)$；

第三组中心值 x_3 为 0.9802mm$\left(\frac{0.9784\text{mm}+0.9820\text{mm}}{2}\right)$

……

(6) 统计各组频数 f_i，整理出频数分布表，如表 5-7 所示。

表 5-7　频数分布表

组号	组距/mm	中心值/mm	频数统计	频数(f_i)
1	0.9712～0.9748	0.9730	丅	2
2	0.9748～0.9784	0.9766	丅	2
3	0.9784～0.9820	0.9802	正	5
4	0.9820～0.9856	0.9838	正丅	7
5	0.9856～0.9892	0.9874	正正丅	12
6	0.9892～0.9928	0.9910	正正𠄌	14
7	0.9928—0.9964	0.9946	正正正正丅	22
8	0.9964～1.0000	0.9982	正正正𠄌	19
9	1.0000～1.0036	1.0018	正正	10
10	1.0036～1.0072	1.0054	𠄌	4
11	1.0072～1.0108	1.0090	下	3
合计	—	—	—	100

(7) 画直方图。以组距为横坐标，以频数为纵坐标，画出直方图，如图 5.9 所示。

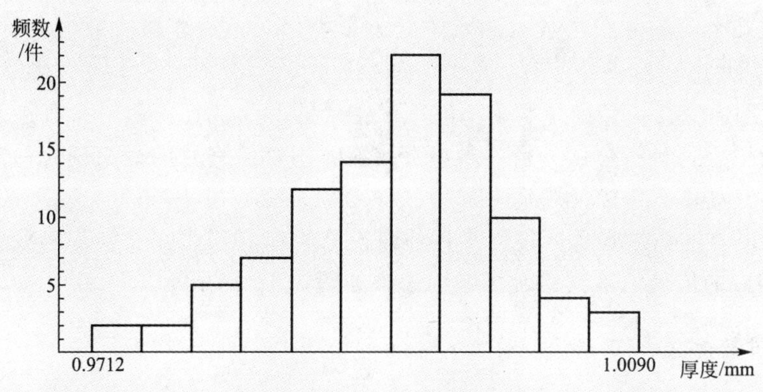

图 5.9　直方图

2. 直方图的观察与分析

运用直方图判断生产过程是否稳定。分析直方图时，可以注意到直方图大致有 6 种类型，如图 5.10 所示。

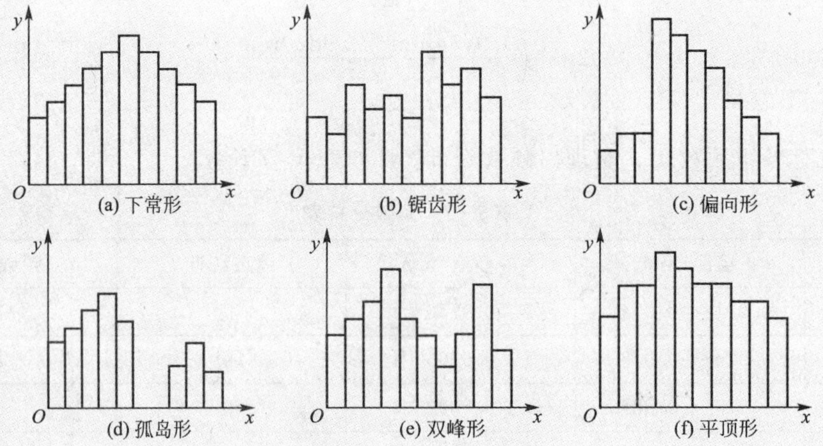

图 5.10 直方图类型

(1) 正常形。直方图中间高、两边低，左右基本对称，呈正态分布，说明生产过程比较稳定、正常，如图 5.10(a)所示。

(2) 锯齿形。一般是由于分组过多、测量误差或读数有问题等因素所致。当出现锯齿形直方图时，要减少组数，重画直方图。若还是锯齿形，则需从测量仪器或读数方面找原因。如图 5.10(b)所示。

(3) 偏向形。多数是因为加工习惯造成的。若因加工习惯(如孔加工常偏小、轴加工往往偏大等)，可用改变习惯来加以纠正；若是因返修货剔除废品而造成，就要重新从没有进行返修或剔除废品的产品中抽取数据，再画直方图对工序进行分析。如图 5.10(c)所示。

(4) 孤岛形。在主直方图的旁边，又出现小的直方图。这是生产过程出现短时间的不稳定或可能有几个不同分布的数据混入了此分布中，应该重新检查数据，看是否有异常。如图 5.10(d)所示。

(5) 双峰形。这往往是由于两个不同单位生产的产品混在一起，没有预先进行分层造成的。应分析原因，进行分层分析，做出分层直方图，最终目的是使变化后的生产条件重新调整为正常。如图 5.10(e)所示。

(6) 平顶形。这往往是生产过程中一种缓慢因素在起作用，如操作者疲劳、工具磨损等，应采取相应的措施消除其缓慢影响因素。如图 5.10(f)所示。

3. 直方图与标准比较

把直方图与尺寸公差比较，通过观察直方图是否在公差范围之内判断产品质量变异是否正常。这种比较有 6 种情况，如图 5.11 所示。

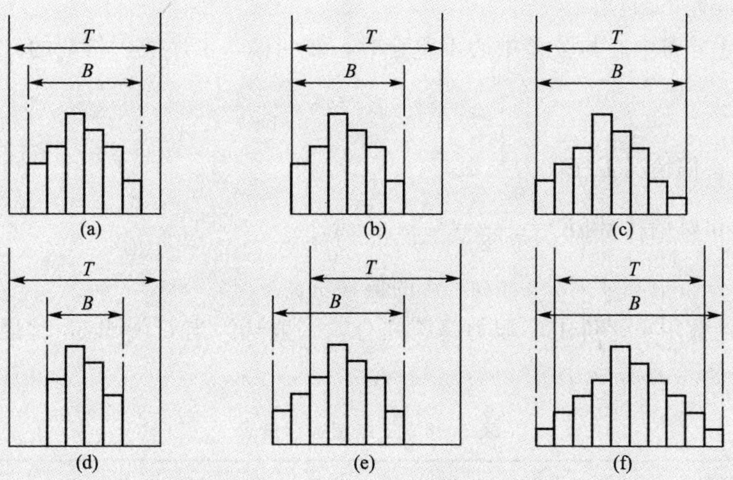

图 5.11　直方图与尺寸公差比较

图 5.11 中，B 是产品的实际尺寸范围，T 是公差范围。

(1) 图 5.11(a)中，B 在 T 中间，直方图的平均值与公差中心基本重合，实际尺寸两边离公差还有一定范围，这是合理的分布。

(2) 图 5.11(b)中，B 虽然在 T 范围内，但偏向一边，有超差的可能，可采取措施将分布移到 T 中间来，使之成为理想状态。

(3) 图 5.11(c)中，B 与 T 范围重合，虽然 B 仍在 T 内，但毫无余地，稍有疏忽就会出现质量问题，应采取措施降低产品的实际尺寸范围。

(4) 图 5.11(d)，B 在 T 中间，出现过剩质量，可以考虑改变工艺，降低精度或缩小公差。

(5) 图 5.11(e)中，B 过分偏离公差中心，已造成超差，产生废品，要设法调整。

(6) 图 5.11(f)中，B 大于 T，两侧均已呈超差的状态，实际尺寸范围过大，出现大量废品，应立即停产并查明原因，缩小尺寸范围或放宽公差范围。

4. 测算工序能力

工序能力，指在正常条件下，某道工序能够稳定地生产某种程度质量产品的能力，又称加工精度。工序能力的大小，通常用标准差的 6 倍(6σ，σ 表示质量特性值的标准偏差)表示。工序能力指数是指工序能力能满足技术要求的程度，即按图纸要求的标准(公差范围或规格要求)与工序能力的比值，它是描述工序加工合格品的一种质量保证能力的指标。

在无偏情况下(公差中心与实际尺寸分布中心重合时)，工序能力指数计算公式为

$$C_p = \frac{T}{P} = \frac{T}{6\sigma} = \frac{T_u - T_i}{6\sigma} \tag{5.7}$$

式中，C_p——工序能力指数；

T——公差范围；

P——工序能力；

T_u——公差上限；

T_l——公差下限。

当实际尺寸分布中心与公差中心不重合时，要纠偏，工序能力指数的计算公式为

$$C_{pk}=(1-K)P=\frac{T-2\varepsilon}{6\sigma} \tag{5.8}$$

式中，C_{pk}——有偏情况工序能力指数；

K——相对偏移量$\left(K=\frac{\varepsilon}{T/2}=\frac{|M-\mu|}{T/2}\right)$；

ε——分布中心 μ 对公差中心 M 的偏移量。

工序能力指数用来评价工序能力是否充分，一般认为当 $C_p=1.33$ 时最理想。具体评价，如表 5-8 所示。

表 5-8　工序指数评价表

工序能力指数	评价
$C_p \geqslant 1.67$	工序能力过高。应重新研究标准或对工序分析，避免成本过高、加工精度的浪费
$1.67>C_p>1.33$	工序能力充足
$C_p=1.33$	理想状态
$1.33>C_p\geqslant 1$	工序能力符合要求。但当 C_p 接近 1 时，则有发生不合格品的可能，应加强管理
$1>C_p\geqslant 0.67$	工序能力不足，产生不合格品的可能性极大，应立即采取措施
$C_p<0.67$	工序能力严重不足，大量废品已产生，应立即停止生产、查明原因

5.4.7 控制图

控制图是用于分析和判断工序是否处于稳定状态所使用的带有控制界限的图示，20 世纪 20 年代由美国质量管理专家休哈特首创，可用于判别正常质量波动和异常质量波动，可以分析、预防工序是否处于控制状态，是质量管理中非常重要而有效的工具。其基本形式如图 5.12 所示。

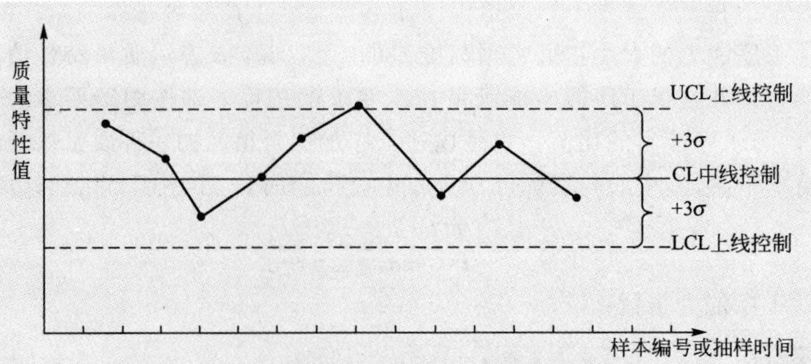

图 5.12　控制图基本形式

1. 控制图的种类

质量控制用的数据有计量值和计数值之分，计数值又有计件值和计点值之分，因而，控制图可分为两种。

(1) 计量值控制图。它包括平均值与极差控制图($\bar{x}-R$ 控制图)、中位数与极差控制图($\bar{x}-R$ 控制图)、单值与移动极差控制图($\bar{x}-R_s$ 控制图)等。

(2) 计数值控制图。它包括两种：①计件制控制图，包括不合格品率控制图(P 图)、有合格品数控制图(P_n 图)；②计点值控制图，包括单位缺陷数控制图(U 图)、缺陷数控制图(C 图)。

2. 控制图的作用

控制图的基本功能是通过采集样本数据、推断工序状态来分析和预防工序时空和产生不良品。控制图的主要作用包括两点。

(1) 工序分析。指分析工序是否处于时空状态。为此，应按照抽样检验理论收集数据，绘制控制图，观察与判断工序状态，这一过程应实现标准化和制度化。

(2) 控制工序质量状态。通过工序分析，发现异常现象，查找原因并采取相应的控制措施。通过消除失控现象，使工序始终处于受控状态，防止产生不良品。

此外，还可以利用控制图为质量评定、产品和工艺设计积累数据。

3. 控制图的观察与分析

控制图的主要用途是判别工序是否处于稳定状态。控制图上点的分布位置是判别的依据。在控制图上的点不越出控制界限，并在中心线的上下两边不规则地随即排列，则判断工序处于控制状态(稳定状态)；点越出控制界限，表示工序发生系统性原因；点在控制界限内的排列有缺陷时，则判断工序处于失控状态(不稳定状态)，主要有 4 类情况。

(1) 单侧性排列。出现连续 7 点在中心线的一侧；当多点出现在中心线的某一侧时，其判断依据：连续 11 点中有 10 点在同一侧；连续 14 点中有 12 点在同一侧；连续 17 点中有 14 点在同一侧；连续 20 点中有 16 点在同一侧。

(2) 趋势性排列。连续 7 点出现上升或下降趋势，则表示工序有某种趋势存在，如刀具磨损、原料失效等。

(3) 周期性排列。点的变动(如上升或下降趋势)状态按一定间隔重复出现时，称周期性排列。对于周期性排列尚无明确的异常判定基准，只有重新分组，再做控制图。

(4) 突发性排列。当突然连续有 2 点或 2 点以上的点在上方或下方的 2 倍的标准偏差横线以外出现，则判定工序有异常。

5.5 服务业中的全面质量管理

相对于有形因素而言，服务中的人为因素要难测得多。一般地，消费者会在脑海中记住一些有关产品或者服务的特性，并将这些特性作为各种选择的基础。某种特性的缺失可能导致该服务失去被顾客进一步考虑的机会。质量也可能被视为一系列特性的组合，而其中一些次要的特性可能优于竞争对手。这种产品比较的方法对于商品和服务来说都是类似的。然而，关于服务选择的不同之处是极难定义的两个方面：①产品之间的无形差距；②消费者对这些产品所抱有的无法确定的期望。

可以说，无形的特性是不可能被完全定义的。它们通常无法用语言来形容，而只是存在于购买者头脑中的某种概念。这就是为什么众多市场营销手段，如广告、海报及促销等，能够产生很大影响的原因。

就服务质量的几个主要方面来说，管理者发挥着重要的作用。

首先，许多服务性行业中的无形因素都是重要的。服务的设计与提供确实会产生很大的影响，如旅馆账单的准确性、清晰度和完整性如何，塔可钟餐馆的食物温热性如何，或者从维修店取回车子后驾驶的情况如何等。

美国 UPS 公司的司机知道 340 种如何正确递送包裹的方法。他们显然是受过培训的。但是 UPS 公司将优质服务的基础归功于统一着装和工作效率。如图 5.13 所示。

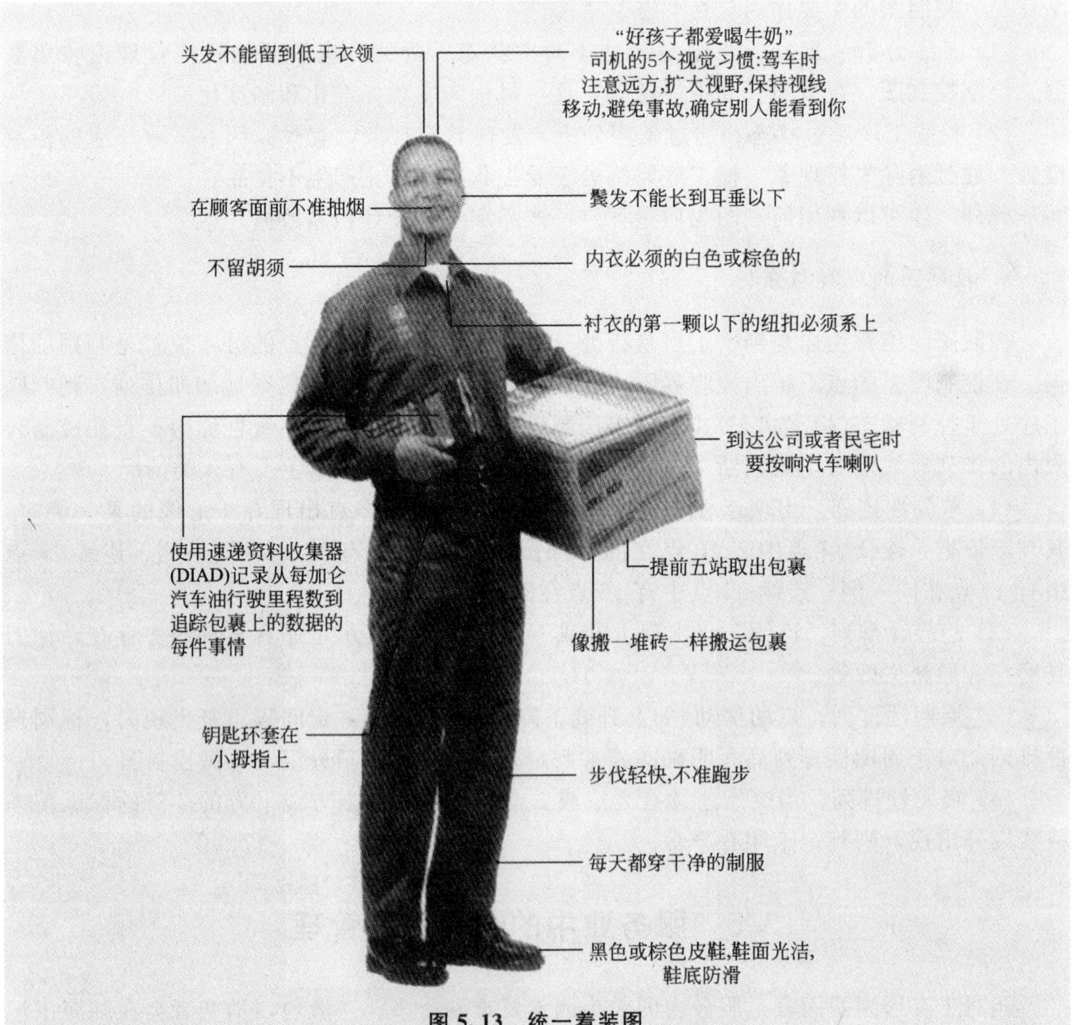

图 5.13　统一着装图

（资料来源：Forbes(January 10，2000)：80.）

其次，服务和服务质量的另一个方面是过程。在以下知识链接中服务质量的10个决定因素中，有9个因素与服务过程相关。

知识链接

服务质量的决定因素

服务质量有10个决定因素。

(1) 可靠性。包括工作表现的一贯性和工作的可靠程度。可靠性意味着企业在第一次服务时就将工作完成得很好，并以它的承诺赢得声誉。

(2) 响应性。涉及员工提供服务的意愿和准备程度。它包括服务的及时性。

(3) 胜任力。指拥有完成服务所要求的技能和知识。

(4) 可获得性。包括可接近性和接触的容易程度。

(5) 礼貌。指接待人员(包括接待员、电话接线员等)的客气、尊敬、体贴以及友善。

(6) 沟通。意指让顾客以他们能够理解的语言来获取信息，并倾听他们的需要。这或许意味着公司必须根据不同的顾客调整它的语言——对有经验的客户，使用更加专业，精确的语言；对新顾客，则用语要简单易懂。

(7) 可信性。包括值得信赖、可信以及诚实，意味着在内心里为顾客的最佳利益着想。

(8) 安全性。指没有危险、风险和疑惑。

(9) 理解顾客，指为理解顾客需求而做出努力。

(10) 可感知性，涉及服务可感知的表现。

再次，企业应该认识到顾客的期望是评价服务的标准。顾客对服务质量的感知来自他们接受服务前的预期与实际服务体验之间的比较。也就是说，服务质量的评价是以服务是否满足期望为基础的。企业或许能够同时影响服务质量和顾客预期，但不要做出超出自身能力的许诺。

最后，服务企业必须预料到例外情况。普通服务的提供是有一个标准的服务水平的，如银行出纳员的交易处理。然而，总会存在由顾客或者不太理想的运作条件引起的“例外”或“问题”(如电脑“死机”)。因此，质量控制系统必须对例外有充分地认识，并拥有一套针对非理想运作条件的备选计划。

运作良好的公司通常使用“服务补救”策略。例如，万豪国际酒店集团公司的员工会接受LEARN程序，即倾听(listen)、移情(empathize)、道歉(apologize)、回应(react)、通报(notify)的训练。最后一步的目的是确保顾客的抱怨反馈到酒店系统。丽思卡尔顿酒店教导员工不要只说“对不起”，而要说“请接受我的道歉”，并且给员工一笔预算用以补偿那些感到失望的顾客。

产品的设计、服务流程的管理、产品与消费者期望之间的匹配以及对例外情况的准备，都是高质量服务的关键。

管理案例

里奇国际的间谍

豪华饭店如何保证服务质量呢？答案是通过检查来保证。但是，当产品是一对一的服务，而且更多靠的是个人行为时，将如何进行检查呢？答案是雇用间谍！

里奇国际就有这样的间谍。首选酒店集团、度假酒店国际集团以及洲际酒店集团，都雇用里奇国际的间谍来进行质量评估。里奇国际的员工通过扮演顾客来开展检查。然而，尽管如此，管理人员仍然必须确定顾客的期望是什么，以及令顾客满意的具体服务是什么。只有这样，管理人员才能明确在什么方面进行检查以及如何检查。积极地训练和客观地检查可以强化那些能够满足顾客期望的行为。

酒店使用里奇国际的密探来保证服务表现符合严格的标准。酒店并不知道密探何时会到以及他们会使用什么化名。即使在登记入住豪华酒店之前，密探们也有超过 50 个不同标准需要进行评估。在接下来的 24 小时内，核对清单、磁带录音、照片以及书面报告会被准备好，其中包括对 6 个标准的评估。

(1) 门童是否在 30 秒内迎接每位客人？

(2) 前台办事员在为客人登记入住时是否使用客人的名字？

(3) 浴室内的浴缸和淋浴器是否一尘不染？

(4) 客人准备享用早餐时，需要多少分钟才能喝到咖啡？

(5) 服务生与客人是否有视线接触？

(6) 小型酒柜里的饮料价格是否在账单上准确标明？

明确的标准、积极地培训以及检查是这些酒店进行全面质量管理所努力的一部分。质量并不是偶然产生的。

（资料来源：The Wall Street Journal(May 12，1999)：B1，B12；and Forbes (October 5，1998)：88－89.）

本章小结

质量是企业的生存之本，质量水平的高低反映了一个企业、一个地区乃至一个国家和民族的素质。目前的质量已形成了相应的质量标准体系，由市场调研；设计和规范；采购，工艺准备，生产过程控制；产品验证；测量和实验设备的控制；不合格控制；纠正措施；搬运和生产后的职能；质量文件和记录；人员；产品安全与责任；质量管理方法的应用等若干要素构成。ISO 9000 系列标准，使世界质量管理和质量保证活动得以统一。

全面质量管理体现了现代企业对质量的重视，强调公司管理层对全公司进行持续努力地承诺，从而在顾客所重视的产品和服务的各个方面都获得优异的表现。由计划(plan)—执行(do)—检查(check)—处理(act)组成的 PDCA 循环强调了质量改进过程的持续性。

6σ 管理是为追求同行业领先地位而全面策划、持续规范化的质量改进活动，以提升品质作为主线，以顾客需求为中心，利用对事实和数据的分析，改进企业的业务流程能力，成功地将质量意识与企业每个员工的日常工作融合在一起，改变了传统的以检查审核为主的质量控制观念，从企业核心流程的角度保证了最终产品的质量。

调查表、帕累托图、因果分析图、相关图、分层法、直方图、控制图等，是常见的全面质量管理工具。

复 习 题

一、填空题

(1) 质量是指一组______________满足__________的程度。

(2) 质量管理是指在质量方面进行指挥和控制________________的活动。

(3) 一般可以将现代质量管理分为______阶段、统计质量控制阶段和__________阶段。

(4) 全面质量管理要求把管理工作的重点从“事后把关转移到__________”；从管结果转变为管__________。

(5) 管理水平达到6σ时，其对应的缺陷率为每百万机会缺陷数只有__________个。

(6) 在6σ管理的方法论中，用于过程改进的DMAIC指的是______、测量、______、改进和________这5个步骤。

(7) PDCA循环的内容有4个程序，分别是______________、______________、______________和____________________。

(8) 质量成本是企业为达到和确保所支付的费用。

(9) ISO 14000环境管理标准体系包括5个核心要素，即________；审计；________；贴牌；生命周期评估。

(10) 标杆管理包括选择一个被证实的产品、服务、成本或者____________________。

2. 判断题

(1) 质量是指产品或服务满足顾客需求的程度。 ( )

(2) 从质量和企业关系方面看，提高质量是企业生存和发展的保证。 ( )

(3) 质量检验是一种事后把关型的质量管理，因此不是一种积极的质量管理方式。 ( )

(4) 最早提出全面质量管理概念的是美国的戴明博士。 ( )

(5) 全面质量管理阶段由于过分强调了数理统计方法，没有做好通俗化、普及化、大众化工作。 ( )

(6) DMAIC流程中，定义阶段的目的是把顾客与企业的要求分解转化为可执行的6σ项目。 ( )

(7) 6σ管理的成功在于项目团队对统计技术的掌握，与最高管理层的参与无关。 ( )

(8) 因果分析图是利用统计图表来进行数据整理和粗略分析影响质量原因的一种方法。 ( )

(9) 质量管理的目的是在于减少不合格品，保证和提高产品质量，降低成本和提高效率。 ( )

(10) 6σ管理将重点放在产生缺陷的根本原因上，认为质量是靠流程的优化，而不是通过严格地对最终产品的检验来实现的。 ( )

3. 选择题

(1) 质量检验的实质是( )。

A. 事前预防　　B. 事后把关

C. 全面控制　　D. 应用统计技术

(2) ( )阶段质量管理的重点主要是确保产品质量符合规范和标准。

A. 早期质量管理　B. 统计质量控制　C. 全面质量管理　D. 质量检验

(3) 20 世纪 50 年代，美国质量管理学家(　　)提出质量成本的概念，首先将质量、成本和企业的经济效益联系起来。

A. 休哈特　　B. 费根鲍姆　　C. 朱兰　　D. 戴明

(4) PDCA 循环的方法适用于(　　)。

A. 产品实现过程　　B. 产品实现的生产和服务提供过程

C. 质量改进过程　　D. 构成组织质量管理体系的所有过程

(5) 当内外部故障成本之和大于 20%，预防成本小于 10%时，质量管理工作的重点应放在(　　)。

A. 寻求质量维持和控制上　　B. 寻求质量改进措施和加强预防性上

C. 改进产品质量的检验方法上　　D. 预测未来市场需求上

(6) ISO 的意思是(　　)。

A. 质量保证技术委员会　　B. 国际标准化组织

C. 国际质量管理委员会　　D. 质量保证体系

(7) 借助(　　)，可以对资料中心值或分布状况一目了然。

A. 分层法　　B. 直方图　　C. 因果图　　D. 排列图

(8) 6σ 管理作为一种持续改进产品和服务质量的方法，最早起源于(　　)。

A. 福特汽车公司　　B. 摩托罗拉公司　　C. 通用汽车公司　　D. 杜邦公司

(9) 控制图的主要用途是(　　)。

A. 判别工序是否处于稳定状态　　B. 测算工序能力

C. 分析两个测定值之间的相互关系　　D. 对产品质量改进和分析

(10) 因果图由(　　)两部分组成。

A. 质量问题和影响因素　　B. 问题原因和考虑对策

C. 产品差异和检验方法　　D. 调查表和控制方法

4. 讨论题

(1) 大学如何对其“产品”(毕业生)的质量进行控制？

(2) 6σ 管理的实施程序是什么？

(3) 作为持续性的质量改进方法，6σ 管理具有哪些特征？

(4) 实现员工授权的方法主要有哪些？

(5) 为某个问题绘制帕累托图的目的是什么？

(6) 绘制因果图时，需要考虑几大类原因？

(7) 请举出一些不需要高质量的产品名称。

(8) 多年前，麦当劳快餐店的一位接受免下车服务的顾客，不小心将一杯滚烫的咖啡泼到了自己身上，导致严重烫伤。这位 80 岁的妇女因此将麦当劳告上了法庭，并由此获得了 64 万美元的赔偿。尽管麦当劳声称自己生产的产品质量合格，而且咖啡杯上都明确提示“小心——咖啡可能很烫”，但在十几年的时间里还是发生了几百起关于被咖啡烫伤的投诉。类似的法院判决很多，不但包括麦当劳，还有汽车城面包店及星巴克，但结果都是有利于原告一方。在这种情况下，麦当劳、汽车城面包店及星巴克有错吗？为什么？如何解决这些问题？

5. 综合练习题

(1) 每天早上准时上班或准时上课必须完成的任务有哪些？绘制一张鱼刺图，说明可能导致早上迟到的各种原因，并提出相应的解决对策。

(2) 请对下列导致考试分数不理想的原因做出帕累托分析，如表 5-8 所示。

成绩不理想的原因	频次	成绩不理想的原因	频次
没有足够的时间完成考试	15	考场中注意力不集中	9
考试迟到	7	考试中计算器电池用完	1
难以理解考试材料	25	忘记了考试的时间表	3
准备时间不充分	2	考试期间生病	4
参考了错误的材料	2		

第6章 人力资源管理

学习目标

通过本章学习，学生应当能够达到以下方面要求。

识别和定义

人力资源管理的含义

人力资源管理的内容

人力资源与劳动力资源

职业生涯规划

描述或解释

人力资源规划的内容

工作分析的方法

人员招聘的原则

人员培训的方法

绩效管理的内容

薪酬管理的内容

导入案例

美国西南航空公司——通过人来进行竞争

对于一些组织来说，“关注顾客”仅仅只是一个口号，而在西南航空公司，它是全体员工共同的目标。西南航空公司是一个提供高质量管理和服务的公司，并以此建设自己公司的核心文化，其中包括对消费者的关心、员工参与管理、企业不断向上的精神。

1998年4月20日，西南航空公司继前两次获胜之后，第3次在航空公司质量等级评比中夺得冠军。最使其骄傲的是自1973年以来在两次大的工业滑坡中仍然保持年年获利。西南航空公司从1972年的3架飞机，到1999年已经增加到280多架飞机。

Herb Kellocher是西南航空公司的CEO，他强有力地领导是公司的灵魂，1999年Kellocher被《首席执行官》杂志提名为年度的模范总裁，他显赫的业绩来源于他以人为中心的管理，他是通过人来进行竞争的。

西南航空公司如何保持它独特的成本优势地位呢？在一个劳资关系普遍对立的行业中，西南航空公司如何与85%受工会管辖的劳动力建立合作关系呢？在Kellocher的领导下，西南航空公司形成了对待员工就像对待乘客一样的文化。通过倾听、答复，让员工参与决策，西南航空公司形成了整个行业中最好的劳资关系。公司的哲学是人应该在工作中寻找乐趣，工作本身应该使人获得快乐，1998年，西南航空公司收到了141710份求职申请，但只雇佣了4115名新员工。这些精挑细选的新员工与公司文化最为匹配，他们不负公司的期望，取得了最好的工作业绩。

Kellocher的“工作就是乐趣”哲学体现在员工的工作、着装和行为上。Kellocher曾专程送某一班级的小学生进行一次从达拉斯到奥斯汀的假日旅行，因为这些小学生从未乘坐过飞机并渴望能到蓝天中去看看美丽的天空。有一次，他的机械师因工作原因无法参加公司举办的活动，Kellocher还特地为他和他的同伴举办了一个烤肉活动，几位飞行员亲自烤肉。Kellocher永远把与员工同乐作为自己工作的快乐。

科琳·巴雷特(Colleen Barrett)作为公司的客户执行副总裁在公司的地位处于第2位。她和Kellocher陪伴着西南航空公司的成长和壮大，协助将他的哲学渗入到整个公司。例如，在雇佣新飞行员方面，她说，我们并不在乎你是否是美国最好的飞行员，但我们希望你能融入公司的文化，如果你屈尊来应聘一个秘书职位，那么你不但不会被雇佣，同时也浪费了你自己的才能。公司的理念是首先珍惜人才，而不是珍惜机器。所有2.7万名西南航空公司的雇员在一年中均会有几次收到CEO的信。Kellocher坚持认为，只要你关心员工，提升员工的自信，帮助他们做一个出色的人，那么，员工对企业的关心就是员工发自内心的愿望，而不是总裁强迫他们的了。

美国西南航空公司的成功概括成一句话：杰出的人和杰出的管理是制胜的法宝。

(资料来源：乔迪，兰德．决策——机遇预测与商业决策 [M]. 成都：天地出版社，1998：432－439)

6.1 人力资源管理概述

随着全球经济一体化时代的到来，企业竞争的范围迅速扩大，竞争的程度空前加剧。但经济的竞争，归根结底是人才的竞争、是人力资源综合素质的竞争，只有能掌握并灵活运用人力资源开发与管理的企业，才能得以生存和发展。

6.1.1 人力资源的开发和管理

企业想要快速发展，首先必须要拥有人才，同时更要会合理使用人才。因此，对人力资源的开发和管理具有极其重要的意义。

1. 人力资源的概念

想一想：何为人力资源？人力资源与劳动力资源、人才资源一样吗？

人力资源(human resource，HR)是指能够推动社会和经济发展的，能为社会创造物质财富和精神财富的体力劳动者和脑力劳动者的总称。人力资源包含了数量和质量两个概念，它不仅要求具有劳动能力，同时还要求具有健康的、创造性的劳动，必须能推动社会的发展、人类的进步，因此，它必须包含质量的指标。

2. 人力资源开发与管理的定义

人力资源开发是一个较大较广的概念。一个人的一生都与“开发”紧密相连，人力资源开发主要指国家(或地区)、企业、家庭、个人通过正规国民教育、在职学历教育、职业技能培训以及各种各样的培训、使用、启智等服务，从而达到培养各类人才，开发人的潜能、提升人的质量的目的，为国家和社会提供源源不断的各类合格人才。人力资源开发往往要求全社会的参与。

人力资源管理通常指对企业(或一个部门)的各层次、各类型的从业人员的招募、录取、培训、使用、周转、升迁、调动、直至退休的全过程的管理。研究他们在工作的全过程中，如何合理调配、开发智力，充分发挥其作用，并推动社会的迅速发展。

3. 人力资源开发和管理的关系

在人力资源开发与管理中，通常可以把人的一生分为3大阶段，即输入阶段、输出阶段、淡出阶段。

(1) 输入阶段。在这一阶段中，输入大量的知识、经验和信息。人在这一阶段中，以输入为主，输入以受教育为主。这一阶段的时间从6岁开始，受教育的时间长度分别为12年(高中毕业或中专毕业)、15年(大专毕业)、16年(本科毕业)、19年(硕士毕业)、22年(博士毕业)，加上学龄前的家庭教育和社会教育的6年，他们的从业年龄从18～28岁之间。输入阶段也是人力资本投资最为集中的阶段，在知识的输入阶段，个别人会勤工俭学，参加实践活动等，但这一阶段始终以输入为主。

(2) 输出阶段。也是从业阶段，每个人输出知识、智慧、信息、劳动和服务。在这一阶段中，他们以输出劳动和服务为主，随着朝代的变迁和知识的更新，他们也需要一些补充输入：继续教育和再教育。但在人生输出阶段的输入多数是业余的、短期脱产或间断性的失业，否则，他们所服务的部门和企业会强迫他们停止服务。

(3) 淡出阶段。这一阶段是社会和企业对他曾经输出的劳动和服务的回报。这种回报使他们获得了更加自由的时间和空间，他们可以发挥自己所长，把在输出阶段由于时间和工作的限制所无法展现的才华和无法实现的某些理想在这一阶段中表现出来，如绘画、写作、音乐、登山、旅游等。

人力资源开发与管理的关系，如图6.1所示。

在图6.1中，人力资源管理主要表现在输出阶段，而人力资源开发则表现在人生的全过程中。人力资源开发是指对人从幼儿开始的教育到成年后的获取、保留、发展、维护直到老年退休后的开发余热等全部过程，其重点在组织一切力量，有效地对全社会开发智力。其开发的措施：有对适龄儿童的正规教育，有对在职员工的职业培训，有全社会性的启智服务，如建立图书馆、俱乐部，乃至用电影、文学、艺术等多种形式的教育和启智，有对外引进人才和选送留学生的工作，有对全社会的人才预测和对全社会人才布局的研究，有宏观选拔人才的政策研究和实施各类管理人才的甄别选择。总之，人力资源开发更注重于宏观，注重于整体和全社会性的启智。

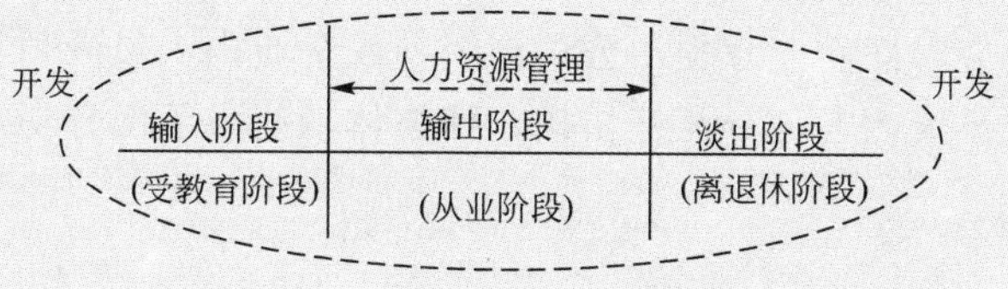

图 6.1　人力资源开发与管理的关系

人力资源管理的对象主要指正在从事体力劳动和脑力劳动的人们。它重在对国家部门或企业的微观管理，它包括一个成年的具备了劳动能力的人，从人力资源规划、招募开始到退休为止的全过程的管理。在这段过程中，也包括了在职培训、开发智力、合理调配使用等重要步骤。

特别提示

人力资源开发如同对一块田地的开垦和播种，人力资源管理则是对庄稼的精耕细作、施肥浇水的具体的管理过程。人力资源开发包括了未成年人的教育和老年人退休后的发挥余热等重大问题，包含了全社会的宏观问题，人力资源管理则着重于人力资源所定义范围内人的管理。人力资源开发是本、是根，人力资源管理是果、是收获，两者具有有机的联系，但侧重点不同。

6.1.2　人力资源管理的基本原理

1. 系统优化原理

系统优化原理是指人力资源系统经过组织、协调、运行、控制，使其整体功能获得最优绩效的过程。它是人力资源管理最重要的原理。

系统优化原理的内容：系统的整体功能必须大于部分功能的代数和；系统的整体功能必须在大于部分功能之和的各值中取最优；系统的内部消耗必须达到最小；系统内的人员必须身心健康、奋发向上，充满和谐、欢乐；系统的竞争能力、转向能力最强。

知识链接

局部服从整体

罗丹(Rodin)花了几年的时间创作了自己所崇拜的作家巴尔扎克(Balzac)的雕像。一天，罗丹带着他的学生来看他的雕塑，学生们都称赞巴尔扎克的手雕塑得很美，罗丹听完学生的评论后，毅然地砍去了这只美丽的手，因为局部的美影响了整体的美。精神和灵魂的美，才是罗丹雕塑巴尔扎克的目的。

从上面的故事中可以看出，很多时候，人们往往为了追求局部的效果而影响了整体的美感，局部要服从整体才能将美更好地体现出来。

人力资源系统通常可能遇到的情况有3种。

(1) 1加1大于2，符合系统优化原理，整体功能大于部分功能之和。

(2) 1加1等于2，属于整体功能与部分功能之和相等的情况。

(3) 1加1小于2，是人才内部的内耗、摩擦，使彼此的能力相互抵消，严重的情况还会出现小于零的负效应，即企业亏损，公司倒闭，或企业内人员矛盾重重、互相拆台。因此系统优化原理要求系统内各部分相互协调，使整体功能大于部分功能之和。

特别提示

系统要素是人，管理者也是人，人具有复杂性、可变性和社会性。因此，要达到人的群体功效最优，必须注意协调、提倡沟通、反对内耗。

2. 激励强化原理

知识链接

行为向受鼓励方向发展

一个朋友的孩子来到小刘的家里，不小心打破了小刘的花瓶，孩子吓得哭了。小刘怕好朋友的孩子受了惊吓，便给了他10元，让他到商店去买东西吃。这个孩子回到家里，把家里的花瓶也砸碎了，孩子的父亲见了，问孩子这是为什么，孩子告诉父亲，因为砸花瓶可以得到10元的奖励。

从上面的故事中可以看出，人们的行为总是向受鼓励、受激励的方向发展。

激励强化原理是指企业的高层管理者根据企业的发展目标，确定企业人员的行为准则，并对遵守这些行为准则和对企业做出贡献的人们给予激励，使他们能保持旺盛的精力，继续遵守企业的行为准则，并努力为企业做出更大的贡献；同时，企业根据人们需求的变化，激励逐步往个性化方向发展。企业根据不同层次、不同性格员工的不同需求，采用多样化、个性化的激励方式，以达到激励员工完成组织目标的目的。

3. 反馈控制原理

反馈控制原理是根据企业对人力资源的需求而确定主要变化，通过反馈的运行，使企业对某些人力资源的需求向正向强化、对某些人力资源的需求向负向转化，从而得到控制。反馈控制原理创造性地应用了系统动力学的反馈环原理于人力资源管理中。

【例6-1】

如果特区建设加快，就业机会多，人才就必然流向特区，那么特区生产力显著提高，则特区的建设速度就加快了；而特区就业机会增多，流入的人口数也增多，但因职工总数不可能无限制增加，最终流入的人口总数会受到控制而渐趋稳定。

同样，如果被选用于领导岗位的优秀人才多，则杰出人才被录用、被重用的人数必然增多，杰出人才被重用的人数增多，社会生产力必然提高，用于教育的投资也增多，教育投资提高了，学校培养的优秀人才必然也增多，被提拔到领导岗位的优秀的合格的领导人数也将增加。

4. 弹性冗余原理

弹性冗余原理是指人力资源在聘任、使用、解雇、辞退、晋升等过程中要留有充分的余地，应使人力资源整体运行过程中的弹性，当某一决策发生偏差时，留有纠偏和重新决策的可能。弹性冗余原理包含的内容有4个方面。

(1) 确定人员编制时应留有余地。虚位以待贤才，使企业有吸纳贤才的空间和能力。

(2) 人才使用要适度有弹性，包括劳动强度、劳动时间、工作定额等都要适度，使员工能保持旺盛的精力为企业工作。

(3) 企业目标的确定要有弹性。经过努力无法达到的目标就会使员工丧失信心。

(4) 员工晋升要有弹性。不成熟的人才可以暂缓晋升，晋升应坚持公开、公平、公正的原则，最好通过岗位竞聘、全面考核、留有余地的方式作为晋升的策略。

知识链接

消极弹性和积极弹性

积极弹性是指在一定弹性冗余度内，使员工保持身心健康，对工作胜任愉快，留有余地，以利再干。消极弹性是指无所作为、消极怠工或怕苦怕累、贪图安逸、无所成就的消极保命哲学。

积极弹性和消极弹性的区别有3点。

(1) 积极弹性主张生命要有一定的紧张感，主张人生的真谛在于工作和奉献；消极弹性主张人生要安逸，追求无所事事和厌倦工作。

(2) 积极弹性主张一定的冗余度是为了更健康、更有效率地工作，休息是为了工作，弹性是为了人生的节奏和多彩的生活；积极弹性主张人与人的理解，愿意在必要时加倍努力工作，帮助团体和他人渡过难关，消极弹性则忽视他人的需要，本质上是利己主义。

(3) 积极弹性主张"张弛"的合理性和科学性，主张在群体的弹性之外，积极地安排个人的生活，使之张弛有度；消极弹性则无论在群体还是在个体的行为里，都缺少合理性和科学性，有意无意地损害了群体和家庭合理的行为。

5. 互补增值原理

互补增值原理是指通过团队成员的气质、性格、知识、专业、能力、性别、年龄等各因素之间的长处相互补充，从而扬长避短，使整个团队的战斗力更强，达到互补增值效应。

互补增值原理与其他原理不同，如选择不准，不但不能达到互补，反而会引起能力、精力的内耗，使整体工作受到很大的影响。概括起来，有4点必须引起注意。

(1) 选择互补的一组人必须有共同的理想、事业和追求。所谓"道不同不相为谋"，如果彼此的追求大相径庭，那即使互补也没有意义。

(2) 合作者的道德品质至关重要。如果道德品质不好，要阴谋、放暗箭，即便在年龄、性格、知识、能力等方面互补，互补原理也无法成立。

(3) 合作者必须以诚待人，以达到“增值”的目的。对周围的合作者必须能理解、多友爱、彼此的心互相沟通。否则，消极怠工、冷眼旁观、等着看别人的笑话，则无法达到增值效果。

(4) 追求动态的平衡。允许人才的流动、相互选择和重新组合，允许人才的更新和彼此职位的变换，如果一组人才组合永远固定不变，则达不到理想的互补增值效果。

6.2 人力资源的规划与设计

目前，经验管理仍然是我国企业的主流管理方式，而西方国家早在20世纪初就已逐步进入了科学管理的阶段。管理落后是我国企业在世界上缺乏竞争力的一个主要原因。由经验管理模式进入到科学管理模式，是我国绝大多数企业改革的基本方向。科学合理的人力资源规划与设计，是进行有效地人力资源管理的基础。

特别提示

科学管理是建立在严密的科学分析基础上的一整套企业管理规范。它要求企业从人员招聘、培训到考核制度与薪酬支付方式，都体现出对整个企业全局和各个局部细致入微地洞察和了解。

6.2.1 人力资源规划

人力资源规划是指根据组织发展的需要和目标，预测、估计、评价企业对人力资源的需求。这种需求包括现期、近期和中期需求，包括需求的种类、层次、人数等。有些企业人力资源规划还包括对获取人才所需的预算、人员投入和培训需要及招聘人才的时间、地点、方法、范围、形式等方面。

1. 人力资源规划的内容

人力资源规划必须包含对现有人才档案的调查和分析、对组织发展目标的研究、现期人才的需求和中长期人才的储备了解，规划还包含行为的计划、对结果的控制与评价。人力资源规划包括总体规划与业务计划。

总体规划是指在计划期内，人力资源管理的总目标、总政策、实施步骤和总预算的安排。

业务计划则是总体规划的展开和具体化，包括人员补充计划、分配计划、提升计划、教育培训计划、工资计划、保险福利计划、劳动关系计划、退休计划等。这些业务计划围绕总体规划展开，其最终结果是保证人力资源总体规划的实现，是总体计划的具体化。

2. 人力资源规划的程序

1) 明确企业的战略决策及经营环境

明确企业的战略决策及经营环境是人力资源规划的前提。不同的产品组合、生产技术、生产规模、经营区域对人员会提出不同的要求。而诸如人口、交通、文化教育、法律、人力竞争和择业期望则构成外部人力资源供给的多种制约因素。

2）了解企业现有人力资源的状况

了解企业现有人力资源的状况是制定人力规划的基础工作。本企业各类人力资源的数量、分布、利用及潜力状况、流动比率都需及时统计。

3）对企业人力资源需求与供给进行预测

对企业人力资源需求与供给进行预测是人力资源规划中技术性较强的关键工作。全部人力资源开发、管理的计划都必须根据预测决定。

4）制订人力资源管理的总计划及业务计划

制订人力资源管理的总计划及业务计划是编制人力资源规划过程中比较具体细致的工作，它要求人力资源主管根据人力资源供求预测提出人力资源管理的各项要求，以便相关部门照计划执行。

5）对人力资源计划进行监督、评价

对人力资源计划的执行过程进行监督、分析，评价计划质量，找出计划的不足，给予适当调整，以确保企业整体目标的实现。

3. 人力资源需求预测的方法

人力资源需求预测是一项难度很高的工作。在管理基础较薄弱、管理信息不完备的情况下，这项工作根本无法进行。即使掌握了许多统计方法，也可能由于某些外在不可控因素的影响，而使预测结果的可信度下降。虽然在现实中，人们往往更信赖个人主观的经验判断或以经验和知识为基础的计算机处理结果，但传统预测技术仍是人类智慧与现实应用的桥梁。

1）经验预测法

经验预测法是指根据以往的经验对人力资源进行预测规划的方法。具体的步骤：①由组织的基层管理人员根据以往的经验将未来一段时期的活动转为本部门人员的需求增减量，提出本部门各类人员的需求预测量；②由上一级管理层对其所属的部门，进行人力的估算和平衡；③通过层层估算，最后由最高管理层进行人力资源的规划和决策。

经验预测法带有相当的主观因素，还受到各部门自身利益等因素的制约，预测规划过程则有可能转变为部门与组织之间的谈判与批审过程。它比较适合于短期的预测，并受控于中长期预测。在小规模的企业中，这种方法简单易行，成本低，无疑是一种可行的技术方法。

2）德尔斐法

德尔斐法是一种使专家们对影响组织某一领域的发展的看法达成一致意见的结构化方法。

特别提示

德尔斐法是20世纪40年代末，由美国著名的兰德公司的“思想库”中发展起来的。该方法借用古希腊传说中的神谕之地的名称，据说德尔斐城中有座阿波罗神殿可以预卜未来，因而得名。

这种方法的目标是通过综合专家们各自的意见来预测某一领域的发展，其特点是采用发放调查表的形式，以不记名的方式征询专家们对某类问题的看法，经过多次反馈，使大多数专家的意见趋于集中，从而获得预测结果。

特别提示

这里所说的专家，既可以是来自第一线的管理人员，也可以是高层经理；既可以是组织内的，也可以是外请的。专家的选择基于他们对影响组织的内部因素的了解程度，如在估计将来公司对劳动力的需求时，公司可以选择在计划、人事、市场、生产和销售部门任职的经理作为专家。

德尔斐法不同于会议的特色在于专家们互不见面。其具体做法：①拟定预测主题，设计调查表(或调查问卷)，并附上背景资料；②选择在专业知识、工作经验、预见分析能力等方面与预测课题有关的专家；③将调查表发给选定的专家，由专家们在规定的时间内填妥，并回收调查表；④把第一轮预测过程中专家们各自单独提出的意见集中起来并加以归纳后反馈给他们，然后重复这一循环，使专家们有机会修改他们的预测并说明修改原因，如此反复几轮(一般是3～5轮)，便可形成比较集中的意见，从而获得预测的结果。

3）趋势分析法

这是一种定量分析的方法，其基本思路：确定组织中哪一种因素与劳动力数量和结构的关系最大，然后找出这一因素随雇佣人数的变化趋势，由此推出将来的趋势，从而得到将来的人力资源需求。

特别提示

选择与劳动力数量有关的组织因素是需求预测的关键一步。这个因素至少应该满足两个条件：第一，组织因素应该与组织的基本特性直接相关；第二，所选因素的变化必须与所选雇员数量变化成比例。根据这两个条件，对大学来说，适当的组织因素可能是学生的录取数；对医院来说，可能是每天平均病人数；对钢铁公司来说，则可能是产量。

在运用趋势分析法时，可以完全根据经验进行估计，也可利用计算机进行回归分析来做出预测。

6.2.2 工作分析

想一想：何为工作分析？为什么要进行工作分析？

工作分析是对企业各类岗位的性质、任务、职责、劳动条件和环境以及员工承担本岗位任务应具备的资格条件所进行的系统分析与研究，并由此制定工作规范、工作说明书等人力资源管理文件的过程。工作分析是人力资源管理工作的基础，其分析质量对其他人力资源管理模块具有举足轻重的影响。

1. 工作分析的作用

通过工作分析，我们可以确定某一工作的任务和性质是什么，哪些类型的人适合从事这一工作。这些都可以通过工作分析的结果，即职位说明书来进行描述。职位说明书一般包括两方面内容：工作说明和工作规范。工作说明是一份提供关于工作任务、职责信息的文本说明；工作规范则包含了一个人完成某项工作所必备的基本素质和条件。

知识链接

职务职责的纠纷

一名机床操作工将大量液体洒在机床周围的地板上。车间主任让他清扫干净，操作工拒绝执行，理由是工作说明书中没有包括清扫的条文。车间主任顾不上查看工作说明书原文，便找来一名服务工做清扫工作。但服务工同样拒绝，理由也和操作工一样。车间主任威胁说要将其解雇，因为服务工是分配到车间来做杂务的临时工。因此，服务工勉强同意，但干完之后立即向公司投诉。

有关人员看了投诉之后，审阅了3类人员的工作说明书，发现：操作工有责任保持车床的清洁，使之处于可操作状态，但并未提及清扫地板；服务工有责任以各种方式协助操作工，如领取原料和工具，随叫随到，即时服务，但没有包括清扫工作；勤杂工的工作确实包含了各种现实的清扫，但他的工作时间是从正常工作下班后开始。

那么，清扫工作究竟应该由谁做呢？

从上面的事例中可以看出，对于组织中的各个职位，没有一个明确的职责范围规范说明或者岗位规范是不行的，在设定岗位前，必须进行工作分析并制定相应的工作规范。

工作分析主要用于解决工作中6个重要的问题。①该项工作包括哪些体力和脑力劳动？②工作将在什么时间、什么节奏下完成？③工作将在哪里完成，工作环境怎么样？④人们如何完成这项工作？⑤为什么要完成这项工作？⑥完成这项工作需要具备哪些条件？

以上6个问题包括了一项工作的职责、内容、工作方式、环境以及要求这5大方面的内容。工作分析也就是在调查研究的基础上，理顺一项工作在这5方面的内在关系。因此，工作分析的过程，从某种意义上来讲，也是一个工作流程分析与岗位设置分析的过程。

工作分析能够为企业带来更高的效率，并为公司的战略提供有益的指导。实际上，来自工作分析的信息对人力资源管理的每一个方面都有影响，职位说明书是科学人力资源管理体系的平台，如图6.2所示。

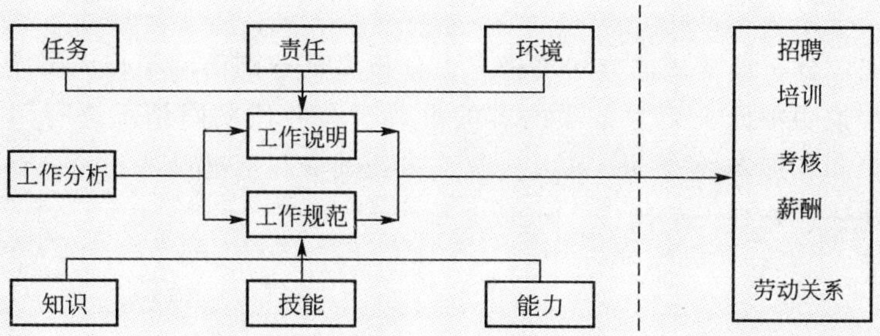

图6.2 工作分析

2. 工作信息的收集

工作分析是一个描述和记录工作各个方面的过程，它需要收集和工作本身相关的各项信息。一个有效的工作分析应该包括 6 个方面，如表 6－1 所示。

表 6－1 工作内容分析表

工作分析方向	具体内容
工作职责范围和工作职责内容	工作中所含的各项任务；每项任务的工作流程；工作流程中与其他工作的接触；工作各个阶段成果的表现形式和保存形式
人的活动	与工作相关的基本动作和行为；工作方式；沟通方式
工作特征	工作的时间特征；工作条件；工作的空间环境特征；工作的人际环境特征；工作的技术性、创新性和复杂性
工作的任职要求	个性特点；所需要的学历和培训程度；工作经验；基本能力要求；基本知识要求、对身体条件的要求
工作业绩	工作目标；记录工作业绩的方式；业绩考核标准

在工作分析的过程中，每项工作都要进行如上信息的收集，这对于一个规模较大的企业来讲，将是一个巨大的工作任务。目前，已经有多种成熟的技术来帮助组织获取表 6－1 中的这些信息资料。

3. 工作分析的方法

1）问卷调查法

问卷调查法，即由员工通过填写问卷来描述其工作中所包括的任务、职责、环境特征等方面的信息的方法。采用这一方法时，分析人员要先考虑好需要调查哪些方面的内容，如何在一张标准化的问卷中引导员工把真实的情况描述出来。其优点是经济实用、简便易行、内容有针对性，员工容易作答、有充分思考时间，清晰规范的调查问卷有利于事后对结果的处理和分析，可为员工提供一种意见和建议渠道。但使用问卷调查时，填表人必须受到培训，否则对问题的不同理解往往会导致调查结果的偏差，不是每个人都能完整和准确地描述他们的工作任务。

2）访谈法

访谈法是岗位分析最常用的方法之一，由分析人员分别访问工作人员本人或其主管人员，以了解岗位说明中原来填写各项内容的准确性，并按实际情况进行纠正和澄清的方法。通过与员工和管理者的访谈，可以获取更多的细节和更准确的信息。访谈法主要有个人访谈、集体访谈、管理人员访谈 3 种形式。

特别提示

在访谈中要尽量避免把话题转到“员工希望做什么”的问题上去，因为许多员工常常把工作分析的面谈视为一种陈情或提意见的机会。工作分析人员必须牢记其职责及所担任的角色，以达到客观真实的要求。

访谈法可为岗位分析、绩效考核方案提供第一手信息，能收集企业员工各种需求及满意度，并暴露出企业管理中存在的隐性问题，使员工感受重视，同时，它是一种较好沟通的方法。但员工在面谈中有故意夸大其工作任务重要性的可能，同时也比较费时，会占用访谈对象的正常工作时间。

3）观察法

观察法，即分析人员直接到现场观察员工的实际工作情况，予以记录、分析、归纳，并整理为适用的文字资料的方法。观察法是历史上最先使用的方法，泰勒(Taylor)的“科学管理”的观点就是建立在观察剂量的实证基础之上。在一些组织中，人们利用拍照法来观察快速流程，这样就可以分解劳动者的身体动作，然后把它们重新组合以变得更有效率。

观察法有助于了解岗位工作条件、环境、工具、设备等方面的比较客观的信息，能澄清某些疑问，直观得到岗位所要求的个人资格。但分析者的旁观可能给工人造成压力，影响其正常的工作程序和工作方法，不易观察到一些突发事件，不适用于工作周期长的岗位。

特别提示

在对主要由身体活动构成的工作进行工作分析时，实地观察是一种很有效率的方法。而当脑力劳动在工作中占的比重提高时，观察法就变得相对无效了。

4. 岗位描述与岗位规范

工作分析后需要进行岗位描述并制定岗位规范。

(1) 岗位描述。指用书面形式对组织中各类岗位的工作性质、工作任务、工作职责与工作环境等所做的统一要求。其主要功能：让员工了解工作概要，建立工作程序与工作标准，阐明工作任务、责任与权力，并为员工聘用、考核、培训提供依据。岗位描述的基本内容。如图 6.3 所示。

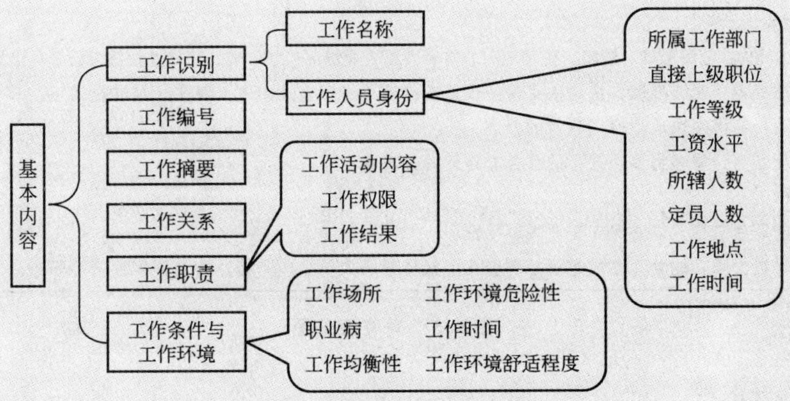

图 6.3　岗位描述的基本内容

【例 6－2】

某“销售部经理”的职务描述，如图 6.4 所示。

职务名称：销售部经理　　所属部门：销售部　　职务代码：XL－XX－XXX
工作等级：10～14　　直接上级：营销副总经理

（1）工作职责：

①对外沟通、展演、讲演；②配合技术人员进行售前技术咨询；③作实施计划建议书；④进行商务谈判；⑤监督售后技术支持服务；⑥对销售部进行管理。

（2）工作要求：认真负责、工作主动、善于团结下属。

（3）衡量标准：①本人的销售业绩；②本部门的销售业绩。

（4）工作难点：如何提高销售业绩。

（5）工作禁忌：对待客户不细心周到，无法清楚地了解客户的需求。

（6）职业发展道路：营销副总经理。

（7）任职资格：①工作经验要求具有 5 年以上相关行业销售经验；②专业背景要求曾在其他企业销售部任经理 2 年或以上；③学历要求：本科或大专需从事本专业工作 3 年以上。

图 6.4　职务描述图

（2）岗位规范。指任职者要胜任该项工作必须具备的资格与条件。其内容包括 3 个方面。①一般性的人员任职条件：身体素质、心理素质、知识经验、职业品德。②管理岗位工作规范内容：知识要求、专业要求、经历要求、职业道德要求。③员工岗位工作规范要求：应知、应会、工作实例。

【例 6－3】

某“招聘专员”的岗位规范，如图 6.5 所示。

职务名称：招聘专员　　所属部门：人力资源部　　职务代码：XL－HR－021
工资等级：9～13　　直接上级：人力资源部经理

1. 知识和技能要求

（1）学历要求：本科，大专需从事本专业工作 3 年以上。

（2）工作经验：3 年以上大型企业工作经验。

（3）专业背景要求：曾从事人力资源招聘工作 2 年以上。

（4）英文水平：达到国家四级水平。

（5）计算机：熟练使用 Windows 系统和 Microsoft Office 办公软件。

2. 特殊才能要求

（1）语言表达能力：能够准确、清晰、生动地向应聘者介绍企业情况；并准确、巧妙地解答应聘者提出的各种问题。

（2）文字表述能力：能够准确、快速地将希望表达的内容用文字表述出来，对文字描述很敏感。

（3）观察能力：能够很快地把握应聘者的心理。

（4）逻辑处理能力：能够将多项并行的事务安排得井井有条。

3. 综合素质

（1）有良好的职业道德，能够保守企业人事秘密。

（2）独立工作能力强，能独立完成布置招聘会场、接待应聘人员、应聘者非智力因素评价等职务。

图 6.5　岗位规范图

6.2.3　岗位评价

岗位评价也称职务评价，是指采用一定的方法对企业中各种岗位的相对价值做出评定依据，并以此作为薪酬分配的重要依据，是在工作分析的基础上，对企业所设岗位需承担的责任大小、工作强度、难易程度，所需资格条件等进行评价。岗位评价的实质是将工作岗位的劳动价值、岗位承担者的贡献与工资报酬有机地结合起来，通过对岗位劳动价值的量化比较，确定企业工资等级结构的过程。

特别提示

岗位评价是评定工作的相对价值，确定岗位等级，确定工资收入等级的依据。因此，岗位评价是工作分析的逻辑结果。工作分析主要包括了“工作描述”和“工作规范”两个方面的内容，而“岗位评价”是在前面两个环节的基础上进行的，其根本目的是为提供确定薪酬结构、等级，实现薪酬内部公平性提供依据。

管理案例

为什么我们的薪水这么少

“我们为什么只拿这么少的薪水?”这是伟业公司不少员工所发出的疑问。伟业公司是一家从事各种文化活动策划、设计、组织等业务的公司，在同行业里经营效益较好，因此，公司的平均薪酬水平高于市场水平。但大家仍然对自己所得的薪酬感到不满意。

原来，伟业公司实行的是一套比较简单的薪酬制度。这套制度将职位按照责任大小分成4个等级：员工级、主管级、经理级、高层管理级。每个等级里又分两个档，本着向业务倾斜的原则，业务开发部和项目管理部这两个部门取其中的较高档，其他部门取其中的较低档。于是问题出现了。

有些部门(如创意设计部)认为，公司大大小小的业务还不是靠我们的工作才能成功吗? 我们的贡献理应是很大的，与行政事务这样的部门比较起来，我们的技术含量、难度都比他们大得多，但是，就因为我们不是主管，就比他们的主管人员拿的薪水低，这样太不合理了。

其实，部门主管、经理等管理人员也有意见。他们认为，每个部门的工作量、任务难度是不同的，不应该所有部门都“一刀切”，应有所差别。还有的部门主管人员认为，如果出了问题，主管所承担的责任要比员工大得多，因此，主管薪水与员工的差距应拉得再大一些。

针对这些不同的意见，应如何给出大家能满意的回答呢? 答案是必须有对于不同岗位重要程度的估量和等级排序，即岗位的评价。

以下主要介绍3种科学的岗位评价方法。

1. 排序法

排序法是3种方法中最简单的一种。主要是评价者在工作分析的基础上，建立一个评价指标体系和权重体系，考察工作说明和工作规范中每一项对于组织的价值大小，并按照指标体系进行排序，通过加权即得到每个职位的相对价值大小。其优点在于简单、容易操作，但在其应用中经常出现一些主观判断上的问题。例如，由于只是进行简单的相对价值的排序，在差异的大小上并没有明确的标准，只能依赖于主观的估计，估计往往是不精确的。

【例6-4】

甲、乙、丙3人组成的评定小组对A、B、C、D、E、F、G这7个岗位进行评定，结果如表 6-2 所示。

表 6-2 岗位排列表

岗位	A	B	C	D	E	F	G
甲评定结果	1	3	4	2	5	6	7
乙评定结果	2	1	4	3	—	5	—
丙评定结果	1	—	2	3	6	4	5
评定序数和(Σ)	4	4	10	8	11	15	12
参加评定人数	3	2	3	3	2	3	2
平均序数	1.3	2	3.3	2.67	5.5	5	6
岗位相对价值的次序	1	2	4	3	6	5	7

2. 因素比较法

这里的“因素”指的是报酬因素，是反映不同职位在工资报酬上出现差别的原因，即岗位评价的指标体系。报酬因素的确定是岗位评价中的关键一环，它往往随着企业实际情况的不同而有所区别。但在同一个企业中，所有的职位必须采用相同的报酬因素来进行评价。

报酬因素一般包括

①工作的复杂性和灵活度；②接受和实施的监督；③所需要的判断能力；④所要求的创造力；⑤人际工作关系的特点和目的；⑥需要的知识水平；⑦经验；⑧责任。

因素比较法的作用在于确定哪个职位相对其他职位具有更多的确定性报酬因素，这实际上是排序法的一种改进。这种方法反复地根据每个报酬因素来对所有的职位进行排序。例如，首先依据“风险责任大小”要素排序，然后依据“技术含量”排序，再依据“劳动强度”要素依次类推。最后综合考虑每个岗位的序列等级，并得到一个加权的序列值作为该职位的最终得分。

3. 要素计点法

要素计点法与因素比较法相似，它建立在对报酬因素的评价基础之上。要素计点法要求每个报酬因素分成若干等级，而且每个因素的等级都是目前岗位的现实情况。通常每个因素的各项都赋予不同的点值，因此，一旦确定了岗位中各个因素的等级，那么只需要将各个因素对应的点值加总，就可以得到该职位的总点值，即薪点。

要素计点法是运用最广泛、最精确，也是最复杂的一种职位评价的方法。

6.3 人员招聘与培训

6.3.1 员工招聘

员工招聘是组织获取人力资源的活动，它是按照组织的战略要求和人力资源规划将合适的人选招聘到组织，并安置在适当的位置。员工招聘需要让潜在的符合空缺岗位条件的人员对本组织的相关职位产生兴趣并且前来谋求这些职位。员工招聘是人力资源管理的重要内容，直接关系组织的生存与发展。

1. 招聘的程序

招聘的程序，如图 6.6 所示。

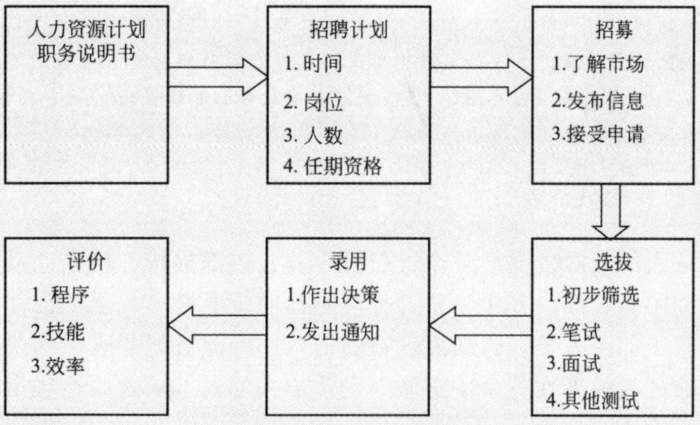

图 6.6 招聘的程序

在上述程序中，人力资源计划和职务说明书是招聘的依据，人力资源计划决定了招聘的时间、人数和岗位等，职务说明书则明确了招聘人员的要求。根据人力资源计划和职务说明书，就可以指定具体的招聘计划从而指导招聘工作。

2. 招聘的途径

人员招聘的途径有两个：内部招聘和外部招聘。人们传统上认为招聘都是对外的，而事实上，企业内部人员也是空缺岗位的后备人选，而且有越来越多的企业开始注重从内部招聘人员。内部招聘与外部招聘各有利弊，两者基本上是互补的，如表 6-3 所示。

表 6-3 内部招聘与外部招聘的利弊

	内部招聘	外部招聘
优点	1. 了解全面，准确性高 2. 可鼓舞士气，激励员工进取 3. 应聘者可更快适应工作 4. 使组织培训投资得到回报 5. 选择费用低	1. 人员来源广，选择余地大，有利于招到一流人才 2. 新雇员能带来新思想、新方法 3. 当内部有多人竞争而难以做出决策时，向外部招聘可在一定程度上平息或者缓和内部竞争者间的矛盾 4. 人才现有，节省培训投资
缺点	1. 来源局限于企业内部，水平有限 2. 容易造成“近亲繁殖” 3. 可能会因操作不公或员工心理原因造成内部矛盾	1. 不了解企业情况 2. 对应聘者了解少，可能招错人 3. 内部员工得不到机会，积极性可能会受到影响

研究表明：内部招聘与外部招聘结合会产生最佳效果。具体的结合力度取决于公司的战略计划、招聘的岗位、上岗速度以及对企业经营管理的考虑等因素。

特别提示

无论内部招聘还是外部招聘，对于高层管理人员非常重要。一般来说，高层管理人员更需要保持连续性，但因此导致的因循守旧、降低企业创新能力和适应能力的风险也更高。至于到底从内部还是外部招聘，也不存在标准的答案。通用电气公司数十年来一直都是从内部选拔CEO，日本企业的管理特色之一就是内部选拔，而IBM、惠普等大公司的CEO则多数是从外部招聘来的。一个不变的原则：人员招聘最终要有助于提高企业的竞争能力和适应能力。

1. 内部招聘的来源和方法

企业内部候选人的来源主要有5个：公开招募、内部提拔、横向调动、岗位轮换、重新雇佣和召回以前的雇员等。其中，公开招募是面向企业全体人员，内部提拔、横向调动和岗位轮换则局限于部分人员，重新雇佣或召回以前的雇员就是吸引那些因企业不景气等原因而被企业裁撤的人或者在竞争中被暂时淘汰出去的人。从这些途径招募的候选人都可平等地参加选拔。

内部招募的方法：查阅档案资料、发布招募广告和管理层指定3种正式形式。此外，员工也常常通过非正式系统成为空缺职位的候选人，如上司、同事简单的口头要求等。

2. 外部招聘的来源和方法

外部招募的人员来源较多，如熟人介绍、自己找上门、职业介绍等中介机构介绍、合同机构和学校推荐等，他们可能是学校的毕业生、其他企业的员工，也可能是失业人员。

中介机构在企业招聘过程中往往担当着双重角色：既为组织择人，也为求职者择业。这一定会使职业介绍机构能够掌握大量的关于求职者和用人单位的信息。企业向介绍机构提出用人要求，介绍机构就可以根据要求提供求职者的简历等资料。不过，这种方式一般更适合中低层次员工的招聘。

知识链接

猎头公司

猎头公司，指那些以受托招聘为主要业务的公司。在国外，猎头服务早已成为企业求取高级人才和高级人才流动的主要渠道之一。我国的猎头服务近些年来发展迅速，有越来越多的企业逐渐接受了这一招聘方式。猎头服务的一大特点是推荐的人员素质高。猎头公司一般都会建立自己的人才库，优质高效的人才库是猎头公司最重要的资源之一，对人才库的管理和更新也是他们日常的工作之一，而搜寻手段和渠道则是猎头服务专业性最直接的体现。当然，与高素质候选人相伴的，是昂贵的服务费，猎头公司的收费通常能达到所推荐人才年薪的25%～35%。但是，如果把企业自己招聘人才的时间成本、人才素质差异等影响成本计算进去，猎头服务或许不失为一种经济、高效的方式。

学校、政府、职业中介机构常常会举办各种形式的人才交流会，这也是企业招募人才的好机会。

通过企业的员工、客户、合作伙伴等数人推荐人选，也是企业招募人员的重要来源。这种方式的优点是对候选人的了解比较准确；候选人一旦被录用，顾及介绍人的关系，工作也会更加努力；招募成本很低。这种方式的缺点在于可能在企业内形成小团体。

管理案例

思科的推荐招聘方式

采用推荐方式的一个典型案例是思科系统公司，该公司大约10%的应聘者是通过员工互相介绍来的。思科系统公司有一项特别的鼓励机制，鼓励员工介绍人加入思科系统公司，其方式有点像航空公司累积旅程：介绍一个人来就有一个点数，每通过一道关又有一个点数，如果最后被雇用还有一笔奖金。这些点数最后累积折成对员工的海外旅游奖励。

（资料来源：http：//www.purise.com）

6.3.2 员工的甄选

在确定了招聘的来源和渠道后，企业面临的问题是如何从众多的申请者中甄选出符合企业需要的申请者。

1. 人员甄选的方式与方法

求职者信息可通过多种不同的方式收集，这些方式对应着各种不同的人员选拔方法。人员选拔过程中会用到多种人事测评技术。企业在选择使用的选拔方法时，必须考虑收集信息的成功率、类型和数量，同时也要考虑选拔方法的有效性。人员甄选的方法主要有7种。

1）申请表

申请表是一种初试阶段的筛选工具，目的在于收集关于求职者背景和现在情况的信息，以评价求职者是否能满足最起码的工作要求。其基本内容包括应聘者过去和现在的工作经历、受教育情况、培训情况、能力特长、职业兴趣等。设计申请表时要注意的问题：只能要求申请人填写与工作有关的情况。如表6－4所示。

表6－4 某公司职位申请表

<table>
<tr><td colspan="4">一般信息</td><td rowspan="5">照片</td></tr>
<tr><td>姓　名</td><td></td><td>出生年月</td><td>年　　月</td></tr>
<tr><td>性　别</td><td></td><td>电话/手机</td><td></td></tr>
<tr><td>出生地</td><td></td><td>E-mail</td><td></td></tr>
<tr><td>通信地址</td><td colspan="3"></td></tr>
</table>

（续）

<table>
<tr><td colspan="7">受教育经历(从大学开始)</td></tr>
<tr><td rowspan="2">专业</td><td rowspan="2">学校</td><td rowspan="2">时间</td><td colspan="4">成绩排名</td></tr>
<tr><td>前 5%</td><td>前 25%</td><td>中等</td><td>中下</td></tr>
<tr><td></td><td></td><td></td><td></td><td></td><td></td><td></td></tr>
<tr><td></td><td></td><td></td><td></td><td></td><td></td><td></td></tr>
<tr><td colspan="7">工作经历</td></tr>
<tr><td colspan="2">单位</td><td colspan="2">职务</td><td colspan="2">时间</td><td>职责</td></tr>
<tr><td colspan="2"></td><td colspan="2"></td><td colspan="2"></td><td></td></tr>
<tr><td colspan="2"></td><td colspan="2"></td><td colspan="2"></td><td></td></tr>
<tr><td colspan="7">社团活动</td></tr>
<tr><td colspan="2">组织名称</td><td colspan="2">职务</td><td colspan="2">时间</td><td>职责</td></tr>
<tr><td colspan="2"></td><td colspan="2"></td><td colspan="2"></td><td></td></tr>
<tr><td colspan="7">奖励情况</td></tr>
<tr><td colspan="7"></td></tr>
<tr><td colspan="7">语言能力</td></tr>
<tr><td>语种</td><td></td><td>水平</td><td colspan="4">□优秀　□良好　□一般</td></tr>
<tr><td>CET6</td><td></td><td>TOEFL</td><td></td><td>GRE/GMAT</td><td colspan="2"></td></tr>
<tr><td colspan="7">计算机能力</td></tr>
<tr><td colspan="7">一般性问题</td></tr>
<tr><td colspan="7">(1) 你希望从本公司得到什么？你能为本公司做出什么贡献？</td></tr>
<tr><td colspan="7">(2) 你如何设计将来的职业道路？你的根据是什么？你目前最适合的工作是什么？为什么？</td></tr>
<tr><td colspan="7">(3) 请描述你在过去 5 年间最大的成就。</td></tr>
<tr><td colspan="7">(4) 请举例说明你曾经如何与他人合作、共同完成一项任务。</td></tr>
</table>

请寄至：(公司通信地址)　　　　http：//……(公司主页地址)

2）笔试

笔试主要用来测试应聘者的知识和能力，现在有些企业也通过笔试来测试应聘者的性格和兴趣等。对知识和能力的测验包括两个层次，即一般知识和能力与专业知识和能力。一般知识和能力包括一个人的社会文化知识、智商、语言理解能力、数字才能、推理能力、理解速度和记忆能力等。专业知识和能力指与应聘岗位相关的知识和能力，如财务会计知识、管理知识、人际关系能力、观察能力等。

3）面试

面试是企业最常用、也是必不可少的测试手段，99%的企业在招聘中采用这种方法。在面试工作进行前需要选择合适的面试考官。通过应聘者递交的简历或申请表，确定符合应聘条件的面试人选。

面试之前，面试人员需设计好面试评价量表和面试问话提纲。面试评价量表由若干评价要素构成，是面试过程中考官现场评价和记录应聘者各项要素优劣程度的工具，它应能反映出工作岗位对人员素质的要求。面试问话提纲则要根据所选择的评价要素以及从不同的侧面了解应聘者的背景信息来设计。

知识链接

面试的技巧——组织的角度

面试的技巧，从组织的角度考虑，包括5个方面。

(1) 不问带有提问者本人倾向的问题。例如“你一定……”或“你没……”。

(2) 以“你”开头的问题通常都容易把应试者的回答引向面试人期望的答案。

(3) 尽可能提问与过去行为有关的问题。这一条的假设前提：一个人过去的行为最能预示未来的行为。与应聘者自称“通常在做”的、“总在做”的、“能够做”的、“可能会”做的或者“应该做”的事情相比，其过去实际的实力更重要。

(4) 提出的问题应该让应聘者必须用其实例来回答。例如：“举一个当你……的例子”、“讲述一下你……的具体例子”、“你有过……的经历吗？请讲一下你的经历。”相反，应尽量避免以下类型的问题：“你对……有何看法”、“如果……你会怎样做”。

(5) 避免提出引导性的问题。例如：“当你接受一项很难完成的任务时，会感到压力吗?”、“你不介意加班，是吗?”。

在面试过程中，考官应有效控制面试现场，使其按照既定的目的进行。面试结束后，企业应尽快反馈信息，尤其不能忽视对未录用者的反馈。如果反馈得当，这些人员即使不被企业录用，也可能成为企业的潜在用户。面试法使用得当将成为扩大企业影响力的有效途径。

知识链接

理论性问题、引导性问题和行为性问题之间的区别

理论性问题、引导性问题和行为性问题之间的区别，如表6-5所示。

表6-5 理论性问题、引导性问题和行为性问题间的区别表

才能	理论性问题	引导性问题	行为性问题
协作能力	你将如何对付难缠的雇员	你善于化解矛盾吗	告诉我，作为监管人员，你曾如何对付难缠的雇员
销售能力	你认为你能卖出商品的原因是什么	我们的销售目标很高，你能应对这种挑战吗	谈谈过去一年中你曾承担的最大一次销售，你是如何做的
解决问题能力	你将如何处理生产中出现的问题	你能排除机器设备的故障吗	谈谈你最近遇到的一个(有关仪器、加工的或质量等)问题，你是如何解决的
安全意识	你感到工作中的安全问题有多重要	听起来你是个小心谨慎的员工，是吗	谈谈你发现的你认为是不安全的情况，具体情景是怎样的，你都做了什么
应变能力	如果你不得不改变自己的工作安排以适应变化中的要求，你将有何感想	一个月内你先后干4种不同的工作，会烦吗	请谈谈你工作中不得不适应变化的经历，是怎样变化的，结果如何

4）情景模拟

情景模拟测试是指根据被试者可能担任的职务编制一套与该职务实际情况相似的测试项目，将被试者安排在模拟的、逼真的工作环境中，要求被试者处理可能出现的各种问题，用多种方法来测评其心理素质和潜在能力的一系列方法。情景模拟测试常用的类型主要包括公文处理、与人谈话、无领导小组讨论、角色扮演和即兴发言等。

5）心理测试

心理测试一般是由专业人员开发的，通过提供一组标准化的刺激，以所引起的反应作为个体的行为代表，从而对被试者的个人心理特征进行评价的客观技术。近年来，心理测试越来越受到招聘企业的重视，在人员选拔过程中得到日益广泛的应用。心理测试常用的主要类型：①职业能力倾向测试，即针对某一职业类型的具体需求而设计，测量的不是一个人表现出的能力，而是指从事某种职业能够取得成功的潜在能力；②人格和兴趣测试，由于人格对工作成就的影响极为重要，不同人格特点的人适合于不同种类的工作，个体在工作中的失败往往是人格不成熟所导致的。因此，人格是个体工作成绩的更为有效的预测因素。此外，心理测试还包括智商与情商测试、价值观测试、职业兴趣测试等类型。

6）体检

体检通常要委托医院进行，其目的是判断应聘者的身体状况是否能够适应工作的要求，特别是能够满足工作对任职者身体素质的特殊要求。

7）背景调查

指企业通过第 3 方对应聘者的情况进行了解和验证。这里的第 3 方主要是应聘者原来的雇主、同事以及其他了解应聘者的人员。背景调查的方式包括打电话、访谈、要求提供推荐信等。企业在运用过这种方法时，需要注意：①只调查与工作有关的情况；②慎重选择第 3 方；③要顾及调查材料的可靠程度。

知识链接

几种人事测评方法的比较

国外学者曼琴斯基（Muchinsky）曾以效度、公平性、实用性、花费代价等 4 个指标对素质测评中的 7 种测评方法和工具进行了比较研究，结果发现：效度中，观察评定和背景分析等方式的效度最高，面试最低；公平性中，职业能力测验、人格品德测验、情境模拟测评、观察评定最高；实用性中，面试、背景分析最高；花费代价中，智力测验、职业能力测验、背景分析最低。具体比较结果，如表 6－6 所示。

表 6－6 系统测评工具比较

比较指标 / 测试方法	效度	公平性	实用性	花费代价	采用广度	高级管理人员甄选常用方法	基层管理人员甄选常用方法	普通员工甄选常用方法
智力测验	中	中	高	低	多	√	√	×
职业能力测验	中	高	中	低	少	√	×	×
人格品德测验	中	高	低	中	少	√	×	×

（续）

比较指标 / 测试方法	效度	公平性	实用性	花费代价	采用广度	高级管理人员甄选常用方法	基层管理人员甄选常用方法	普通员工甄选常用方法
情境模拟测评	中	高	低	中	多	√	×	×
观察评定	高	高	低	高	少	×	×	√
面试	低	中	高	中	多	√	√	√
背景分析	高	中	高	低	多	√	√	√

2. 选拔方法的使用

人员甄选的7种选拔方法都可用来选择潜在的雇员。决定使用哪些选拔方法，要综合考虑时间限制、信息与工作的相关性以及费用等因素。对相对简单或无需特殊技能的工作，采用一种方法就行了。例如，招聘打字员，根据应聘者打字测试的成绩一般就足以做出决定了。但是，对大部分岗位，通常需采用几种方法。不同方法的结合使用方式大致有3种。

(1) 多级障碍式。指每种测试方法都是淘汰性的，求职者必须在每种测试中都达到一定的水平，方能合格。

(2) 补偿式。指不同测试的成绩可以互为补充，最后根据求职者在所有测试中的总成绩做出录用决策。

(3) 结合式。在这种情况下，有些测试是淘汰性的，有些是可以互为补偿的。应聘者通过淘汰性的测试后，才能参加其他测试。

6.3.3 员工的培训与开发

1. 员工培训

员工培训就是给新员工或现有员工传授其完成目前或未来工作所必需的知识、技能以及态度。组织通过培训来提高员工的工作技能与工作热情，以达成组织的经营目标。

从组织方面看，员工培训就是要把员工知识、能力不足或态度不积极而产生的机会成本的浪费控制在最小限度；从员工个人方面看，通过培训可以提高自身的知识水平和工作能力，达到员工自我实现的目标。

培训的形式有岗前培训、在岗培训、脱产培训等多种形式，可以灵活采用。培训的具体方法主要有6种。

1) 讲授法

讲授法是成本最低的培训方法之一，因为它几乎没有开发费用，并可以用于比较大的培训班，适用于各类学院对学科知识、前沿立论的系统了解。例如，针对某一专题知识进行专题讲座，则对管理人员或专业技术人员了解技术发展方向、当前热点等问题具有较好的效果。

2）直接传授法

直接传授法指传统的“学徒”法，由培训师(主管上级或自身员工)在现场给予受训人员示范及协助，也就是通过工作现场的师傅演练帮助受训者迅速掌握相关的工作技能。师傅通常采用口授、示范、联系、反馈等方式教授徒弟。

3）教练技术

教练是帮助人们学习而不是教他们。教练技术和学徒制、指导人制度、导师制的区别：教练技术所涉及的双方关系是不固定的，教练可以去帮助任何人，教练技术关注的是马上改变表现和迅速开发技能；而另外3者所涉及的双方关系是相对固定的，关注的则是在比较长的时间里获得技能。教练技术是上级帮助下级及人们之间互助的一种有效方法，管理者尤其需要掌握和自觉运用这一技术。

4）研讨法

研讨法是一种在培训者引导下，受训者围绕某一个或几个主题进行交流，相互启发的培训方法，适用于人数较少的群体培训。其优点是提供了双向讨论的机会，受训者比较主动，他们的特殊和具体问题可以得到比较充分的讨论和回答；培训者也可以及时而准确地把握受训者对培训内容的理解程度。这种方法对解决具体问题、提高受训者的责任感或改变工作态度特别有效。

5）模拟训练法

模拟训练法以工作中的实际情况为基础，将实际工作中可利用的资源、约束条件和工作过程模型化，学员在假定的工作情境中参与活动，学习从事特定工作的行为和技能，提高其处理问题的能力。

6）拓展训练

拓展训练是指通过模拟探险活动进行的情景式心理训练、人格训练、管理训练。它以外化的体能训练为主，学员被置于各种艰难的情境中，在面对挑战、克服困难和解决问题的过程中使人的心理素质得到改善，包括场地拓展训练和野外拓展训练两种形式。

其他培训方法还包括案例研究、远程教育、内部网培训、自学等。

2. 员工的职业生涯管理

想一想：何为职业生涯？为什么要进行职业生涯管理？

人力资源管理的一个基本观念就是企业既要最大限度地利用员工的能力，又要为每一位员工都提供一个不断成长以及挖掘个人最大潜力和建立成功职业的机会。这一观念使得职业生涯管理成为人力资源管理区别于人事管理的最重要特征之一。

1）职业生涯管理的内涵

从狭义的角度来看，职业生涯是个体在他的整个工作生涯中选择从事工作的一个总的行为过程；从广义的角度来看，职业生涯是从出生开始，贯穿个体一生的一系列活动与经历。

职业生涯规划是一个制定职业目标，确定实现目标的手段的不断发展过程。职业生涯管理是指组织和员工个人共同对员工职业生涯进行设计、规划、执行、评估和反馈的一个综合性过程。

2）职业生涯管理的影响因素

任何人的职业生涯都不可能是一帆风顺的，它要受到个人自身因素和环境因素等多种因素的影响。

影响职业生涯的个人因素主要是个人的职业倾向。美国职业心理学家约翰·霍兰德(John Holland)认为，人格(包括价值观、动机和需要等)是决定一个人选择何种职业的一个重要因素。例如，一个有着较强社会性向的人可能会被吸引去从事包含着大量人际交往内容的职业，而不是去从事包含大量智力活动或体力活动的职业。霍兰德的研究将大多数人的职业性向分为现实型、研究型、艺术型、社会型、企业型和常规型这6种，而职业环境也恰好可被划分为这6类。霍兰德认为个体的职业生涯选择是其职业倾向与职业环境相互作用的结果。个体的职业生涯满意度、职业生涯稳定性与职业生涯成功都取决于个人的职业兴趣和环境特性间是否匹配以及匹配程度，如表6-7所示。

表6-7 职业环境分类

现实型	研究型	艺术型	社会型	企业型	常规型
有运动或机械操作能力，喜欢机械、工具、动植物，偏好户外活动	喜欢观察、学习、研究、分析、评估和解决问题	有艺术、直觉、创造的能力，喜欢运用想象力和创造力，喜欢在自由的环境中工作	善于和人相处，喜欢教导，帮助、启发或训练别人	喜欢和人互动，自信、有支配能力，追求权力和地位	喜欢从事资料工作，有写作或数理分析能力，能听从指示完成琐碎工作

特别提示

尽管霍兰德的职业性向理论有助于职业生涯指导与咨询过程的分析、解释和诊断，但个人的个性特征并非是职业生涯选择的决定性因素，也并非职业成功的决定性因素。

个人的职业生涯还需考虑环境因素。影响职业生涯的环境因素包括经济发展水平、社会文化环境、政治制度和氛围、价值观念等社会环境因素以及企业文化、管理制度、领导者素质和价值观等企业环境因素。

3) 职业生涯发展阶段及主要任务

每个人的职业生涯都需要经历许多的阶段，只有了解不同职业生涯阶段的特点，组织所进行的职业生涯管理活动才更具有针对性，才能更好地满足个体职业生涯发展的需要。表6-7列出了被广泛接受的职业生涯阶段及主要任务，如表6-8所示。

表6-8 职业生涯阶段及主要任务

	探索期	建立期	维持期	衰退期
发展任务	确定兴趣、能力，让自我与工作匹配	晋升、成长、安全感；生涯类型的发展	维持成就感；更新技能	退休计划：改变工作与非工作之间的平衡
活动	协助、学习、遵循方向	独自做出贡献	训练、帮助、政策制定	退出工作

（续）

	探索期	建立期	维持期	衰退期
身份	学徒	同事	导师	顾问
年龄	30 岁以下	30～45 岁	45～60 岁	60 岁以上
专业资历	2 年以下	2～10 年	10 年以上	10 年以上

管理案例

美国第一银行员工发展职业生涯的原则

员工士气低落，流动率偏高，公司究竟应该怎么办？美国第一银行在内部成立了职业生涯资源中心，该中心的“5P 原则”帮助员工发展职业生涯。这 5 个 P 指 5 个方面。

(1) 个人(person)。帮助员工了解自己，包括自己的技能、价值观、兴趣，并且知道如何综合运用这些特质，找到适合的职业生涯。

(2) 看法(perspective)。员工必须了解别人对他们的看法，并获得他们的主管、同事，以及与他工作相关人士的意见回馈。

(3) 位置(place)。员工必须了解自己所在的位置，包括自己的职务、公司、产业，掌握脉动，并且知道自己需要增加哪些技能。

(4) 可能(possibility)。员工必须了解事业发展的可能性。在公司里，发展和成长有 3 种方式：①垂直移动，也就是升迁；②水平移动，指虽然在同一职位级别上，但是更换不同的职务；③不移动，指虽然是同样的职务，但是让员工的工作内容丰富多元化 和挑战性更强。

(5) 计划(plan)。员工必须针对以上 4 方面拟定计划，决定自己需要增加哪些能力和技巧以达到目标。

推动这个计划后，美国第一银行调查显示，员工对工作的满意度评价上升了 25%，员工离职率降低了 65%，间接替公司节省了 200 万美元的招聘费用。

（资料来源：http：//www.doc88.com)

6.4 绩效管理

任何企业的组织目标，都是由一个个员工用其辛劳与智慧实现的。从管理者的角度来说，为实现组织的目标，必须有效地管理好每一位员工的工作成果，也就是绩效；对于员工，只有充分了解自己的工作绩效，才能对自己有一个正确的认识，逐步在工作中提高，并成功设计自己的职业生涯。

管理案例

GE 的绩效考核

韦尔奇在依次演讲中说过，在我们的考核系统中和奖励系统中，我们把员工分成 3 个类别：最上端的20%、中端的70%和下端的10%。通用电气公司的领袖们明白不断地鼓励、激发和奖励上端20%的必要性，并且不断地确认中端的70%，保持和提高向上工作的热情，而且他们也会用非常人道的方式，督促下端的10%改变自我。他们每年都是这样做的，这就是通用电气公司繁荣的真正原因。

很显然，韦尔奇是将绩效管理作为吸引、积聚人才和提升企业竞争力的有效手段。

（资料来源：夏兆敢.《人力资源管理》[M]. 上海：上海财经大学出版社，2006.）

6.4.1 绩效考核与绩效管理

想一想：绩效考核和绩效管理有何区别？

1. 绩效考核

绩效考核就是收集、分析、评价和传递有关某人在其工作岗位上的工作行为表现和工作结果方面的信息情况的过程。绩效考核作为评价员工工作结果及其对组织贡献大小的一种手段，在每一个组织中都存在。不管组织是否有意识地提高了自身的绩效考核水平，他们都在设法合理地衡量各个员工的绩效。由于组织是由其广大员工组成的，因此对每一个员工的绩效进行合理地评价，并因此激励、表扬先进，鞭策后进是非常必要的。

知识链接

《尚书·舜典》中记录了中华文明在父系民族社会后期对民族中管理者进行考核的情况："三载考绩，三考黜陟幽明。"说的就是每3年对他们进行一次绩效考核，根据3次考核的结果决定对善者、智者进行晋升，对恶者、愚者进行降职，即"黜退其幽者，升进其明者"。后来，绩效考核从对管理者的考核扩展到对一般工作人员成绩的考核，有"考课"、"考成"、"考绩"、"查考"、" 稽考"、"大考"等说法。

2. 绩效管理

绩效管理(corporate performance management，CPM)，是在绩效考核的基础上，人力资源管理实践的最新发展，是指管理者与员工通过持续开放地沟通，就组织目标和目标实现方式达成共识的过程，也是促进员工做出有利于组织的行为、达成组织目标、取得卓越绩效的管理实践。与绩效考核相比，绩效管理更加强调与员工交流考核结果、制定出绩效改进的目标和措施。

绩效管理的主要目的是建立客观的简洁的绩效优化体系，实现组织与个人绩效的紧密融合。绩效优化体系可以保留、激励员工，持续地培养和发展员工，依据组织需要调整人员配置，从而提升企业的核心竞争力。在人力资源管理越来越受重视的今天，绩效管理也自然成为企业在管理员工方面的一个最核心的职能，并且成为企业鼓励员工积极性、全面提高企业竞争优势的一个重要途径。

3. 绩效考核与绩效管理的区别

绩效考核与绩效管理既有联系又有区别。绩效考核是绩效管理的重要组成部分，绩效考核的顺利实施不仅取决于评价过程本身，更取决于评价相关的整个绩效管理过程。

有效的绩效考核是对绩效管理的有力支撑，成功的绩效管理亦会推动绩效考核的顺利展开。

绩效考核只是绩效管理的一个环节，侧重于绩效的识别、判断和评估；绩效管理侧重于信息的沟通和绩效的提高，是一个完整的管理过程。

6.4.2 绩效管理的内容

1. 制定工作标准

工作标准可能规定工作中的行为，也可能确定工作应该产出的结果。有效的工作标准应做到具有较高的可靠性、与个人职位和组织目标紧密关联，同时还应具有较高的辨别性与可操作性。

2. 根据工作标准评价每一个员工的工作表现

根据工作标准评价每一个员工的工作表现也是传统上所说的绩效考核。组织需要制定一整套制度，来确定用什么样的方法搜集与员工绩效有关的信息，由什么人来进行相应的工作，搜集到的数据应该如何汇总等。

3. 反馈与改进绩效

绩效管理要求管理者将考核结果与员工进行沟通，并且与员工一起制定出保持及改进绩效的步骤和措施。

绩效管理的过程，从制定评价标准到执行考核，再到绩效反馈与改进，是一系列复杂、繁琐，而又要求严格的管理活动，管理者主观的因素、组织的环境以及人在认知过程中常见的倾向，都可能给这类活动带来相应的影响。良好的绩效管理制度可以保证企业依法行事，在做到公平、公正、全面考核的前提下，有效提高整个企业的绩效。

6.4.3 绩效考核的方法

人力资源绩效考核的方法很多，都是人们在多年的管理实践中积累并经过管理理论工作者升华、改进的结果。目前国内外最常用的有排列法、配对比较法、强制分布法、关键事件法、行为锚定法、平衡计分卡法等。

1. 排序法

排序法是指将员工的业绩按照从高到低的顺序进行排列。运用排列法进行绩效考核的优点是简单、实用，缺点是容易给员工造成心理压力。

2. 配对比较法

配对比较法就是将被考核者两两组对进行比较，比较中认为绩效更好的得 1 分，绩效不如比较对象的得 0 分。在进行完所有比较后，将每个人的所得分相加就是这个人的相对绩效，根据这个得分来评价出被考核者的绩效优劣次序，如表 6－9 所示。

表 6-9 配对比较法的应用

被比较者1 / 被比较者2	张三	李四	王五	赵六	刘七	被比较者2得分总数
张三		1	1	0	1	3
李四	0		1	0	1	2
王五	0	0		0	1	1
赵六	1	1	1		1	4
刘七	0	0	0	0		0
考核结论	被考核的5名员工按绩效从优至劣次序：赵六、张三、李四、王五、刘七					

在需要同时评价的员工很多的情况下，这样的方法需要进行相当多次数的比较，同时考核 N 个员工就需要进行 $N(N-1)/2$ 次比较，因此，这种考核在同时考核的人不多的情况下尚可，而一旦超过20人，就相当费时、费力了。配对比较法的另一个缺点是难以得出绝对评价，只能给出相对的位置，有时还会造成循环：A、B、C 3个人的绩效A优于B、B优于C、C又优于A，则每个人都得1分。这就无法进行了，而这又是由主观评价可能得出的结论。当然，在避免趋中、强制排序方面，配对比较法是相当好的，其优点是准确度比较高。

3. 强制分布法

强制分布法是按照正态分布“两头小、中间大”的分布规律，由考核者将所有被考核者按照该比例分配到各个等级上去。它将员工的绩效表现划分为多个等级，并确定每个等级的人数比例。使用这种方法，要提前确定准备按照一种怎样的比例将被评价者分布到每一个工作绩效等级上去。例如，可以按照下述比例原则来确定员工的工作绩效分布情况，如表 6-10 所示。

表 6-10 员工的工作绩效分布表

绩效最高的	15%	绩效低于要求水平的	20%
绩效较高的	20%	绩效很低的	10%
绩效一般的	35%		

当然，也可以按照4个等级来分，并且赋予各部分比例分别为20%、30%、30%、20%或15%、35%、35%、15%。这个比例不是固定的，企业高层管理者可以根据员工总体绩效水平的高低来确定如何分配比例关系，然后由各个部门考核者来对本部门员工进行等级分配。在实际操作的过程中，这种评价工具的使用方法通常是这样的：首先，将被考核的每一位员工姓名分别写在一张小卡片上；其次，根据每一种评价要求对员工进行评价；最后，根据评价结果将这些代表员工的卡片放到相应的绩效等级上去。当然，这种方法的应用有一定的局限性，人们无法保证人为划定的分布恰好符合员工绩效的实际情况。但是，这种方法对于避免人情、面子的影响是有利的。

4. 关键事件法

关键事件法是指通过对被评估者在关键工作中极为成功或极为失败的事件的观察和分析，来判定该员工在类似事件或在介于关键事件与非关键事件之间可能的行为和表现。这种方法经常被用来甄别干部的绩效高低和可能获取的晋升机会。

【例 6－5】

某塑化公司生产的胶带全部出现了质量问题。大量发送出去的货物被退回来了，时间正是下午 6 时——员工下班的时间。负责分管生产的副总张先生看到被退回来的一箱一箱的不合格品，皱了皱眉头，依然开着车走了，他想等明天上班再说。负责分管技术的总工黄先生立即拆开一箱被退回来的货，进行研究，寻找原因。黄先生一直工作到晚上 10 时，终于找出了原因所在。第 2 天上班时，迅速指导工人解决了问题，恢复了公司的信誉，此事被总经理柯先生看在眼里，他做了两张关键事件记录表，如图 6－7 和图 6－8 所示。

行为者 张先生　　　　行为发生时间 2012 年 5 月 20 日

地　点 公司的某车间　　　　观　察　者 柯××

事件发生过程及现象：

5 月 15 日发送给 A 公司的胶带被退回来了，A 公司称胶带不合格，A 公司退货的负责人愤愤离去。

张先生未对该事件做任何表示，开车离开了公司。

行为者的行为结果：

未能及时处理事件。

分析与解释：

张先生可能想次日上班再来解决退货事件，但这可能带来公司员工的窝工和公司经济、信用的损失。

张先生责任心不够强。

记 录 者 柯××

记录时间 2012 年 5 月 20 日

图 6.7　关键事件记录表

行为者 黄先生　　　　行为发生时间 2012 年 5 月 20 日

地　点 公司的某车间　　　　观　察　者 柯××

事件发生过程及现象：

5 月 15 日发送给 A 公司的胶带被退回来了，A 公司称胶带不合格，A 公司退货的负责人愤愤离去。

黄先生拆开其中一箱胶带，立即进行研究和分析，工作至当晚 10 时，找出产品不合格的原因。

行为者的行为结果：

次日，黄先生指导员工纠正了错误，维护了公司的信誉，并使公司的经济损失降到最小。

分析与解释：

黄先生考虑到自己的责任，同时预计到次日的工作安排与今晚的原因排查有关。

黄先生的责任心和工作计划性强。

记 录 者 柯××

记录时间 2012 年 5 月 20 日

图 6.8　关键事件记录表

作为公司总经理的柯先生记录了这一关键事件，并决定在当月给予黄先生高于张先生2倍的奖金。

5. 行为锚定法

行为锚定法全称行为锚定等级评估法。该法是以具体描述的特定工作行为是否确实被成功地完成来确定员工水平的绩效评估方法。在某种程度上，行为锚定法与前面所提的考核量表法有相似的地方，但其重点不是落在绩效结果上，而是表现在工作中的职能行为上，其前提假设是其职能性行为将产生有效的工作绩效。

工作维度是指构成工作任务的范畴。每种工作可能有几个工作维度，每个维度应制定独立的评分量表。按工作维度而编写的行为锚定量表，如表6-11所示。

表6-11 关于工作计划和编制文件“锚”的等级量表

分值	锚
7 [ ] 优秀	制订综合工作计划，编制好文件，获得必要批准，并将计划分发给所有相关人员
6 [ ] 很好	计划、沟通并观察重大事件，每星期陈述有关计划的执行情况；编制最新的工作计划完成图及累计待办的工作，采用这些方法使任何要求修改的计划最优化 运行中偶尔会有一些小的操作问题，但能够有效地沟通
5 [ ] 好	列出每项工作的所有组成部分，对每一部分的工作做出时间安排 努力提早完成计划，以留出富裕时间 满足顾客的时间要求，超时和超支现象很少发生
4 [ ] 一般	制定了工作日期，并随工作进展的情况修改日期，经常增加不可预见事件，经常激起顾客的抱怨 可能制订一个不错的计划，但没有记载工作进展的重大事件，也不报告时间安排中的疏漏或者发生的其他问题
3 [ ] 低于平均水平	没有很好地制订计划，编制的时间进度表通常是不现实的 不能提前一两天制订计划，对于实际工作的到期日一无所知
2 [ ] 很差	对将要从事的工作没有计划或安排，对分配的任务不制订计划或者很少制订计划
1 [ ] 不能接受	因为没有计划，且对制订计划漠不关心，所以很少完成工作 因为缺少计划且不查明如何改进，所以常常失败

按表6-11中的文字描述对每个员工的行为在特定的“锚”上打勾，“锚定”的量表上的分值可以给评估者一个一览表。评估者根据所查找到的分值与所有的工作维度结合就可得到一个完整的评估。如表6-12就描述了5个维度。

表 6－12 行为锚定法量表样本

维度	分值	锚
工作量(员工每个工作日的工作量)	5 [ ] 优秀	有非常优异的生产记录
	4 [ ] 良好	很勤奋，超额完成
	3 [ ] 一般	工作量令人满意
	2 [ ] 较差	刚好达到要求
	1 [ ] 极差	没有达到最低要求
可信赖程度(只需最少监督就能令人满意完成指定工作的能力)	5 [ ] 优秀	所需的监督是最低限度的
	4 [ ] 良好	需要很少的监督，是可以信赖的
	3 [ ] 一般	通常在适当的督促下能完成规定的工作
	2 [ ] 较差	有时需要督促
	1 [ ] 极差	需要密切监督不可信赖
工作知识(员工为取得满意的工作绩效应该具备的有关工作任务的信息)	5 [ ] 优秀	已经完全掌握所有的工作阶段
	4 [ ] 良好	理解工作的所有阶段
	3 [ ] 一般	对工作任务有一定认识，能回答有关工作的大多数问题
	2 [ ] 较差	缺乏工作某些阶段的认识
	1 [ ] 极差	对工作任务认识不足
出勤率(每天上班且遵守工作时间的守信性)	5 [ ] 优秀	总是正常及时地出勤，在需要时自愿加班
	4 [ ] 良好	非常及时地出勤，且很正常
	3 [ ] 一般	经常出勤且准时
	2 [ ] 较差	出勤散漫，有时工作准时，或两者兼而有之
	1 [ ] 极差	经常缺勤且没有充分理由，或经常迟到，或兼而有之
准确性(履行工作责任的正确)	5 [ ] 优秀	所需监督是最低限度的，几乎总是准确的
	4 [ ] 良好	很少需要监督，大多数时候是正确、准确的
	3 [ ] 一般	通常准确，只犯平均数量的错误
	2 [ ] 较差	粗心，经常犯错误
	1 [ ] 极差	屡屡犯错误

使用行为锚定法的工作步骤：首先，确定工作的相关维度；其次，对每个工作维度编写出行为锚定；最后，确定每一锚定行为的分值。这 3 个工作步骤通常由管理人员和工作承担者的代表组成的工作组来完成。

使用行为锚定法的优点：工作承担者直接参与了绩效评估与管理，有更多的民主性，便于为大家所接受；行为锚定是根据观察和经验获得的，具有可操作性；能准确为员工提供评估反馈。

使用行为锚定法的缺点：文字描述耗时多，同时会动用较多的人力和物力；每个不同的工作都必须有不同的表格，不便于评估的管理；经验性的描述有时易出现偏差。

【例 6-6】

某员工行为绩效的评估结果，如表 6-13 所示。

表 6-13 某员工行为绩效评估结果

维度	分值	等级
工作量	4	良好
可依赖程度	4	良好
工作知识	3	一般
出勤率	5	优秀
准确率	4	良好

在表 6-13 中，某员工在出勤率的“锚”上得分为 5 分(优秀)，在可信赖程度的“锚”上得分为 4 分(良好)，在工作知识的“锚”上得分为 3 分(一般)，那么该员工基本胜任本职工作，且工作态度较好，但是仍需进一步努力，提高其工作能力。

6. 平衡计分卡

20 世纪 90 年代以来，企业进一步认识到了企业绩效管理对企业的长远发展的重要作用，有远见的企业家开始大力构建企业的绩效考评指标体系来推行绩效管理。而源于外部环境变化的需要，及时、动态地反映公司的营运状况和竞争能力的平衡计分卡法就因此应运而生。

知识链接

哈佛商学院教授罗伯特·卡普兰(Robert Kaplan)和咨询师戴维·诺顿(David Norton)通过对 12 家在绩效测评方面处于领先地位的公司进行的为期一年的项目研究，总结了一些公司在将绩效考核与企业战略实施方面的经验，设计出一套能使高层经理快速而全面地考察企业的测评指标，即平衡计分卡。平衡计分卡包含着财务衡量指标，说明已采取的行动所产生的结果。同时，平衡计分卡通过对顾客满意度、内部程序及组织的创新和提高活动进行测评的业务指标，来补充财务衡量指标。业务指标是未来财务绩效的驱动器。经过世界各国众多企业的广泛采用，被实践证明是一套比较行之有效的绩效管理方案。

平衡计分卡(balanced score card，BSC)，应用于绩效考核，能够很好地使企业各部门的工作努力方向同企业战略目标的实现联系起来。这样的考核体系的最大优点在于它帮助管理者在进行每一项决策时，能够考虑到该决策主要有利于哪一方面目标的实现，同时充分考虑到该决策是否还会对其他方面的目标造成不良影响。这样，公司运营中最重要的问题就能够得到比较全面的侧重，避免顾此失彼。平衡计分卡法应用于对每个员工个人的考核，也是一种很好的思路。当然，由于其综合考虑多个指标，在操作上特别是开发上比较复杂，因此目前在我国的多数企业将其用于员工个人考核的可行性不大。

管理案例

罗克沃特公司的战略目标及其平衡计分卡设计

罗克沃特公司是一家全球性的工程建筑公司(布朗及鲁特/哈利伯顿公司)的全资子公司，在水下工程建筑业中处于全球领先地位。为了适应公司经营环境的变化，对公司战略进行了调整，新的公司使命要求他们“作为受顾客欢迎的供货商，我们应在向顾客提供最高的安全和质量标准方面处于行业领先地位。”他们分析了该战略的5个组成因素：超出顾客预期和需要的服务；高水平的顾客满意度；安全、设备可靠性、灵敏性和成本效率的不断提高；高质量雇员；实现股东预期。罗克沃特公司的高级管理团队把公司的愿景和战略转化成平衡计分卡，如图6.9和图6.10所示。

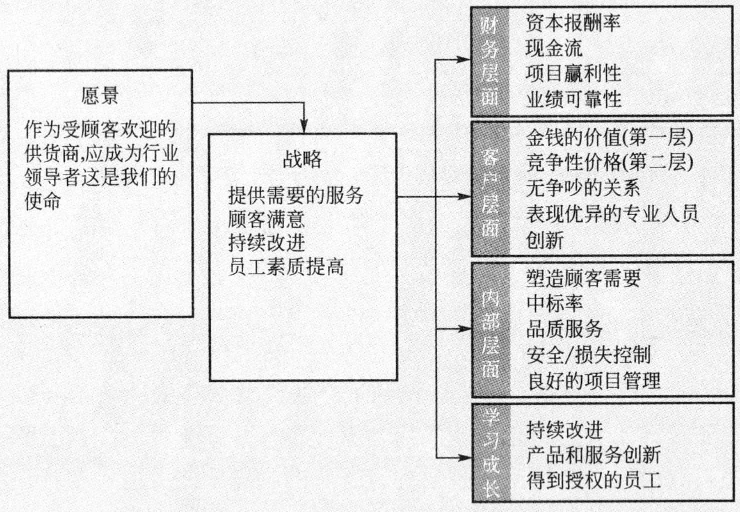

图6.9 罗克沃特公司的战略目标

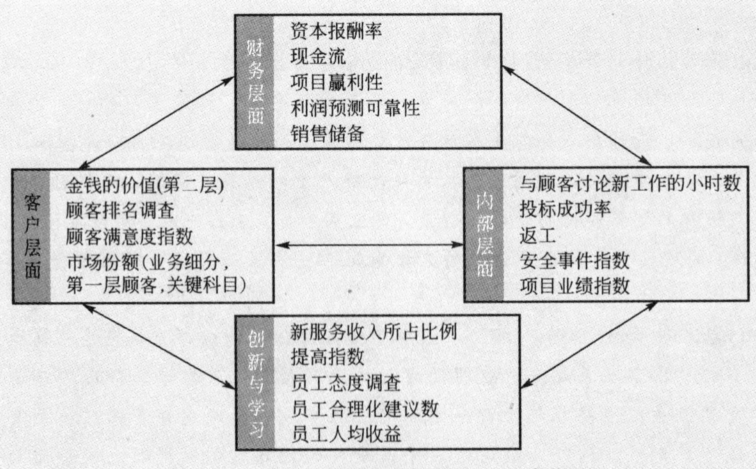

图6.10 罗克沃特公司的平衡计分卡考评

(资料来源：德鲁克，等. 公司绩效测评[M]. 北京：中国人民大学出版社，1999：142-143.)

6.4.4 绩效考核的执行与反馈

绩效考核的执行，其重要性并不亚于考核方法的选择。执行中如果稍有偏差，就可能被各种各样的问题所影响，使考核结果不可靠，也无法提供有效的绩效反馈，甚至带来更严重的问题。

1. 绩效考核中易出现的问题

美国一家咨询公司对员工进行的调查表明，大约80%以上的员工都对本公司的绩效考核制度不满意。一方面，由于绩效考核本身的难度，它并不像某些人想象的那样只是上级领导给下属打一个分数这般简单；另一方面，绩效考核中的微小失误都可能导致人力资源管理中明显的不良后果。

绩效考核中常见的问题：标准不清、晕轮效应、偏松或偏紧倾向、趋中倾向、近因效应、评价者个人的成见以及文化上的"水土不服"等。

知识链接

晕轮效应和近因效应

晕轮效应，又称"光环效应"，属于心理学范畴，晕轮效应指人们对他人的认知判断首先是根据个人的好恶得出的，然后再从这个判断推论出认知对象的其他品质的现象。在绩效考核中，由于管理者的爱好和兴趣而对某一员工的突出特色给予充分肯定，从而影响个人对员工其他方面的评估。晕轮效应使评估效果失真，同样会影响员工的工作积极性。

近因效应：指当人们识记一系列事物时对末尾部分项目的记忆效果优于中间部分项目的现象。前后信息间隔时间越长，近因效应越明显。原因在于前面的信息在记忆中逐渐模糊，从而使近期信息在短时记忆中更为突出。管理者对员工最近完成的工作印象深刻，缺乏一致性和连续性。某些员工长时间绩效显著而近期因故绩效降低，某些员工长期绩效较差而近期颇有起色，此时近期效应的评估就可能有失公允，并且被某些投机的员工加以利用。

2. 绩效考核的执行者

在绩效考核的各种方法中，除了以工作结果作为考核依据外，通常都需要有人来为员工的工作表现打分，这就涉及由谁来进行打分的问题。绩效考核的执行者，最常见的就是每一个员工的直接上级。团队式工作的兴起，使工作的组织中要求很多的合作，因此将同事包括在绩效考核的执行者中来也是一种合理的发展。很多企业在绩效考核时，也要求员工做自我评价。由于很多员工绩效的信息被组织内外不同的人掌握，于是管理实践中就出现了360°考核及反馈。

360°考核，就是在组织结构图上，位于每一个员工上、下、左、右的公司内部其他员工(也就是上级、下级及同事)、被考核的员工本人及顾客，一起来考核这个员工的绩效。不同考核者都从各自的工作角度，考察和评定被考核者，从各自对被考核者的情感出发评定被考核者，因而评估的结果能体现被考核者在不同场景、不同方面的行为特征和业绩。综合这些评估结果能够对被考核者进行较全面、客观地考核。同时，不同角度的评估结果也在一定程度上反映了评估者的利益取向和性格特征。

特别提示

在360°考核法中应对自我评估给予较高的重视，自我评估的结果高于或低于总评定结果，高于或低于其他角度的评定结果，对企业领导均有重要参考价值。如果自我评估的结果高于总评定结果，本人属于自信心强或对个人评估较高的人，如果本人评估低于领导评估，说明本人自信心较弱或比较谦虚的人，其余可类推，如表6-14所示。

表6-14　个体评估值(A)与360°评估值(B_i)量化分析表

(360°评估值 B_i)	比值 $\left(\frac{A}{B_i}\right)$	被评估者的性格特征及人群关系状态	员工要注意调整的心态
直接领导评估值(B_1)	>1	员工的自信心强，对自己的评估较高，但直接领导对他评估一般	要更尊重自己的领导
	<1	直接领导对他的评估比本人对自己的评估高，表明领导较欣赏员工的表现	增强自信心
间接领导(与其部门有一定相关性)评估值(B_2)	>1	个性可能较强，对非直接领导的意见接受度可能较差	对间接领导尊重不够
	<1	表明本人能较谦和地对待所有相关的领导，谦虚且较谨慎	调适度好
同级的相关部门领导的平均评估值(B_3)	>1	有时有不够尊重其他部门领导的地方，沟通不够，协调能力偏弱	多与其他部门领导沟通，协调关系要谦虚
	<1	部门间的关系处理得较好，同行评估高	要继续保持良好的部门关系
下属部门群众的平均评估值(B_4)	>1	下属对其可能有不满情绪，平时工作作风可能较生硬	多倾听下属的意见，创造一些机会与下属多一些沟通，把自己的困难坦诚地告诉下属
	<1	获得下属拥护，人际关系较好，在群众中有一定威信	要保持民主作用，让下属多参与决策和管理
上、下、左、右及自己的综合评估值(B_5)	>1	本人有显著的自以　为是倾向，人群关系状况较差	要学会谦虚、谨慎，要检查自己的工作作风，改正一些对自己发展不利的个性
	<1	群众关系状态好，个人的心态也较平和	保持平和的心态，在合适的场合表现和推销自己

3. 进行绩效反馈

绩效考核后的面谈与结果反馈对员工的发展是十分关键的。面谈的主要目的：一方面，要让员工了解自己的考核结果背后的原因，以此来增加工时、减少误解和猜疑；另一方面，要改善员工的绩效以及为员工的发展提供建议。有效的绩效管理制度不仅需要这样一次单独会见，而且需要负责人不断地保持与员工的交流，以强调他们在个人发展上的责任。上级和下级都应将绩效考核面谈作为解决问题的时机，而不是一次发现错误的时机。部门主管在计划一次考核面谈时应考虑3个基本内容：讨论员工绩效，帮助员工确定目标，提出员工实现这些目标所需采取措施的建议。

6.5 薪酬与激励

6.5.1 报酬与薪酬的界定

想一想：报酬与薪酬有区别吗？

1. 报酬的概念

报酬是指作为个人劳动的回报而得到的各种类型的酬劳。报酬分为内在报酬和外在报酬两大部分，外在报酬依据其性质又分为直接报酬、间接报酬、和非财务性报酬这3类。

内在报酬是指工作者对工作本身所获得的满足感而言的，包括参与决策权、自由分配工作时间及方式、较多的职权、较有趣的工作、个人成长机会、活动的多元化等，它们都是工作参与的结果；外在报酬是以物质形态存在的各种类型的报酬，包括直接薪酬、间接薪酬与福利、非财务报酬这3类。

不同的对象有不同的报酬类型，完备的报酬构成，如图6.11所示。

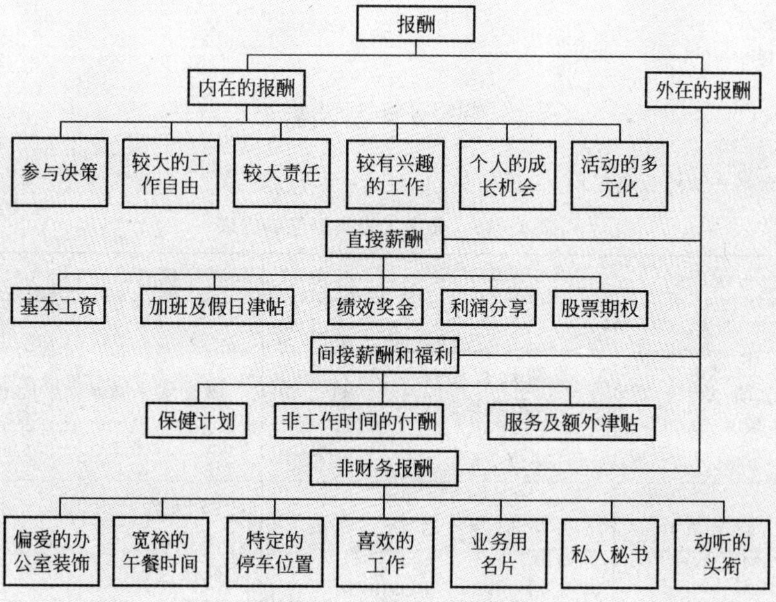

图6.11 整体报酬的结构

2. 薪酬的概念

薪酬是企业因使用员工的劳动而付给员工的钱或实物。凡是具有下列两大要素的报酬都属于薪酬的范围。这两大要素：①基于对组织或团队的贡献；②这种报酬被认为是具有效用的。

薪酬分为直接薪酬和间接薪酬。直接薪酬包括基本工资、奖金、津贴与补贴、股权和福利，它们构成薪酬的主系统，用以维持员工最基本的生活需求；间接薪酬即福利，用以保障和提高员工基本需求之外的更健康、更安全、更有质量和更体面生活的需要。

知识链接

国际劳工组织在《1949年保护工资条约》中定义工资："工资"一词系指不论名目或计算方式如何，由雇主为受雇者已完成和将要完成的工作及已提供或将要提供的服务，凭书面或口头雇佣合同支付的薪金和收入，所支付的薪金和收入可以货币结算并由协议或国家法律或条款予以确定。这里的"工资"系狭义的"工资"概念，主要是指基本工资或标准工资。现实中，广义的"工资"概念就是我们所指的"薪酬"，也就是指直接物质回报的部分，是企业对员工所做的贡献，包括实现的绩效，付出的努力、时间、技能、经验等所支付的直接或间接货币收入，包括基本工资、奖金、津贴、福利等内容。

3. 薪酬体系

薪酬体系主要包括5个方面。

(1) 工资，指根据劳动者所提供的劳动数量和质量，按照事先规定的标准付给劳动者的劳动报酬，也就是劳动的价格。

知识链接

典型工资类型及特征

典型工资类型及特征，如表6-15所示。

表6-15　典型工资类型及特征表

类型	分配原则	特点	形式	优点	缺点
绩效工资	根据员工近期绩效决定工资	与绩效直接挂钩，随绩效浮动	计件工资制、销售提成制	激励效果明显	易助长短期行为，不利提高技能和素质，不适合合作性强的复杂性工作
技能工资制	根据工作能力确定工资	因人而异，技高薪酬	8级工资制	鼓励员工学习技术，有利于人才队伍建设	工资与绩效和责任没联系，导致对工作的挑拣
年功工资制	根据年龄、工龄、学历和经历确定	工龄与工资同步增长	日本式年功工资制	能稳定员工队伍，增强员工安全感和忠诚度	论资排辈，不利于调动员工积极性职务

（续）

类型	分配原则	特点	形式	优点	缺点
工资制	根据与职务相关的不同因素决定	一岗一薪、薪随职变	职位工资制、年薪制	鼓励员工争挑重担，承担责任	激励涉及面受职务多少限制
结构工资	综合考虑员工年资、能力、职务及绩效确定工资	由基本工资、年资工资、职务工资、绩效工资及各种补贴、津贴等构成	岗位技能工资制	综合考虑员工对企业所能付出的劳动，易产生公平感，有较好的激励作用	设计和总体实施都比较麻烦

(2) 奖金。奖金是对员工有效超额劳动的报酬，是为了更好地调动员工的积极性，而对那些为企业付出超额劳动的员工进行的物质奖励。奖金的这种褒扬先进、鞭策后进的作用，使其具有了工资和其他报酬形式不具备的荣誉性。管理者必须根据奖金的特点，慎重选择适合本企业实情的奖金确定方法，以使每项奖金达到各自的激励效果。

特别提示

现在我国讨论较多的股票期权、净利润分享、净资产增值分享等内容均带有奖励的性质，值得深入研究。

(3) 津贴与补贴，指对员工在特殊劳动条件、工作环境中的额外劳动消耗和生活费用的额外支出的补偿。通常把与工作联系的补偿称津贴，把与生活联系的补偿称补贴。主要形式：岗位津贴、加班津贴、地区津贴、野外作业津贴、井下津贴、夜班津贴、流动施工津贴、冬季取暖津贴、高温津贴、职务津贴、放射性或有毒气体津贴等。

(4) 股权，以企业的股权作为对员工的薪酬，作为一种长期激励的手段，能够让员工为企业长期利润最大化而努力。

(5) 福利，是企业通过增加福利和设施，建立各类补贴制度和举办文化体育活动，为工作人员提供生活方便、减轻工作人员生活负担、丰富员工文化生活而从事的一系列事业的总称，包括带薪假期、补贴、教育培训、离退休保障、医疗、安全保护、保险、各种文化娱乐设施等。作为培养员工对企业的归属感和忠诚心的独特手段，福利是报酬分配的一个重要组成部分，历来被企业家及其他管理者们所重视。

特别提示

福利和工资分配所依据的原则不同，工资分配所依据的是“按劳分配”的原则，其水平根据工作人员劳动的数量、质量确定，而福利则是根据整个社会的生活和消费水平，有条件、有限度地解决和满足员工的物质文化需要。

4. 工资制度与工资形式

工资与福利是满足职工生存、安全等物质需要的主要渠道，因而是激励的基础。合理的工资制度是调动职工积极性的手段。总体看来，我国现行的工资制度主要有技术等级工资、职务等级工资制、结构工资制、岗位技能工资制、提成工资、谈判工资制等几种类型。

工资形式也称工资给付方式，我国现行的工资形式主要有两种：一是计时工资，二是计件工资。还有一种作为补充形式的奖金和津贴，在此不做细述。

知识链接

身股、银股、期权

身股、银股和期权是现代股权激励的3大法宝，下面逐一介绍一下它们的来源。

1）身股

身股源于几个世纪前的晋商，当时又称“顶身股”。它是指出资人有条件赠予部分员工的股份。身股拥有一般股份的分红权，但不具有继承、转让和表决权，因此有时也被称为“分红股”。

在晋商存在的那个时代，身股的操作是这样的：一个小伙计入号，先得当3年学徒，做一些侍候掌柜之类的粗活，闲暇学习打算盘、练毛笔字，而字号光管饭，不给工钱。满徒后，按月发薪资，但还顶不上身股。起码等3个账期以后(大约需要10年)，工作勤勤恳恳，没有出现重大过失，经掌柜向东家推荐，各股东认可，才可以顶身股。伙计的身股从1、2厘顶起，慢慢逐步增加。每次增加的身股，记入“万金账”，予以确认。能顶到7、8厘，就可能被提拔为3掌柜、2掌柜，就有大出息了。因此，当时那一带有流行谚语说：“坐官的入了阁，不如在茶票庄当了客。”可见当时身股有多大的诱惑力！

身股分红的发放也比较科学，每逢账期(一般3～5年为一个账期)结算，发放红利。但是需要提取“花红”，即损失赔偿准备金，如山西票号，会依据纯利润的一定比例分给各分号经理一定数额的“花红”，此项花红要积存在号中，并支付一定的利息，等到分号经理出号时才付还。这不仅可以增强分号经理们的风险意识，一旦出现事故，分号经理也有一定的资金基础可用以填补损失赔偿之需。

身股并非“一劳永逸”，如果顶上身股后发生了重大过失，还可酌情扣除身股，直至开除。

2）银股

银股的概念也源于几个世纪前的晋商，是指出资者拥有的股权。银股不仅拥有分红权，还拥有相应的转让、继承和表决权。银股所有者是公司的掌控方，基本等同于现在工商注册中的股份。目前，企业银股通常是以低于实际价值的方式许可员工购买，因此一般都附加严格的获得条件和退出机制，从某种意义上而言，就是银股期权。

3）期权

期权的概念则源于西方，是一种选择权利。期权激励的授予对象主要是公司的高级管理人员，这些员工在公司中的作用是举足轻重的，他们掌握着公司的日常决策和经营，因此是激励的重点。另外，技术骨干也可以是激励的主要对象。

拥有期权的“投资者”可以在规定时期内的任何时候，以事先确定好的价格(协定价格)，向期权的发售方买入或卖出一定数量的“股权商品”而变现；在此期间，不论该“商品”的价格如何变化，期权合约则是对期限、协定价格、交易数量、种类等都做出了约定；在有效期内，买主可以自由选择行使转卖权利；如认为不利，则可以放弃这一权利；超过规定期限，合同失效，买主的期权也自动失效。

身股、银股和期权这3大法宝，在具体实践中既可以单独使用，也可以综合交叉使用，这要根据企业性质、赢利模式、战略重点以及所处的不同发展阶段来权变地运作。

对于大多数的家族企业，如果满足4个条件，可以进行身股的激励这4个条件是：①处于创业期；②规模不大，业务模式比较简单；③企业的赢利点主要来源于员工的积极性；④相对适用于服务行业，如餐饮、连锁经营、商业贸易等。

（资料来源：http：//www.zwgl.com.cn/）

6.5.2 薪酬管理的影响因素

影响薪酬的因素很多，企业在实施的时候，应该根据实际情况的需要，通盘考虑并做出合适的选择。薪酬系统确立的因素大致可以分为外部因素和内部因素两大类。

1. 企业外部因素

1）人力资源市场的供需关系与竞争状况

薪酬的丰歉，无疑是吸引和争夺人才的一个关键性因素。对于对企业成败至关重要的高级管理人员与技术和专业骨干这两类人才而言，尽管他们的需要不仅着眼于金钱及物质方面，但由于薪酬在满足人们各层次需要方面的多功能性，它的作用仍是巨大的。因此，本地区、本行业、本国乃至全世界的其他企业，尤其是竞争对手对于其员工所制定的薪酬政策与水准，对企业确定自身员工的报酬影响甚大，这被称为“比较规范”。在财力允许的条件下，一般企业偏向于使自身员工总的报酬水平至少不低于“比较规范”中的平均水准，以免在人力资源争夺中落于下风。

2）地区及行业的特点与惯例

这里的特点及惯例包括行业性质、特点及地区的道德观与价值观等。例如，传统的“平均”、“稳定至上”的观点若仍主宰着某地区，那么在这里要强调“拉开收入差距”的措施多半不易被接受。因此，沿海与内地、基础行业与高科技新兴行业、国有大中型企业密集地区与“三资”企业集中地区等之间的差异，必然会反映到公司薪酬政策上来。

3）当地生活水平

这个因素从两层意义上影响企业的薪酬体系。一方面，生活水平变了，员工们对个人生活的期望也高了，无形中对企业造成一种制定偏高报酬标准的压力；另一方面，生活水平高了，也意味着物价指数会持续上涨，为了保证员工生活购买力不下降，企业往往也不得不考虑定期地适当调整工资。

4）国家的相关法令和法规

由于历史的原因，我国目前有关各类员工权益保护的正式法律还不算多，但对禁止使用童工和保护妇女、残疾人等方面，已有若干规定。随着我国法制的日臻完善，这类法律会日益增多，企业报酬系统的确定应当遵守国家制定的各类相关法令和法规。

2. 企业内部因素

1）本单位的业务性质与内容

如果企业是传统型的、劳动力密集型的，则员工们从事的主要是简单的体力劳动，且劳动力成本可能在总成本中占较大比重；但就高技术的资本密集型企业而言，由于高级专业人员比重大，且其从事的是复杂的、技术含量高的脑力劳动，相对于先进的技术设备，劳动力成本在总成本中的比重则不大。显然，由于单位业务性质与内容的不同，企业报酬系统的确立存在较大差异。

2）企业的经营状况与实际支付能力

一般来说，资本雄厚的大公司及赢利丰厚且正处于上升阶段的企业，对员工的付酬也较慷慨；反之，规模不大或不景气的企业，则不得不量入为出，且点滴计较。但经营状况在不断变换，且经营好坏无绝对的判断标准，员工一般不愿凭此评价企业的付酬合理性。因此，经营状况对报酬的影响具有间接性和远期性。

3）企业的管理哲学和企业文化

企业的管理哲学和企业文化在这里主要是指企业领导对员工本性的认可及态度。一个把员工当作“经济人”的领导，认为员工所要的就是钱，只有经济刺激才能让员工好好干活；一个把员工当作“社会人”的领导，认为员工不仅从本性上有多方面的追求，钱绝非唯一的动力，员工喜爱有趣的且具有挑战性的工作。这两类领导在报酬政策上显然是大相径庭的。

事实上，企业在制定其报酬政策时，会综合权衡所有上述因素，以建立一个合理的报酬系统。当然，企业也可能会鉴于一些特殊的原因而设定或调整报酬系统，如企业为改变“对员工苛刻吝啬”的形象，可能会适当调高员工的薪酬水平。

就个人经济报酬而言，其决定因素可简化表述，如图 6.12 所示。

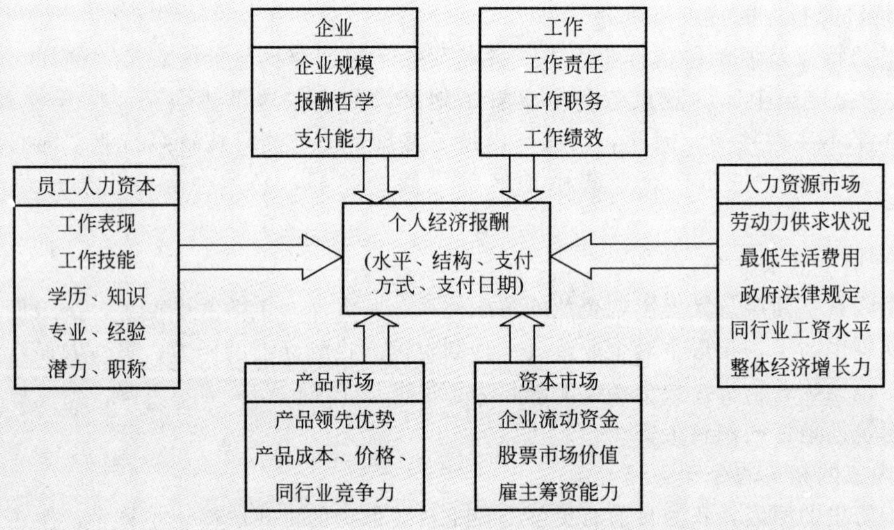

图 6.12 员工经济报酬的主要决定因素

6.5.3 员工的激励

激励就是企业运用激励的理论与方法，对员工的各种需要予以不同程度的满足或限制，以此激发员工的工作热情和工作的积极性，以提高企业的经济效益的行为。

科学研究和管理时间的经验表明：人的行为或工作动机产生于人的某种需要、欲望或期望。这是人的共性，是人的能动性的源泉和动力。

国外对企业经理和员工就员工的需要进行了一项调查，其结果如表 6－16 所示。

表 6-16　员工需要调查表

经理认为员工的需要	1	好的待遇	5	员工自身的真正需要
	2	工作的安全性	4	
	3	升迁与成长	6	
	4	好的工作环境	7	
	5	稳定的工作	1	
	6	技术培训	10	
	7	对员工的信任	8	
	8	欣赏员工的成就	2	
	9	帮助员工的私事	9	
	10	归属感	3	

调查结果令人惊讶，自认为了解下属的大多数经理其实并不了解员工的真正需要。激励最大的障碍在于领导者并不清楚员工的真正需要，只有了解员工的需要和由此产生的动机，才能通过满足员工正当合理的需要，有效地激励员工。

1. *激励理论*

激励理论是关于如何满足人的各种需要、调动人的积极性的原则和方法的概括总结。激励的目的在于激发人的正确行为动机，调动人的积极性和创造性，以充分发挥人的智力效应，做出最大成绩。自20世纪二三十年代以来，国外许多管理学家、心理学家和社会学家结合现代管理的实践，提出了许多激励理论。

主要的激励理论有3大类，分别为内容型激励的理论、过程型激励理论和行为修正型激励理论。

1）内容型激励理论

内容型激励理论主要包括亚伯拉罕·马斯洛(Abraham Maslow)的需要层次理论和弗雷德里克·赫茨伯格(Frederick Herzberg)的双因素理论。

马斯洛需要层次理论提出，人的需要是多层次的，不同的人、不同时期有不同的优势需要，也就是说个体有自己的需要模式。该理论认为，人的需要可以分为5个层次，如图6.13

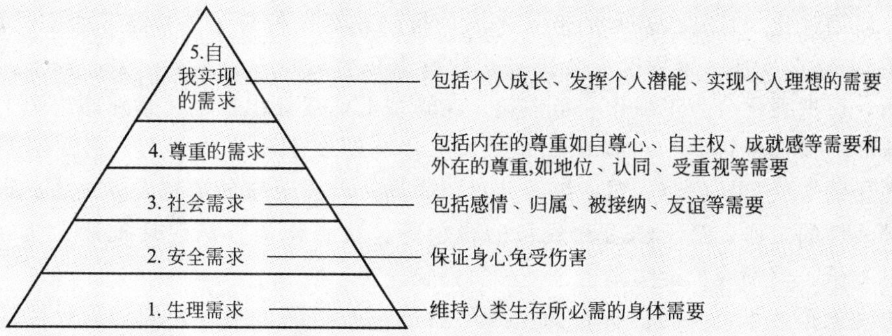

图 6.13　马斯洛需求层次理论示意图

所示，第 1 种是以生理和安全需要为优势的；第 2 种是以交往需要为优势的；第 3 种是以高级需要为优势的。管理者要给人们提供满足各种需要的诱因，使其成为个体行为的目标。

赫茨伯格的双因素理论提出有两类因素：引起满意的激励因素，消除不满意的保健因素。他提出公司、人际关系等属于保健因素，得不到满足会产生不满意，但得到满足了只能消除不满意，不会满意。创造性的工作机会、成就感等属于激励因素，满足了就产生满意感，不满足不会产生满意，也不会不满意。

2）过程型激励理论

研究如何使个人选择管理者是指的诱因，将其认同为自己的行为目标，并且使这个行为保持下去的理论是过程型激励理论。过程型激励理论主要包括维克托·H·弗鲁姆(Victor H. Vroom)的“期望理论”、F. 海德(F. Heider)的“归因理论”和 J. S. 亚当斯(J. S. Adams)的“公平理论”等。

期望理论是心理学家弗罗姆提出的理论。该理论认为，人之所以采取某种行为，是因为他觉得这种行为可以有把握地达到某种结果，并且这种结果对他有足够的价值。换言之，动机激励水平取决于人们认为在多大程度上可以期望达到预计的结果以及人们判断自己的努力对于个人需要的满足是否有意义。

归因理论是美国心理学家海德于 1958 年提出的，后由美国心理学家 B. 韦纳(B. Weiner)及其同事的研究而再次活跃起来。归因理论是探讨人们行为的原因与分析因果关系的各种理论和方法的总称。归因理论侧重于研究个人用以解释其行为原因的认知过程，即研究人的行为受到激励是“因为什么”的问题。

公平理论又称社会比较理论，它是美国行为科学家亚当斯在《工人关于工资不公平的内心冲突同其生产率的关系》、《工资不公平对工作质量的影响》、《社会交换中的不公平》等著作中提出来的一种激励理论。该理论侧重于研究工资报酬分配的合理性、公平性及其对职工生产积极性的影响。

3）行为修正型激励理论

行为修正型激励理论重点研究激励的目的(即改造、修正行为)。主要包括斯金纳的强化理论和挫折理论等。

强化理论是美国心理学家和行为科学家伯尔赫斯·F. 斯金纳(Burrhus F. Skinner)等人提出的一种理论。强化理论是以学习的强化原则为基础的关于理解和修正人的行为的一种学说。所谓强化，从其最基本的形式来讲，指的是对一种行为的肯定或否定的后果(报酬或惩罚)，它至少在一定程度上会决定这种行为在今后是否会重复发生。根据强化的性质和目的，可把强化分为正强化和负强化。在管理上，正强化就是奖励那些组织上需要的行为，从而加强这种行为；负强化就是惩罚那些与组织不相容的行为，从而削弱这种行为。正强化的方法包括奖金、对成绩的认可、表扬、改善工作环境和人际关系、提升、安排担任挑战性的工作、给予学习和成长的机会等。负强化的方法包括批评、处分、降级等，有时不给予奖励或少给奖励也是一种负强化。

挫折理论是关于个人的目标行为受到阻碍后，如何解决问题并调动积极性的激励理论。挫折是一种个人主观的感受，同一遭遇，有人可能构成强烈挫折的情境，而另外的人则并不一定构成挫折。

2. 目标与激励

目标管理的实质就是上下级共同讨论和制定下级在一定考核周期内所需达到的绩效目标，经过贯彻执行后，到规定的考核周期届满，由双方共同对照原定目标测评实际绩效，找出成绩和不足，然后再制定下一个周期的绩效目标，如此不断循环。

知识链接

目 标 管 理

目标管理(management by objectives，MBO)在20世纪50年代中期出现于美国，是以泰勒的科学管理和行为科学理论(特别是其中的参与管理)为基础形成的一套管理制度。这种制度可以使组织的成员亲自参加工作目标的制定，实现“自我控制”，并努力完成工作目标。由于有明确的工作目标作为考核标准，因此，对员工工作成果的评价和建立能做到更加客观、合理，可以大大激发员工为完成组织目标而努力。由于这种管理制度特别适用于主管人员的管理，所以被称为“管理中的管理”。

做任何事情都应该有目标观念。有了鲜明的目标，才有方向感、希望和期待，才能充满热忱、唤起力量。有了目标，人生就有了意义。目标是价值的尺度，人们只有在接近目标实现自我价值的过程中，才会获得成就感和满足感，才会激励自己努力、努力、再努力。

因此，目标本身就具有激励作用。按照弗罗姆的期望理论，激励强度公式(6.1)如下：

$$激励强度=期望值\times效价 \tag{6.1}$$

式中，期望值为人们对大大目标可能性的主观判断；效价为达到目标对个人需要的满足程度，即目标价值。

期望理论的启示：①设定的目标要切实可行，提高目标的期望值；②目标应该与员工的物质和精神需要相关联，使目标有尽可能大的效价；③及时奖励，强化激励。

3. 表扬与批评

表扬是激励的一种形式，是领导工作方式中最富魅力的方式之一，是打动人的心灵、激发人的情感、孤立人的热情的极佳手段。

表扬也有多种形式，如当众表扬、个别表扬、直接表扬、间接表扬等。用多种形式的表扬可扩大表扬的内容和范围，增强表扬的效果。表扬可以强化人的长处、使人的偶然行为变成持久行动，及时地表扬会产生及时的行动，评价越快，进入行动越早。

表扬时也要注意一定的技巧，前面讲过的斯金纳的强化理论可以作为指导。例如，表扬(奖励)被表扬者期望的行为、注意实施不同的强化方式、要依照强化对象的不同采用不同的强化措施等。同时，应注意及时反馈，即通过某种形式和途径及时将工作结果告诉行动者。要取得最好的激励效果，就应该在行为发生后尽快采取适当的强化方法。此外也要注意，正强化比负强化更有效，很多时候，表扬的方式往往比批评更易达到激励的目的。

4. 综合运用奖励与惩罚

奖励和惩罚是规范人们行为的有效杠杆，是激励职工的基本手段，但奖励和惩罚如何恰当配合、综合运用，则是值得认真研究的。

奖励和惩罚不是目的，必须从组织目标出发进行奖惩，应坚持以奖励为主，以惩罚为辅的原则。奖惩需以科学的考核为主要依据，公正和公平的奖惩，必须建立在公正和公平的考核基础之上。奖惩应做到及时、适度，古人说："国家大事，唯赏与罚，赏当其劳，无功者自退；罚当其罪，为恶者咸惧。"同时，也应注意认真疏导挫折心理，对不同的员工采用不同的激励手段，以达到最佳的激励效果。

管理案例

股权激励的具体操作

1．天津W集团

天津W集团，是一家从事五金代理和零售的企业，集团有26家门店、共500名员工。每个店都称自己人手不够，但是公司连年亏损、管理落后、效率极低，濒临破产的边缘。这是因为原来的激励制度使得员工没有工作积极性，但当推出"442"的身股激励机制，即以去年的利润为基数，今年利润增加部分的40％上缴公司，40％分给店长，20％分给员工，结果两个月内企业裁掉了100多人，公司利润却直线上升。

随着企业的发展和壮大，单纯的身股激励可能还不够，造成这种情况的原因有两个：一是员工有钱了，可能产生惰性；二是身股毕竟没有继承和转让的分红权，员工可能关心短期的利益，而忽视企业的长期发展。

遇到这种情况怎么办呢？可以通过制度的设计将身股逐步转化为银股或期权，让员工有条件地将身股分红获得的利润用于购买公司的银股或期权，这样就做到了短期激励和长期激励的统一。

2．浙江服饰企业N公司

浙江的服饰企业N公司，它有直营和加盟代理两种赢利模式，但是直营店的效益一直不如加盟代理，自己卖反而不如别人卖赚钱，这是为什么？还是激励制度的问题。通过对该公司的25家直营店进行的数据分析、实地调研和访谈跟踪，按照业绩分为赢利店和亏损店，先做身股激励，赢利店以上一年的利润额为考核指标，超出上一年利润的40％上交公司，60％用于激励店长和员工。亏损店以扭亏为考核指标，所得利润的30％上交公司，70％激励店长和员工，扭亏后的第二年按赢利店政策进行分红。

对于业绩非常优秀的店长和店员，设计了员工的内部创业计划，员工用身股分红购买银股，成为所在直营店真正的股东，最大额度为20％。若资金缺乏，可考虑暂时入资10％，其余的10％向公司贷款，公司收取利息。在银股股权兑现之前，只享受10％的银股分红＋20％的身股分红。每年分红得到的钱，60％～80％先还给公司，用于兑现余下的银股。银股全部兑现完成后，店长可享受20％的银股分红＋20％的身股分红。这个方案很得老板和员工的支持，效果很好。

对于有上市可能的公司，期权激励的作用更为显著，这种被授予的股份可以是身股，也可以是银股；可以在工商行政管理局注册，也可以不注册；受《中华人民共和国公司法》等法律约束。期权的购买价格可以为零，也可以是某个事先确定的价格；被激励的对象可以选择购买也可以放弃，非上市公司也可以采用期权激励。

期权激励的主要对象是公司高管，使高管在未来的某个确定的时期内以事先约定的价格购买公司股票。显然，当公司股票价格高于授予期权所指定的价格时，高管行使期权购买股票，可通过以指定价格购买、市场价格卖出就获利。由此，高管会有动力提高公司内在价值，从而提高公司股价，并可以从中获得收益。

（资料来源：http：//www.zwgl.com.cn/）

本章小结

人尽其才、物尽其用，是企业得以迅速发展的不二法则，企业想要在激烈的市场竞争中立于不败之地，进行战略性的人力资源管理是必由之路。人力资源管理要求首先要进行人力资源规划，然后进行工作分析确定相应工作的任务和性质以及哪些类型的人适合从事这一工作，进而采用一定的方法对企业中各种岗位的相对价值做出评定依据，并以此作为岗位评价及薪酬分配等的基础。

在确定了企业的人力资源需求及岗位职责后，可采用面试、笔试、情景模拟、心理测试等方法，选择合适的人员到组织中，并安置在适当的位置。对于招聘来的新员工或现有员工，组织需要通过培训来传授其完成目前或未来工作所必需的知识、技能以及态度，提高员工的工作技能与工作热情，以达成组织的经营目标。

为实现组织的目标，企业还必须有效地管理好每一个员工绩效，并帮助员工成功设计自己的职业生涯。绩效管理的主要目的是建立客观、简洁的绩效优化体系，实现组织与个人绩效的紧密融合。排序法、配对比较法、强制分布法、关键事件法、行为锚定法以及平衡计分卡等方法是现代企业常用的绩效考核方法。

企业往往还需运用相关的理论与方法，对员工的各种需要予以不同程度的满足或限制，以此激发员工的工作热情和工作的积极性，以提高企业的经济效益。企业中常见的薪酬体系主要包括工资、奖金、津贴与补贴、股权、福利等形式。

复 习 题

1．填空题

(1) 需要层次理论所陈述的5种需要：生理需要、________________、社会需要、尊重的需要和______________需要。

(2) 在人力资源开发与管理中，通常可以把人的一生分为3大阶段，即输入阶段、输出阶段和_______________阶段。

(3) 岗位评价的实质是将工作岗位的劳动价值、岗位承担者的贡献与工资报酬有机结合起来，通过对岗位劳动价值的量化比较，确定____________________的过程。

(4) 在岗位评价方法中，“因素比较法”里的“因素”指的是__________因素。

(5) 招聘的依据是人力资源计划和____________________。

2．判断题

(1) 职位分析是人力资源其他几个职能的基础。 (　　)

(2) 绩效管理是人力资源管理各个职能的核心。 (　　)

(3) 在招聘录用过程中，招聘环节吸引来的应聘者越多越好。 (　　)

(4) 面试的过程就是面试者向被面试者提问的一个过程。 (　　)

(5) 在对员工进行培训之前，应先对培训师本人进行培训。 (　　)

(6) 绩效管理的目的是确定员工薪酬。 (　　)

(7) 在人力资源规划中，当人力资源的需求预测数量等于供给预测数量时，说明人力资源的供需已

经平衡。 （ ）

(8) 岗位分析的结果是岗位说明书。 （ ）

(9)“因人设岗”是设置岗位的基本原则。 （ ）

(10) 适当地授权可以增加管理幅度。 （ ）

3. 选择题

(1) 我们经常通过猎头公司来招聘企业需要的高级管理人员，一般情况下，猎头公司的代理费用为（ ）。

A. 不固定　　B. 双方商议决定

C. 市场决定　　D. 大约个人年薪的 1/3

(2) 如果我们要进行工作分析，那么我们常用的方法有（ ）。

A. 调查表、座谈、现场考察　　B. 常规工作分析、典型工作分析

C. 调查表、常规工作分析、典型工作分析　　D. 座谈、现场考察、典型工作分析

(3) 笔试是我们录用人员的一个常用的办法，在进行笔试的时候，对基础知识和素质能力的测试一般包括两个层次，即（ ）。

A. 思维能力和应用能力　　B. 知识能力和动手能力

C. 知识能力和举一反三能力　　D. 一般知识能力和专业知识能力

(4) 下面的绩效考评因素中，不属于能力考核的因素是（ ）。

A. 创新能力　　B. 技能熟练程度　　C. 计划能力　　D. 经验阅历

(5) 需求层次理论是由（ ）提出的。

A. 梅奥　　B. 赫茨伯格　　C. 马斯洛　　D. 泰勒

(6) 人员报酬中最重要的部分是（ ）。

A. 工资　　B. 奖金　　C. 津贴　　D. 福利

(7) 绩效考核中的强制分配法在确定优、中、劣各等级人数比例时遵循的是正态分布规律，即（ ）

A. 按“两头小，中间大”分布　　B. 按“两头大，中间小”分布

C. 按“从小到大”分布　　D. 按“从大到小”分布

(8) 内部招募的优点是（ ）。

A. 招募花费的费用较低　　B. 带来新思想、新方法

C. 有利于招到一流人才　　D. 有利于树立企业形象

(9) 根据劳动的复杂程度、繁重与精确程度和责任大小来划分等级，根据等级规定工资标准，这是（ ）。

A. 技术等级工资制　　B. 职务等级工资制

C. 结构工资制　　D. 多元化工资制

(10) 目前在激励员工方面应用最普遍的员工所有权形式是（ ）。

A. 员工持股计划　　B. 股票期权计划

C. 收益分享计划　　D. 利润分享计划

4. 思考题

(1) 一个企业原有总经理级人员 4 名，部门经理级人员 12 名，其他员工 120 名。一年后，总经理级人员退休 1 名，辞职 1 名；部门经理级人员退休 2 名，辞职 3 名；其他人员退休 10 名，辞职 5 名。如果该企业规模维持不变，你将如何来编制人力资源计划？

(2) 企业怎样才能选拔出优秀的人才?

(3) 内部招聘和外部招聘各有哪些优缺点? 企业应该如何运用这两种途径?

(4) 什么是职业生涯? 职业生涯管理的影响因素有哪些?

(5) 为什么说绩效管理是一项有很大难度的工作?

(6) 你认为应该如何综合利用奖励和惩罚手段以达到有效激励的目的?

5. 案例分析题

招聘营销副总经理

G公司是一家新近成立的中美合资公司，主要经营玉米类休闲食品。作为一家经营新产品并面对陌生市场的新公司，主管营销工作的副总经理是至关重要的。他需要直接领导数名销售主管，管理20余人的销售队伍，并要在短期内为公司的产品打开局面，可谓责任重大。G公司希望通过招聘找到一名优秀人才担任这一职务。

约有20位应聘人员参加了第一轮面试。在第一轮面试中，G公司着重考察了他们的工作经历，实际操作经验和业务方面的知识，并从中选出4人进入下一轮面试。G公司本希望通过第二轮面试确定营销副总的人选，没想到面试结束后，公司内部对选择哪个人意见不一。

原因是这4个人的条件十分近似，又各有所长。他们有的是原公司的销售冠军，有的是地区销售经理，且都具有大学以上学历和多年的市场营销经验，目前都在知名的食品、饮料公司承担不同级别的销售管理工作。

(资料来源：何娟.《人力资源管理》[M]. 天津：天津出版社，2000)

讨论题

(1) 你认为应该怎样解决这一难题?

(2) 请你就本案例设计一个面试方案。

点击公司的激励方法

点击公司的办公室与其他网络公司极其相似——员工穿着随意，娱乐室里放着一台模拟游戏机。该公司是一家提供企业对企业软件的先锋企业，它的软件用于企业对同伴与客户关系的管理，同时它还提供用于会计、库存、市场、订货等管理方面的软件。公司的CEO迈克尔(Michael)带领公司走过了艰难的起步期，并与2000年6月首次成功公开地发行了股票。他对员工的激励方法：让员工离开工作场所去做一些完全不同的、某种程度上带有“惩罚”性质的任务。

费罗(Ferro)相信偶尔经历重大挫折对激发员工工作动机有好处。针对那些或是消极倦怠或是自鸣得意的程序人员，他创造了一种自己称作“受罚席”的办法。实际上，这是一项临时性的任务——去公司的销售部工作，可能几周时间也可能几个月。尽管那些被选定的员工把这种规定视为一种惩罚，但费罗却看到了这种做法的积极方面，它为这些与世隔离的程序员提供了一些新经验，并拓宽了他们的工作责任。

这其中的“惩罚”表现在两个方面：一方面，所有的销售人员，包括在这里临时工作的程序员，都被要求穿职业装上班。由于程序员习以为常的穿着是T恤衫和牛仔裤，穿西装、打领带总让他们感到有点丢脸。另一方面，绝大多数程序员喜欢的是那种与世隔绝、不受外界干扰的生活方式，但现在却意味着放弃隐居生活，不能整天在电脑前写程序，取而代之的是不得不每天不断地给顾客打电话。对于那些习惯于与电脑对话的人来说，做到这一点不容易。这些人之所以选择这个职业，很大程度上是因为工作中的独立性和免干扰性。尽管被派去的做临时销售的人员多多少少与工作当中出现的一些污点有是关，但确实有一些程序员承认从事这项工作有一定的价值。

（资料来源：罗宾斯.《管理学》[M]. 北京：中国人民大学出版社，2004.）

讨论题

(1) 运用马斯洛的需要层次理论来解释费罗的激励做法的优缺点。

(2) 假如你是点击公司的程序员，当你被置于“受罚席”时，你有何想法？

通达公司员工的绩效考评

通达公司，成立于20世纪50年代初，目前公司有员工1000人左右。总公司本身没有业务部门，只有一些职能部门；总公司下有若干子公司，分别从事不同的业务。

绩效考评工作是公司重点投入的一项工作，公司的高层领导非常重视，人事部具体负责绩效考评制度的制定和实施。人事部在原有的考评制度基础上制定了《中层干部考评办法》。在每年年底正式考评之前，人事部又出台当年的具体考评方案，以使考评达到可操作化程度。

公司的高层领导与相关职能部门人员组成考评小组。考评的方式和程序通常包括被考评者填写述职报告、在自己单位内召开全体员工大会进行述职、民意测评(范围包括全体员工)、向科级干部甚至全体员工征求意见(访谈)、考评小组进行汇总，写出评价意见并征求主管副总经理的意见后上报公司总经理。

考评的内容主要包含3个方面：①被考评单位的经营管理情况，包括该单位的财务情况、经营情况、管理目标的实现等方面；②被考评者的德、能、绩及管理工作情况；③下一步工作打算，重点努力的方向。具体的考评细目侧重于经营指标的完成、政治思想品德、对于能力的定义则比较抽象。各业务部门(子公司)都在年初与总公司对于自己部门的任务指标进行了“讨价还价”的过程。

对中层干部的考评完成后，公司领导在年终总结会上进行说明，并将具体情况反馈给个人。尽管考评的方案中明确说考评与人事的升迁、工资的升降等方面挂钩，但最后的结果总是不了了之，没有任何下文。

对于一般员工的考评则由各部门的领导掌握。子公司的领导对于下属业务人员的考评通常是从经营指标的完成情况来进行的；对于非业务人员的考评，无论是总公司还是子公司均由各部门的领导自由进行。至于被考评人员来说，很难从主管处获得对自己业绩有列评估的反馈，只是到了年度奖金分配时，部门领导才会对自己的下属做一次简单排序。

讨论题

(1) 绩效考评在人力资源管理中有何作用？这些作用在通达公司是否有所体现？

(2) 通达公司的绩效考评存在哪些问题？如何才能克服这些问题？

第 7 章 企业营销管理

学习目标

通过本章学习，学生应当能够达到以下方面要求。

识别和定义

市场营销

市场细分

目标市场

市场定位

营销组合

描述或解释

营销观念

市场营销的新发展

市场营销机会

目标市场选择方式

市场定位策略

营销组合策略的内容

导入案例

中国企业如何救活国际品牌

目前已位居中国运动服装品牌第三位的Kappa公司(以下简称Kappa)初进入中国之时定位相当模糊。其早年的代理商李宁公司起初试图用传统的专业性产品线来征服消费者，聚焦专业体育领域，在产品定价等各方面向耐克、阿迪达斯看齐，并与之争夺市场。但由于产品雷同以及品牌号召力有限，效果并不好，经营一直处于亏损状态。

2004年，尚不知名的中国本土企业中国动向(集团)有限公司(以下简称中国动向)取得了Kappa在中国市场的独家代理权。2005年5月，又买断了Kappa在中国内地及中国澳门地区的品牌所有权和永久经营权。这使得中国动向从特许使用商转变为品牌拥有者，并实现了对Kappa品牌的全面控制。之后，它对Kappa品牌实施了重新定位：建立了“运动、时尚、性感、品位”的时尚运动形象，用鲜艳的色彩、收身的剪裁、极易识别的标识增强品牌的识别性，其核心客户是18～30岁的年轻人，这就避开了运动服装市场主导品牌的市场压力。

品牌就是一种核心资源。Kappa之所以能够把之前李宁公司旗下的一个“鸡肋”业务，变成一个价值30亿元的企业，其根源就在于中国动向身份的改变，对品牌控制力的彻底掌握，由此也体现出“控制力”对于商业模式的重要性。

在中国市场占据主动之后，中国动向又将目光瞄准了亚洲时尚的前沿——日本。2008年4月，中国动向收购了拥有Kappa品牌在日本所有权与经营权的菲尼克斯公司。这充分体现了Kappa“单一品牌国际化，区域多品牌”的品牌管理模式。中国动向计划发展成国际化的单一品牌，正是占有其90%以上销售收入的Kappa品牌。而菲尼克斯公司不仅拥有Kappa品牌在日本的所有权和经营权，也是Kappa品牌在全球的3个所有者之一。此外，旗下更有滑雪运动品牌“PHENIX”。这些条件皆与中国动向的战略目标相吻合。收购菲尼克斯公司之后，中国动向也在其国际化征程上走出了第一步。

在经营模式上，Kappa打造了一个与李宁公司类似的“轻”公司模式，不做加工，只做设计、下订单，这让Kappa能够保持较高的毛利率。一方面，中国动向将绝大部分店面交给分销商，且一个大区仅限一个代理商，避免了恶性竞争，这些都使得中国动向获得了快于国内同行的资金周转和存货周转。另一方面，为了使销售渠道也变“轻”，中国动向不设任何大区经理，通过经销商管理全部店铺，不做太多干预，仅在部分区域设立为数不多的直营店。同时还借助一套店铺评级体系及支持标准，给予店铺直接的货架返利或者装修返利，极大地刺激了分销渠道的快速拓展，在短时间内形成庞大的经销网络。

改变品牌定位之初，为了消除经销商对Kappa新产品缺乏信心的问题，中国动向进行了渠道创新，即改赊销模式为代销模式。这相当于库存风险不由经销商承担，而全部由中国动向承担。同时为了适应电子商务迅速发展的趋势，中国动向采用了两方面策略避免渠道冲突。①线上和线下渠道进行分工协作，通过厂家自建B2C商城的形式，以厂家的高度面向全国的消费者，打破地域限制；②让线下的渠道商成为中国动向网络商城的线下延伸，同一区域的消费者网上购物，实际上是本区域渠道商提供的产品。这在一定程度上实现了线上线下渠道的合理分工，减少了线上、线下渠道之间的摩擦。

(资料来源：http：//www.zwgl.com.cn/2010-10-29)

想一想：中国动向的品牌定位有何特别之处？渠道建设方面有何创新？效果如何？其经营方式对我国的众多企业有何启示？

7.1 企业营销管理概述

7.1.1 市场营销的概念

市场营销是个人和群体通过创造并同他人交换产品和价值以满足需求和欲望的一种社会管理过程。市场营销的主体是人和群体，目的是满足需求和欲望，手段是交换，载体是产品，本质是社会管理过程。它涉及5个核心观念：①需要、欲望和需求；②产品；③效用和满足；④交换、交易和关系；⑤市场、市场营销和市场营销者。

7.1.2 市场营销观念及其演变

想一想： *为什么要研究营销观念？都有哪些市场营销观念？*

营销观念是企业组织营销活动的指导思想，它的核心问题是以什么为中心来开展企业的生产经营活动。营销观念的正确与否对企业经营的成败具有决定性的意义。营销观念是随着商品经济的发展而发展的，在一定程度上反映了经济发展规律的宏观要求。指导企业市场营销活动的观念先后有生产观念、产品观念、推销观念、市场营销观念、社会营销观念和大市场营销观念等。

1. 生产观念

生产观念盛行于20世纪的前30年，是指导生产者最古老的观念。当时的企业奉行“我能生产什么，我就卖什么”。企业的一切活动都以生产为中心。此观念是在产品供不应求的条件下产生的。由于产品供不应求，销售不成问题，所以企业的主要任务就是努力提高生产效率，增加产量，降低成本，生产出让消费者买得到和买得起的产品。在第一次和第二次世界大战后的一段时期内，由于物资短缺，许多产品供不应求，因此该观念在企业管理中颇为流行。可以说在短缺经济情况下，生产观念是指导市场营销的有效观念。

知识链接

福特公司的T型车

福特汽车公司的T型车，省去了一切多余的功能，完全是单一车型、单一颜色，后来又采用了流水线作业方式，生产效率大大提高，成本大幅度降低，价格也是一降再降。1910年，每辆T型车售价950美元，在1924年降到290美元，创造了同一车型累计销售1500万辆的历史记录。当时大家形容T型车是“从柜台上递给顾客的”，而不是“到处兜售”。福特汽车公司几乎击垮了所有的竞争对手，成为当时美国最大的汽车公司。

2. 产品观念

产品观念是从生产观念中派生出的一种陈旧的经营观念。它仍然是建立在以企业产品为中心的基础之上的。产品观念认为消费者最关心的是产品的质量、性能和特色。因此，企业的任务就是设计、开发、生产优良的产品，并不断改进。该观念没有意识到消费者需要的不是产品本身，而是产品提供的功能。因此，和生产观念一样，它也定位于生产者，较少与消费者沟通，这往往会导致“营销近视症”，即过分重视产品而忽略了顾客的真正需求。

特别提示

我国的“酒好不怕巷子深”、“一招鲜，吃遍天”等，都是该观念的反映。

3. 推销观念

随着科学技术的进步，生产力的提高，产品的数量和花色品种也开始大大增加，市场上的商品供过于求。1929年爆发的经济危机给资本主义世界带来了沉重的打击，企业担心的是如何去扩大产品的销售而不是如何去扩大产品的生产。这样，推销观念开始占据了主导地位。

特别提示

推销观念是以下列判断为前提的，即消费者不会因自身的需求与愿望来主动购买商品，而必须在强烈的销售刺激下才会采取购买行为。因而企业的主要任务不是扩大销售，而是通过各种促销手段促使消费者购买。因此，企业非常注重运用推销术、广告术来刺激消费者。

4. 市场营销观念

市场营销观念是商品经济发展史上的一种全新的经营哲学，它是第二次世界大战后在美国的新市场形势下形成的，然后又相继盛行于西欧和日本。该观念认为：企业的一切计划与策略都应以顾客为中心；满足消费者的需求与愿望是企业的责任；在满足需要的基础上，实现企业长期的、合理的利润。因此，“顾客至上”，“顾客是上帝”，“顾客永远是对的”等口号，成为企业的座右铭。

该观念的理论基础是“消费者主权论”，即决定生产何种产品的主权不在生产者，也不在政府，而在消费者。在生产者和消费者的关系上，消费者起支配作用，生产者应根据消费者的意愿和偏好来生产。

特别提示

消费者主义成为一种流行的社会运动，就证明过去20年里市场营销没有真正被广泛实行，消费者主义是市场营销的耻辱。

——彼得·F. 杜拉克(Peter F. Drucker)

但资本主义生产的目的毕竟是为了利润，满足需要不过是获取利润的手段。许多企业为了牟取暴利，往往置消费者的利益和社会利益于不顾，如虚假的广告宣传、冒牌的或有害的商品、不择手段的推销等。因此，20世纪60年代以来，在西方发达国家兴起了一个旨在维护自身利益的消费者主权运动。在这一运动的推动下，许多国家的政府也加强了保护消费者的立法和执法。

5. 社会营销观念

社会营销观念就是企业不仅要满足消费者的需要和欲望，而且要符合消费者自身和整个社会的长远利益。要正确处理消费者欲望、消费者利益和社会长远利益之间的矛盾。社会营销的任务在于把上述4方面的利益协调起来，做到统筹兼顾。

社会营销观念产生于20世纪70年代。它的提出一方面是基于对单纯的市场营销观念的质疑，另一方面是基于对广泛兴起的“消费者运动”的反思。企业奉行单纯的市场营销的观念往往会忽视消费者个人需要与社会长远利益之间的矛盾，造成资源浪费、环境污染等社会弊端，如易拉罐软饮料，虽然可以迎合人们求便利的需要，但也是一个很大的浪费，而且也是造成环境脏乱的原因。再如，农药虽然可以帮助消灭害虫，但却污染了江河，杀死了益虫、鱼类，破坏了生态平衡。在此背景下，西方学者提出了社会营销观念，强调企业在做市场营销决策时，要将企业利益、消费者利益和社会利益3者统一起来。

特别提示

“人类观念”、“理智消费观念”、“生态学营销观念”同属社会营销观念，是同一问题的不同侧面。

6. 大市场营销观念

近年来，国际市场的竞争日益激烈，许多国家的政府加强了对经济的干预，贸易保护主义抬头，在此形势下，菲利普·科特勒(Philip Kotler)于20世纪80年代提出了一种新的营销观念企业在进行营销活动时，不仅要顺从和适应周围环境，而且可以影响它；企业不仅仅可以满足顾客需要，而且还可以利用6Ps打开和进入某一市场，创造或改变顾客的需求。

特别提示

6Ps是指产品(product)、价格(price)、分销渠道(place)、促销(promotion)、政治力量(political power)、公共关系(public relations)6个方面。

7.1.3 市场营销的新发展

经济环境的变化和市场营销理论和实践的不断深化，推动了市场营销的不断发展与创新。信息技术的发展和网络的普遍应用为市场营销手段的创新提供了技术条件。近十几年来，新的营销理论和实践不断涌现，推动了市场营销学科的发展，出现了许多新的营销理论，主要有6个。

1. 关系营销

科特勒的“大市场营销”观念的提出，直接启发了关系营销概念的提出。在关系营销的产生和发展过程中，更是得益于信息技术的驱动以及对系统论、协同学的役使原理和传播学的交换理论等的借鉴，进而对传统营销理念的拓展。

关系营销就是把营销活动看成是一个企业与消费者、供应商、分销商、竞争者、政府机构及其他公众发生互动作用的过程，其核心是建立和发展与这些公众的良好关系。

2. 绿色营销

20世纪90年代以来，绿色营销风靡全球，企业营销步入了企业责任与社会责任为一体的理性化的高级阶段。绿色营销就是以促进可持续发展为目标，为实现经济利益、消费者需求和环境利益的统一，市场主体根据科学性和规范性的原则，通过有目的、有计划地开发及同其他市场主体交换产品价值来满足市场需求的一种管理过程。在此，企业所服务的对象不仅是顾客，还包括整个社会；同时，市场营销过程的永续性，一方面需要依靠环境不断地提供市场营销所需要的资源的能力，另一方面还要求能持续吸收营销所带来的产物。

3. 体验营销

2001年，美国著名未来学家阿尔文·托夫勒(Alvin Toffler)预言：服务经济的下一步是走向体验经济，人们会创造越来越多的跟体验有关的经济活动，商家将依靠提供体验服务取胜。人们的消费需求和欲望也随着体验经济的渐进发展而发生新的变化，人们更加期待某些不同寻常的产品或经历，并乐于体会由此产生的心灵感受。因此，面对新的消费心理和需求，企业应洞察先机，积极开展体验营销。

体验营销就是企业以满足消费者的体验需求为中心所开展的一切营销活动。它主要研究如何根据消费者的期望，利用现代技术、艺术、大自然以及社会文化传统等各种手段来丰富产品的体验内涵，从而更好地满足人们的娱乐体验、情感体验、超脱体验及审美体验等需求，在给人们心灵带来震撼和满足的同时实现产品销售的目的。

管理案例

创维的体验营销

2010年8月，创维集团有限公司第一家旗舰产品体验店正式开业，在业内首先尝试以体验的方式推广高端产品。这里没有纷杂的市场导购，没有拥挤的人群，以提供高端技术体验为主。在这里，顾客可以像在家一样，亲自操作，放心地体验各种功能，需要导购时，他们会及时出现。服务人员可以根据顾客的不同需要，提供确切的指引及协助，顾客现场进行各种不同的体验，真正享受视觉盛宴，体验“健康美妙生活”。

4. 网络营销

20世纪90年代以来，飞速发展的互联网促使网络技术应用急剧增长，全球范围的企业纷纷上网提供信息服务和拓展业务范围，积极改组企业内部结构和发展新的管理营销方法。网络营销就是伴随着信息技术的发展而发展的。网络营销就是以互联网为媒体，并用相关的方式、方法和理念实施营销活动以更有效地促成个人与组织交易活动的实现。网络营销作为适应网络技术发展和信息网络时代社会变革的新兴营销策略，越来越受到企业的重视。它是目标营销、直接营销、分散营销、顾客导向营销、双向互动营销、远程或全球营销、虚拟营销、无纸化交易和顾客参与式营销的综合。

5. 数据库营销

20世纪90年代以来，随着信息技术的迅速发展和普及，出现了一种适应现代信息社会的独特营销方式——数据库营销。这是营销领域的一次重要变革，是一个全新的营销理念。数据库营销是指企业通过收集和积累消费者的大量信息，经过处理后预测消费者购买某种产品的概率，借助于这些信息给产品以精确定位，有针对性地传播营销信息，以达到说服消费者购买产品的目的。

数据库营销需要经过系统地顾客数据资料的统计分析，准确进行市场细分和定位，进而实施创造性、个性化的营销策略。数据库能及时反映市场的实际状况，是企业掌握市场的重要途径。因此，高度的理性和个性化的营销策略是数据库营销的灵魂；同时，数据库营销可以发现和创造新市场、维持现有市场，可以与消费者进行高效的、可测量的、双向的沟通，真正实现消费者对营销的指导作用。此外，数据库营销还意味着创造力、判断力、直觉、团队精神和洞察力，它需要深刻地理解人、机器、错综复杂的关系和系统。它是技术和文化的交融，是过程与目标的结合，是消费者与企业的联姻。

6. 顾客关系管理与交叉销售

随着全球信息技术的迅速发展，尤其是营销自动化软件的开发及应用，数据处理技术在市场营销领域得到广泛应用，其中，顾客关系管理和交叉销售给企业营销带来的变化最明显。顾客关系管理起源于20世纪80年代初的接触管理，即专门收集整理顾客与企业的相互关系的所有信息，借以改进企业经营管理和提高企业经济效益。到了20世纪90年代中期，接触管理逐渐演变为包括呼叫中心和数据分析在内的顾客服务。经过20多年的不断发展，顾客关系管理最终形成了一套完整的管理理论体系。它既是一种市场导向的企业营销理念，也是面向顾客，优化市场、服务、销售业务流程，增强企业部门间集成协同能力，加快顾客服务的响应速度，提供顾客满意度和忠诚度的一整套解决方案。

交叉销售是顾客关系管理的一个重要应用领域。它是指借助于顾客关系管理，发现现有顾客的多种需求，并通过满足其需求而销售多种相关服务或产品的一种新兴营销方式。交叉销售不仅是一种营销方式，更是一种营销哲学，即充分利用一切可能的资源来开展营销，服务市场，赢得顾客，甚至在更大的范围内与合作伙伴共享市场。这些资源包括自己现有的、可以开发或正在开发的，也包括合作伙伴的，如一个高尔夫俱乐部会员卡的购买者可能也是轿车购买者，还可能是健康服务购买者，如果了解这些顾客的消费属性和兴趣爱好，我们就可以根据更多的客观参考变量做出正确判断。所有这些都要借助于客户关系管理，由数据库来进行存储和分类。

7.2 市场营销机会分析

7.2.1 市场营销宏观环境分析

现代企业所处的营销环境经常变化，这些变化既可能带来机会，也可能带来威胁。优秀的企业能随时分析、掌握市场环境的变化，并通过改变自身的结构、体系、目标和方向来适应市场环境的变化。一些曾经很成功的企业，如美国通用汽车公司、IBM 等曾有过因为没有跟上环境的变化而遭受到损失的教训。

宏观的市场因素对企业有很大影响，而且企业无法控制这种影响因素。企业只能研究宏观环境及其变化，寻找对自己有利的机会。宏观环境因素主要包括人口因素、自然因素、技术因素、政治因素和文化因素。

(1) 人口因素。市场是由特定需要的人所构成的，因此，人口的规模与增长速度、年龄结构与民族构成、教育程度、家庭结构、地区分布与流动等都对企业有重要影响。同时，市场不仅取决于人的多少，也需要购买力的支持。影响购买力的因素主要是收入水平、收入分配、价格水平、消费者的储蓄和消费情况等。

(2) 自然因素。自然因素主要是指自然资源的状况、原材料的状况、能源供应等；另外，随着环境污染的加剧，各国对环境保护的立法加强也属于自然因素之一。

(3) 技术因素。技术推动了经济增长，改变了人类的生产、工作、生活、思考与娱乐方式。例如，互联网技术的发展，带动了一大批相关产业的发展，而且使传统产业也得到了改进，成为影响今天商业环境的一个重要因素。

(4) 政治因素。对市场营销产生影响的政治因素主要是政府政策、立法以及一些来自利益集团的压力。因此，市场营销者应该研究这些方面的影响。

(5) 文化因素。文化是一个群体共同遵守的行为规范和价值观，文化对群体中的每个人都有内在的约束。文化具有持续性和稳定性。除主流文化外，在较小的群体内还有亚文化。另外，一种文化还会受到外来文化的影响，并随时间而发生变化。文化深刻地影响着人们的价值观、生活方式和消费观念等，因此，企业在市场营销中应充分重视文化因素的影响。

7.2.2 消费者市场分析

市场营销的目的是为了满足消费者的需要和欲望。准确了解消费者的动机和行为，对于制定好的营销组合至关重要。在过去，企业规模小，销售人员和经理与顾客直接接触，对消费者的情况很熟悉。但是，现代企业规模都比较大，面对的是形形色色的众多消费者，因此，市场营销者需要用专门的方法去调查消费者的心理和行为，为制定营销组合策略提供帮助。消费行为学认为消费者的购买行为遵循刺激—反应模式，如图 7.1 所示。

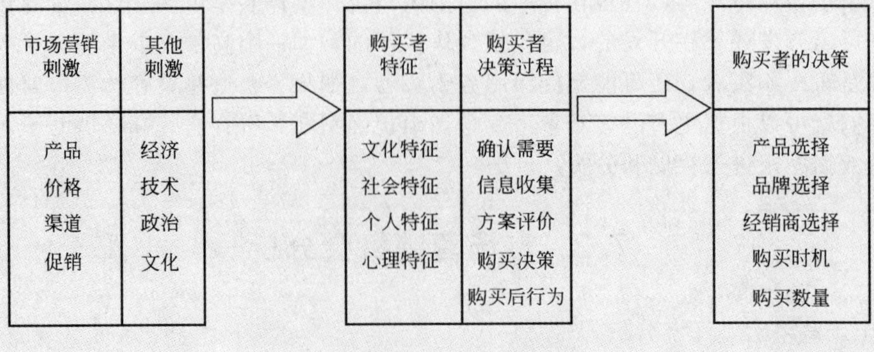

图 7.1　购买者行为模式图

对消费者的研究重点在于了解购买者的特征和购买决策过程。消费者的文化特征、社会特征、个人特征和心理特征影响消费者的行为。①文化特征，包括文化、亚文化以及社会阶层；②社会特征，包括参照群体、家庭以及个人的角色与定位；③个人特征，主要包括年龄、职业、经济状况、生活方式、个性与自我观念等；④心理特征，主要包括人的动机、感觉、学习以及信念与态度。

消费者的购买行为是这些因素综合作用的结果。很多因素是市场营销人员无法改变的；但是，研究这些方面，可以帮助营销人员制定产品、价格、分销和促销决策。一般来说，一项购买决策总要经过的过程：确认需要、信息收集、方案评价、购买决策以及购买后行为等。简单的购买决策在短时间内就可完成，复杂的购买决策则要经过仔细地评价与权衡，这与购买的产品类型有关。了解消费者的需要和购买过程是制定有效的市场营销战略的基础。通过了解购买者如何经历确认需要、信息收集、方案评价、购买决策以及购买后行为等方面，市场营销人员可以更好地满足消费者的需要。

7.2.3 产业和竞争者分析

提供相同或相似产品的企业构成竞争关系。竞争有直接竞争和潜在竞争。根据产品可以相互替代的程度，可区分为4种水平的竞争：品牌竞争、行业竞争、形式竞争、一般竞争。①品牌竞争是一个企业可以将其竞争者看作是以相同的价格向同一顾客提供相同的产品的其他企业。②行业竞争是指所有生产同样产品或同类产品的企业之间的竞争，如同样生产电视机的厂家的竞争。③形式竞争是一个企业和所有提供类似的产品与服务的企业的竞争，如航空和铁路在运输方面的竞争。④一般竞争是企业把更加广泛地所有为争取相同顾客货币而竞争的企业作为竞争者，如汽车、电器和住宅之间的竞争。

市场营销的关键就是要比竞争对手能更有效地满足顾客的需要。因此，除了深入了解消费者之外，还要随时跟踪竞争对手的情况，采取应变措施。企业需要了解竞争对手5个方面的情况：①谁是竞争者；②竞争者的策略；③竞争者的目标；④竞争者的优势和劣势；⑤竞争者的反应模式。

公司明确了谁是竞争者之后，就要设法识别竞争者的策略。日本汽车业就注重研究其竞争对手——美国汽车公司的策略，这使日本汽车后来者居上，占领了很大一部分市场。

为了更清楚地了解竞争对手的情况，还要确定竞争者的目标。通常利润目标是企业的主要目标，除此之外，还有其他目标，如市场份额扩大、提高服务水平、提高知名度和美誉度、减少风险等目标。企业应该研究竞争对手的目标及其重要性。

另外，企业要分析竞争者的优势与劣势，估计竞争者对企业行为的反应，并选择进入哪些市场、攻击哪个竞争对手等。

7.3 市场细分

7.3.1 市场细分的含义

市场细分术语由温德·R. 史密斯(Wendell R. Smith)于1956年提出，是指企业根据消费者需求的不同，把整个市场划分成不同的消费者群的过程。市场细分的目标是为了聚合，即在需求不同的市场中把需求相同的消费者聚合到一起。这一概念的提出，对于企业的发展具有重要的促进作用。

知识链接

市场细分思想的渊源

早期的福特汽车公司一直坚持营销理论界后来称之为的无差异化营销，无论是小型、中性和大型的通用轿车，还是小型、中性的卡车，一律是黑色的T型车。福特汽车公司曾傲慢的宣称："不管消费者需要什么颜色的汽车，我们的汽车就是黑色的。"后起的通用汽车公司针对福特汽车公司的这一缺陷，为中等阶层的买主生产了CH型车，为大多数买主生产了B型车，为富人生产了豪华的C型车。到1927年后，福特汽车公司被通用汽车公司击败。通用汽车公司的这一竞争战略被营销学家提炼为市场细分学说。

7.3.2 市场细分的逻辑依据

市场细分的逻辑依据在于顾客需求的异质性、资源和市场竞争3个方面。

(1) 异质性。就顾客偏好的异质性而言，逻辑依据表现在4个方面。①市场是一个非聚合市场，因而构成市场的所有购买者并不都是相同的人群或企业，因而可以划分成若干个同质的市场小细分，如图7.2所示；②可以识别出具有相似的行为、价值观和背景的人群或企业的子集合；③子集合的人群比市场整体要小些，更加同质些；④为小群体的相似顾客服务比为大群体的不相似顾客服务要容易些。

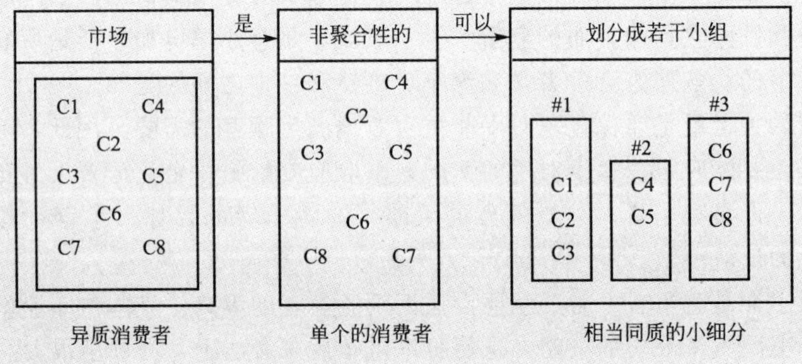

图7.2 细分异质市场

特别提示

这里涉及同质偏好和异质偏好。在同质偏好下，不存在市场细分；在异质偏好下，无论属于分散型，还是呈集群型，都存在市场细分。

(2) 资源。就资源而言，细分依据在于比较优势。资源包括有形和无形两个方面，企业的核心竞争力是一种无形的资源。资源的比较优势能带来市场地位的竞争优势，进而在微观企业层带来卓尔不群的财务业绩，在宏观经济层同样带来卓尔不群的质量、效率和创新。

(3) 市场竞争。就市场竞争而言，不仅市场竞争本身要求对市场进行细分，而且要有效地进行竞争也要求寻求有吸引力的市场细分。

7.3.3 消费者市场细分的依据

1. 消费者特征细分

(1) 地理细分。地理细分包括消费者所在社区的地理位置、气候和人口密度等因素。由于地理变数较其他变数表现较为稳定，也较易分析，因而为大多数企业所采用。

管理案例

台湾顶新与统一集团的差异

台湾省的顶新集团到内地经营方便面产业时，就先有了一个地理细分概念，而没有把台湾省的方便面照搬到内地。为了摸清适应内地人口味的配料和制作工艺，顶新集团采用了"试吃"的办法在内地风味上下工夫，先请一批人试吃，不满意就改，待这批内地人接受了一种风味后，再去找第二批人品尝，直到1000个人吃过之后，才将内地风味定下来。这样，当顶新集团康师傅方便面正式上市时，内地消费者一致称赞"味道好极了"。与此形成对照的是，与顶新集团差不多同时到达内地的统一集团，在台湾省食品行业虽然贵为龙头老大，却违背地理细分原则，采用了"以货试市"的办法，把在台湾省内最畅销的几种方便面一次又一次地引进到内地，想让内地人尝尝"台湾风味"，结果，一次又一次碰了壁。在惊呼两岸同胞的口味如此不同之后，统一集团才着手风味内地化的研究.

地理细分的主要理论依据有两个：第一，处在不同地理位置的消费者对企业的产品会有不同的需要和偏好，因而对企业的营销组合会做出不同的反应；第二，市场潜量和成本费用会因市场位置不同而有所不同。

(2) 人口细分。人口细分的具体内容很多，包括年龄、性别、家庭人口、家庭类型、家庭生命周期、收入、职业、受教育程度、宗教信仰、种族、国籍和社会阶层。在服装、美发、化妆品和杂志的营销中，人们多采用性别变数来细分市场。

一般认为，人口细分是区分顾客群体最常用的依据。原因：一是消费者对产品的欲求、偏好和使用率，与人口变数往往高度相关；二是人口变数较其他变数更易测量。因此，在描述目标市场时，即便最初没有使用人口变数，但为明确目标市场规模以及有效地进入该市场，仍需要联系到人口统计特征。

特别提示

人口变数不完全可靠，因为消费者的欲望和需要同时受到其他变量特别是心理变量的影响。

(3) 心理细分。心理细分的构成十分复杂。主要包括生活方式、个性、购买动机、价值取向以及对商品供求形势和销售方式的感应程度等。经验表明，在汽车、服装、化妆品和酒类等营销中采用心理细分较为成功。

管理案例

杜邦公司的心理细分

杜邦公司将妇女分为淳朴女性、时髦女郎和男性女士。其中，淳朴女性讲求经济实惠，价格适中；时髦女郎喜欢把自己打扮得华贵艳丽，引人注目；男性女士喜欢打扮得超凡脱俗，卓尔不群。公司针对这些不同的生活方式，设计出不同的服装，受到女性的欢迎。

2. 消费者行为细分

消费者行为细分主要包括购买时机、寻求利益、使用者状况、产品使用率、忠诚度等。

（1）购买时机。购买时机有两种情况：一是购买者形成需要、购买产品或使用产品的时机；二是人生历程中的重大事件，包括结婚、购房、子女升学、伤病、职业变动、退休以及家庭成员去世等。在我国，购房和子女升学、上学的需求极大地影响了不同家庭的消费分配。总的来看，这些时机的出现与一个人的家庭生命周期是分不开的。

知识链接

家庭生命周期

消费者的家庭状况，因为年龄、婚姻状况、子女状况的不同，可以划分为不同的生命周期，在生命周期的不同阶段，消费者的行为呈现出不同的特性。

（1）单身阶段：处于单身阶段的消费者一般比较年轻，几乎没有经济负担，消费观念紧跟潮流，注重娱乐产品和基本的生活必需品的消费。

（2）新婚夫妇：经济状况较好，具有比较大的需求量和比较强的购买力，耐用消费品的购买量高于处于家庭生命周期其他阶段的消费者。

（3）满巢期(Ⅰ)：最小的孩子在6岁以下的家庭。处于这一阶段的消费者往往需要购买住房和大量的生活必需品，常常感到购买力不足，对新产品感兴趣并且倾向于购买有广告的产品。

（4）满巢期(Ⅱ)：最小的孩子在6岁以上的家庭。处于这一阶段的消费者一般消费慎重，已经形成比较稳定的购买习惯，极少受广告的影响，倾向于购买大规格包装的产品。

（5）满巢期(Ⅲ)：夫妇已经上了年纪但是有未成年的子女需要抚养的家庭。处于这一阶段的消费者经济状况尚可，消费习惯稳定，可能购买富余的耐用消费品。

（6）空巢期(Ⅰ)：子女已经成年并且独立生活，但是父母还在工作的家庭。处于这一阶段的消费者经济状况最好，可能购买娱乐品和奢侈品，对新产品不感兴趣，也很少受到广告的影响。

（7）空巢期(Ⅱ)：子女独立生活，父母退休的家庭。处于这一阶段的消费者收入大幅度减少，消费更趋谨慎，倾向于购买有益健康的产品。

（8）鳏寡就业期：尚有收入，但是经济状况不好，消费量减少，集中于生活必需品的消费。

（9）鳏寡退休期：收入很少，消费量很小，主要需要医疗产品。

（2）寻求利益。利益细分的理论依据在于消费者由于各自追求的利益不同因而可能被某种产品或具有不同特性、特征的变异产品所吸引，如宝洁公司推出的洗发水，海飞丝的优势是去头屑，所谓“头屑去无踪，秀发更出众”；飘柔的优势是使“头发更飘，更柔”；

而潘婷是“拥有健康，当然亮泽”。

(3) 使用者状况。使用者状况是指该产品的尚未使用者、曾经使用者、潜在使用者、初次使用者和经常性使用者等不同情形。这是一个非对称分类，通过调查可以了解某些使用者状况。例如，据调查，在我国因为工作制图、业余摄影、旅游摄影、行业应用和其他用途而拥有数码相机的现有消费者和潜在消费者之和的最大百分比仅为50%。针对不同的使用者，厂商可采用相应的营销策略。一般来说，市场占有率较高的厂商宜特别重视将潜在使用者转变为实际使用者；市场占有率较低的厂商宜在稳定使用者上面下工夫，同时设法吸引竞争对手的曾经使用者和首次使用者。

(4) 产品使用率。顾客对一种产品的购买、使用或消费数量是不同的。依据数量的多少，可将顾客分为少量使用者、中量使用者和大量使用者。研究表明，大量使用者虽在使用者总量中所占比例甚小，但其消费量占消费总量的比重很大。据此，企业营销人员可制定出相应的顾客关系战略。

(5) 忠诚度。忠诚度有品牌忠诚度和顾客忠诚度之分。

消费者对品牌的忠诚程度有4种情形：①坚定忠诚者，只忠于某个品牌，其品牌选择行为是A、A、A、A、A；②有限忠诚者，忠诚于两三个品牌，其品牌选择行为是A、A、B、B、A、B；③转移忠诚者，从忠诚于某一品牌转移到忠诚另一种品牌，其品牌选择行为是A、A、A、B、B、B；④非忠诚者，不忠诚于任何品牌其品牌选择行为是A、C、B、E、D。

就顾客忠诚度来讲，可以分为不忠诚、虚假忠诚、潜在忠诚和持续忠诚4种情形。①不忠诚者，其情感忠诚度低，重复购买的频率低或不购买，很少或从不惠顾企业店铺，也不想惠顾。②虚假忠诚者，其情感忠诚度低，重复购买的频率高，经常惠顾企业店铺并购买企业的产品，但情感忠诚度很低。虚假忠诚者很容易受到外部条件变化的影响而转变为不忠诚者。③潜在忠诚者，情感忠诚度低，重复购买的频率低或不购买，他们希望惠顾企业店铺并购买企业的产品，但实际条件不允许。引起顾客潜在忠诚的原因很多，或是由于企业店铺较少，抑或是由于产品脱销等。一旦条件具备，他们就会转变成为持续顾客。④持续忠诚者，情感忠诚度高，重复购买频率高，对企业和产品既有很高的情感忠诚度，同时又不断重复购买。

分析品牌忠诚度和顾客忠诚度，有助于企业确认目标市场，确认本公司的最有力的竞争对手，同时，了解到本公司的营销弱点。

7.3.4 产业市场细分的依据

1. 最终用户

在产业市场上，不同的最终用户对同一种产业用品的市场营销组合往往不同。例如，电脑制造商采购产品时最重视的是产品质量、性能和服务，价格并不是其考虑的主要因素；飞机制造商所需要的轮胎必须达到的安全标准这比农用拖拉机的安全标准要高得多；豪华汽车制造商比一般汽车制造商需要更优质的轮胎。因此，企业对不同的最终用户要运用不同的市场营销组合，采取不同的营销策略，才会取得较好效果。

2. 顾客规模

营销实践中，许多公司建立适当的制度来分别与大客户和小客户打交道。例如，一家办公用品制造商按照顾客规模将顾客细分为两类顾客群：一类是大客户，这类顾客群由该公司的全国客户经理负责联系；另一类是小客户，由外勤推销人员负责联系。

3. 其他变量

许多公司实际上不是用一个变量，而是几个变量，甚至用一系列变量来细分产业市场。现以某铝制品公司为案例来说明企业如何用多变量来细分产业市场。

管理案例

某铝制品公司的多变量细分产业市场

某铝制品公司首先进行宏观细分，包括3个步骤：①公司按最终用户这个变量将铝制品市场细分为汽车制造业、住宅建筑业和饮料容器制造业3个子市场，然后决定选择其中一个本公司能服务得最好的子市场为目标市场，假设这家公司选择住宅建筑业为目标市场；②按照产品应用这个变量进一步细分为半制原料、建筑部件和铝制活动房屋3个子市场，然后选择其中一个为目标市场，假设这家公司选择建筑部件为目标市场；③按顾客规模变量把建筑部件市场进一步细分为大客户、中客户和小客户3个子市场。

其次，这家铝制品公司还要在大客户建筑部件市场的范围进行围观细分，进一步按照大客户的不同要求(如产品质量、价格、服务等)来细分市场。假设这家公司决定倾全力于重视产品质量的子市场，那么按照一系列变量来逐步细分铝制品市场，这个家公司的目标市场就很具体了，如图7.3所示。

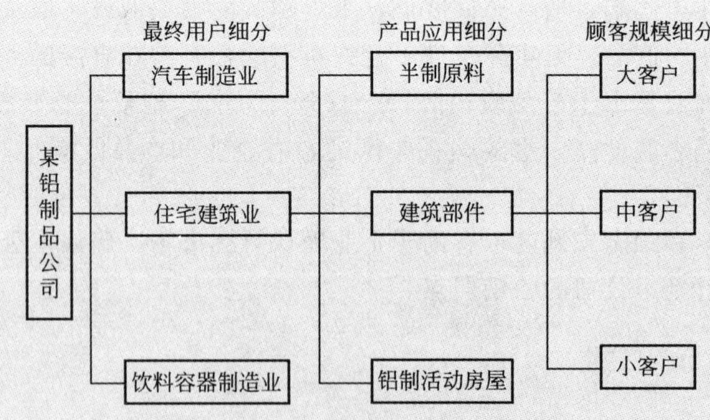

图7.3 某铝制品公司的多变量细分市场图

7.3.5 市场细分程序

第1步，选择市场细分依据。在这一阶段，企业研究潜在购买者的特征；然后，使用这些资料对市场做进一步分析。

第2步，确定每个小细分的概貌。进一步理解每个细分中的顾客，以便更精确地使顾客需要与营销者的提供物相匹配。

第 3 步，预测每个小细分的总的市场潜力。

第 4 步，预测可能的市场份额，包括 4 项内容，分析每个小细分内的竞争力，确定服务于每个小细分的营销组合，预测每个小细分特有的市场份额，估计每个小细分的成本和效益。

第 5 步，选择具体的市场小细分。在这一步，需要确定：效益能否实现公司目标？每个小细分是否合理？

7.4 目标市场选择

7.4.1 目标市场和目标市场选择的概念

1. 目标市场的含义

严格说来，目标市场就是公司试图加以满足或拟为之服务的一组明确限定的现有顾客和潜在顾客。明确限定是指这些顾客具有共同的需要或共同的特征，即同质性。

2. 目标市场选择的含义

目标市场选择就是在市场细分的基础上，对各种细分市场做出评价，从而决定将多少细分市场或哪些细分市场作为服务对象。

知识链接

目标市场的细分评价标准

目标市场的细分评价标准包括 3 个方面：①细分市场的规模和增长，包括现时销售额、预计增长率和预期利润；②细分结构的吸引力，包括现时的和潜在的竞争者、替代的产品和服务、购买者的相对潜力和供应商的相对力量；③公司目标和资源，这涉及细分市场是否适应公司目标。

7.4.2 选择目标市场

对各个市场小细分做出全面评价之后，企业会发现有一个或若干个值得进入。在具体选择时，可以根据产品/市场方格模式或者目标市场/营销组合模式进行选择。

1. 产品/市场方格模式

产品/市场方格模式有 5 种，可考虑任选其中一种。[①]这 5 种模式分别如图 7.4(a)至图 7.4(e)所示。

(1) 单一细分集中。采用该模式就是企业生产一种产品，满足一个细分市场的需求。在产品(P)/市场(M)方格图中，表现为企业仅仅占据其中一个方格，如图 7.4(a)所示。例如，小天鹅股份有限公司从诞生起，生产的自动洗衣机便以大、中城市为目标市场，可以看作这种模式的表现。

① 科特勒．市场营销管理［M］．第 6 版．北京：科学技术文献出版社，1991：470.

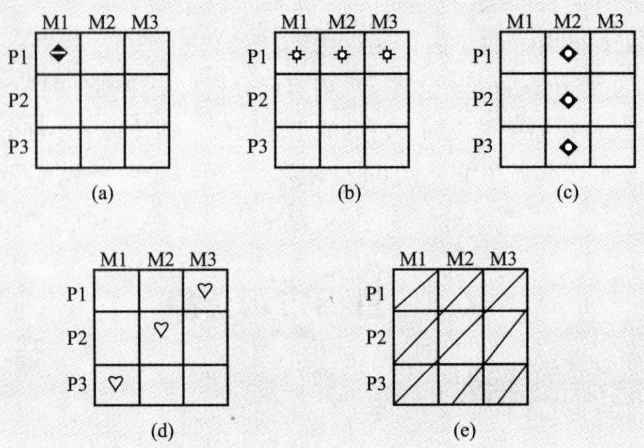

图 7.4 选择目标市场的产品/市场方格模式

采用这种模式的好处：①企业能更好地了解细分市场的需要，从而在该细分市场中建立稳固的地位；②通过生产、分销和促销的专业化，能获得许多经济效益。如果企业在该细分中能占据领导地位，将能获得很高的投资收益。

不过，这一做法的风险比较大，表现为市场规模小，赢利能力有限，竞争者的进入，该细分市场购买力的下降等。

采用这一模式的企业，通常都具有 3 方面背景：①可能本来就具备了在该细分市场获胜所必须的条件；②可能资金有限，只能在一个细分市场经营，该细分市场可能没有竞争对手；③该细分市场可能会成为促进企业继续发展的自然起点。

(2) 产品专门化。采用该模式的企业生产一种产品，满足几个小细分的需求。在产品/市场方格图中，表现为企业用一个产品占据几个市场，如图 7.4(b)所示。

管理案例

春兰(集团)公司发展早期，厂里生产的产品大大小小有 48 个品种，但没有一个拳头产品，惨淡经营、负债累累。陶建幸上任后，经过 3 个月的调查，果断甩掉副产，突出主产，砍掉 42 种成本高、批量小的产品，重点开发 7000 大卡以上的柜式空调和 3000 大卡以下的窗式空调，取得成功。

重庆牙膏厂在 1986 年有 30 多种牌子的产品，总产量仅 4000 万支，利润 46 万元。经过认真思考后，重庆牙膏厂对产品进行大裁军，成功地开发了冷酸灵等两个牌子，产量和效益迅速攀升，从而跃升为全国牙膏行业的 4 大天王之一。

早年长虹集团公司的倪润峰认为彩电行业的深度和广度很大，因此他决定在产品上采取“独生子女”政策。集中精力于彩电的研发、生产和销售，让其上规模、上档次，特别是推出了具有自主知识产权的“精显背投”彩电，获得了极大成功。通过独生子女——彩电建立了完善的市场网络，提高了企业排名和整体形象。到了一定程度，他又开始向其他别的产业，如空调和手机等产业发展，目前证明这是一种行之有效的方式。

采用产品专门化有利于企业集中优势在一种或少数产品上取得突破。同时可以在一种或少数几种产品市场上树立很高的声誉。

特别提示

产品专门化按军事上的说法，称“伤其十指，不如断其一指”。

当然，采用这种模式的局限性也十分明显。这就是当出现新的技术发明来生产该产品时，采用原有技术的企业会面临经营上的滑坡。因此，不少家电企业在一种产品上取得优势后，便很快扩张到相关领域。

(3) 市场专门化。采用这一模式的企业面对一个顾客群，生产经营他们所需的多种产品。在产品/市场方格图中，表现为企业用多种产品占据一个顾客群，如图 7.4(c)所示。杭州娃哈哈集团有限公司最初采用的策略就接近这种模式。

采用这种模式的好处：①企业在为这一顾客群服务的过程中能获得良好的声誉；②有可能成为这个顾客群体所需的其他各种新产品的代理商。

缺陷是企业经营效益会受到市场规模、市场购买力的限制。因此，这种模式的发展趋势是向相邻顾客群发展。

(4) 有选择专门化。采用该模式的企业有选择地进入几个不同的细分市场，这些细分市场之间很少发生联系或者根本不发生联系。在产品/市场方格图中，表现为一个企业占有几个相邻的或不相邻的方格，如图 7.4(d)所示。

这种模式是一种典型的多元化格局，能使企业分散风险，在多个细分市场赢利。因而被国内外大型企业普遍采用。例如，内蒙古鄂尔多斯集团历经十几年创业，建成世界驰名的羊绒企业，形成集毛纺、建陶、电子、石油、制药、房地产、商贸、旅游和通讯服务为一体的大型跨国集团。

当然，多元化也有其局限性，会分散企业的资源及注意力，反而会令其竞争力下降。

知识链接

多元化的局限性

德国曼尼斯曼公司同芬兰诺基亚公司都曾经是混合型公司，它们都看准了通信行业的机会，并进入这一公司领域。曼尼斯曼公司用它的网络提供服务，诺基亚公司则提供移动电话。但不同的是，曼尼斯曼公司继续多元化，诺基亚公司则将与通信业务无关的业务分离出去。结果，诺基亚公司很快超过曼尼斯曼公司。诺基亚公司自 1993 年起，营业额年均增长 27%，2000 年营业额的 93%来自电话，芬兰人的股东价值年均增长 78.8%，世界排名第 4。而在曼尼斯曼公司，通信只占营业额的 20%，德国人的股东价值每年增加 36.8%，公司世界排名第 56 位。两相对比，我们不难发现，最重要的事情应该是集中力量发展最擅长的核心领域，不断地摆脱较弱的业务。

(5) 完全市场覆盖。采用这种模式的企业生产各种产品，满足各种顾客群的需求。在产品/市场方格图中，表现为企业占据全部方格，如图 7.4(e)所示。应当说，这种模式在理论上是存在的；但在实践上是不大可能的，因为“人世间没有一个企业能包打天下”。

2. 营销组合/目标市场匹配模式

一般地说，目标市场的规模及构成等方面的不同，会要求不同的营销组合与之匹配。

这样，就构成了不同的匹配策略。通常提及的匹配策略有 4 种：无差异化营销、差异化市场营销(或多细分策略)、集中营销策略和定制营销。

(1) 无差异化营销。采用这种匹配策略的企业的营销组织向所有消费者或用户提供一个营销组合，如图 7.5 所示。

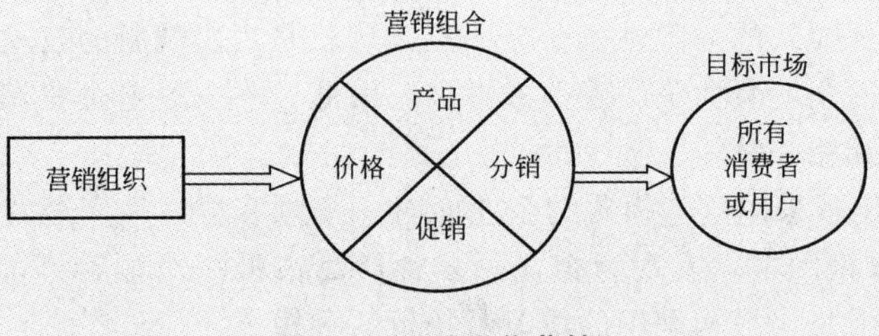

图 7.5 无差异化营销

该匹配策略的优点：成本费用较低，有利于争取更多消费者。其缺点：难以满足所有消费者的多种需求；竞争者易于进入，加剧竞争。

特别提示

可口可乐公司自 1886 年以来，一直采用这种策略，生产一种口味、一种配方、一种包装的产品，满足 156 个国家和地区的需要，被称作世界性的清凉饮料，资产达 74 亿美元。肯德基家乡鸡，在全世界有 800 多个分公司，采用同样的烹饪方法、同样的制作程序、同样的质量指标、同样的服务水平，生意很红火。

(2) 差异化营销，又称多细分策略。其特点是企业向 n 个不同的细分市场提供 n 个不同的营销组合，如图 7.6 所示。

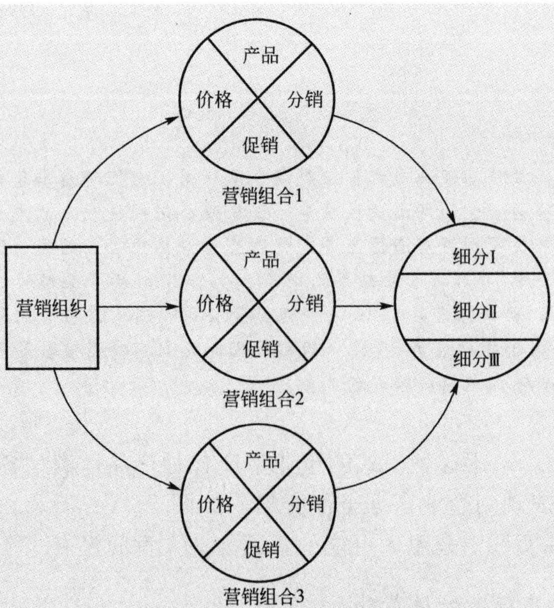

图 7.6 差异化营销

差异营销一般要比无差异营销能创造更大的销售额，因为它能较好地满足不同消费群的需求与偏好，适应市场需求变化，提高占有率；增强企业的市场竞争能力。例如，宝洁公司推出的海飞丝、飘柔、潘婷、沙宣等具有不同功能的洗发水，都是这一策略的成功应用。

该策略的缺点是可能导致经营成本(包括产品改进成本、管理费用、存货成本和促销成本等)的增加。因此，事先不能预见这种策略的赢利率。

特别提示

针对这一缺陷，有人提出了反细分策略。他们不是反对市场细分，而是主张将分得过细的市场适当地合并起来以便能以较低的价格满足这一细分市场。

(3) 集中营销。当一个企业组织将其营销努力通过创造和维持一个营销组合指向一个市场细分，放弃其他细分时，便是在采用集中营销策略，如图 7.7 所示。

采用该策略的优点是企业能赢得竞争的专门化优势；缺点是市场细分太窄，会导致主要细分竞争激烈。

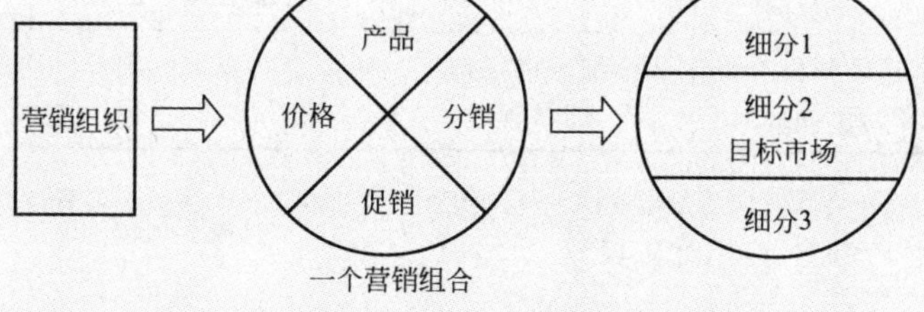

图 7.7 集中营销

(4) 定制营销。定制营销是差异化营销的一种极端形式，它是寻求满足每一顾客唯一的一组需要的营销活动；在这种情形下，每一个顾客就是一个市场细分，如图 7.8 所示。

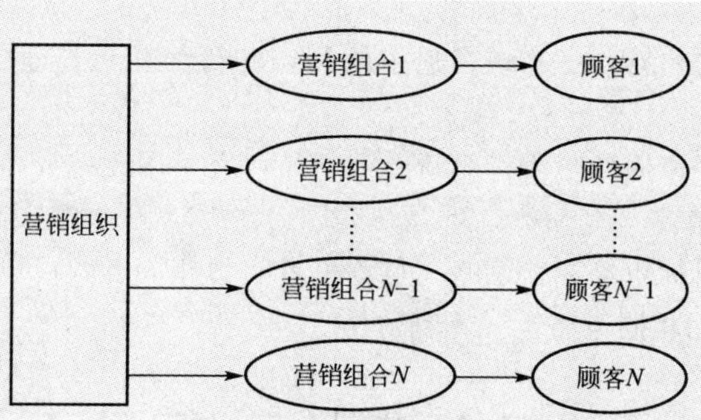

图 7.8 定制营销

传统定制营销是小生产，小规模，效益低；以后让位于标准化、规模化生产。规模化生产只能满足一部分人或大部分人的需要，无法满足特殊顾客的需要。于是，定制和大规模定制营销再度兴起。

特别提示

海尔集团已推出三角形冰箱定制业务，你只要打开海尔网站，根据网上提供的模块，就可以设计出你需要的产品，配送中心7天内就可以将产品送到你的家里。

现将4种营销的特点比较如下，如表7-1所示。

表7-1 营销组合与目标市场4种匹配方式比较

	无差异营销	差异化营销	集中营销	定制营销
目标市场	所有的人	多个市场细分	一个被选出的细分	完全细分化
市场典型特征	没有差异	广泛的顾客差异化	最终细分的特殊需要	每一顾客的独特性
企业目标	生产节约	寻求细分间的差异，优化市场份额	赢得专门化优势	满足每一顾客的特殊需要
主要缺点	竞争者能区分细分	需要大量资源	缺乏多样化，细分太窄，主要细分竞争激烈	营销成本高
使用场合	无法区分出有意义的市场细分	几个细分市场组织的目标	一个有意义的细分是组织的目标	每一顾客都要求一个特殊的营销组合

3. 确定目标市场时应当考虑的因素

确定目标市场时应当考虑5方面因素。

(1) 企业的资源和能力。资源雄厚企业可选择差异化营销；否则，可采用集中或无差异化营销。

(2) 产品的差异程度。同质产品适合于无差异营销；异质产品适合于差异市场营销或集中营销。

(3) 市场或顾客的差异程度。顾客追求的利益和行为相近，适合无差异营销；反之，适合采用差异化营销。

(4) 产品所处的生命周期阶段。对新上市产品，宜采用无差异营销或集中营销；对成熟产品可采用差异营销。

(5) 竞争对手的目标市场涵盖策略。与竞争者实力相同者，可以采用相反策略；实力远大于竞争者，可采用相同策略。

7.5 市场定位

7.5.1 定位的一般含义

撇开具体的对象物，定位就是在顾客和潜在顾客心目中得到一个期望的位置的过程。

当考虑到具体的对象物，如产品或公司时，就有了产品的市场定位和公司的市场定位等基本的定位类型。所谓产品定位，就是在目标顾客的心目中旨在为本公司的产品创造和维持某种相对于竞争产品形象的预期形象，以便目标顾客将本公司产品认作为他们希望拥有之物的一种活动。所谓公司或企业定位是一种设计公司的整体形象，使之在目标顾客的心目中占有一个有意义的独特的竞争性位置的活动。这里所说的整体形象包括产品规模、综合效益、经济实力、信誉、对社会的贡献等诸多方面。

7.5.2 产品定位策略

1. 初次定位

就产品而言，可供企业选用的初次定位策略有以下 7 种。

(1) 以属性定位。公司根据产品的大小、存在年限、特性等对产品进行定位。这种定位，更多的是在突出品牌的形象优势。从产品角度考虑，这种定位是直观的、表面的和现象的。

特别提示

在手机市场上，摩托罗拉突出它的小、薄和轻，诺基亚夸说它的无辐射；在汽车市场上，沃尔沃强调它的安全与耐用，宝马宣扬它的驾驶乐趣。

(2) 以用途或利益定位，公司根据产品向顾客提供的用途或利益，可以进行定位。

特别提示

红牛饮料定位于增强体力、消除疲劳的功能饮料，召唤人们购买欲的口号是“困了、累了，喝红牛”。健胃药吗叮啉定位于因贪吃造成的消化不良，“消化不良，请吗叮啉帮忙”。

(3) 以使用者定位。公司着眼于产品的象征性意义，着眼于消费者的自我观念，或着眼于二者的协调时，往往采用这种定位策略，把产品或产品品牌与特定目标消费者联系起来。显然，这种定位策略更多的是在借重品牌的社会价值、情感价值。

特别提示

“静心口服液”的对象不是一般的妇女，而是进入更年期的妇女阶层，“女人更年期要静心”；奔驰牌轿车的对象不是一般的乘坐者，而是有一定地位的人，即那些高贵、王者、显赫和至尊的乘坐者。

(4) 以竞争者定位。这是通过与竞争者产品或品牌的对比来给本公司的产品或品牌定位的。通常采取对峙定位和回避定位两种方式。前者是针锋相对，旨在震慑群雄；后者是韬光养晦，暂时避开强势对手，积蓄力量，伺机取胜对手。

(5) 以产品种类定位。采取这种策略通常借重产品的独特性、唯一性、机会的罕有性。例如，有企业称其产品是"世界首创，天下一绝"。

(6) 质量/价格定位。这是企业根据产品的质量/价格属性组合，给其产品定位。总的原则是标明其产品是"优等品的质量，普通品的价格"。这种定位在本质上是兼顾了属性和用途利益定位。

特别提示

台湾的明基公司自称提供创新产品，但不提高价格。

(7) 以情感定位。这种策略着眼于对产品或对用户的偏好。在具体操作上，有两种方式：一是以企业身份表达，二是采用逆向思维和比喻，借顾客之口表达对产品(喻为"情侣")的喜欢。

特别提示

海尔的"真诚到永远"，TCL的"为顾客创造价值"，都属于第一种方式。娃哈哈的"我的眼里只有你"，就属于第二种方式。

2. 重新定位

当市场竞争给公司带来威胁，顾客偏好发生变化，公司本身出现失误或有了新的考虑时，均可能发生重新定位。

实行品牌重新定位时需要考虑品牌位置转移费用以及位置转移带来的效益。

管理案例

"王老吉"的重新定位

凉茶是一种由中草药熬制、具有清热祛湿等功效的"药茶"，在我国东南沿海地区颇为流行，其中又以"王老吉"最为著名，被称为凉茶始祖。20世纪90年代后期，广东加多宝饮料有限公司取得了"王老吉"品牌的经营权。经过几年的经营，公司取得了不错的业绩：销量稳定，赢利状况良好，在华南这一区域市场有比较固定的消费群。但管理层不满足于现状，决定把企业做大，从区域市场走向全国市场。在做大的过程中，面临着一个最严重的问题，就是该产品定位不清。虽拥有凉茶始祖"王老吉"的品牌，却有一副饮料化的面孔，让消费者觉得"它好像是凉茶，又好像是饮料"。这种认知混乱，是阻碍消费者进一步接受的心理屏障。也就是说，"王老吉"的功效有很多，但没有形成一个有说服力的"卖点"。通过细致的市场调查后发现，我国几千年的中药概念"清热解毒"在全国广为普及，"上火"、"去火"的概念也在各地深入人心。面对如此巨大的市场机遇，在对消费者、竞争者及品牌优势综合分析的基础上，该公司最终把"王老吉"精确定位为预防上火的饮料，并打出了"怕上火，喝王老吉"的响亮口号。经过广告宣传及推广，到2004年，"王老吉"罐装饮料销售额从2002年的1亿多元猛增至10亿元，增长五倍以上。从海南岛到青藏高原，到处都能看到王老吉的产品。仅仅一年多时间，王老吉凉茶已经从一个广东地方传统品牌，实现了进军全国市场的梦想。

（资料来源：http：//zhidao. baidu. com/question/212643256. html）

7.5.3 企业定位策略

企业定位旨在目标顾客心目中占有一个有意义的独特的竞争性地位，重点是建立企业形象和选择。

企业定位涉及多个层面和多重属性，如规模、品种、质量、服务、市场占有率、销售增长率、科技力量、产品经营与资本经营以及社会风险等诸多方面。由于依据属性的多寡不同，也就存在单一属性定位、双重属性定位以及三重属性或更多重属性定位的区别。在单一属性定位中，一般说来不宜首先着眼于规模，因为规模受诸多因素限制，而应着眼于在某些有价值的属性上取得一个又一个突破。对于众多的企业来说，在各种属性上全面争得首席地位者毕竟是极少数，但在一个或几个属性上争得首席地位或较前的地位，则是比较切实可行的。

管理案例

真功夫的企业定位

真功夫是中国的一家快餐连锁企业，它的定位很明确——要把自己打造成中国的麦当劳。而这里很关键的一点就是要实现中式快餐的标准化生产。真功夫做到了。这使得它在面临创始人之争和沸沸扬扬的后院丑闻时，各门店都能正常经营，也能够持续赢利。创始人之间的矛盾所带来的品牌损伤，都没有当时人们预料的严重。诚如此言："如果在战略问题上足够坚定，其他战术上的不足，要不就不触及要害，要不就在定位的夯实中被消化掉了！"

7.5.4 定位过程

定位过程一般是通过优势(或差异)的确定、选择和沟通 3 个步骤完成的。

1. 优势(或差异)的确定

无论是产品定位还是公司定位，都要先确定或检核有哪些优势。寻找自身优势，可以从公司整体考虑，也可以从公司不同于其他公司的某一差异点着手。例如，公司的产品与其他公司的产品相比具有的优势，包括特征、性能、结构、耐用性、可靠性、式样、设计以及是否容易修理等；公司的服务相比其他公司具有的优势，包括：送货、安装、顾客培训、咨询、修理和其他服务等，公司的人事相比其他公司具有的优势，包括结构、能力、言行举止、可信度、可靠度、敏感度和口才等；公司的形象相比其他公司具有的优势，包括个性标志、传播媒体、环境和活动项目等。

2. 优势(或差异)的选择

优势项或差别项的选择，要考虑该项的重要程度、独特程度、优越程度，沟通性、可模仿程度、可支付性和赢利程度等方面，以其为标准，进行综合选择。

【例 7－1】

假定有 A、B 两家公司，其基本情况如表 7－2 所示，若 A 要找出超过 B 的优势项。通过综合比较，A 会发现，该公司在技术项宜维持，在成本项和质量项宜观望，而在服务项宜加强投入。因为服务不仅对顾客至关重要，而且 A 公司能改善服务、快速提供服务，B 公司则相差甚远；服务是 A 相对于 B 的优势项。

表 7－2　A、B 两公司竞争态势比较

优势项	在各优势项的地位		各优势项对提高序位的重要性(高中低)	改进和提高各优势项的能力	
	A(1～10)	B(1～10)		A(高中低)	B(高中低)
技术	8	8	低	低	中
成本	6	8	高	中	中
质量	8	6	低	低	高
服务	4	3	高	高	低

3．优势(或差异)的沟通

在选择优势项之后，A 公司必须向顾客、同行和整个社会沟通这一优势，同时采取实际行动，强化这一优势。例如，可以增加服务人员，提高服务质量，然后宣传自己的服务能力和优势：“本公司服务最佳。”

沟通优势可以正向进行，也可逆向进行。

特别提示

长虹集团由四川逐渐向全国推进，TCL 公司由南方向北方推进，都属于正向进行者；海尔集团先在欧洲市场显示优势，莱茵河畔掀起海尔潮，尔后再到发展中国家显示优势，由难而易，势如破竹，这属于逆向进行者。

7.6　市场营销组合策略

市场营销组合一般包括产品、价格、渠道和促销 4 个方面的组合，下面依次来介绍。

7.6.1　产品策略

1．产品整体概念

产品就是指能提供给市场，用于满足人们某种欲望和需要的任何事物，包括实物、服务、场所、组织、思想、主意等。产品整体概念包括 3 个基本层次，如图 7.9 所示。

(1) 核心产品。核心产品是指消费者购买某种产品时所追求的利益，是顾客真正要买的东西，是产品整体概念中最基本的、最重要的部分，如冰箱的制冷功能、空调的制热制冷功能。

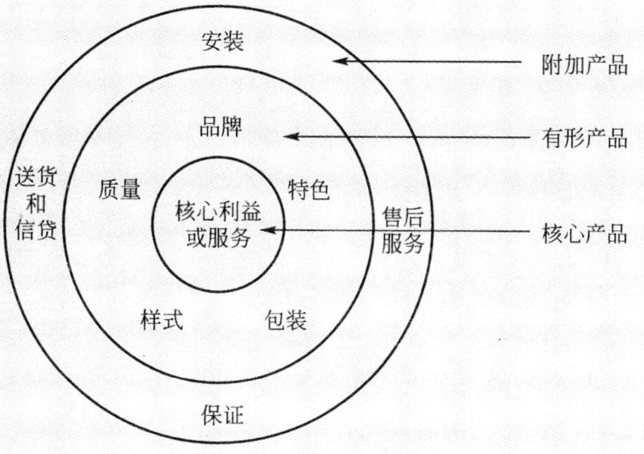

图 7.9　产品整体概念图

(2) 有形产品。有形产品是指核心产品的载体，即向市场提供的实体和服务的可识别的形象表现。如果有形产品是实体物品，则其在市场上通常表现为产品的质量水平、外观特色、式样、品牌名称和包装等。产品的基本效用须通过某些具体的形式才能得以实现。营销者应首先着眼于顾客购买产品时所追求的利益，以求更完美地满足顾客的需要，在此基础上去寻求利益得以实现的形式，进行产品设计。

(3) 附加产品。附加产品是指顾客购买有形产品时所获得的全部附加服务和利益，包括提供信贷、免费送货、保证、安装、售后服务等。此概念源于对市场需要的深入认识。因购买者的目的是为了满足某种需要，因而他们希望得到与满足该需要有关的一切，包括包装、服务、广告、顾客咨询、融资、送货、仓储及具有其他价值的形式。

2. 产品组合策略

1) 基本概念

产品组合也称产品花色品种配合，是卖方提供给购买者的一组产品，它包括所有产品线和产品项目。企业的产品组合有一定的宽度、长度、深度和关联性。下面以海尔公司为例来说明这些概念。

产品组合的宽度是指公司所具有的产品线数目。如表 7－3 所示，可以看出海尔有 5 条产品线。产品组合长度，包括产品组合的总长度、每条产品线的长度和产品组合中产品线的平均长度；其中，产品组合的总长度是一个企业的产品组合中所包含的产品项目的总数。表 7－3 中，海尔公司的产品组合的总长度为 37，其中，冰箱的长度为 10，彩电的长度为 8，洗衣机的长度为 9，空调的长度为 6，电热水器的长度为 4；一共有 5 条产品线，则产品线的平均长度是 7.4。产品组合的深度系指产品线中每种产品有多少花色、品种和规格，如小神童洗衣机有 3 种规格，则其深度为 3。产品组合的关联性指各条产品线在最终用途、生产条件、分销渠道或其他方面的关联程度。

表 7-3 海尔公司生产的家用电器

	产品组合的宽度				
	冰箱	彩电	洗衣机	空调	电热水器
产品线长度	王中王	宝德龙系列	小神螺	氧吧分体系列	小小海象
	金王子	美高美系列	小神泡	立体风氧吧除菌光	小天将
	小小王子	小禧龙系列	双神螺	彩屏氧吧除菌光	金海象
	金统帅	大视界系列	小神童	除菌聪明风系列	银海象
	小统帅	银雷系列	小神功	省凉净系列	
	节能统帅	世纪强音系列	小小神童	变频系列	
	旅游小宝贝	青蛙王子系列	神童王		
	复式冰箱	海尔 V6 系列	爽神童		
	变频冰箱		双动力		
	白马王子				

2）产品组合的优化和调整

(1) 扩大产品组合的宽度和深度。企业在出名之后，为了追求在某一领域或几个领域的全面发展，通常会扩大产品组合宽度。

企业扩大产品组合宽度具有多重意义。可以充分利用企业的资源；增强企业竞争力，提高企业经营的安全程度；有利于综合利用，提高经营效益。

同样，增加产品组合深度有利于提高劳动生产率，有利于提高产品质量；有利于降低产品成本，保证交货迅速，减少缺货现象，及时满足市场需要；可以满足不同顾客的需要，吸引和招徕顾客。

(2) 缩小产品组合的宽度。企业在经济效益不佳的情况下会缩减组合宽度。在资本投入有限、信贷资金紧缺的情况下，会缩减宽度。此外，在市场细分过细、新产品开发和促销费用不堪重负而收效甚微的情形下，也需要缩减产品组合。

管理案例

扩大产品组合宽度和深度

海尔集团，其前身是青岛电冰箱厂(镇办小厂)。1984 年，张瑞敏出任厂长时，企业负债 147 万元。随着企业的发展，开始生产洗衣机，以后又推出了彩电。到 1996 年时，在洗衣机行业成为跨度最大(包括亚洲波轮式、欧洲滚筒式、美洲搅拌式)、规格最全(每隔 0.2kg 就有一款洗衣机)、品种最多(双桶半自动、全自动、洗衣脱水烘干三合一)的企业。

缩小产品组合宽度

春兰集团前身是泰州冷气设备厂，1985 年以前，曾经营大大小小的产品 48 种，没有一款拳头产品，惨淡经营，负债累累，1985年负债500万元，资不抵债270多万元。陶建幸上任后，经过3个月的调研，决定"甩掉副产，突出主产"，砍掉了42个成本高、批量小的产品，重点开发29288kJ以上的柜式空调和12552kJ以下的窗式空调。这就是所谓的"让开大道，占领两厢"。结果，不到一年，便迅速扭亏为盈。

3）产品线延伸策略

（1）产品线延伸的背景。企业产品线延伸主要发生在3种情况下：①生产能力过剩促使产品线经理开发新的产品项目；②经销商和销售人员要求增加产品项目，以满足顾客的需要；③产品线经理为了追求更高的销售额和利润而增加产品项目。

（2）产品线延伸的方式。按照企业产品向高端或低端方向的发展线路，产品线延伸包括向下、向上两种方式。

向下延伸。企业的产品最初定位于高端，以后在低端增加新产品，此属向下延伸。向下延伸的可能原因包括企业产品在高端受到攻击，以向下发展作为反击手段；高端发展机会趋向缓慢；树立质量形象之后的全面发展考虑；填补低端空缺，防止竞争者进入。企业在适当的时机果断向低端延伸，会赢得发展良机；否则，会坐失机会。

产品线向下延伸也可能带来一些风险，这包括低端产品会蚕食高端产品，引起产品之间的自相残杀；刺激竞争对于进入高端进行反击；经销商不愿意或无力经营高端产品，有可能降低原有形象。

管理案例

"派克"公司的失误

众所周知，"派克"号称钢笔之王。人们购买"派克"钢笔绝不是为了购买一种书写工具，更主要的是购买一种形象、体面、气派。高档次是派克笔行销市场的支撑点。1982年，派克公司新任总经理彼特森(Peterson)上任后，没有去巩固和发展自己的高档产品，而是热衷于争夺低档笔市场，生产经营3美元以下的大众化钢笔。一段时日之后，派克公司不仅没有顺利打入低档笔市场，反而让对手克罗斯公司乘虚而入，派克公司的高档笔市场被冲击，市场占有率下降到17%，销量只及克罗斯公司的一半。

向上延伸。企业最初活跃于低端产品市场，以后在高端增加新产品，此谓向上延伸。向上延伸的可能原因包括市场高端具有吸引力(销售增长率、利润率)；建立完整产品线形象。

向上延伸有可能遭遇风险，主要是竞争对手会进入低端进行反击；失信于顾客，顾客不相信这样的厂家能生产出高端产品；销售代表和经销商无力经营。

管理案例

丰田的向上延伸策略

日本丰田汽车公司推出凌志车，被誉为向上延伸成功的典例。丰田汽车公司一向生产"低档、省油、廉价"的汽车，著名品牌有花冠、皇冠和佳美等。为了争夺高档豪华车市场，丰田汽车公司专门推出了一个全新品牌——凌志。经过数年呕心沥血、潜心研究、隆重上市、一举成功。与花冠等车不同，凌志车隐去了企业标志。这是丰田汽车公司为消除丰田形象对高档车的营销障碍而做的刻意安排。

3. 品牌策略

品牌是销售者给自己的产品规定的商业名称，通常由文字、标记、符号、图案和颜色等要素或这些要素的组合构成。品牌是一种无限期的无形资产，优秀的品牌可以给企业带来超额利润，因此，和其他资产一样，品牌也需要管理和决策。品牌策略主要有有品牌与无品牌策略、品牌使用者策略、多品牌策略和品牌延伸策略。

1）有品牌与无品牌策略

有品牌与无品牌策略就是企业决定是否要为自己的产品制定牌号，它是企业其他品牌决策的前提。随着市场经济的发展，企业为了保护自己的产品，同时便于消费者辨别不同产品的质量和差异性，提高消费者的购买效率，有效抵制劣质产品，通常都会为自己的产品制定一个品牌。但打品牌要花费一定的费用，要为不同品牌的产品做不同的广告和宣传，从而使成本增加，若经营失利，还会影响到企业的声誉和产品的销路。因此，有些产品，如一些原材料和农产品，生产者无需提供产品品质和来源及其他的辨别标志，也可以不用品牌。

2）品牌使用者策略

在绝对对产品使用品牌时，制造商可以有几种选择：可以使用自己的品牌，也可以使用分销商品牌，还可以使用其他企业的特许品牌。大多数制造商选择使用自己的品牌，但随着分销商逐渐建立起自己的品牌，制造商也可以借助分销商的品牌来进入市场。

管理案例

马狮集团

英国最大的零售集团马狮集团，在其所属的近千家连锁店内只出售一个牌子——圣米高牌，选择了800余家供应商为其生产商品。大规模生产与大规模零售的有机结合，使马狮集团成为全欧洲最具创业精神及创新造奇的企业。马狮集团与制造商之间建立了同谋共事、相互融于一体的关系。

3）多品牌策略

多品牌策略是指在现有产品类别中引入增设的品牌。使用多品牌策略的好处：多一个品牌就可以在零售市场多占一个位置；不少消费者属于品牌转换者，多品牌可以抓住这类消费者；把竞争引入企业内部，使各品牌部门及经理之间互相竞争，有益于提高产品质量和经营效率，有益于不同细分市场的独特需要。

管理案例

可口可乐的多品牌策略

可口可乐是碳酸饮料可乐的第一品牌，但全球性的对健康饮品的需求，使可口可乐面临着巨大的替代饮料的威胁：从果汁口味的饮料，到各种类型的果汁类饮料，消费者的需求在多元化。

这是一种杀伤力极大，但又悄无声息的品牌危机。柯达、施乐等曾经风光无限的全球性品牌，就是败在替代品崛起的危机里。

为了适应消费者变化，可口可乐采用多品牌策略走出了这一危机——用芬达满足一些消费者对果汁口味的需求，又用美汁源品牌来开拓果汁市场，甚至在果汁市场里也不断细分。例如，开发出果粒橙、10 分 V 等更为细分的品牌，牢牢占据不断衍生出的新"替代品"品类。

4）品牌延伸策略

品牌延伸也称特许扩展，即以现有的品牌名称推出新产品。实行品牌扩展的好处：原品牌知名度使新产品迅速得到市场的承认与接受，并节约新产品的市场导入费用；原品牌的良好声誉和影响，有可能对新产品产生波及效应，让消费者产生好感；借助著名品牌推出新产品，使新产品定位更为方便、容易；若品牌扩展成功，有可能进一步弘扬原品牌的影响和声誉。

特别提示

不适当地实行品牌延伸会有较大风险。因为顾客一旦接受了某个品牌，通常趋向于将该品牌看作某种特定产品，延伸会产生品牌淡化，影响消费者对同一品牌名称的其他产品的态度，妨碍现有产品的销售。

管理案例

"三九"集团的品牌延伸

品牌延伸利弊的评判是一个复杂的现象。例如，三九集团靠"999"胃泰出名，其品牌经营曾达到最高境界：在消费者的心目中，提到三九就会令人联想到胃泰。该集团把"999"延伸到啤酒，劝人喝冰啤，宣称："九九九冰啤酒，四季伴君好享受"。对此，舆论界颇有微词，认为三九集团既劝人吃药，又鼓励人喝酒，"999"品牌究竟是保胃还是伤胃？批评这种品牌扩张既丢失了"999"保胃的优先效应，又削弱了品牌忠诚。从理论上推论，这么说，似不为过。但我们不能仅靠推论，更要看实践。事实表明，"999 冰啤"是三九集团收购石家庄啤酒厂的产物。被收购前，石家庄啤酒厂累计亏损 2880 万元．欠缴税金 2177 万元，资产负债率高达 142%。1996 年被三九收购后，当年减亏 582 万元，上缴税金 1200 万元，1997 年实现利税 4500 万元。收购给石家庄啤酒厂带来了活力。

7.6.2 价格策略

价格是营销组合因素中十分敏感又难以控制的因素，它直接关系着市场对产品的接受程度，影响着市场需求和企业利润的多少，涉及生产者、中间商、消费者等各方面的利益。因此，定价策略是企业营销组合中一个极其重要的组成部分。

1. 企业定价目标

企业的定价活动是围绕一定目标进行的。企业界在实践中奉行的定价目标主要是投资报酬率和市场占有率。例如，美国 9 家大公司的定价目标，集中体现了这一点，如表 7-4 所示。

表 7-4 美国 9 家大公司的定价目标

公司名称	定价主要目标	定价相关目标
杜邦公司	目标投资报酬率	保证长期交易，根据产品生命周期对产品定价
埃克森公司	合理的投资报酬率	保持市场占有率，求价格稳定
通用电气公司	投资报酬率(税后)20%，销售利润率 7%	新产品促销策略，保持全国宣传产品的价格稳定
通用食品公司	毛利率 33.3%	保持市场占有率
通用汽车公司	投资报酬率(税后)20%	保持市场占有率
固特异公司	应付竞争	保持地位，保持价格稳定
海湾公司	根据各地最主要的同业市场价格	保持稍低于统治地位的市场占有率
国际收割机公司	投资报酬率(税后)10%	市场占有率不大于 20%，保持价格稳定
美国钢铁公司	根据市场价格	增加市场占有率

市场学理论界提出的定价目标很多，主要有赢利、销量、适应竞争和威望 4 项。其中，选择比例最高的是适应竞争，接着是赢利、销售和威望目标，如表 7-5 所示。

表 7-5 美国厂商定价的首要目标和次要目标

定价目标	作为首要目标的百分比	作为次要目标的百分比	既作为首要又作为次要目标的百分比
赢利目标			
确定的投资报酬率	61%	17%	78%
确定的总利润水平	60%	17%	77%
增加的高于以往水平的总利润	34%	28%	72%
确定的销售报酬率	48%	23%	71%
销量目标			
增加的市场份额	31%	42%	73%
维持现有市场份额	31%	36%	67%
服务选择的市场细分	27%	39%	66%
确定的市场份额	16%	41%	57%
适应竞争目标			
适应竞争定价水平	38%	43%	81%
威望目标			
为某厂商和/或其产品创意已识别的形象	22%	41%	63%

2. 基本的定价方法

在实践中，企业定价通常有 3 种取向：以成本为基础的成本导向、以需求为基础的需求导向和以竞争为基础的竞争导向。

1）成本导向定价法

（1）加成定价法，也称完全成本加成法，是最简单的一种定价方法。就是在单位成本的基础上，按一定比例加上预期的利润作为产品的销价。其计算公式为

价格＝成本＋加成＝成本×(1＋加成占成本的百分比)　　(7.1)

【例7－2】

某制造商的成本和利润为72元，以此作为价格销售给批发商，成为其成本；若批发商加成20%，72元的成本占80%，销售给零售商的价格为90元，成为零售商的成本，若零售商加成40%，90元的成本占60%，零售商以150元的销价售给消费者，成为消费者的成本，如图7.10所示。

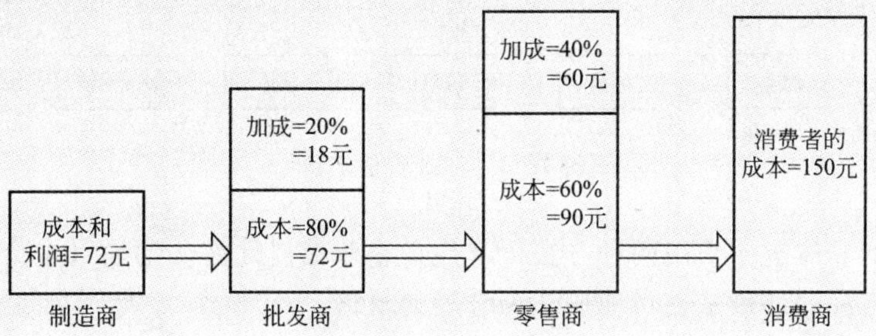

图7.10　销价加成定价法

此种加成定价方法中，定价的关键是确定加成率。可用公式来表示为

加成率＝(销售价格－成本)/销售价格

特别提示

一般说来，加成率的大小与商品需求弹性和企业的预期赢利有关。需求弹性大的商品，加成率宜低；需求弹性小的产品，加成率不宜低。

（2）目标利润定价法。在具体做法上有目标利润率法和目标利润额法。目标利润率法的计算公式为

价格＝(总成本＋总成本×目标利润率)/预计产销量　　(7.2)

【例7－3】

某产品的总成本是1000万元，平均变动成本为5元，总固定成本为600万元，预计产销量80万件，目标利润率为20%，要计算出价格，可代入公式，求得

价格＝(1000万元＋1000万元×0.2)/80万件＝15元

若用目标利润额法计算，可用公式为

价格＝(总成本＋目标利润额)/预计产销量

＝单位固定成本＋单位变动成本＋单位目标利润

2）顾客取向定价

常见的顾客取向定价，有认知价值定价法、反向定价法和比较定价法3种具体方法。

(1) 认知价值定价法。面对拟购的产品，顾客对其价格有一个估计值。营销者根据购买者这种认知来制定价格，即为认知价值定价。

【例 7-4】

假设某产品有 A、B、C3 个等级。B 级居中，A 级为上，C 级为下。可考虑先给 B 定价，如￥2.00，然后将 A 定价为￥2.55，将 C 定价为￥1.52。

认知价值定价，与成本导向定价的递送价值过程是相反的，如图 7.11 所示。

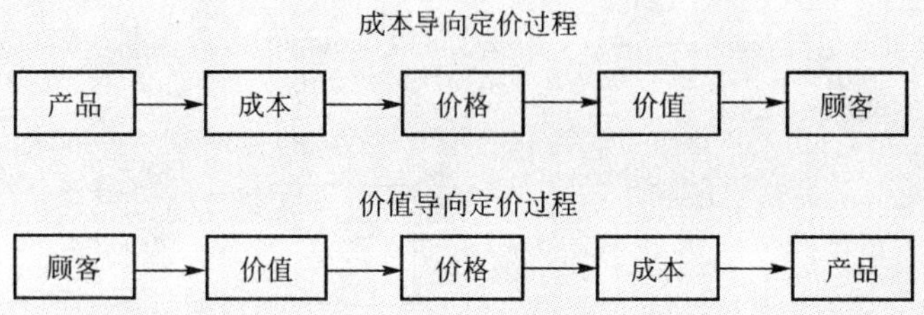

图 7.11 认知价值定价

价值定价的具体运作采用两种方法。其一是企业根据顾客认知加以定价。其二是顾客根据自己对一产品的评价来支付他们认为合适的价格。

特别提示

价值定价方式是顾客参与营销或关系营销崭新观念的体现，是一种更高级的定价策略，即通过顾客的参与行为来满足他的自尊心，激发他的信誉感，从而达到关系营销的目的。因此，也有人称之为顾客自行定价。

管理案例

小鸭空调的消费者定价

2001 年 11 月 24 日，小鸭公司在北京某商场尝试“请消费者定价活动”。在活动现场，小鸭公司摆出了未标出售价的 5 款机型各一台空调，先介绍了空调业的一般情况和小鸭空调的特点，尔后让消费者根据自己的判断标上产品的价格，以消费者最终拍得价格作为这几款机型的市场零售价，全面供应北京市场。数百名消费者热烈参与，踊跃竞价，最后终于确定了这 5 款机型的价格，1 匹冷暖挂机为 1888 元/台，2 匹冷暖柜机为 3400 元/台。市场上一线品牌同类型号空调价格分别为 2200 元/台和 4000 元以上/台。这次活动最终拍得价格与公司事前预定的价格相去不远。

这次活动表明“价格定多少，顾客说了算”在 21 世纪初的中国已经具有现实可行性。这是因为经过多年的普及，空调已经成为中国的大众消费品，空调主流消费者的消费观念也日益成熟和理性，希望购买的产品既价格适中又具有相对可以接受的品牌知名度与品质认同度，并不需要过多的附加功能。自行定价活动倡导了一种新的价格观，不失为满足消费者真正需求的一种尝试。

(2) 反向定价法。以顾客能够接受的价格作为可销零售价，由这个价格推出批发价和出厂价。常见的做法有两种。

① 由可销零售价到推出批发价。因为可销零售价＝批发价格＋批零差价＝批发价格×(1＋批零差价率)，所以批发价格＝可销零售价/(1＋批零差价率)。

② 由可销零售价倒推出出厂价。因为可销零售价＝出厂价×[(1＋批零差价率)/(1－进销差价率)]，所以，出厂价＝可销零售价×[(1－进销差价率)/(1＋批零差价率)]。或因为可销零售价＝出厂价/(1－零厂差率)，所以，出厂价＝可销零售价×(1－零厂差率)。

(3) 比较定价法。采用此法是通过比较不同销价下的利润总量，求出一个利润总量最大的价格作为售价，如表7-6所示。

表7-6 比较定价事例

销售价格(元)	1.4	1.2	1.0	0.9
销量	1000	1800	2200	3000
总收入	1400	2160	2200	2700
单位变动成本	0.8	0.8	0.8	0.8
总变动成本	800	1440	1960	2400
固定成本	200	200	200	200
总成本	1000	1640	1960	2600
销售税率	5%	5%	5%	5%
销售税	70	108	110	135
利润	330	412	130	－35

根据公式“利润＝总收入－总成本＝(销价×销量)×(1－t%)－单位变动成本×销量－固定成本”求得利润。从表7-6看出，销价为1.2元时，总利润(412)最高。故最佳定价应为1.2元。

3) 竞争取向定价

(1) 随行就市定价法。随行就市定价，就是企业按照行业的平均现行价格水平定价。这是同质产品市场上惯用的定价方法。无论是完全竞争市场还是寡头竞争市场，均适用此法。

(2) 密封投标定价法，就是购买者在媒体刊发招标广告，邀请供应商在规定的日期内投标，届时开标，选择报价最低的、最有利的供应商成交。这样，供应商的报价必须同时考虑利润和中标概率两个因素。价格低，利润肯定低；报价高，中标的可能性低。因此，只有考虑到竞争者的报价，确定一个适宜的价格，才可能中标。

(3) 组合定价，就是对相互关联、相互补充的产品，采取不同的定价策略。对于一些既可单独购买，又可成套购买的商品，可以实行成套优惠价格，即组合定价。消费者对购买次数较少的商品价格较为敏感，对价值高的商品价格也较为敏感，反之不大在意。利用这一心理，采取对相关商品中购买次数少、价值相对大的商品价格定得低一些，而对购买次数多、价值相对小的商品价格定得高一些，从而获得整体效益。

管理案例

TCL的组合定价

在2001年的彩电价格大战中，面对行业领头羊长虹的大幅降价，TCL王牌彩电制定了有利于竞争的组合价格策略。首先，将几项机型定价低于长虹，称进攻机型；其次，将 TCL 具有特色的机型，定在与长虹相近的价位上，称利润机型；最后，将技术先进、代表企业形象的机型定在高价位上，称品牌机型。由于定价策略具有竞争力，加上 TCL 本身的数码技术、优良的售后服务以及遍布农村市场的销售网络，TCL 在此次价格大战中，走得稳健而又自如。

(4) 攻击性定价。生产成本随生产经验的积累而下降的现象被称为经验曲线或学习曲线。生产成本较低的企业以此为基础定价销售，就可以将生产成本高的企业挤出市场。例如，假设某行业有 A、B、C3 家公司，A 公司的产量 4 万台，平均成本 8 元；B 公司的产量 2 万台，平均成本 9 元；C 公司的产量 1 万台，平均成本 10 元。如果 3 个公司都以 10 元的价格销售，结果是 A 公司获利 2 元，B 公司获利 1 元，C 公司不赔不赚。若 A 公司定价为 9 元，赢利 1 元，B 公司不赔不赚，C 公司赔本进而被赶出市场。

管理案例

格兰仕的攻击性定价

在国内微波炉行业，被称为价格屠夫的格兰仕公司(以下简称格兰仕)善于采用攻击性定价法。规模每上一个台阶，格兰仕就大幅度下调价格，如当规模达到 125 万台时，格兰仕把出厂价定在规模为 80 万台的企业的成本以下；当规模达到 300 万台时，格兰仕把出厂价调到 200 万台的企业成本线以下。从而，一次又一次地把一部分竞争者赶出市场，创造了连续数年蝉联全国微波炉市场销售量和市场占有率第一。1998 年，其市场占有率曾达到历史高位的 73.5%。

3. 价格策略

1) 新产品定价策略

除新产品本身的特征外，价格策略也直接影响着消费者对新产品的接受程度和速度，通常，新产品的价格策略有 3 种。

(1) 撇脂定价策略。这是一种高价格策略，指在产品生命周期的最初阶段，把产品的价格定得很高，甚至远远高于成本，以求在较短的时间内获得最大利润，犹如从鲜奶中撇取奶油，故名为撇脂定价。此种策略不仅能在短期内取得较大的利润，而且可以在竞争加剧时逐步降低价格。

特别提示

此法适用于独特技术，不易仿制，具有专利保护，生产能力不太可能迅速扩大的新产品，且市场上存在一定数量的消费者，对该产品的需求缺乏弹性，愿意承担高价格，以满足自己的特殊需求。

(2) 渗透定价策略。这是一种低价策略，指在新产品投放市场时，将价格定得较低，以吸引大量顾客，迅速打开市场，获得较高的市场占有率。犹如倒入泥土中的水迅速渗透一样，故名渗透定价策略。它以低价刺激市场需求增长，吸引消费者迅速接受产品，薄利多销，同时，较低的价格也遏制了竞争者的进入，有利于控制市场。但使用此种方法投资回收期较长，如果产品不能迅速打开市场，或者遇到强有力的竞争对手，企业将蒙受损失。

特别提示

此法适用于能尽快大量生产，特点不突出，容易仿制，技术简单，消费者价格敏感度高的新产品。

(3) 满意价格策略。这是一种折中价格策略，指采取既能保证企业获得一定的初期利润，又能为消费者所接受的高低适中的价格。

管理案例

雪碧的满意价格策略

1989年夏季，由美国可口可乐公司与杭州茶厂合资组建的中华食品公司开始灌装供应雪碧，把许多国产饮料挤出了市场，甚至一些正宗进口的洋饮料也甘拜下风。是什么原因使雪碧获得如此成功？

为了占领杭州饮料市场，中华食品公司采取了多种策略，包括产品策略、分销策略、广告促销策略等，其中价格策略是其成功的重要因素。针对大众消费水平，雪碧价格定在0.65元/瓶，介于国产普通汽水和进口易拉罐饮料之间。当时，国产汽水每瓶0.45元，但口味不及雪碧；进口饮料粒粒橙每罐3.4元，一般人消费不起。价格适中，切合大众消费需求的0.65元一瓶的雪碧就能一炮打响。

同时，中华食品公司给予各个销售点较高的销售利润，即让一部分利润给零售商。在杭州各销售点每销售一瓶雪碧，可得利0.12元，而普通国产汽水每瓶的销售毛利只有0.07元，故各个零售点都愿意销售雪碧。同时，尽管粒粒橙的销售毛利更大，但是少有人问津，在销量上远不及雪碧，经销它们容易造成积压，因此经销商的积极性并不大。

(资料来源：http：//www.ezxw.com)

2) 产品组合定价策略

当产品只是某一产品组合当中的一部分时，企业就需要研究出一系列价格，使整个产品组合的利润实现最大化。

(1) 产品线定价。对属于同一产品线的产品，联系起来考虑定价。一般做法是实行级差价格，使价格呈阶梯状结构。具体做法：先确定某产品的最低价格，使其充当价格领袖，然后确定某产品的最高价格，最后确定其他产品的价格。

一般情况下，相近的两种型号的产品，如果价格相差很大，买者多会买便宜的；如果价格相差很小，买者倾向买质量好的。

管理案例

帕萨特的失败定价

上海大众汽车有限公司的帕萨特，先推出GLI－1.8升发动机，手动变速箱，绒布坐椅，定价24.5

万元；后推出 GSI－1.8 升发动机，四速自动变速箱，真皮坐椅，6CD 音箱，后防晒窗帘，定价 28.7 万元。二者相差只有 4.2 万元，即 17%。GLI－1.8 升型，价格偏高，到推出 GSI 时，就陷入了尴尬的境界：价格高了，新车难卖；价格低了，又压住了老车型。2001 年 8 月推出帕萨特 1.8T 型，定价 29.8 万元，使 GLI 和 GSI 的性能价格比显得极差，GSI 仅仅热销半年便从市场上悄然消失。帕萨特相互牵制的价格表明，定价必须从长远考虑，必须和自己的产品线相适应，设计好价格台阶。否则，就像多米诺骨牌一样，一个产品价格变动，全线产品价格都得跟着变动。可以设想，只要把 GSI 的价格定在与帕萨特 1.8T 型相差 4 万元左右，相信 GSI 还是有一部分市场的。

(2) 任选品定价。在某些产品销售中，会发生主要产品和任选品的比较定价问题。以餐馆为例。饭菜的定价和酒类饮料的定价属此类问题。这里有两种做法。①主产品(饭菜)价格低＋酒饮料(任选品)高价。饭菜价格低，用以吸引消费者；酒和饮料价格高，用以获取利润，弥补经营损失。②主产品(饭菜)价格高＋酒饮料(任选品)价格低。酒饮料价格低，用以吸引爱喝酒的顾客；饭菜用以获取利润。

(3) 附带品(也称连带品)定价。某些产品销售中，会遇到主产品和附带品或相关配套品的定价关系。例如，刀架和刀片，照相机和摄影胶卷，电脑的硬件和软件，都有这个问题。通常的做法：主产品低价，附带品高价。柯达公司采用这种策略创造了市场机会。当然，附带品高价也有风险，它会引来“非法仿制者”。

(4) 两部定价法。电话公司和游乐园的收费常采用这种形式。前者：固定费加使用费；后者：门票加项目费。比较合适的做法是前一项收费低，用以吸引顾客；后一项收费高，用以获取利润。

3) 折扣折让策略

(1) 现金折扣，是企业给那些当场或提前付清货款的顾客的一种优惠。例如，顾客必须在 30 天内付清货款，如果 10 天内就付清，则给予 2%的折扣。

(2) 交易折扣，又称功能折扣。在交换中因履行某些营销功能，制造商给予批发商或零售商等渠道成员的一种额外折扣，以补偿其经营费用，如某一产品价目表中的价格为 40 元，零售交易折扣为 45%，则实际成交价为 40－(40×45%)＝22(元)。

(3) 数量折扣。例如，一次购买量 1～10 件，折扣 0.00%；11～25 件，折扣 2.00%；26～40 件，折扣 3.50%；40 件以上，折扣 6.00%。

(4) 折让。折让的主要类型是以旧换新折让和促销折让。

(5) 其他方法。主要有牺牲品定价和天天低价。牺牲品定价是零售商使用折扣吸引顾客入店的一种方法。通常的做法：零售商将某些产品的价格定得低于成本或接近成本，以便吸引顾客，希望顾客到店内浏览，购买其他产品。天天低价是用持续的低价代替分次降价的一种策略。

【例 7－5】

某商店购入 100 件 T 恤衫，可以采取两种方法销售。一种办法是分次降价销售。例如，开始，单价 15 元，卖出 10 件，收入 150 元；接着，单价 11 元，卖出 20 件，收入 220 元；第三次，单价 9.99 元，卖出 70 件，收入 699.3 元；总计收入 1 069.3 元。另一种办法是持续的天天低价，单价为 10.99 元，直至售完，总收入计 1099 元。天天低价比分 3 次降价多收入 30.3 元。

4）心理定价策略

追求物有所值是消费者在购买商品过程中共同的价值取向，但是，在不同的环境和条件下，对其认识上却会产生心理偏差。

特别提示

地处南京闹市区的某商场就曾出现过这样一种现象。开始，商场在香烟柜台标明购买5包剑牌香烟(每包13元)，赠送剑牌手表一只。结果，消费者鲜有问津。后来，商场在钟表柜台标明：购买剑牌手表一只(65元)，赠送剑牌香烟5包。结果，生意兴隆。

两种表达方式的金额是完全相同的，但结果大不一样，这是因为人们已经形成了香烟单位价值低、手表单位价值高的心理定式。买便宜商品而得到贵重赠予，会让顾客觉得世上难有这样的好事，随之产生受商家欺诈、愚弄之嫌。买贵重商品获得便宜商品的赠予，会让顾客认为比较现实。

心理定价方法有很多种，主要有整数定价法、尾数定价法、分级定价法、声望定价法、需求习惯定价法、偶数定价法、奇数定价法和数字偏好定价法等。

各种心理定价法并没有好差之分，关键是看这种定价法是否适合于这种商品的需求特征。

管理案例

某调查研究机构曾选择某品牌的电饭煲和礼品在同一商场内进行整数定价法和尾数定价法的销售实验。实验时间分为4个阶段，第1周实行整数定价，电饭煲400元，礼品200元，第2周实行尾数定价，电饭煲395元，礼品195元；第3周同第1周；第4周同第2周。结果，电饭煲整数定价的销售量比尾数定价的销售量减少15.90%；礼品整数定价法却比尾数定价法的销售量增加34.48%。

7.6.3 渠道策略

1．分销渠道的含义和长度

1）分销渠道的含义

分销渠道是产品从生产者向消费者或用户转移所经过的途径和环节。主要包括商人中间商(取得商品所有权)和代理中间商(帮助转移商品所有权)，还包括作为分销渠道起点的生产者和终点的消费者。但不包括供应商和运输商等辅助商。

2）分销渠道的长度

分销渠道的长度由渠道层次级数量来表示。渠道层次指在产品从生产者转移到消费者的过程中，推动产品及其所有权向最终买主转移的中间机构。两种不同长度的分销渠道，如图7.12所示。消费者市场的渠道结构，如图7.12(a)所示，产业用品的渠道结构，如图7.12(b)所示。

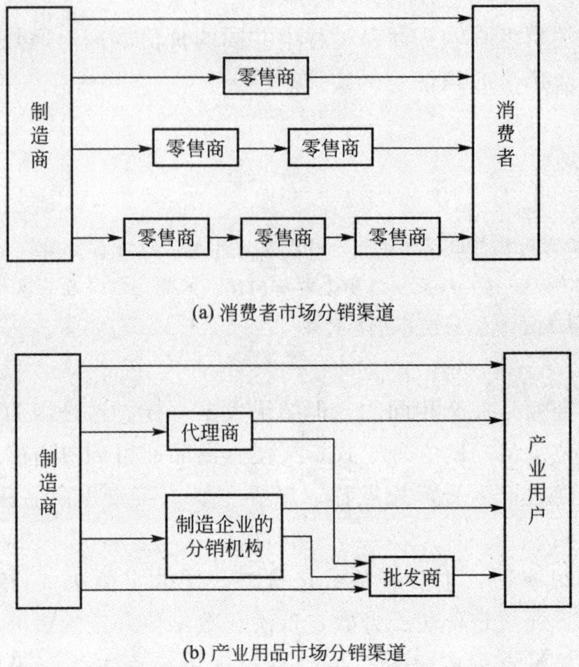

图 7.12 两种不同长度的分销渠道

(1) 零级渠道，又被称为直接营销渠道，是产品由生产者直接销售给消费者，而不经过任何中间商转手的市场营销渠道。其主要方式是上门推销、家庭展示会、邮购、电子通讯营销、电视直销和制造商自设商店销售等。

(2) 一级渠道。一级渠道包括一个中间商。在消费者市场上，这个中间商通常是零售商；在产业市场中，则可能是销售代理。

(3) 二级渠道。二级渠道包括两个中间商。在消费者市场中，中间商一般是一个批发商和一个零售商。

(4) 三级渠道。三级渠道包括 3 个中间商。通常，在批发商和零售商之间，增加一个专业批发商。级数更多的渠道当然也有，但不是太多。从生产者的角度看，渠道级数越多，即流通渠道越长，企业的控制难度越大，流通成本也越高。

2. 分销渠道的设计与优化

想一想：企业的产品要通过何种途径到达消费者手中？需要考虑哪些因素？

渠道设计指企业为建立市场营销渠道或已经存在的渠道进行变更的策略活动。企业在进行渠道设计决策时，应该确定理想的渠道、可行的渠道和适用的渠道。为此，企业需要分析客户需要的服务水平，建立渠道目标和限制因素，识别主要的渠道选择方案，并做出评价。

1) 分析客户需要的服务水平

企业应该充分了解客户习惯购买的商品及其购买的地点、原因、时间和方式，从而明确渠道应对客户购买商品提供何种解决方案，即为目标客户设计的服务供应水平。

影响渠道服务供应水平的主要因素有批量大小、等候时间、便利程度、选择性大小、服务支持等。

特别提示

服务供应水平并非越高越好。因为高的服务供应水平往往也意味着渠道成本增加和价格的提高。有时候，客户在降低服务水平以降低价格时，宁愿接受较低的服务水平，折扣店的成功就是有力的例证。企业要根据目标客户的需求特点，设立恰当的服务供应水平。

2）了解渠道设计的限制因素

影响渠道设计的限制因素主要有4个。

(1) 客户因素。客户是市场营销活动的中心，市场营销组合中所有方面都离不开市场的分析，包括潜在客户的状况、市场的地区性、消费者的购买习惯等方面。

特别提示

消费品中的便利品(如香烟、肥皂，牙膏等)购买次数很频繁，消费者希望方便地买到，制造商就应该选择“长而宽”的渠道设计，尽可能地提高产品的市场暴露度。

(2) 产品因素。产品本身的特点对渠道设计影响重大，包括产品的耐磨性、产品的时尚性、产品的单位价值、产品的体积和重量、产品的标准化程度、产品的技术性和售后服务、产品的生命周期等方面。

(3) 企业因素。渠道设计还应符合企业自身的特点，主要考虑：企业的规模、企业的基本标准、企业的管理能力等方面。

(4) 中间商因素。作为分销渠道中的主要成员。可供企业利用的中间商数量及其特点对渠道结构的影响举足轻重，主要有可供利用的中间商种类和数量、利用中间商所需要的成本、中间商的能力、中间商可提供的服务、竞争者因素、环境因素等方面。

特别提示

在经济环境不景气时，企业会用最经济的方法推销其产品，这往往意味着采用较短的渠道和取消一些非根本性的服务。

知识链接

实体渠道与网络渠道之争

维系传统渠道的核心是价格体系，但这种相对稳定的体系却被发展迅速、日益强大的电子商务所打破。不仅如此，电子商务还利用价格的利器和信息的便利，将传统渠道投大价钱建起的服务设施俘虏过来成为了自己的配属。例如，越来越多聪明的消费者，挑书去新华书店翻阅，买书却到当当网；选电器到国美比较，买电器却去京东……一个乾坤大挪移，活生生地把传统终端变成了附属于电子商务的免费体验店。

但是，我们应该说，如果一个传统渠道被电子商务时代所湮灭，那一定是因为它本身就有着内在的病灶：不是渠道结构设计不科学，就是理念不清晰。

而也有一些传统渠道不仅没有成为电子商务的附属，经过运作之后，反而让电子商务渠道成了自己的附属。例如，电影就是绝处逢生的另类，几年前，大家还在惊呼电影院要死掉，但现在我们看，其产品属性不仅可以网上推销，还可以网上交付，而且是免费推广！实际上，看电影这个传统的消费项目已经成了都市的时尚活动，有的票价很贵，人们却趋之若鹜。应该说，电影产业在电子商务时代的繁荣，有着值得传统渠道挖掘的共性经验。

电子商务的优势不必多言，但它有力所不能及的地方。最大的缺憾就是它不能给消费者直接的体验。这种体验需求不仅源于品牌和产品，甚至还有消费者个人固有的个性需求。实际而非虚拟地逛街的闲适，发现新东西的惊喜等，这些是虚拟店没有办法替代的。特别是高端的品牌，终端体验本身就是价值构成的重要因素，传统渠道依然是它们安全的避风港。LV很早就有了网上定制，但这并不意味它的网站就是一个廉价的窗口。这就是所有高端品牌必须坚持的一个原则：网络销售？没有问题，但它绝不能伤害原有的品牌定位。

而如果品牌的情感溢价一时不足以带给消费者来体验的理由，那么就要在产品周边的延伸服务上营造体验的情境空间。在图书行业，光合作用和台湾的诚品书屋就做了很好的示范，它们打造成了正宗的“体验书店”。优雅的阅读环境，强烈的书香风格。跻身人文高端品牌之时，也避开了电子商务的野蛮侵袭。

而只要科学合理地规划渠道结构，安排好不同层级、不同类型的渠道成员之间的利益格局，网络和实体渠道完全可以共生共荣、互相促进。例如，如果价格体系设计合理，实体店为网络订单就近配送，那么网络就可以成为实体店的销售扩展，实体店也可以成为网络销售的体验支点。

例如，百丽旗下拥有多个品牌，线下有近8000家店面。它现在大胆地与百度战略合作，建立了一个新的公司，在网络上卖百丽的产品。网络销售有足够的吸引力，价格比实体店便宜，但折扣幅度不会太大，多为8折左右。线上和线下的品牌和款式有一定区隔，专卖店的最新款不会拿到网上去打折，不会对实体店形成太大冲击。它实际上不是分流客户而是创造了更多客户。而且，网络销售平台还是一个大流量、低成本清理库存的出口，这项功能得到实体店的欢迎。当然，能够实现这个构想，还有赖于百丽是一个比较强势的品牌，它在经销商面前有一定的话语权，不会让好的方案在争吵中流产。而如果是弱小品牌，就有可能发生渠道革命尚未成功，先把自己的命给革掉了的悲剧。

传统产业的强势品牌，应该考虑的是利用好自身在价值链中的领导地位，及时把电子商务作为一个新兴的通路资源，纳入自己的渠道结构之中，做到线上线下的和谐相处，共生共荣。既扩大销售，又发展品牌。例如，线上销售通过传统渠道商来配送，给他们一定的费用，让传统渠道商也有积极性来拉动网络的销售。而网络销售的各种线下活动，则借助终端店来进行。这样既能够弥补线上体验不足的缺憾，也同时能够拉动终端店的人气和销售。

因此，新旧渠道之争的本质，还是品牌自身的渠道体系设计是否科学，管控是否有力，发展是否有生机的问题。对渠道体系进行升级改造，要为电子商务“预埋管线”、“预留接口”。渠道系统只有具备了足够的宽容度和承载力，才能够形成适应环境的生长空间。

（资料来源：http：//www.zwgl.com.cn/2011－8－11）

3）进行渠道设计

渠道设计一般包括3个方面的基本内容：中间商的基本类型(渠道长度)、中间商的数目(渠道宽度)以及各中间商的特定任务和责任。

(1) 中间商类型。企业要明确能够完成渠道工作的各种中间商的类型，即明确如何以有效的方式将特定的产品送达用户市场。企业在选择中间商时，常常会面临若干可行的方案。

【例 7-6】

某一制造商开发一种商用空气净化机，有以下渠道方案可供选择：运用企业现有的推销人员，借助直接邮寄和商业杂志；扩大企业的推销队伍，上门与特定用户接洽；依靠熟悉不同行业及不同地区情况代理商推销产品；通过能够承担一定促销活动，并拥有一定存货水平的批发商销售产品等。

(2) 中间商的数目。企业必须决定每个渠道层次使用中间商的数目。有 3 种策略可供选择。①独家分销。即制造商在某一市场(地区)仅仅选择一家中间商为其推销产品。这种分销方式常见于汽车等产品。双方签订独家分销合同，规定该经销商不得经营竞争对手产品，以促进制造商产品的销售。②选择分销。即制造商在某一市场(地区)仅通过少数几个经过精心挑选的、最合适的中间商推销其产品。选择性分销适用性很广，几乎适用于所有产品。相对而言，消费品中的选购品和特殊品最适宜选择性分销。③密集分销。即制造商尽可能多地利用有能力和责任感的批发商和零售商推销其产品，争取最大的市场覆盖度。

同一渠道层级的中间商数目反映了渠道的宽度，是企业追求市场覆盖面和销量的表现。从独家分销，到选择分销，再到密集分销，渠道的宽度逐渐增加，企业的市场覆盖面也在提高。但不同的产品适合的市场覆盖面不同。

特别提示

密集分销并不适合于高档名牌商品，如果将独家专卖的高档名牌产品盲目地扩大销售渠道，将会失去原有的品牌，服务和价格优势，损害消费者心目中的品牌形象和价值认同。

(3) 渠道成员的特定任务和责任。在将产品由生产者转移到目标市场的过程当中，需要完成运输、广告、储存和接触等主要任务。企业应该将这些任务一一列出，然后根据渠道成员不同类型的差异和执行任务时的优势和劣势，合理安排，避免冲突。在处理生产者和渠道成员的责任分配时，主要涉及价格政策、销售条件、地区权力以及每一方所应提供的具体服务。

① 价格政策。价格政策要求生产者制定价目表和折扣细目单，并确保这些价格信息是公平的和充分的。

② 销售条件。销售条件指付款条件和生产者的担保。大多数生产者对于及时付款的分销商给予现金折扣，并向分销商提供有关质量问题和价格下跌的担保。

③ 分销商的地区权力。分销商需要知道生产商如何分化特许经销权的范围，以便明确自己的责任和权力范围。

④ 生产者和中间商的服务与责任。渠道设计方案还必须明确生产者与中间商各自承担的服务和责任，尤其是在采用特许经营和独家代理等形式时。

4) 评估、确定和优化方案

企业对设计出各种可能的渠道方案进行评价，确定最能够对渠道任务做出相对合理的分配，并满足企业长期目标的方案。评估标准有3个：经济性、可控性和适应性。

管理案例

东莞某家具制造商的渠道评估

东莞某家具制造商希望在上海出售其产品，正在考虑两种方案：一是聘用10名新的销售代表，在上海组成一个销售办事处。销售人员除基本工资外，视其销售量获得佣金；二是利用一家与零售商有广泛联系的销售代理，该代理机构有30个销售代表，将按其销售量获得佣金。

(1) 经济标准。经济标准即考核渠道的成本效益。例7-6中，每一种渠道方案都将产生不同的销售量和成本。企业要比较是利用公司的销售队伍销售量大，还是使用代理商销售量大。大多数营销经理认为，使用公司自己的推销队伍销售量更大，因为企业自己的销售代表完全致力于本公司的产品，他们熟悉公司的产品，接受过推销训练，并且将自己的未来和公司密切联系，因而更富有进取精神，客户更喜欢直接与公司打交道。而销售代理在销售人员数量、市场联系广泛等方面也有优势。在成本方面，利用销售代理机构的固定成本比企业组建自己的办事处要低。但利用代理机构的费用随后增长很快，因为它们的佣金更高。

(2) 控制标准。控制标准考核生产商对渠道成员的销售活动是否符合规范和企业利益的监管程度。销售代理是一个有着独立经济利益的组织，它关心的是自己的利润最大化。因此，销售代理往往更加关注对自己利润贡献最大的产品，而不是对某个特定企业的产品感兴趣。另外，代理商的推销人员可能没有掌握公司产品的技术细节，或不能有效地对待和运用委托人的促销材料。

(3) 适应性标准。适应性标准考核渠道适应环境变化的能力，即应变能力如何。但是，任何渠道方案都会有一定的稳定性，即在合约有效期内，即使采用其他销售法更有利，制造商也不得任意取消合约。因此，当涉及一项长期承诺的渠道合约时，企业一定要慎重，在经济性和控制性方面都很优越的前提下，才考虑承诺。

从理论上说，优化渠道方案是要解决渠道是否处于均衡状态的问题。一个渠道均衡状态是指无论如何改变渠道结构和功能，也不可能导致利润增加的状态。这里指的结构变动是指增加或减少渠道某一层级的中间商；功能变化是指在渠道成员中重新分配一项或几项渠道任务。当消费者的购买方式发生变化、市场扩大、新竞争者的兴起，创新的分销战略出现以及产品进入生命周期的新阶段时，往往造成在成本既定的前提下，现有渠道结构不再能最有效地提供服务，即渠道处于不均衡状态，企业有必要对过时的渠道进行改进和优化。

管理案例

安利的渠道修正

1995年，安利正式落户中国，其在广州投资一亿美元建成了安利在海外唯一的现代化日用消费品生产基地，欲在中国掀起一场安利的直销风暴。可是很快国内形形色色打着直销旗号的传销诈骗活动搅乱了安利的市场前景。1998年4月21日，中华人民共和国国务院《关于禁止传销经营活动的通知》出台，对传销(包括直销)活动加以全面禁止。

对于安利来说，1998年无疑是它在中国的一个分水岭，随着这年4月在中国的业务被禁，安利开始在中国寻求新的生存方式。1998年6月18日，国家工商行政管理局颁发《关于外商投资传销企业转变销售方式有关问题的通知》，准许部分外资传销企业转为店铺经营，并可以雇用推销员。1998年7月经批准，安利(中国)日用品有限公司正式采用新的营销方式，由直销改为"店铺＋雇用推销员"的经营模式，自此，安利40多年来在全球80多个国家和地区均通过直销员销售产品的传统被彻底打破。

转型后的安利把原来分布在全国的20多个分公司改造成为第一批店铺，以后又陆续对这些店铺进行扩充。所有产品明码标价，消费者可以直接到专卖店中自行选购，杜绝推销员自行定价带来的问题。新的经营模式给消费者带来了新的选择，同时也让安利做出了新的尝试，突破原有的直销模式，多种销售方式并举，对于融入中国国情的安利来说也是一种挑战。

（资料来源：http：//www. ezxw. com.）

3. 分销渠道的控制与评估

1）渠道成员的选择

如果企业选择间接渠道进入市场，便面临选择中间商的决策。中间商选择是否得当直接关系着企业的市场营销业绩。选择中间商要广泛收集有关中间商的业务经营、资信、市场范围、服务水平等方面的信息，然后进行比较，确定最恰当的人选。

2）渠道成员的管理

(1) 激励渠道成员。激励渠道成员使其有良好的表现，必须从了解中间商的需要及心理。中间商并非受雇于企业，作为其分销连锁中的环节，而是有自己的经营方式和利益目标的独立组织。与帮助企业分销产品相比，中间商更愿意担任其客户的采购代理人的角色，因为有客户想买某种商品，他们才会对销售某种产品感兴趣。并且，中间商为更有效地利用自己的资金，往往同时经营多个制造商的产品，把它们组成一组相关的产品组合出售给客户。中间商更愿意在取得该产品组合上投入销售努力，而非单项商品。因此，企业对中间商的激励应站在中间商的角度，确认中间商的需要，制订双赢的交易计划。

制造商对中间商可采取以下主要的激励措施：开展促销活动；提供资金资助；协助中间商搞好经营管理，提高市场营销效果；提供重要信息，并注重与中间商建立长期的伙伴关系。

(2) 评估渠道成员。生产商必须定期按一定标准衡量中间商的表现。对业绩优秀者给予奖励，对业绩欠佳者，帮助其寻找原因，及时改进或在合适的时机撤换或取消。

常见的评价标准：销售配额、平均存货、交货时间、对损坏和遗失商品的处理、与公司促销和培训计划的合作情况。企业应该一开始就与中间商签订有关业绩标准与奖惩条件的契约，明确经营商的责任。

特别提示

在评价中间商时，企业不仅要看中间商销售水平的绝对值，而且还要考虑到他们各自面临的各种不可控制的环境变化，考虑到生产者的产品大类在各中间商的全部货色搭配中的相对重要程度。

7.6.4 促销策略

促销策略一般包括4个方面：广告、人员推销、销售促进和公共关系。

1. 广告

广告有广义和狭义两种。广义的广告即“广而告之”，指向大众传递信息的手段和行为。狭义的广告即商业广告，指有特定的广告主利用各种传媒向非特定的目标受众传递关于企业、商品或服务的信息，以扩大销售或树立形象的有偿的经济活动。

1）广告信息策略

广告在本质上是一种信息沟通活动。广告信息策略涉及传递何种信息及如何评价和传递这些信息的问题。

（1）广告信息选择。广告信息选择指企业必须决定对目标受众传递何种内容以期产生所希望的反应。任何一种产品可能有许多吸引消费者的特征，广告如果什么都介绍，结果并不能给人留下深刻的印象，也不可能树立鲜明的品牌特色。而且，不同的消费者往往会在同一种产品中寻找出不同的利益。因此，对要传播的信息进行认真的选择，寻找一个能够引起特定目标群体注意的信息内容是关键所在。

（2）广告设计。广告信息的设计是市场营销人员根据企业所要传递的商品、服务信息，结合企业市场营销的内部环境，运用广告艺术手段来塑造形象、传递信息的创造活动。市场营销人员必须为信息设计具有吸引力的形式。广告信息设计的基本内容主要包括主题设计，文稿设计、图画设计和技术设计 4 个部分。

2）广告媒体策略

广告媒体是一种信息运载工具，凡是介于广告发布者和接受者之间的、用以传递信息的手段与设施，均可称广告媒体。在整个广告运动中，媒体的费用支出占总支出的绝大部分。而不同媒体在传播的范围、对象、时间和费用等方面具有不同的特点。时间、空间以及经济上的特点限制了广告表现的形式、方法、传播频率和范围。同时，媒体本身也有一个不断被开发和利用的过程，媒体与广告相辅相成，共同发展。

管理案例

火柴盒上的广告促销

日本本田公司的“推销大王”椎名保久，发现在生意场合，人们常用火柴替对方点烟，然后把火柴留给对方。于是，他特制了一种火柴，在火柴盒上印上自己的名字、公司的电话号码和地图。

一盒火柴有 20 根，每点一次烟，名字、电话号码和地图就会出现一次。而一般吸烟者都是在兴奋或困惑时才点火抽烟，习惯于凝视火柴进行思考。因此，这种“无意识的注意”就会给人们留下特别深刻的印象。

椎名保久认为，一盒小小的火柴虽不起眼，但发挥的作用却很大。假定一个地方放 20 盒火柴，那么自己的名字，公司的电话号码和地图也就等于出现了 400 次。

椎名保久正是利用这小小的火柴盒使本田汽车的销售获得了成功。实际上，有许多购买本田汽车的客户正是看到了火柴盒上的电话号码，先打电话询问，才决定购买本田汽车的。

（资料来源：樊丽丽. 趣味促销案例集锦［M］. 北京：中国经济出版社，2005.）

影响广告媒体选择的主要因素有 5 个方面。

(1) 产品特征。产品的性质和特点是选择广告媒体的重要依据。一般而言，技术性强、结构用途复杂的产业用品，适宜用报纸、专业或行业杂志、产品说明书等印刷广告，通过文字和图形详细描述说明产品的结构、性能、使用和维护等重要信息。而服装、鞋帽等日用消费品则最好选用形、声、色兼备的电视媒体，或广播媒体，充分发挥其形象感和感染力，以诱发潜在客户的购买欲望。

(2) 目标受众特征。不同广告受众对媒体有着不同的偏好。例如，女性对电影、电视、流行杂志感兴趣，在这些媒体上宣传化妆品、服装效果比较好。而农药、农机等产品利用当地广播或电视媒体则更为恰当。此外，目标受众的受教育程度和接受能力、态度倾向等都影响了广告媒体的选择，如在文盲率较高的地区，不宜采用报刊等印刷媒体；在交通条件不理想的地区，户外广告也不可能充分发挥作用；在购买力低的地区，电视普及率低，不宜作为广告媒体。

(3) 媒体本身的特征。媒体本身亦在覆盖范围、表现力、权威性等方面表现出各自鲜明的特征。就地域性而言，广告的传播范围应该尽可能地与商品的销售范围一致。如果是地产地销的产品，就不必到全国性的广告媒体上做广告。

(4) 企业广告目的。企业广告的不同，对信息的时效性要求也随之不同。促销广告要求信息及时、迅速地传递，需要借助报纸、广播或海报等媒体；形象广告对信息传播的时间要求不是很迫切，就可以考虑制作时间或发行间隔较长的电视、杂志等广告媒体。

(5) 企业广告预算。企业的广告预算是制作广告媒体选择的重要因素之一。不同的广告媒体费用不同。一般而言，电视、电影媒体的广告费用最高，广播、报刊次之，路牌、橱窗、招贴广告费用则相对较低。而同一媒体的不同播出时间或版面费用也不一样。例如，电视广告的黄金时段与一般时段费用相差悬殊。企业应在一定的广告预算内，选择恰当的媒体组合。

2. 公共关系

公共关系是企业利用各种传播手段，同各种公众(客户、中间商、社区公众、政府机构和新闻媒介)沟通思想感情，建立良好的社会形象以及处理不利言论和危机事件，以求改善市场营销环境的活动。

1) 公共关系的主要形式

公共关系包括设计用来推广和保护企业形象或其个别产品的各种计划。公共关系部门监视组织的各种公共关系，发布和传播信息，以建立良好信誉。当负面的公共宣传发生时，公共部门要充当调解者，及时消除不利影响。

公共关系部门负责开展的活动主要有处理与新闻界的关系，即用最正确的形式展示关于本组织的新闻和信息；产品公共宣传，即为某些特定产品做宣传的各种努力；企业信息传播，即通过内部和外部信息传播来促使对本机构的了解；游说，即与立法和行政机关打交道，以促进或挫败立法和规定；咨询，即就公共事件问题、公司地位和公司形象向管理者提出建议。将传播信息与市场营销目标相结合产生的营销公关，直接帮助公司进行公司推广或产品推广以及塑造形象。例如，协助开发新产品，协助成熟期产品的再定位，建立公众对某一产品种类的兴趣，影响特定的目标群体，保护已经出现公共问题的产品以及建立有利于表现产品特点的公司形象。

2）公共关系策划

企业的公共关系策划包括以下步骤。

（1）确定公共关系目标。企业对每一次的公共关系活动都应该确定具体的目标。公共关系活动对树立知名度、建立可信度、刺激销售队伍和经营商以及降低促销成本等市场营销目标的实现发挥着重要作用。例如，某品牌葡萄酒进行公共宣传，以便使消费者确信喝葡萄酒是快快乐乐地过好日子的内容之一，并提高该品牌葡萄酒的形象和增加其市场份额。为此确定的公共宣传目标包括编写有关葡萄酒的故事，并设法刊登在最著名的杂志和报纸的食品专栏、特色版面；撰写酒类有益健康的故事文章，送给医疗事业单位进行宣传；针对不同年龄段的成年人市场、政府单位和各种细分市场制定特定的公共宣传方案。

（2）选择公共关系的信息与工具。

确定营销公关目标之后，公共关系人员就要挖掘可作为报道的相关信息和有趣经历。假设一个名不见经传的学院希望得到更多的公众认知，公共关系人员就要为它寻找可能引起公共注意的经历。例如，该院校教师是否有不平常的背景，或正在从事何种不寻常的研究项目，是否已开设新课程和特别课程，校园里正在发生何种有趣的事件等。

假如可供报道的故事不够充分，公关人员应该建议该学院发起几件有新闻价值的事情，如召开较重要的学术研讨会、邀请名人演讲、举行记者招待会，然后针对不同的目标受众编写各种新闻报道。

（3）实施公共关系计划。执行公共关系计划要求小心谨慎。公共关系人员必须尽可能多地结识新闻编辑人员和记者，了解他们各自喜爱什么样的报道。公共人员应该把媒体编辑看成一个需要满足的市场，争取让他们采用自己的报道。当公共关系活动涉及诸如纪念性宴会，记者招待会或其他特别活动时，公共人员除了进行周密的布置之外，还要具备处理突发事件的极强的应变能力。

管理案例

霸王洗发水的危机公关

2010 年 7 月 14 日，香港媒体报道霸王洗发水含有被美国列为致癌物的二恶烷，由此陷入了“致癌风波”。当天霸王股价狂跌，蒸发市值 35.77 亿港元。事发后，霸王集团(以下简称霸王)在第一时间启动危机公关，成立了紧急处理小组，连续发出 3 份声明强调产品安全，并通过官方微博发布 29 条信息做出相关说明。

7 月 14 日 10 时，霸王做常规媒体检测时发现，香港每天《壹周刊》刊发了一篇“霸王致癌”为题的报道，网络转载速度很快。该报道称，霸王旗下洗发水产品含有致癌物质二恶烷。公司开始接到每天的问询。

13 时 33 分，霸王在官方微博上发表《霸王集团关于香港《壹周刊》失实报道的严正声明》称，该文章所指产品所含的微量二恶烷远低于世界安全标准，绝对不会对人体健康构成影响。早盘低开低走的霸王股票，下午临时申请在港交所停牌。

14 时 36 分，霸王在 6 分钟内连发 10 篇微博，对二恶烷做出解释说明。

17 时 25 分，霸王发微博称，霸王几天已将样品送交第三方检验机构检验，并预告 15 日集团可能组织媒体发布会 ，进行事实澄清和信息发布。霸王客服人员表示，对各地退货要求暂不接受，产品不会进行下架处理。

7月15日0时17分，霸王官方微博发布信息说，原定于15日的发布会推迟。

10时33分，媒体受到霸王公司发出的《致消费者的一封信》，信中强调产品安全，并称将积极配合相关部门对产品的检测。

7月16日15时30分，在广州亚洲国际大酒店，霸王召集了全国几十家媒体参加发布会。广东省日化商会主办并主持了会议，与会专家就“日化行业二恶烷含量”问题做出详细解读。

20时20分，霸王给记者发来国家食品药品监督管理局关于化妆品含二恶烷有关情况的通报：霸王产品检测结果对人体健康无害。公司官方微博也同时发布了这一消息。

21时左右，霸王市场部员工给经销商发送传真，告知国家药监局的通报。

14时30分左右，有霸王员工将《致消费者的一封信》直接送到北京易初莲花超市。此外，霸王发表微博说，次日下午在广州将有一个行业协会的新闻发布会。

梳理霸王“致癌风波”的危机公关可以看到，微博这一最新的媒介形式起到了非常重要的作用。霸王公关部负责人表示：“霸王官方微博开通有两三周时间了，正式启用微博进行危机公关是大家集思广益的结果，由负责网络媒体的同事专门负责”。一位不愿具名的跨国公关公司中国区执行总裁表示，霸王凭借文本公布信息，将媒体集中到微博上，减少了相关猜测，提高了危机公关的效率，对业内有借鉴意义。

（资料来源：http：//www.youshang.com.）

3. 销售促进策略

销售促进是企业在某一段时期内采用特殊的手段，通过企业对购买者在利益上的让渡，以促进企业销售迅速增长的一种策略。常见的销售促进形式主要有赠送样品、发放优惠券、有奖销售、现场示范等。销售促进可以补充和配合广告等其他促销策略，实现企业的市场营销目标。它既可以吸引客户，扩大市场份额，又可以报答忠诚于企业品牌的老客户，鼓励消费者购买产品，扩大销售量，还可以推销落伍产品，延长产品生命周期。

1）销售促进的分类

销售促进这种有效的促销工具有许多分类方式，包括针对消费者的促销工具(如样品、折价券、以旧换新、减价、赠品、竞赛、商品示范等)，针对产业用品的促销工具(如折扣、赠品、特殊服务等)针对中间商的促销工具(如购买折让、免费货品、商品推广津贴、合作广告、推销金、经销商销售竞赛等)以及针对推销人员的促销工具(如红利、竞赛等)。

2）销售促进的特点

(1) 强刺激。销售促进以强烈的呈现和特殊的优惠为特征，给消费者以不同寻常的刺激，从而激发他们的购买欲望。

(2) 时效性。销售促进的时效性很强，几乎是立竿见影，对于促进销售迅速增长十分有效。

(3) 灵活性。企业可以利用各种时机，进行短期的销售促进活动。而且销售促进的形式多样。

(4) 临时性。销售促进不宜作为一种经常使用的促销手段，尤其对以优质高价形象示人的名牌产品，过多地采用销售促进手段有可能降低其产品的声誉。

3）销售促进的对象与形式

(1) 针对消费者的销售促进，包括赠送样品、发放优惠券、提供奖品、组织展销、售点陈列和现场示范等形式。

(2) 针对中间商的销售促进，包括销售竞赛、批发折扣、促销津贴、交易会或博览会等形式。

企业对于各种销售促进策略的选择应当根据其市场营销目标、产品性质、目标市场特征以及竞争状况灵活地加以利用。但值得注意的是，任何销售促进策略的前提是产品必须能够满足客户的需求，即达到规定的质量标准或具有明显的竞争优势，而绝不能利用销售促进来推销损害消费者利益的假冒伪劣产品。销售促进虽然是强调时效性的短期策略，但应当以不损害与消费者建立的长期良好关系为前提。

4. 人员销售

1) 人员销售策略

(1) 推销队伍规模。销售人员是企业最有生产价值、花费最多的资产之一。销售队伍的规模直接影响销售量和销售成本的变动。因此，销售队伍规模是推销策略中的重要问题。销售队伍规模的确定比较实用的是工作量法。具体分为以下步骤：①按年销售量的大小将顾客分类；②确定每类顾客所需的访问次数(即对每位顾客每年的推销访问次数)，它反映了与竞争对手相比要达到的访问密度；③每类顾客的数量乘以各自所需的访问次数就是整个地区的访问工作量；④确定一个销售代表每年可进行的平均访问次数；⑤将总的年访问次数除以每个销售代表的平均年访问次数，即得到所需销售代表的数量。

(2) 销售区域设计。企业委派销售代表常驻一些地区负责产品销售，这些地区通常被称为销售区域。销售区域设计应考虑：①区域要易于管理；②各区域的销售潜量容易估计；③能够严格控制推销旅途的时间花费；④每个区域的工作量和销售潜量是相等的，而且足够大。

企业要满足这些条件，可以通过对区域单位大小和形状的确定达到。设计区域大小主要有同等销售潜量和同等工作量法，这两者各有千秋。企业按同等销售潜量划分区域能给每个销售代表提供相同的收入机会，并有利于企业衡量销售代表的工作绩效。由于各区域间长期存在的销售额差异反映出各销售代表能力与努力程度的不同，这就促使他们相互竞争。

2) 销售人员的选拔

一般地，成功销售人员的特征可概括为 3 个方面。

(1) 品质。销售人员的个人品质和性格很重要，因为销售过程的实质决定了销售人员的成功取决于他能够顺利地实现自身与客户之间的沟通。虽然对销售人员的性格特征并没有绝对要求，但性格开朗、善于交际的人和性格内向、不善交往的人都有可能有优秀的销售业绩，但在对成功的销售人员的研究中，我们发现成功销售人员在个人品质方面具有以下共性。

感同力。即善于从客户的角度考虑问题，并使客户接受自己。这一品质是销售人员有能力预测和判断客户的想法，并对客户可能的行为做好准备，和客户建立密切的联系。如果潜在客户感到销售人员根本不理解他们的问题，这种关系的建立就会受到阻碍。

自我驱动力。即想达成销售的强烈欲望。具有这一品质的人，因其对工作本身的认同，而渴望获得成功。当然，优秀的销售人员确实获得相应的高收入，但这只是销售活动的结果，而不是销售活动的动机所在。

（2）技能。成功的销售人员往往能比不成功的人更有效地运用专门技能。对销售人员而言，最重要的技能包括沟通技能、分析技能、组织技能和时间安排技能。其中，沟通技能不仅包括表达能力，更重要的是积极倾听，即深入体会客户的感受，并理解其所传达的信息。分析技能即深入问题的各个部分并决定最佳解决方案的能力，它可以使销售人员事半功倍。组织技能即按逻辑顺序安排事件和任务的能力。时间安排技能则是正确安排必要时间和一天活动优先顺序的能力。

（3）知识。销售人员必须掌握的知识包括产品、客户、行业、竞争、本企业的重要信息和相关法律知识。培训是销售人员获得基础知识的方式。但成功的销售人员还应该在需要的时候，主动获得必要的信息，进行甄选和综合。

3）销售人员的培训

对不同对象、岗位、阶段的销售人员的培训应有不同的目标和内容，但基本的内容主要有以下5个方面。

（1）企业情况。包括熟悉企业的情况，包括公司的历史、目标、职能机构、财务状况、主要产品和设施等，不仅仅是为了使销售人员在向客户进行介绍时有充分的资料和依据，也是为了对销售人员进行企业文化的熏陶，使其了解企业理念、企业道德标准、企业规章制度、部门之间的关系以及企业对各种社会和经济问题的态度等，从而使销售人员产生强烈的归属意识和团队意识，引导他们为实现企业目标和期望而努力。销售人员与客户开展业务时，代表的是整个企业的形象，只有在企业有深刻的了解和价值认同的情况下，才会指导如何规范自己在销售活动中的言行。

（2）销售技能。主要包括了解推销员的工作任务、推销工作程序，如何制订推销计划和分配时间、如何选择访问对象，如何倾听客户的心声，如何介绍产品、说服客户、揣摩客户心理和讲究语言艺术等。

（3）产品知识。包括产品性能、结构、质量、制作过程、用途和使用方法等。

（4）客户知识。主要指对企业产品所面对的目标市场客户群体的性质、特点、影响因素和行为方式的了解。

（5）竞争者知识。要清楚自己产品和竞争对手相比有什么优势和弱势，在向客户推销产品时，才能扬长避短，充分显示企业和产品的竞争优势。此外，对行业总体情况的发展趋势的把握也十分重要，这可以使销售人员在推销产品时给客户更强的信任感和说服力。

4）销售业绩考评的方法

（1）现在与过去销售额的比较。企业可以从产品净销售额、定额百分比、毛利、销售费用及其占总销售额的百分比、访问次数、每次平均访问成本、平均客户数、新客户数、市区的客户数等方面进行比较。此种方式有利于销售人员对其长期以来的销售业绩有个完整的了解，督促和鼓励其努力改进下一步工作。

（2）将各个销售人员的业绩进行比较和排序。这种方法应建立在各个区域市场的潜力、工作量、竞争环境、企业促销组合等大致相同的基础上，否则有失公平。同时，比较的内容也应该是多方面的，除销售额外，销售人员的销售费用和对净利润的贡献也要纳入比较的范围。

（3）客户满意度评价。可以利用信函调查或电话访问的方法收集客户对销售人员、产品和服务的意见。在客户满意度上得分较高的销售人员可以获得特定的鼓励、奖励或奖品。

知识链接

CCDVTP 模型

近年来科特勒提出的“CCDVTP 模型”，与以前静态的“4P 模型”比较，更倾向于在“动态”中把控营销过程——不再把营销分割成 4 个部分，而是将“产品(product)”与“价格(price)”融合为“创新(create)”，之后企业要与顾客建立良好的沟通(communicate)，不断传递(delivery)出品牌独特价值(value)的信息，同时要清楚自己的目标市场(target market)，为实现利润(profit)做好基础工作。创新、沟通、传递、独特价值、目标市场、实现利润，这几个环节，你都把握好了吗？无论营销创新多么纷繁，动态的营销控制多么复杂，背后的基本脉络都在这位营销大师的高度概括之中。

（资料来源：http：//www.zwgl.com.cn/2011－10－25）

本章小结

营销观念的正确与否对企业的经营成败具有决定性意义。指导企业市场营销活动的观念先后有生产观念、产品观念、推销观念、市场营销观念、社会营销观念和大市场营销观念。随着时代的发展，市场营销又有了新的发展，出现了关系营销、绿色营销、体验营销、网络营销、数据库营销及顾客关系管理与交叉销售。

企业要想在竞争中取胜，需要对所处的营销环境进行研究和分析。营销环境分为宏观环境和微观环境。宏观环境因素主要包括人口因素、经济因素、自然因素、技术因素、政治因素和文化因素。微观环境主要是对消费者和竞争对手的研究。

在对宏观环境和微观环境分析的基础上，需要对市场进行细分。市场细分的目标是为了聚合，即在需求不同的市场中把需求相同的消费者聚合到一起。在市场细分的基础上，对各种细分市场做出评价，从而决定将多少细分市场或哪些细分市场作为服务对象，这便是企业要做的目标市场选择。确定目标市场时应当考虑企业的资源和能力、产品的差异程度、市场或顾客的差异程度、产品所处的生命周期阶段、竞争对手的目标市场涵盖策略。在具体选择时，可以根据产品/市场方格模式或者目标市场/营销组合模式进行选择。

企业目标市场选定之后，需要进行市场定位，即在顾客和潜在顾客心目中得到一个期望的位置。当考虑到具体的对象物，如产品或公司时，就有了产品的市场定位和公司的市场定位等基本的定位类型。

做好了市场定位，就需要以一定的策略来满足这一特定市场上的消费者需求，此策略包括产品、价格、渠道和促销等 4 个方面的组合。

复 习 题

1. 填空题

(1) 市场营销是(　　)和(　　)通过创造并同他人交换产品和(　　)以满足需求和欲望的一种社会管理过程。

(2) 营销观念是企业组织营销活动的指导思想，它的核心问题是(　　　　　　　　)活动。

(3) 市场营销的目的是为了(　　　　　　　　)。

(4) 市场细分的逻辑依据在于顾客需求的(　)、(　)和(　　)3 个方面。

(5) 通常提及的匹配策略有 4 种：这就是无差异化营销、差异化市场营销(或多细分策略)、(　　　　)和(　　　)。

(6) 撇开具体的对象物，定位就是在顾客和潜在顾客心目中(　　　　　　)的过程。

(7) 定位过程一般是通过优势(或差异)的确定、(　)和(　)3 个步骤完成的。

(8) 在实践中，企业定价通常有 3 种取向：以(　)为基础的成本取向、以(　)为基础的需求取向和以(　)为基础的竞争取向。

2. 选择题

(1) 市场营销的本质是(　　　)。

A. 人和群体　　B. 交换　　C. 产品　　D. 社会管理

(2) 20 世纪(　)年代以来，在西方发达国家兴起了一个旨在维护自身利益的消费者主权运动。在这一运动的推动下，许多国家的政府也加强了保护消费者的立法和执法。

A. 50　　B. 60　　C. 70　　D. 80

(3) 分销渠道是产品从(　　　)向(　　　)或用户转移所经过的途径和环节。

A. 生产者，消费者　　B. 经销商，投资人

C. 生产者，使用者　　D. 大客户，消费者

(4) 公共关系是企业利用各种(　　)手段，同各种公众(客户、中间商、社区公众、政府机构和新闻媒介)沟通思想感情，建立良好的社会形象以及处理不利言论和危机事件，以求改善市场营销环境的活动。

A. 传媒　　B. 营销　　C. 沟通　　D. 传播

(5) 销售促进是企业在某一段时期内采用特殊的手段，通过企业对购买者在(　)上的让渡，以促进企业销售迅速增长的一种策略。

A. 资源　　B. 利益　　C. 价格　　D. 需求

3. 思考题

(1) 经济危机时期的消费者行为对营销策略有什么影响?

(2) 为什么要进行市场营销机会分析? 如何分析?

(3) 过度营销会带来什么问题?

(4) 如何进行市场细分?

(5) 目标市场的选择有哪些方式?

(6) 如何选择渠道成员?

4. 案例分析题

小产品如何铸就大品牌

——金山词霸“红色正版风暴”

1996 年，金山公司推出了金山词霸这一产品。截至 2000 年，金山公司陆续推出了 3 个版本的金山词霸。总体看来，金山词霸的表现一般，尤其是金山词霸三，虽然金山公司在 1998 年用 30 万元的预算来推广金山词霸三，但金山词霸三的销量并没有出现预想中的变化。

为了改变金山词霸三市场营销不利局面，金山公司启动了一个名为“红色正版风暴”的市场营销活

动，用一系列的市场营销组合来推动金山词霸2000的销售。

金山在启动"红色正版风暴"推广金山词霸2000时，又对翻译软件这个细分市场进行了分析。

中国用户的英语和软件应用水平普遍不高，中低端用户仍占有相当大的比重。如果将整个翻译软件市场比作金字塔，那么金山词霸三的用户群大多集中在塔尖——英语水平较高的人，其不菲的定价和专业化版面的设计与这一群用户的购买力和应用需求相吻合。但80%以上的用户都处在塔基——他们对电脑不太懂，英语水平更差，在这块市场中汉化软件"更吃得开"，而清高的词典软件——金山词霸却"连荤腥也见不着"。

金山公司对市场的这一认识所导致的直接后果就是金山词霸2000不再是孤军奋斗，而是多了个相互提携的"好兄弟"——金山快译2000，这对词霸跨越自身市场覆盖面不足这座大山裨益匪浅：金山快译2000的定位就是汉化软件，对数量庞大的中低端用户具有天生的亲和力，金山词霸2000假如能够巧妙地借势，极有希望打开向下延伸的突破口。

而真正使得"红色正版风暴"具有划时代意义的是它的价格策略：金山公司将两款产品的上市推广价从168元一次性降到28元，一举突破了老百姓的心理预期。

最初设想的价格是比较"保险"的48元，但金山公司认为这一"渐进式的改革方案"过于四平八稳，很难在盗版当道的市场中激起太大的涟漪。到底什么价格能促使普通用户掏钱购买正版软件呢？从书籍的定价策略中，金山的管理层窥见了些门道：在产品特征(无形)和(普通大众用户)等方面，软件与书籍有诸多相似之处；但相对而言，盗版对书籍的冲击比软件小得多。各种缘由肯定不少，而一个非常明显而又往往被人忽略的因素是——大多数书籍的定价都在30元以内，可当时软件连低于40元的都很难找到。那么，假如正版软件的价格也降到30元以内，是否会唤醒用户长期被高价压抑的潜在购买欲望，甚至在市场上引发"雪崩效应"?

为了保险起见，金山公司进行了一个小范围的市场调查，结果得到的数据大大坚定了金山公司定价在28元的信心：高达70%的用户表示，如果软件产品的价格降到30元以下，自己将会去购买。

在28元的价格确定后，仍有一个问题困扰金山——究竟是将词霸2000和快译2000以56元的价格捆绑销售，还是将二者分别以28元的价格单独销售？前者主要从汉化和软件功能互补的角度出发，希望为用户提供"一揽子"解决方案；但经过分析，金山公司认为这样既冲淡了28元的轰动效应，又不利于用户选择，因而坚持采用了后一方案。实际上，在28元的刺激下，用户非理性的冲动购买必然会显著增加，那就不愁本来就关系密切的词霸2000和快译2000一并嫁出去。

渠道策略上，在推广金山词霸2000时金山公司一反常态。首先，它做了一个拍卖，就是每一个城市只允许一家代理商首发词霸2000。这种竞拍的结果，打破了原来的"大锅饭"，代理商争先恐后地要求取得首发权。当然金山对这些代理商的承诺是它的市场计划：提前告诉了代理商金山的市场计划和费用，而金山会在所有的广告中带上首发的代理商。通过这种方式，金山将软件的峰值销售量稳稳地抓在了手中，减少了由于软件销售周期长而导致的各种不确定性；金山公司积极开拓新的销售渠道，百货商场、报摊、音像店这些以往非软件销售的渠道统统都被利用起来，"与盗版商争夺市场"。

金山公司首批生产了金山词霸2000和金山快译2000共21万套，上市后的第3天即告售罄。原本计划销售30万套保赚不赔的金山公司，不得不紧急召开新闻发布会，宣布至少断货一周，"希望经销商和消费者耐心等待"。

(资料来源：冯丽云，任锡源．营销管理——理论实物案例［M］.
北京：经济管理出版社，2007.)

讨论题

(1) 金山词霸成功的原因都有哪些？

(2) 你认为金山词霸还有哪些方面是有缺陷的？应该如何改进？

(3) 金山公司的渠道策略有什么可取之处？

雷士照明——跳开市场的"细分陷阱"

品牌"定位理论"认为：一个好的品牌，不仅是人们"知道"它，而且是人们认可它代表着一个产品品类。也就是说，成为一类产品里能够享受到"顶端优势"的品牌，才算大功告成、真正享受到品牌带来的溢价甜头。

而在照明领域里，这个理论好像有些不太合适：GE的工业品销售量很大，但是照明产品在中国就是做不起来；TCL和雷士照明有限公司(以下简称雷士)几乎同时在20世纪90年代末开始做照明产品，但TCL也没有做起来；美的在家电行业四处出击，可是照明行业做了两年了，尚没有起来；海尔也做过照明，也未见起色……几乎所有的中国家电企业都曾经涉足，可是照明却不是一个可以"捎带手"圈一把的产业。原因何在？

其一，照明行业的渠道建设，与其他行业的渠道不易嫁接。很难想象，一个卖空调很有效的渠道，推广照明产品时会同样有效。

因为照明产品渠道的特殊性，产品推广时必须重新做渠道，这是很多企业不愿意花大成本投入的，甚至就在照明行业里耕耘的一些企业也没有花出血本投入于此。但这是照明产业的运营平台，没有这个平台，照明产业链里的几千种产品无处展示，就很难找到与消费者的接触点。

而与大牌家电厂商涉足照明领域不同，雷士照明品牌建设的基点，恰恰就在全国2400多个销售点上。统一形象、且分布广泛的销售点，把雷士与照明牢牢地捆绑在了一起。雷士还给自己起了个聚焦的品牌说明——光环境专家。

其二，普通消费者，往往搞不懂照明产品。这是一个很重要的产业特色：中国的照明企业非常多，几乎有上万家，产品包罗万象，但与此同时，照明产品的消费者行为也很复杂，从家庭、办公室、户外环境、建筑应用，到光源、灯具，乃至背后的电器设备，消费者常常不懂怎样在一个特定环境中配置照明产品，照明产业远不是买个电灯泡那么简单。而厂家也面临着不懂消费者的窘境——消费者在一个环境中所需的照明产品，往往不是一个厂商的产品就能够满足的。

这样，照明产业出现了一个怪现状：在消费者心智中，很难进一步细分产品，因为某一类照明产品可能是在各种环境中都可使用的，并不仅限于一个用途；而对厂商而言，细分一小部分产品来生产，也往往面对无法满足消费者在一个环境中统一用光的需求。

这意味着什么？市场细分的边界已经出现在这个行业里——从逻辑上，我们是可以对任何行业加以切割、细分，但是当细分已经不是大多数消费者能"搞明白"的事情时，就要就此收手。

不仅"光环境"这样的产业，在许多产业里，如果细分到会把消费者搞糊涂，那么企业就在面对着市场细分的陷阱。

当市场"无法细分"时，就是定制服务的开始。

目前，雷士个性化定制的比例越来越大，已经占到了公司近30%的业务量。有些客户买照明产品时，并没有太明确的目的，他所在的环境下需要什么光、背后是什么设备，客户自己的认识往往是凌乱的，这时候需要引导他们。照明行业的特点，让个性化定制可以成为一个专门的服务产品。

这样，我们可以看到雷士的营销链条是这样一幅景象。把自己打造成光环境专家、国内生产照明产品最全的企业，同时踢出的临门一脚，就是定制服务——当很多消费者"不懂"时，帮助消费者"懂"就是在创造价值。

对于照明产业的定制服务，稍微复杂些的光环境里，照明产品就会出现很多品种，且不说客户对照明产品的品牌意识不强，即使客户对其他品牌在意，以目前一万多个照明企业的数量来讲，能够建2400多个渠道，并且基于这些渠道随时提供服务，目前也只有寥寥几家企业能够做到。哪怕一些国际大牌照明企业，因为终端所限，消费者即使能买到产品，服务也难以及时跟进。自己下大工夫建渠道，同时把定制和服务做好，就是雷士的优势。

资料来源：http：//www.zwgl.com.cn/2010－7－14

讨论题

（1）是不是所有的市场都适合市场细分？市场细分有什么标准？

（2）雷士的成功源于什么？照明行业的特点是什么？

（3）当无法进行市场细分时，该采取什么样的策略比较合适，为什么？

第8章 企业财务管理

学习目标

通过本章学习，学生应当能够达到以下方面要求。

识别和定义

财务活动与财务环节

筹资渠道与筹资方式

资产管理

投资管理

利润分配

描述或解释

财务管理的目标

资金成本

企业的投资决策

成本控制

股利政策

导入案例

悬崖边的绿城

2011年的楼市几大传闻，都围绕绿城房地产集团有限公司(以下简称绿城)。先是海南航空股份有限公司40亿元收购绿城，后是信托危机被银监会点名，还有绿城足球俱乐部寻求转让等。11月2日，宋卫平曾“挑灯夜书”，“我们有足够的信心，与行业一起，度过寒冬。绿城离破产还有很远的一段距离”。

2010年年报显示，绿城2010年度总利息开支为26.62亿元，而2009年为18.53亿元。在融资成本上升的2011年，绿城亦要支付大量的利息，更不用说庞大的到期债务和地价款。2011年8月份绿城披露中报显示，绿城净资本负债率较去年年底上升31.2个百分点，至163.2%。绿城持有现金及银行存款97.5亿元，总借贷350亿元。

支撑绿城高杠杆、高负债运作的是中国房地产业过去多年的单边上涨行情以及绿城公司迅速膨胀的销售数据。公开资料显示，绿城2008年、2009年和2010年的销售金额分别为152亿元、530亿元和542亿元。同时，绿城有一半以上的项目都是以合作开发方式开发的。合作伙伴中不乏央企葛洲坝集团、国企滨江集团，民企海尔集团等实力企业。

对绿城而言，在保证产品品质的前提下，融资与拿地策略尚在其次，政策才是最大的变数。这个变数，恰好集中出现在2011年——限贷、限购双重调控压力向房地产业袭来，绿城面临巨大的销售回款压力。

一方面，绿城产品的高价格制约。绿城高层坦承，“绿城的房子绝对价格真的不低，可我们的利润极低，如果简单地降价，那就是意味着利润的负数，因此降价空间也不大”。

另一方面，产品区域的单一也制约着绿城的出货速度。目前绿城相当体量的项目位于华东区域，而华东区域已经是限购、限贷的“重灾区”，这意味着绿城靠销售回笼资金并不容易。

融资渠道与销售速度的双双受限，使得绿城成为此轮调控的最大“受害者”。而短期化解财务危机，长期谋求商业模式转型，可能是绿城中国实现“自救”的双重策略。

(资料来源：http：//money.163.com/11/1114/08/7IQDDINJ00253G87.html)

8.1 财务管理概述

财务管理是一门发展势头迅猛的应用科学。并且，随着财务管理理论和实践的逐步成熟，它在企业管理中的作用也越来越重要。

想一想：企业为什么要进行财务管理？财务管理对企业而言有什么作用？

8.1.1 财务管理的含义

企业财务管理就是组织好企业的财务活动、处理好企业的财务关系，为企业的生存和发展提供资金支持的一种综合性的管理活动。财务管理是对企业生产经营所进行的一种综合性的价值管理，在企业经营管理中占有举足轻重的地位。具体来说，企业财务活动包括企业筹资引起的财务活动、企业投资引起的财务活动、企业经营引起的财务活动和企业分配引起的财务活动。

8.1.2 企业财务活动的内容

想一想： 以下的企业财务活动之间有什么关联性？

企业财务活动就是企业再生产过程中的资金运动，它体现企业同有关各方的经济关系，如图 8.1 所示。

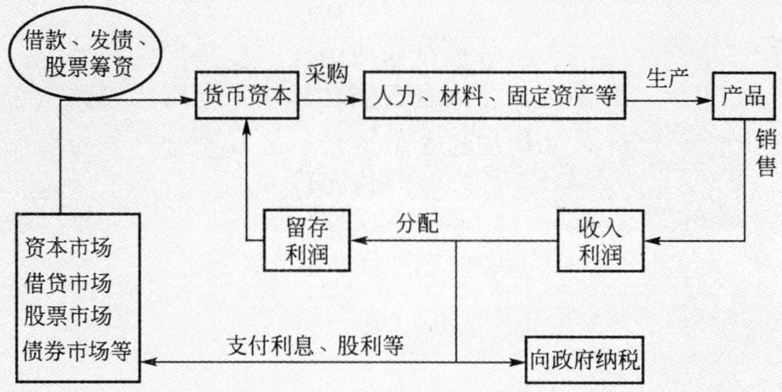

图 8.1 企业财务活动示意图

从生产经营企业来看，资金运动包括 4 方面的内容。

1. 资金筹集

企业要进行生产经营活动，必须筹集一定数量的资金以满足构建固定资产、购买无形资产和流动资产、支付工资费用等方面的需要。筹资是企业资金运动的起点，也是财务管理一项最基本、最原始的职能。在资金筹集过程中，企业一方面要确定筹资的总规模，以保证投资资金需求；另一方面要通过筹资渠道、筹资方式或工具的选择，合理确定筹资结构，以降低筹资成本和风险。

2. 资金运用

企业筹集资金的目的是为了把资金用于经营活动以谋求最大的赢利。资金运用是将企业筹集的资金投入使用的过程，包括对内投资和对外投资如图 8.2 所示。企业的对内投资通常是货币资金转化成固定资产和流动资产；企业对外投资包括用于购买其他企业的股票、债券或与其他企业联合进行生产。投资是资金运动的中心环节，不仅对资金筹集提出要求，而且直接影响到将来财务工作的成败。

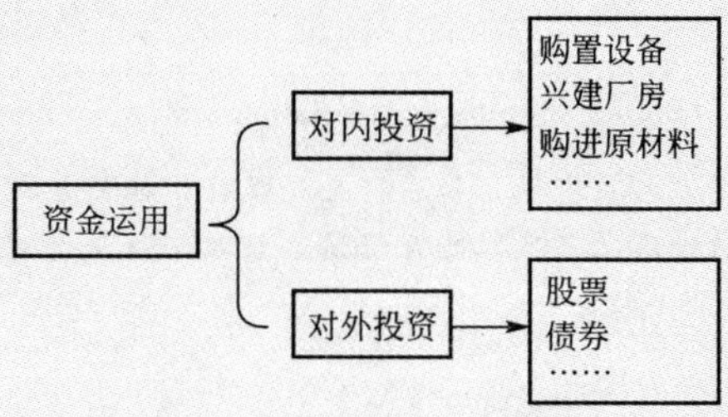

图 8.2 企业资金运用图示

3. 资金营运

资金营运活动是因企业经营而引起的财务活动。首先，企业要采购材料或商品，支付工资和其他营业费用，以便从事生产和销售活动；其次，当企业把所经营的产品或商品售出后，便可取得收入，收回资金；最后，如果企业现有资金不能满足企业经营的需要，还要采取短期借款、赊购等方式筹集所需要的资金。上述经营活动的3个环节都会产生企业资金的收付。

企业的营运资金主要是满足企业日常营业活动需要而垫付的资金，营运资金的周转与生产经营周期具有一致性，即一定时期内资金周转越快，利用相同的资金生产的产品就越多，获得的收入也越多。因此，如何加速资金周转，提高资金的利用效率也是财务管理的重要内容。

想一想： 资金运用与资金营运有何区别？

4. 资金分配

资金的营运活动给企业带来了收入，实现了资金的增值，资金分配是对这些成果的分配。广义的分配是指对投资收入和利润进行分割和分派的过程；狭义的分配仅指对利润的分配。从财务活动的全过程看，资金分配是一次资金运动过程的终点，又是下一次资金运动过程的开始。

8.1.3 企业财务管理的原则

1. 资源合理配置原则

企业的资金在生产经营中表现为各种各样的物质资源，各种资源之间客观上存在着一定的比例关系。资金的合理配置要通过财务活动的组织和调节来保证各项物质资源之间的最优结构比例。只有这样，才能使资金的利用效果达到最佳。企业资源的配置是资金运动的结果，同时它通过资金结构比例反映出来。

2. 收支平衡原则

收支平衡，就是要做到资金流量的协调平衡。企业发生资金的支出，意味着一次资金循环的开始，通过供、产、销，企业取得资金收入，意味着本次资金循环的结束。要保证资金周转顺利进行，不仅要做到在一定时期内资金收支总量平衡，而且要做到在每一个时点上的收支平衡。

特别提示

资金收支平衡不能采取消极方式来实现，如压缩生产规模，拖欠到期债务，而应当采取积极的方式，如通过提高生产质量和生产适销对路的产品，开源节流，增收节支等方式来实现，还可以通过短期筹资和投资来调节资金的余缺。

3. 成本效益原则

成本效益原则，即对生产经营活动中所花费与所得进行比较分析，使成本与收益达到最优组合，以谋求更多的财务收益。

想一想：在企业的资金筹集、资金运用、资金营运活动中如何实现成本效益原则？

4．收益风险均衡原则

在市场经济的激烈竞争中，理财活动不可避免要遇到风险，企业要获得收益，就不能回避风险，风险中包含着收益。企业在理财过程中不能只顾追求收益不考虑发生损失的可能性。收益风险均衡原则要求企业对每一项财务活动都全面分析其收益性和安全性，按照收益和风险适度适当均衡的要求决定行动方案，在实践中趋利避害提高收益。

8.1.4 企业财务管理的环节

想一想：企业财务管理的各个环节有什么联系？核心环节是什么？

财务管理的基本环节是指财务管理工作的各个阶段。这些管理环节相互配合、紧密联系构成了企业财务管理工作体系，如图8.3所示。

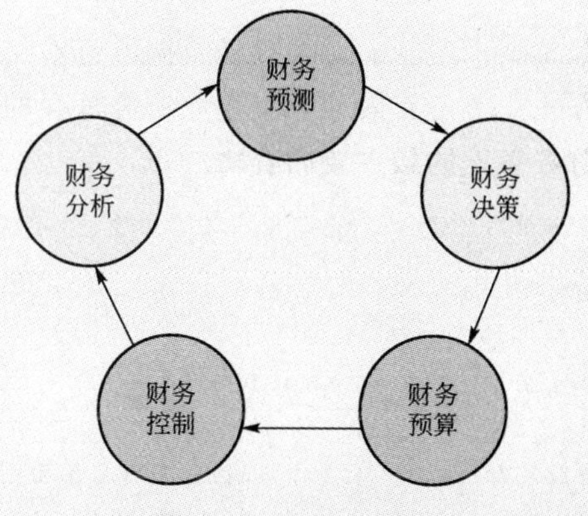

图8.3 企业财务管理环节

1．财务预测

财务预测是根据财务活动的历史资料，考虑现实的要求和条件，对企业未来的财务活动和财务成果做出科学的预计和测算。财务预测为企业财务决策提供依据，同时为编制企业财务预算做好准备，因此，进行财务预测对于提高财务管理效率和工作质量有着重要的意义。

2．财务决策

财务决策是企业财务管理工作的决定性环节。企业经营管理的关键是经营决策，经营决策的核心是财务决策，即财务决策的正确与否直接关系到财务管理工作的成败乃至企业兴衰。

3．财务预算

财务预算是指运用科学的技术手段和数量方法对未来财务活动的内容及其指标进行具体规划。财务预算是财务预测、财务决策的进一步深化，是以财务决策确定的方案和财务预测提供的信息为基础，并加以具体化，也是财务控制的依据。

4. 财务控制

财务控制是在生产经营活动的过程中，以计划任务和各项定额为依据，对资金的收入、支出、占用、耗费进行日常的计算和审核，以实现计划指标，提高经济效益。它是落实计划任务、保证计划实现的有效手段。

5. 财务分析

财务分析是以会计核算资料为主要依据，对企业财务活动的过程和结果进行评价和剖析的一项工作。通过财务分析可以掌握各项财务预算指标完成情况，有利于改善企业财务预测、决策、预算工作，还可以总结经验，研究和掌握企业财务活动的规律性，不断改进财务管理工作。

8.2 筹资管理

企业筹资是指企业根据其生产经营、对外投资及调整资本结构的需要，通过筹资渠道和资本市场，并运用筹资方式，经济有效地筹集企业所需资金的财务活动。它是企业财务管理工作的起点，是企业财务管理的最主要内容之一。

管理案例

华润创业零成本筹资

2001年5月10日，华润控股有限公司(以下简称华润)宣布以零票面利率发行2亿美元的可转债，于2006年到期，换股价为15元(按照5月9日报收价12.70元有18.1%的溢价)。到期时如果持有人没有兑换，公司将以本金全额的121.8%的价格赎回，相当于到期利息率为每年3.84%。当时市场认购情况非常好，一天之内全部发行完毕。通过这种方式，华润创业可以实现零成本筹资：票面利息为零，每年没有利息负担；5年后虽然有义务按照高于票面价格的21.8%赎回，但是估计大部分已经转股，即使有个别未转，也只相当于付出年息3.84%的微小成本。

它的成功之处在于充分利用投资人对公司未来发展的良好预期(企业的增长前景使股价未来超过15元的可能性较大)，运用可转债工具达到低成本筹资的目的，可转债工具筹资的好处是不会近期摊薄原股东的利益，利用公司的未来成长(反映在股价增长中)吸引投资人购买转债，日后在资本市场上实现资本的增值。而低成本筹资使他们有实力向母公司或其他公司收购赢利能力强的资产，提高核心竞争力。

(资料来源：http://news.cnlist.com/CnlistNewsDetail.aspx?tablename=dtlmb&GUID={1D79024B-9FC2-11D7-965B-00A0C92674A3})

8.2.1 筹资渠道

筹资渠道是指企业筹措资金来源的方向与通道，体现着资金的来源与流量。它主要解决资金从哪里来的问题。现阶段我国企业的筹资渠道主要有两方面。

想一想： 内部筹资和外部筹资各有什么优势？

1. 内部筹资渠道

企业内部筹资渠道是指从企业内部开辟资金来源，由于这种方式保密性好，企业不必向外支付借款成本，因而风险很小。具体的形式有两种。

(1) 国家财政资金，指国家财政部门对企业直接投入的资金，是国有企业资本金的主要来源，主要是国家以财政拨款、财政贷款、入股等形式向企业投入资金，其形式包括国有独资企业、国有控股企业和国有参股企业。不论是以何种形式形成，它们都是国家资金，产权归国家所有。

(2) 企业自留资金，主要指企业按照规定从税后利润、成本等方面提取的各项资金。税后利润提取的资金包括公积金、未分配利润等；成本中提取的资金主要包括计提折旧。企业可根据需要将这部分的资金用于投资。主要特点就是无需通过一定方式去募集而是直接由企业内部自动生成或转移。

2. 外部筹资渠道

外部筹资渠道是指企业从外部开辟的资金来源，其主要包括银行信贷资金、非金融机构资金、民间资金等。企业外部筹资具有速度快、弹性大、资金量大的优点，但其缺点是保密性差，企业需要负担高额成本，因此产生较高的风险，在使用过程中应当注意。具体的形式有 3 种。

(1) 银行信贷资金，指银行对企业的各种贷款，由于银行信贷资金来源广，贷款方式灵活，因而是当前企业筹资的主要渠道之一。

(2) 非银行金融机构资金，主要是指从事各种金融业务的非银行机构，包括信托投资公司、保险公司、证券公司、租赁公司、企业集团的财务公司等。非银行金融机构的资金实力比银行要小，但资金供应较灵活便利，已成为企业资金的重要来源。

(3) 职工和居民个人资金。职工和居民手中往往有结余的闲散资金，企业可以通过发行股票、债券等方式向职工内部和社会个人募集民间资金。

8.2.2 筹资方式

想一想： 影响企业选择筹资方式的因素有哪些？

筹资方式是指企业筹措资金所采用的具体形式。随着我国金融市场的发展，企业的筹资有多种方式可以选择，企业可以根据自身的实际情况选择合理的方式。

1. 吸收直接投资

吸收直接投资指企业按照“共同投资、共同经营、共担风险、共享利润”的原则直接吸收国家、法人、个人投入资金的一种筹资方式。出资者都是企业的所有者，他们对企业有经营管理权。

吸收直接投资的优点：①有利于增强企业信誉。吸收投资所筹集的资金属于自有资金，能增强企业的信誉和借款能力，对扩大企业经营规模、壮大企业实力具有重要作用；②有利于尽快形成生产能力，吸收投资可以直接获取投资者的先进设备和技术，有利于尽快形成生产能力、尽快开拓市场；③有利于降低财务风险，吸收投资可以根据企业的经营情况向投资者支付报酬，财务风险较小。

想一想：吸收直接投资这种筹资方式有什么缺点？

2. 发行股票筹资

股票是股份公司为筹集自有资金而发行的有价证券，是投资人投资入股以及取得股利的凭证，它代表了股东对股份公司的所有权。

发行股票筹资的优点：①能提高公司的信誉，发行股票筹集的是主权资金，普通股本和留存收益构成公司借入一切债务的基础，有了较多的主权资金，就可为债权人提供较大的损失保障；②没有固定的到期日，发行股票筹集的资金是永久性资金，在公司持续经营期间内长期使用，能充分保证公司生产经营的资金需求，③没有固定的利息负担，公司有盈余并且认为适合分配股利，就可以分给股东，而公司盈余少或虽有盈余但资金短缺，或者有好的投资机会，就可以少支付或不支付股利；④筹资风险小，由于普通股股票没有固定的到期日，不用支付固定的利息，不存在不能还本付息的风险。

想一想：发行股票筹资有什么缺点?

3. 利用商业信用

商业信用是企业在商品交易中出于延期付款、预收货款或延期交货而形成的一种借贷关系，是企业之间的一种直接信用行为，也是企业筹措短期资金的重要方式。商业信用的表现形式很多，主要有 3 种。

1）应付账款

人们通常所说的商业信用就是指以应付账款形式购买商品。这是最早出现、最典型的商业信用形式，后来才发展为商业票据等形式。应付账款是卖方向买方提供的一种短期信用。采用这种形式交易时，卖方先给买方商品，并允许在此后一定时期内付款，即在这段时间内，卖方向买方提供贷款。这样既解决买方暂时性的资金短缺困难，又便于卖方推销商品。

2）票据

票据主要是商业汇票，包括银行承兑汇票和商业承兑汇票。使用票据一般是卖方知道买方的信用不佳或不了解买方，必须以法律凭据来承诺在未来一定时期内偿还债务的情况下进行。

知识链接

商业汇票及其种类

商业汇票是出票人签发的，委托付款人在指定日期内无条件支付确定的金额给收款人或者持票人的票据。(商业汇票具有较好的流动性，可以通过银行贴现，获取现金)。在银行开立存款账户的法人以及其他组织之间，必须具有真实的交易关系或债权债务关系，才能使用商业汇票，它适用于同城或异地结算。

银行承兑汇票是由出票人签发并由其开户银行承兑的票据。每张票面金额最高为 1000 万元(包括 1000 万元)。银行承兑汇票按票面金额向承兑申请人收取万分之五的手续费，不足 10 元的按 10 元计。承兑期限最长不超过 6 个月。承兑申请人在银行承兑汇票到期未付款的，按规定计收逾期罚息。

商业承兑汇票是由银行以外的付款人承兑的票据。商业承兑汇票可以由付款人签发并承兑，也可以由收款人签发交由付款人承兑。商业汇票的付款人为承兑人。商业承兑汇票的出票人，为在银行开立存款账户的法人以及其他组织，与付款人具有真实的委托付款关系，具有支付汇票金额的可靠资金来源。

（资料来源：http：//baike.baidu.com/view/195.htm）

3）预收货款

预收货款是指卖方按合同或协定规定，在商品未发出以前向买方预收全部或部分货款所发生的商业信用，即卖方向买方借入以商品归还为条件的一笔借款。预收货款对于买方来说，可以取得期货，对卖方来说，可以预先收入一笔款项。

特别提示

在商品供不应求的情况下，这种信用方式可能会导致卖方乘机乱收预收货款。

4. 向银行借款

企业可以向银行、非银行金融机构借款以满足购并的需要。这一方式手续简便，企业可以在较短时间内取得所需的资金，保密性也很好。但企业需要负担固定利息，到期必须还本归息，如果企业不能合理安排还贷资金就会引起企业财务状况的恶化。

5. 发行债券

想一想：与发行股票相比，发行债券有什么优势?

债券是一种表明债权债务关系的证券。发行单位应承担还本付息义务，持券人具有按约定条件到期取得本金和利息的权利。按照有关规定，企业要发行债券必须先参加信用评级，级别达到一定标准才可发行。因为企业的资信水平比不上金融机构和政府，所以公司债券的风险相对较大，因而其利率一般也较高。

6. 融资租赁

融资租赁这种方式是指当企业需要筹措资金、添置设备时，不是以直接购买的方式投资，而是以付租金的形式向租赁公司借用设备。租赁公司按照企业选定的机器设备，先行融通资金，代企业购入，以租赁方式将设备租给企业实行有偿使用，从而为企业融通了资金。由于出租人支付了全部设备价款，实际上是对企业(承租人)提供了百分之百的信贷。

特别提示

在融资租赁方式下，因为设备是承租企业选定的，所以出租人对设备的性能、物理性质、老化风险以及维修保养不负责任。而且在多数情况下，出租人在租期内分期回收全部成本、利息和利润，租赁期满时，出租人通过收取名义货价的形式，将设备的所有权转移给承租人。

知识链接

筹资渠道与筹资方式的关系

筹资渠道解决的是资金来源的问题，筹资方式则解决企业如何取得资金的问题，二者相互独立又密不可分。特定的筹资渠道只能配以相对应的筹资方式，而一定的筹资方式可能只适用于某一特定的筹资渠道。因此，企业在筹集资金时应当考虑到两者的合理配置。筹资方式与筹资渠道的对应关系，如表 8－1 所示。

表 8－1　筹资渠道与筹资方式的比较表

筹资方式 / 筹资渠道	吸收直接投资	发行股票	银行贷款	发行债券	商业信用	融资租赁
国家财政资金	√	√				
银行信贷资金			√			
非银行金融机构资金	√	√	√	√		√
其他企业资金	√	√		√	√	√
职工和居民个人资金	√	√		√		
企业自留资金	√	√				

8.2.3　企业筹资的资金成本分析

想一想：为什么要计算资金成本？如何计算企业的资金成本？

1. 资金成本的概念

资金成本是指企业为筹集和使用资金而付出的代价。资金成本包括资金筹集费用和资金占用费用两部分。广义上，企业筹集和使用任何短期和长期资金都要付出代价，但短期资金一般不影响企业长期资本结构，从这个意义上而言，资金成本主要是指长期资金的成本，因此资金成本也称资本成本。

(1) 资金筹集费用指资金筹集过程中支付的各种费用，如发行股票，发行债券支付的印刷费、律师费、公证费、担保费及广告宣传费等。

特别提示

企业发行股票和债券时，支付给发行公司的手续费不作为企业筹集费用。因为此手续费并未通过企业会计账务处理，企业是按发行价格和除发行手续费后的净额入账的。

(2) 资金占用费是指占用他人资金应支付的费用，或者说是资金所有者凭借其对资金所有权向资金使用者索取的报酬，如股东的股息、红利、债券及银行借款支付的利息。正常情况下，资金占用费是企业在使用资金过程中按一定比例、一定方式不断支付给资金所有者的报酬，是筹资企业经常发生的。

为了便于比较不同筹资渠道和不同筹资方式，资金成本通常用相对数，即资金成本率来表示，其计算公式为

$$K=\frac{D}{P-F}\quad\left(\text{或 }K=\frac{D}{P(1-f)}\right) \tag{8.1}$$

式中，K——资金成本率；
D——用资费用额；
P——筹资额；
F——筹资费用额；
f——筹资费用率。

2. 个别资金成本

1）银行借款的资金成本

银行借款的资金成本计算公式为

$$K=\frac{i(1-T)}{1-f} \tag{8.2}$$

式中，i——借款年利率；
T——所得税率；
f——银行筹资费用率。

特别提示

长期银行借款的特点是偿还期长，利率在债券期限内不变，利息费用作为费用于税前列支，因而，利息可产生节税效应。

【例 8-1】

A 企业从银行借入 50 万元的长期借款，手续费 0.1%，3 年期，年利率 5%，每年结息一次，到期一次还本。该企业所得税率为 33%。则这笔借款的资金成本率为

$$\text{长期借款资金成本率}=\frac{5\%(1-33\%)}{1-0.1\%}=3.35\%$$

2）长期债券的资金成本

公司债券资本成本中的利息费用亦在所得税前列支，但发行债券的筹资费用一般较高，应予考虑。债券的筹资费用即发行费用，包括申请费、注册费、印刷费和上市费以及推销费等，其中有的费用按一定的标准支付。在不考虑货币时间价值时，债券资本成本率的计算公式为

$$K=\frac{I\times(1-T)}{B\times(1-f)} \tag{8.3}$$

式中，I——债券年利息；
T——所得税税率；
B——债券筹资额，按发行价格确定；

f——债券筹资费用率。

特别提示

债券的发行价格有等价、溢价和折价等情况，与面值有时可能不一致。债券利息应按面额和票面利率确定，但债券的筹资额应按发行价格计算，以便正确计算债券资金成本。

【例 8-2】

某企业发行债券面值为 500 万元，以溢价发行总价为 600 万元，票面利率为 12%，期限为 10 年，发行费用率 5%，所得税率为 33%，则该债券的资金成本为

$$\text{债券的资金成本}=\frac{500\times12\%\times(1-33\%)}{600\times(1-5\%)}=7.05\%$$

3）普通股资金成本

发行普通股是股份公司筹资的主要形式。普通股股东对公司的股利分配依公司的经营效益而定，其分配股利的不确定性和波动性较大。因此计算普通股资金成本是一个期望的估计数，同时计算普通股资金成本的假设前提应是企业未来的一个比较稳定的、逐年增长的股利分配。离开这一前提，计算普通股资金成本是没有意义的，其资本成本率的计算公式为

$$K=\frac{D}{P(1-f)}+g \tag{8.4}$$

式中，P——普通股筹资额，即发行价格扣除发行费用；

D——普通股第一年股利；

f——普通股筹资费用率；

g——股利预计年增长率。

【例 8-3】

C 公司拟发行一批普通股，面值 8000 万元，预计第一年的股利率为 9%，以后每年的增长率为 5%，筹资费用率为 4%，该普通股资本成本率测算为

$$\text{普通股资本成本率}=\frac{8000\times9\%}{8000\times(1-4\%)}+5\%=14.38\%$$

3. 综合资金成本

由于受多种因素的影响，企业不可能只使用某种单一的筹资方式，往往需要多种方式筹集所需资金。为了正确做出筹资和投资决策，必须计算企业的综合资金成本。综合资金成本是指企业全部长期资金的总成本，通常以各种资金占全部资金的比重为权数，对个别资金成本进行加权平均，故也称加权资金成本。计算公式为

$$K_w=\sum_{i=1}^{n}K_iW_i \tag{8.5}$$

式中，K_w——综合资金成本；

K_i——第 i 种资金成本；

W_i——第 i 种资金占全部资金的比重。

【例 8-4】

某公司采用发行债券、优先股、普通股和银行借款 4 种形式筹集资金 2000 万元，相关资料如表 8-2 所示。

表 8-2 资金成本及加权资金成本的计算结果

筹资方式	金额(万元)	资金成本	比重	加权平均资金成本
银行借款	300	5%	0.15%	0.75%
发行债券	500	6%	0.25%	1.5%
优先股	200	10%	0.1%	1%
普通股	1000	12%	0.5%	6%
合计	2000		1%	9.25%

8.3 资产管理

企业资产指企业拥有或控制的能以货币计量的经济资源，包括各种财产、债权和其他权利。目前，我国会计实务中将资产分为流动资产、固定资产、无形资产、长期投资等。其中长期投资是指除短期投资以外的投资，包括持有时间准备超过 1 年（不含 1 年）的各种股权性质的投资、债券投资等。长期投资内容将在 8.4 节投资管理中介绍，本节暂不介绍。

8.3.1 流动资产管理

想一想：什么是流动资产？流动资产有什么特点？

流动资产是指企业可以在一年或者超过一年的一个营业周期内变现或者运用的资产，是企业资产中必不可少的组成部分，包括现金、应收账款、存货等。流动资产是企业生产经营必不可少的物质条件，但过高或过低的流动资产占用都不利于企业财务管理目标的实现，因此，流动资产的占用必须保持在合理的水平上。

管理案例

凯玛特 VS 沃尔玛

1976 年，凯玛特开始进军零售折扣店领域时，在全美已设有 1000 家店，是沃尔玛的 8 倍，销售额 84 亿美元，是沃尔玛的 25 倍。到 2002 年 1 月破产之前，凯玛特已在全美开设了 2100 家店。与之相对，沃尔玛直到 1987 年时，店面数量才达到凯玛特 1976 年的水平。在凯玛特忙于扩张的 1986—1992 年间，沃尔玛却致力在细节处改善：公司在 1983 年引进了卫星系统，在 1987—1993 年间共投资 7 亿美元用于卫星系统的完善——上述努力使沃尔玛的流动资产周转期从 1986 年的 77 天下降到 1992 年的 67 天。10 天周转期的缩短，意味着当凯玛特在为多出来的 26 亿美元营运资金需求发愁的同时，沃尔玛却释放出了 15.6 亿美元资金，从而使公司不仅能够加速对供应商的付款，紧密与供应商合作，还能够用同样的资产多支持 7 亿美元销售额的运转。到凯玛特申请破产的 2001 年，沃尔玛的流动资产周转期已经降到 51 天，以公司当时 2000 亿美元的销售额计算，相当于释放了 150 亿美元的流动资金，占总资产的 18%。总之，就是这几天、几个百分点的差异让沃尔玛与凯玛特之间的差距越拉越大，到 2000 年，凯玛特销售额 370

亿美元，居500强第84位，沃尔玛销售额1913亿美元，居500强第2位。

（资料来源：从模式选择看凯玛特的破产，http：//finance. sina. com. cn/stock/hkstock/hkstocknews/20061024/13533014569. shtml，有删减）

1. 现金管理

1）现金的含义

现金是流动性最强的一种资产，通常指库存现金、银行存款及其他货币资金。对于短期有价证券，如国库券、短期融资券、商业票据等是一种收益性资产，同时又可根据情况转化成现金，用于弥补现金的不足。在这种情况下，短期有价证券作为现金的替代品，是准货币。

特别提示

现金基本上是非收益性资产，若持有量过多，企业的机会成本增大，获利能力降低。因此，如何在现金的流动性和收益性之间做出合理选择，是现金管理的重要目标。

想一想： 企业持有现金的目的是什么？

2）持有现金的成本

（1）机会成本。机会成本是指因持有现金而放弃的再投资收益和增加的相关管理费用。例如，某企业持有现金20万元，若投资证券可以获得5%的收益率，即现金的再投资收益是1万元，那么企业未进行证券投资而持有现金的机会成本就是1万元。

（2）转换成本。转换成本是指用现金购入有价证券及转让有价证券换取现金时付出的交易费用，即现金同有价证券间相互转换的成本，如委托买卖佣金、委托手续费、证券过户费、实物交割手续费等。

（3）短缺成本。短缺成本是指企业现金持有不足而招致的损失，短缺成本主要体现在3个方面：①现金不足致使企业不能在折扣期内付款，从而失去优厚的现金折扣，致使购买成本提高或利息费用增加，利息收益减少；②现金不足致使企业不能在债务到期时及时偿还，能招致银行或供货方等信用提供者要求的贷款、罚息或提高利率；③如果现金不足致使企业丧失购买能力的话，生产经营维持所必需的材料及杂项开支得不到保证，可能导致生产经营的中断。

3）现金的日常收支管理

企业现金的日常收支管理主要是指对现金收支的时间加以控制，从而加快现金周转，以保持最适宜及最小量的现金余额。主要包括3方面。

（1）缩短现金周转期。现金周转期就是从用现金购买原材料起，经过生产，最后到出售产品收回现金这一过程所需的时间，重点是加速应收账款的回收（详见2. 应收账款管理）。

（2）控制现金支付。控制现金支付是指在不影响企业信用等因素的前提下，采用延缓现金支出以最大限度地利用现金持有余额，从而提高总体资金使用效益的一种现金管理策略。

（3）现金收支的综合管理。企业可以合理安排购货、销货等活动，力争使现金流入与流出趋于一致。这要求企业做好现金流量的预测工作，并在此基础上编制相应的现金预算。此外，可以辅助适度的透支政策等办法，以实现现金流入流出同步。

2. 应收账款管理

应收账款是指企业销售产品、商品、提供劳务等原因，应向购货客户或接受劳务的客户收取的款项和代垫的运杂费，它是企业采取信用销售而形成的债权性资产，是企业流动资产的重要组成部分。

1）应收账款信用政策的制定

信用政策是指企业对应收账款的发生和回收所制定的一系列政策，是企业财务政策的一个重要组成部分，其内容包括信用标准、信用条件、收款政策。

（1）信用标准。信用标准是企业决定授予客户信用所要求的最低标准，也是企业对于可接受风险提供的一个基本判别标准。信用标准较严，可使企业遭受坏账损失的可能减小，但会不利于扩大销售。反之，如果信用标准较宽，虽然有利于刺激销售增长，但有可能使坏账损失增加，得不偿失。可见，信用标准合理与否，对企业的收益与风险有很大影响，企业需要一个明确的尺度作为判断的依据，它告诉企业应如何运用商业信用，应如何拒绝客户赊账的要求。

知识链接

信用标准的评价方法——5C模型

企业在设定某一顾客的信用标准时，往往先要评价其赊账的可能性，比较流行的方法是“5C模型”，即考虑客户的品质(character)、能力(capacity)、资本(capital)、抵押(collateral)、条件(condition)。

(1) 品质，指的是顾客的信誉，即履行偿债义务的可能性。因此，企业必须设法了解顾客过去的付款记录，看其是否有按期如数付款的一贯做法以及与其他供货企业的关系是否良好，这一点经常被视为评价顾客信用的首要要素。

(2) 能力，是指顾客的偿债能力，即其流动（或速动）资产的数量和质量以及与流动负债的比例。顾客的流动资产越多，其转换为现金支付款项的能力越强。同时，还应注意顾客流动资产的质量，看是否存货过多、过时或质量下降，影响其变现能力和支付能力的情况。

(3) 资本，指顾客的财务实力和财务状况，表明顾客可能偿还债务的背景。管理者通过对方企业的财务比率所反映的企业资产构成状况进行判断，其中有形资产在总资产中所占的比率是非常重要的指标。

(4)抵押，是指顾客拒付款项或无力支付款项时能被用作抵押的资产。这对于不知底细或信用状况有争议的顾客尤其重要。一旦收不到这些顾客的款项，便以抵押品抵补。如果这些顾客提供足够的抵押，就可以考虑向他们提供相应的信用。

(5) 条件，是指可能影响顾客付款能力的经济环境。例如，万一出现经济不景气，会对顾客的付款产生什么影响，顾客会如何做等，这需要了解顾客在过去困难时期的付款历史。

（资料来源：http：//www.hudong.com/wiki/%E4%BF%A1%E7%94%A8%E6%A0%87%E5%87%86)

（2）信用条件。信用条件是企业赊销商品时，给予客户延期付款的若干条件，主要包括信用期限和现金折扣。例如，“2/10，5/30，N/30”其意思：2/10指在销售发票开出后10天内付款，就可以享受2%的价格优惠；5/30指在销售发票发出后，30天内付款就可以享受5%的价格优惠；N/30表示付款最后期为30天，此时付款没有价格优惠。

(3) 收款政策。收款政策是当信用条件被违反时，企业应采取什么行动来收回账款，收账必须有合理的收账程序和方法。收账政策应建立在一个适宜的范围内，如果过于消极，收账工作将很难产生实际效用，坏账损失将会提高；如果过于严格，会提高相应的收账费用，还会影响与客户的正常业务关系。

2) 应收账款的内部管理

大量的调查研究表明，企业的应收账款不能得到有效的控制，表面上看是不良市场环境和客户信用状况所致，然而其直接和根本的原因却在于企业内部管理的缺陷。企业必须建立动态的应收账款监控体系，防范因企业内部管理不善增加的应收账款风险。

(1) 实行销售的全程信用管理，合理规避应收账款风险。全程信用管理包括机构的设立、流程和制度的制定、人员的落实、职责的明晰，对过程控制又有事前、事中、事后，通过全面控制企业交易过程中各个关键业务环节，达到控制客户信用风险，提高应收账款回收的目标。

(2) 完善销售合同管理，控制应收账款风险。有漏洞的合同是造成坏账发生的原因之一，合同之所以成为控制经营风险的手段就在于它依照合同法以文字的形式明确规定买卖双方的权利义务关系，并受到法律的保护。企业与客户签订的合同除在法律上没有漏洞之外，还应该设法在合同中设置保护性条款。

(3) 加强应收账款到期前的日常管理。首先，做好应收账款的跟踪监控工作，尽早发现客户的经营或产权发生重大变化的征兆，及时结清货款；其次，及时调整客户的信用额度，如果客户连续超协议占用应收账款，则应对客户的信用额度进行调整，甚至暂停客户的信用，并通知客户相关政策变动的原因；最后，企业要做好应收账款的账龄分析，密切注意应收账款的回收制度和出现的变化。

知识链接

账 龄 管 理

账龄管理中的账龄分析，如表 8-3 所示。

表 8-3 账龄分析表

应收账款账龄	账户数量	余额(万元)	百分比
信用期内	200	80	40%
超过信用期 1～20 天	100	40	20%
超过信用期 21～40 天	50	20	10%
超过信用期 41～60 天	30	20	10%
超过信用期 61～80 天	20	20	10%
超过信用期 81～100 天	15	10	5%
超过信用期 100 天	5	10	5%
应收账款总额	—	200	100%

一般而言，账款的逾期时间越短，收回的可能性就越大，即发生坏账损失的程度相对越小；反之，收账的难度及发生坏账损失的可能性也越大。针对不同账龄的应收账款制定不同的管理方法，如账龄在3个月以上的账款要加紧追收等。

(4) 建立应收账款的坏账准备制度。按照谨慎性原则，对坏账损失的可能性预先进行估计，并计提相应的坏账准备金。坏账准备金的计提比例与应收账款的账龄密切相关，具体计提比例可由企业根据实际情况和经验加以确定。

特别提示

企业的应收账款作为坏账损失处理后，并非意味着企业放弃了对该项应收账款的索取权。实际上，企业仍然拥有继续收款的法定权力，企业与欠款人之间的债权债务关系不会因为企业把应收账款已作为坏账处理而解除。

3. 存货管理

存货是企业一项重要的资产，它是企业在生产经营过程中为生产或销售而储备的物资，包括原材料、燃料、包装物、低值易耗品、委托加工物资、在产品、半成品、产成品等，其中原材料、在产品、产成品是生产企业存货的主要内容。

特别提示

存货在流动资产管理中所占的比重虽依不同行业、不同时期而存在差异，但通常会占到流动资产的主要部分。因此，如何在不影响正常运营的前提下，最大限度地减少存货成本，提高库存资金的使用效率，是企业存货管理的重点。

1) 存货的成本

(1) 进货成本。这是指企业从发订单到收货、登记、检验过程中所发生的费用，包括进货的运输费。其计算公式为

$$进货成本=\frac{S}{Q}\times J \tag{8.6}$$

式中，S——某一时期所需存货量(由生产和销售部门确定)；

Q——每次进货量；

J——每次进货成本。

(2) 持有成本。这是指存货所占用的资金，包括用于仓储、保险、财产税、折旧、防护等方面的费用及变质损耗。持有成本的计算公式表示为

$$持有成本=C\times\frac{Q}{2} \tag{8.7}$$

式中，C——某一时期每单位存货的持有成本；

Q——每次进货量。

(3) 短缺成本。因存货不足而导致供应中断而造成的停工损失，产成品缺货造成的拖欠发货损失和丧失销售机会的损失(还应包括需要主观估计的商誉损失)，如果以紧急采购

代用材料解决急需，那么缺货成本表现为紧急额外购入成本(通常开支会大于正常采购的开支)等。

特别提示

短缺成本由于其计量十分困难常常不予考虑，但如果能准确计量，企业又允许缺货，则需要在存货决策中考虑短缺成本。

2）存货的控制

(1) 经济采购批量。经济采购批量控制是指使存货总成本最低时的进货批量。在不考虑缺货成本的情况下，存货总成本 TC 由进货成本和持有成本两部分组成，公式为

$$TC=\frac{S}{Q}\times J+\frac{Q}{2}\times C \tag{8.8}$$

对公式(8.8)中的 Q 求导数，得最佳进货批量 Q^*

$$Q^*=\sqrt{\frac{2JS}{C}} \tag{8.9}$$

如图 8.4 所示，持有成本与订货量呈正比关系，而进货成本与订货量呈反比关系，最佳定货量是持有成本与进货成本的相交点所对应的 Q^* 点，此时总成本最低。

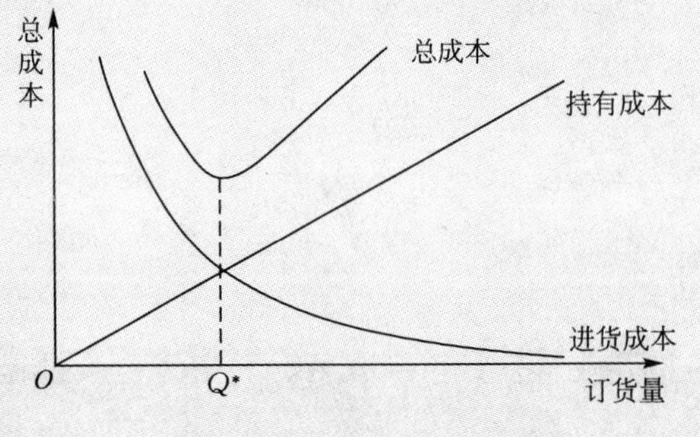

图 8.4　最佳定货量的模型

【例 8－5】

某商业企业年销售量 3 600 件，每次进货成本为 250 元，单位持有成本为 20 元，则经济批量为

$$经济批量=\sqrt{\frac{2\times250\times3600}{20}}=300(件)$$

(2) 存货 ABC 分类管理，就是按照一定的标准，将企业的存货划分为 A、B、C 3 个等级加以管理的一种科学存货控制方法，如表 8－4 所示。

由于大中型企业存货品种很多，价格相差悬殊，如果同样对待，则难以控制。ABC 分类法就是按照各种存货的成本金额划分为 A、B、C 3 类，可以分为 3 个步骤。①分类的时候先计算每一种存货在一定时间内的资金占用金额。②计算每一种存货资金占用额占全部资金占用额的百分比。③根据测定的标准列表划分为 3 类：A 类存货品种数量少，金额

比较大；B类存货品种数量介于A、C两者之间，金额一般；C类存货品种数量多，金额比较少。

表8－4 ABC管理法

项目	A类	B类	C类
管理要求	严格控制	一般控制	简便控制
控制对象	按品种	按类别	按总额
储存记录情况	详细记录	一般记录	一般记录
采购方式	按计划	一般掌握	按需要
检查方式	经常检查	定期检查	必要时抽查
领用方式	限额领料	一般掌握	一般掌握

(3) 零存货与即时性管理。只要持有存货，实际上对企业的发展不利，只有按照库存趋近于零的方向将存货降低到最低限度，甚至没有存货，才是一种最高层次的管理境界。为了实现零库存，必须使物资传送与作业加工处于同一节拍，即体现即时性。也就是说，当有了客户订单时，才进行生产和经营，只有在生产需要时才购置材料和零部件。在即时性管理中，供应商被视为企业生产经营过程中的一个重要环节，为了保证企业各环节能按照即时性的要求运转，供应商应该能够经常并且及时供应批量不大但质量优良的材料和零部件。

管理案例

"零库存"并不意味着没有库存。像戴尔公司(以下简称戴尔)这样的组装企业，没有库存意味着无法生存。只不过戴尔的库存很低，周转很快，并且善于利用供应商库存，因此其低库存被归纳为"零库存"，这只是管理学上导向性的概念，不是企业实际操作中的概念。

戴尔不懈追求的目标是降低库存量。21世纪初期，戴尔的库存量相当于5天的出货量，康柏公司的库存天数为26天，一般PC机(个人计算机)厂商的库存时间为2个月，而中国联想集团是30天。戴尔分管物流配送业务的副总裁迪克·亨特说，高库存一方面意味着占有更多的资金，另一方面意味着使用了高价物料。戴尔的库存量只相当于一个星期的出货量，而别的公司库存量相当于4个星期的出货量，这意味着戴尔拥有3%的物料成本优势，反映到产品价格就是2%或3%的优势。

戴尔的零库存优势是如何形成的呢？主要的方式：①整合供应商工作做得好。戴尔通过各种方式，赢得了供应商的信任，以至于不少供应商在戴尔工厂附近建造自己的仓库，形成了"戴尔频繁要求订货，供应商勤慎送货"的运作模式；②形成了良好的沟通机制，戴尔与供应商形成了多层次的沟通机制，使戴尔的采购部门、生产部门、评估部门与供应商建立密切的业务协同；③打造强势供应链运作机制，使供应商必须按照戴尔的意图来安排自己的经营计划。

(资料来源：http：//www.chinawuliu.com.cn/xsyj/201010/20/143394.shtml)

8.3.2 固定资产管理

1. 固定资产的含义

想一想：什么是固定资产？与流动资产比较，有什么特点？

固定资产是指企业为生产商品、提供劳务、出租或经营管理而持有的，使用寿命超过一个会计年度的有形资产。固定资产属于物质资料生产过程中用来改变或影响劳动对象的劳动资料，是企业在生产经营过程中的主要劳动手段，其使用期限较长，单位价值较高，并且在使用的过程中保持原有实物形态。

2. 固定资产计价

固定资产的计价是指以货币和实物计量单位来计量企业固定资产的价值，包括计价方法和价值构成两个方面。在此，仅探讨固定资产的3种计价方法：按原始价值计价、按重置价值计价和按折余价值计价。

1）按原始价值计价

原始价值是指企业在购买、建造、安装或获得某项固定资产达到可使用状态前所发生的全部合理、必要的货币支出。按此方法确定的价值，均是实际发生并有凭证的支出。

特别提示

这种计价方法具有客观性，可反映对固定资产的原始投资，应用在企业新构建固定资产的计价、确定计提折旧的依据等。但在物价水平持续较大幅度变动的情况下，却不能真实地反映企业现有生产能力的大小。

2）按重置价值计价

重置价值是指在当前生产技术条件下，企业重新构建同样的固定资产所需要的全部支出。按此方法计价，能比较真实地反映固定资产的现实价值，但也存在计价是否准确、会计事务操作比较复杂等一系列其他问题。

特别提示

当出现固定资产盘盈等企业取得无法确定原价的固定资产时，在清查财产中确定盘盈固定资产的价值，或在对报表进行补充、附注说明时采用此法。

3）按折余价值计价

折余价值是指固定资产原始价值或重置完全价值减去已计提折旧之后的净额。它反映了企业实际占用固定资产的金额，即固定资产净值，可了解固定资产的新旧程度。此方法主要应用于计算盘盈、盘亏、毁损固定资产的损益等。

3. 固定资产折旧

固定资产在使用过程中会不断发生有形或无形的损耗，随着其磨损而逐渐转移的价值就是固定资产的折旧。这部分转移的价值是固定资产损耗的货币表现形式，并以折旧费的形式计入成本费用，从企业营业收入中得到补偿，转化为货币资金。企业应当依据固定资产的性质和消耗方式，恰当地选择折旧方法。

1）直线折旧法

采用直线折旧法，各年计提的折旧额相同。

（1）平均年限法。平均年限法是根据固定资产的原始价值、清理费用和残余价值均衡地分摊到各期的一种方法。其计算公式如下：

$$固定资产年折旧率=\frac{1-预计净残值率}{预计使用寿命(年)}\times100\% \tag{8.10}$$

（2）工作量法。工作量法是以同定资产折旧总额除以预计使用期内可以完成的总工作量，根据实际工作量求得单位工作量折旧额的方法。其基本计算公式为

$$每单位工作量折旧率=\frac{原始价值\times(1-预计残值率)}{预计总工作量}\times100\% \tag{8.11}$$

2）加速折旧法

加速折旧法的特点是在固定资产的使用期限中，早期各年度的折旧费用大于后期各年度的折旧费用。加速折旧法的应用范围更广，在机器设备、办公用品等方面都应使用，但不是所有的固定资产都需要采取加速折旧，对于房屋及建筑物这类使用情况大致相同的固定资产折旧一般用直线折旧法为好。

（1）双倍余额递减法。此方法以平均年限法折旧率的双倍乘以逐年递减的固定资产净值来求各项折旧费用。值得注意的是，在计算平均年限法折旧率时不考虑固定资产残值。计算公式如下：

$$年折旧率=\frac{2}{预计使用寿命(年)}\times100\% \tag{8.12}$$

【例 8－6】

某企业的一项固定资产的原始价值为 300000 元，预计残值为 10000 元，折旧年限为 5 年，则双倍余额的加法折旧率为 2/5×100％＝40％，每年的折旧额计算如表 8－5 所示。

表 8－5　折旧额计算表

年度(年)	各年折旧额(元)	累计折旧额(元)	账面净值(元)
0			300000
1	300000×40％＝120000	120000	180000
2	180000×40％＝720000	192000	108000
3	108000×40％＝43200	235200	64800
4	(64800－10000)/2＝27400	262600	37400
5	(64800－10000)/2＝27400	290000	10000

（2）年数总和法。此方法又称年限合计法，是一种变率递减法以递减的折旧率来计算当期固定资产折旧额。计算公式分别为

$$固定资产折旧总额=原始价值+(预计清理费用-预计残值) \tag{8.13}$$

$$折旧率=固定资产尚可使用的年数/预计使用寿命的年数总额 \tag{8.14}$$

式中，设预计使用寿命为 n 年，则年数总和$=\frac{n(n-1)}{2}$

按照年数总和法计算例 8－6 的年折旧额，如表 8－6 所示。

表 8-6 年折旧额计算表

年度(年)	折旧率(%)	固定资产折旧总额(元)	累计折旧额(元)	账面净值(元)
0				300000
1	5/15	290000×5/15=96667	96667	203333
2	4/15	290000×4/15=77333	174000	474000
3	3/15	290000×3/15=58000	232000	68000
4	2/15	290000×2/15=38667	270667	29333
5	1/15	290000×1/15=19333	290000	10000

特别提示

因为不同的折旧方法对企业财务管理产生的影响是不同的，不同的折旧方法的计算结果，会使每一个经营期间所负担的折旧费用不同，从而直接影响产品成本和价格，还会影响企业的净收益和应缴所得税额的大小，同时还会影响企业固定资产的账面净值，影响企业用于购买固定资产和更新固定资产资金的积累，从而最终影响企业目前的收益和长远的发展规划。因此，固定资产折旧办法一经选用，不得随意变更；确定需变更的，应当说明理由并经投资者审议批准。

8.3.3 无形资产管理

1. 无形资产的概念及特点

想一想：与固定资产比较，无形资产具有什么特点？

无形资产是指企业拥有或者控制的没有实物形态的资产。主要包括专利权、商标权、著作权、土地使用权、非专利技术、特许权等。

无形资产的特殊特征表现：①不存在实体，无形资产是知识产权、某种特权等知识形态的观念，没有实体承担其较高的价值；②能提供的未来经济收益具有较高的不确定性，随着市场竞争激烈程度的加剧和高新技术的不断涌现，无形资产能为企业创造的收益额及其有效期限难以准确计量，③独有性，无形资产的拥有人，在法律、制度的保护下，禁止非所有权人无偿地取得、占有或使用，从而形成垄断壁垒。

特别提示

企业通过自创、购买、接受投资等方式取得的无形资产，应当依法明确权属，落实有关经营、管理的财务责任。无形资产出现转让、租赁、质押、授权经营、连锁经营、对外投资等情形时，企业应当签订书面合同，明确双方的权利与义务，合理确定交易价格。

管理案例

价值 1.26 亿元的“夜郎王像”品牌商标

2010 年，贵州省安抚市镇宁自治县贵州竹王文化咨询有限公司注册的“夜郎王像”商标通过北京权威资产评估机构评估，价值人民币1.2亿元。为量化国家商标局注册的无形资产“夜郎王像”等商标使用权价值，4月30日，由杨文金任董事长的贵州竹王文化咨询有限公司委托北京中金浩资产评估有限责任公司对?“夜郎王像”等品牌进行量化评估。中金浩资产评估有限责任公司接受委托后，注册评估师遵循“独立、客观、公正、科学”的执业准则，采用国际公认的评估方法，实施了必要的评估程序，对“夜郎王像”品牌商标进行了评估，于6月17日得出评估结果：贵州竹王文化咨询有限公司注册的“夜郎王像”品牌商标价值人民币1.26亿元，并颁发了《夜郎王像品牌价值咨询评估报告书》及《资产评估证书》。

（资料来源：梁惠焜，徐家鹏. 安顺日报，五版，2010-06-25.）

2. 无形资产的计价

想一想：企业做无形资产评估计价有什么意义?

(1) 企业从其他企业或单位购入的无形资产，按照购入该无形资产的实际支出(包括购买价款、相关税费以及直接归属于使该项资产达到预定用途所发生的其他支出)为实际成本。

(2) 企业接受其他企业或单位投资的无形资产，按照评估确定或投资双方签订合同或协议约定的价值作为实际成本，但合同或协议约定价值不公允的除外；双方协商确定无形资产价值的依据，是以无形资产不作为投资时，企业需支付该项无形资产使用费总额的现值。

(3) 企业接受的债务人以非现金资产抵偿债务的方式取得的无形资产，或以应收债权换入的无形资产，应该按照应收债权的账面价值加上应支付的相关税费作为实际成本。以非货币性交易换入的无形资产，应按照换出资产的账面价值加上应支付的相关税费作为实际成本。

(4) 接受捐赠的无形资产，如果捐赠方提供了有关凭据，则按照凭据上标明的金额加上应支付的相关税费作为实际成本；如果捐赠方没有提供有关凭据，但在市场上存在同类或相似的无形资产，则以同类或相似的资产的价格加上应支付的税费作为实际成本。

(5) 自行开发并按照法定程序申请取得的无形资产，应按照取得时发生的注册费用、聘请律师费用等作为无形资产的实际成本，包括自满足无形资产确认条件和开发支出资本化条件后至达到预定用途前所发生的支出总额，但对以前已经费用化的支出不再调整。

管理案例

价值1500万元的“宠物宝贝”

福州新安影视动画有限公司成立于2003年，是福建省最专业、最具规模的影视动画有限公司之一。公司于2007年被福建省信息产业厅认定为“福建省软件企业”，为福建省动漫游戏行业协会副会长单位；先后被陕西科技大学和吉林长春动画艺术学院选定为“动画培训实习基地”。

2007年，公司将《宠物宝贝环游记》中的6个主要造型向国家商标局注册了11大类共129个商标专利权。为使“宠物宝贝”后衍产品的开发得以规范、有效地进行，公司成立福建省宠物宝贝动漫研发有限公司，专司“宠物宝贝”后衍产品的开发。2009年3月31日，福州新安影视动画有限公司委托北京中金浩资产评估有限责任公司对其拥有的“宠物宝贝”商标权进行评估，其评估值为人民币1500万元，使企业成功在银行质押贷款。

（资料来源：http：//www.brjr.com.cn/archiver/tid-61833.html?page=2）

3. 无形资产的管理

(1) 企业应建立无形资产管理责任制度和无形资产内部审计制度，应设立专门机构，配备专业人员，进行无形资产的全面管理；应充分关注自身无形资产的价值，加强无形资产取得、分期摊销、对外投资转让的会计核算；应实施无形资产的监管，及时地对无形资产的未来收益、经济寿命、资本化率进行评估和确认，确保无形资产的保值增值，从动态上掌握企业的无形财富。特别是现在企业对外资产重组的转让、租赁、兼并收购、资产置换等经济活动相当频繁，无形资产的运作和交易显得格外活跃，通过对无形资产的内部核算和管理，可以减少交易过程中的无谓损失。

(2) 企业应从技术手段和管理措施等多方面入手，做好无形资产保护和保密工作。对企业的专有技术、配方、特殊工艺等无形资产要配专人专管，以防丢失和被窃。在产权交易中，应注意无形资产的安全防卫，加强对专有技术、计算机软件、营销网络等商业秘密的保护，学会用高科技手段来维护本企业无形资产的安全，以防止泄密而导致的无形资产流失。

管理案例

道化学公司的知识产权动态管理模式

美国道化学公司(以下简称道化学公司)是一家在世界化工领域具有领头地位的环球企业，2004 年的总销售收入达 400 亿美元，利润为 28 亿美元，居世界化工企业第 1 位。道化学公司成功的秘诀是围绕化学工业实行谨慎而开放的多样化经营战略，同时公司也极为重视经营无形资产，通过引入“知识产权动态管理”模式，对无形资产的核心知识产权进行管理。“知识产权动态管理”模式是以企业经营战略为核心，通过有组织地、动态地知识产权管理，最大限度地实现知识产权资产的价值。道化学公司从专利管理入手，将知识产权资产管理分为计划、竞争力评测、分类、价值评估、投资和组合 6 个阶段。道化学公司对无形资产经营的这一策略是在 1993 年启动的，1994 年道化学公司的专利总量即从 2.9 万项降到了 1.6 万项，节省了 800 万美元的更新手续费和大约 4000 万美元的税款。而专利许可使用费却从 1994 年的 2500 万美元开始以 60%的速度增长，到 2000 年该收入的数额达到 1.25 亿美元。

（资料来源：于玉林．美国道化学公司无形资产经营的可取之经与可借之道．财务与会计[J]，2006.02）

8.4 投资管理

企业投资是指企业将资金投入生产经营过程，期望从中取得收益的一种行为。投资活动在企业经营活动中占据重要地位，投资管理是企业财务管理的重要工作。

8.4.1 企业投资的分类

想一想：企业对外投资的目的是什么？如何做好投资的风险管理？

1. 按投资回收期限

按投资回收期限的长短，投资可分为短期投资和长期投资。短期投资是指回收期在一年以内的投资，主要包括现金、应收款项、存货、短期有价证券等投资；长期投资是指回收期在一年以上的投资，主要指对房屋、建筑物、机器、设备等能够形成生产能力物质技术基础的投资，也包括对无形资产和长期有价证券的投资。

特别提示

一般而言，长期投资风险高于短期投资，与此对应，长期投资收益通常高于短期投资。

2. 按企业对外投资方式

按企业对外投资方式的不同，企业投资可分为直接投资和间接投资。直接投资是指企业将货币资金、实物和无形资产直接投资到其他企业，形成被投资企业的生产要素，由被投资企业向投资者出具投资证明书，确认其股权或债权。间接投资又称证券投资，是指企业用货币资金、实物和无形资产购买被投资企业发行的股票或债券，以期获得经济收益的投资行为。这类投资按有价证券的性质分为债券性投资，如金融债券、公司债券等；权益性证券，如普通股股票，基金类投资等。

8.4.2 影响企业投资的因素

1. 投资收益

尽管投资的目的多种多样，但其根本动机是追求较多的投资收益和实现最大限度的投资增值。在投资中考虑投资收益，要求在投资方案的选择上必须以投资收益的大小取舍，要以投资收益具有确定性的方案为选择对象，要分析影响投资收益的因素，并针对这些因素及其对投资方案作用的方向、程度，寻求提高投资收益的有效途径。

2. 投资风险

投资风险指企业投入一定资金后，因市场需求变化而影响最终收益与预期收益偏离的风险。投资风险表现为未来收益和增值的不确定性。在投资中考虑投资风险意味着必须权衡风险与收益的关系，充分合理预测投资风险，防止和减少投资风险给企业带来损失的可能性，并提出合理规避投资风险的策略，以便将实施投资的风险降至最低程度。

3. 管理和经营控制能力

对外投资管理与对内投资管理相比，所涉及因素多、关系复杂、管理难度大。例如，股票投资就需要有扎实的证券知识和较强的证券运作技能。因此，对外投资要以相应的业务知识、法律知识、管理技能、市场运作经验为基础。

4. 筹资能力

企业对外投资是将企业的资金在一定时间内让渡给其他企业。这种让渡必须以不影响本企业生产经营所需资金的正常周转为前提。如果企业资金短缺，尚不能维持正常生产，筹资能力又较弱，对外投资必将受到极大限制。对外投资决策要求企业能够及时、足额、低成本地筹集到所需资金。

5. 对外投资的流动性

对外投资的流动性是指对外投资的变现能力，其要求是对外投资所形成的资产能够以合理的价格、较快的速度转换为货币资金。为此，必须合理安排对外投资的结构。一般来说，短期投资的流动性高于长期投资的流动性；证券投资的流动性高于非证券投资的流动性。

8.4.3 直接投资

想一想： 直接投资的3种方式各有什么优缺点？

1. 合资

合资是指通过与其他企业共同出资组建合资经营企业所进行的投资。合资的优点：合资各方共同分担风险，投资者只承担有限责任，因而投资风险较小。其缺点：①由于投资各方只负有有限责任，因而易产生投资倾向；②信用程度不如无限公司，撤资或股权转让困难，不能灵活地将资金转向更有吸引力的项目；③所需时间较长，一般来说，进行合资必须寻找合适的投资伙伴，而且要经过相当长时间地谈判和协商。

2. 合作

合作投资是通过与其他企业组建合作经营企业所进行的投资。合作经营企业是一种契约式合资企业，是投资者与其他企业根据《中华人民共和国中外合资经营企业法》，按照平等互利的原则，通过签订合同、协议等形式规定各方面的责任、权利、义务而组建的企业。

合作投资是一种比较灵活、适应面较宽、资本回收较快的方式。其缺点：合作经营对象不如合资企业那样规范，对合同中的条款易产生歧义和争执，从而制约合作企业的正常发展。

3. 并购

并购是指企业之间的兼并与收购行为，是企业法人在平等自愿、等价有偿基础上，以一定的经济方式取得其他法人产权的行为，是企业进行资本运作和经营的一种主要形式。企业并购主要包括公司合并、资产收购、股权收购3种形式。

想一想： 并购与上述合资和合作两种方式比较，优势体现在哪里？

知识链接

我国企业主要跨国并购动机分布

我国企业主要跨国并购动机分布，如表8-7所示。

表 8-7 我国企业主要跨国并购动机分布表

年份＼并购动机	资源导向案例(个)	市场导向案例(个)	技术导向案例(个)	总计(个)
2005	4	5	6	15
2006	6	13	5	24
2007	8	20	4	32
2008	12	15	9	36
2009	19	7	8	34

（资料来源：李自杰，等．金融危机下中国企业海外并购的特征、问题及对策研究，经济问题探索，2010.4）

8.4.4 债券投资

想一想：企业进行债券投资时应考虑哪些因素？

1. 影响债券投资决策的因素

企业一旦拥有可以支配的资金时，必然产生对外投资的欲望，但是对于这些资金是投资于企业外部购买股票还是购买债券或者其他，需要做出选择。企业是否进行债券投资，主要应考虑以下因素。

1) 债券投资收益率的高低

投资的目的是为了获得收益。因此，债券投资收益率状况是投资者必须首先考虑的问题，投资者可以利用债券投资收益有关公式计算出一定时期内的债券收益率，将其与预期的其他投资收益率相比较，做出是否投资购买债券的初步选择。但应该注意各种投资收益率因素的可比性。投资收益有的以税前收益表示，有的是以税后收益表示；有的投资收益必须交纳所得税，有的投资收益可以免交所得税(如国库券利息收入)。

知识链接

债券的投资收益率

债券投资收益包括按期收取的债券利息收入和债券出售价格与购入价格的价差。在不考虑资金的时间价值因素下，债券的投资收益率 R 为

$$R=\frac{S_1-S_0+P}{S_0} \tag{8.15}$$

式中，S_0 为债券的买入价格，S_1 为债券的卖出价格，P 为债券的利息。

2) 债券投资的其他效果

投资决策除了考虑投资收益因素外，还应考虑有关的其他因素。债券投资除票面收益外，往往还有其他附加的优惠条件，这些优惠条件往往给企业带来直接或间接的经济效益，应综合加以考虑，如购买金融债券可能同时取得银行贷款的一些便利条件；购买某企

业债券可能有利于保证材料供应、扩大市场销售等。

2. 债券投资品种决策

当投资者确定进行债券投资后，应确定债券投资对象，债券投资对象是指购买债券的具体种类。对投资者而言，可供投资的债券种类很多，既有国库券、金融债券，也有企业债券；既有长期债券，也有短期债券。债券品种决策的依据主要有两方面。

(1) 债券的信誉。债券信誉是债券发行者的资信状况，对投资者来说就是债券的安全度，即企业购买债券后能保证如期偿还本息的程度。一般来说，国家财政发行的公债、国库券是以国家信誉作担保的，信誉等级最高；金融债券由银行发行，其信誉较高；企业债券由于各企业经营情况、经济效益上的差别，其信誉大不一样。投资者购买企业债券必须选择信誉较高的企业以降低投资风险。

知识链接

全球3大评级机构

1. 穆迪

目前，穆迪的业务范围主要涉及国家主权信用、美国公共金融信用、银行业信用、公司金融信用、保险业信用、基金以及结构性金融工具信用评级等几方面。穆迪在全球26个国家和地区设有分支机构，员工约4500人。穆迪长期评级针对一年期以上的债务，评估发债方的偿债能力，预测其发生违约的可能性及财产损失概率。而短期评级一般针对一年期以下的债务。穆迪长期评级共分9个级别：Aaa、Aa、A、Baa、Ba、B、Caa、Ca和C。其中Aaa级债务的信用质量最高，信用风险最低；C级债务为最低债券等级，收回本金及利息的机会微乎其微。

2. 标准普尔

主要对外提供关于股票、债券、共同基金和其他投资工具的独立分析报告，为世界各地超过22万家证券及基金进行信用评级，目前拥有分析家1200名，在全球设有40家机构，雇用5000多名员工。标普的长期评级主要分为投资级和投机级两大类，投资级的评级具有信誉高和投资价值高的特点，投机级的评级则信用程度较低，违约风险逐级加大。投资级包括AAA、AA、A和BBB，投机级则分为BB、B、CCC、CC、C和D。信用级别由高到低排列，AAA级具有最高信用等级；D级最低，视为对条款的违约。

3. 惠誉国际

惠誉的规模较其他两家稍小，是唯一一家欧洲控股的评级机构。惠誉的长期评级用以衡量一个主体偿付外币或本币债务的能力。惠誉的长期信用评级分为投资级和投机级，其中投资级包括AAA、AA、A和BBB，投机级则包括BB、B、CCC、CC、C、RD和D。以上信用级别由高到低排列，AAA等级最高，表示最低的信贷风险；D为最低级别，表明一个实体或国家主权已对所有金融债务违约。

(资料来源：http：//finance.ifeng.com/roll/20110825/4458836.shtml)

(2) 企业可用资金的期限。企业在决策投资对象时还应结合自身可用资金的期限长短来进行。如果企业资金是短期闲置的，就只能投资于一些短期债券，或重点放在二级市场上变现速度快的债券；如果企业拥有一笔数额较大、可长期使用资金，则应投资于期限较长的债券。

想一想：债券投资有什么风险？如何减少风险？

8.4.5 股票投资

股票投资是指企业通过购买股票成为公司股东，并获得股利收益的投资。

想一想：股票投资应注意哪些风险？

1. 股票投资决策

特别提示

巴菲特的股市格言——第一条是保住本金，第二条是保住本金，第三条是记住前两条。

(1) 股票投资对象的决策。当投资者确定进行股票投资后，就要选择投资对象。股票投资可分为优先股投资和普通股投资。这两种投资的收益和权利有显著差别。投资优先股，安全性高，股息收入稳定，对企业资产的要求权仅次于债权人，是一种接近债券投资的投资行为。普通股投资则不同，其投资风险较大，收益极不稳定。

特别提示

优先股的优先权利表现：优先获得股利，股利分发通常在普通股之前，其股利是固定的；优先分配剩余财产，当公司破产时，其剩余财产求偿权位于普通股之前。

(2) 股票投资时机的决策。对于股票投资者来说，确定股票投资对象十分重要，但什么时候买卖股票同样重要。确定股票投资时机的基本原则：低价进、高价出。但判断起来是个很复杂的问题，需要仔细分析多方面情况，才能把握最佳时间进行股票交易。

(3) 股票投资结构的决策。其基本目的是分散投资，即分别投资于不同种类的股票，将资金按一定比例分配，一部分投资于稳定的成长股，一部分投资于风险很高但期望收益可观的风险型股票，一部分投资于优先股。同时分散投资于不同行业的股票，这样即使某一个行业不景气，其他行业的股票仍能取得一定的收益。此基础上，还可以分散投资期限，在可能的情况下企业应尽可能将资金分散于中长期投资和短期投资。

2. 股票投资收益的计算

企业进行股票投资的具体目的虽然不同，但主要还是为了获得投资收益，股票投资收益包括平时的红利收入和转让时的买卖价差。投资收益是进行股票投资决策的重要指标。如果不考虑资金时间价值，其计算公式为

$$R=\frac{S_1-S_0+P}{S_0} \tag{8.16}$$

【例 8-7】

2010 年 2 月 9 日，甲公司购买乙公司每股市价为 30 元的股票，2011 年 1 月甲公司持有

的上述股票每股获现金股利 2.5 元，当年 2 月 9 日以每股 35 元卖出，则该投资收益率为

$$R=\frac{35-30+2.5}{30}\times 100\%=25\%$$

3. 市盈率分析

市盈率是股票市价和每股赢利之比，以股价是每股赢利的倍数表示。市盈率可以粗略反映股价的高低，表明投资人愿意用赢利的多少倍的货币来购买这种股票，是市场对该股票的评价，市盈率的计算公式为。

$$\text{市盈率}=\text{股票市价}/\text{每股利润} \tag{8.17}$$

市盈率把股价和利润联系起来，反映了企业的近期表现。假设某股票的市价为 24 元，而过去 12 个月的每股赢利为 3 元，则市盈率为 24/3＝8。该股票被视为有 8 倍的市盈率，即每付出 8 元可分享 1 元的赢利。

特别提示

股票的市盈率比较高，表明投资者对公司的未来充满信任，愿意为每 1 元利润多支付买价，这种股票的风险比较小。通常认为，市盈率超过 20 是不正常的，很可能是股价下跌的前兆，风险相当大。股票的市盈率比较低，表明投资者对公司的未来缺乏信心，不愿意为每 1 元利润多支付买价，这种股票的风险也比较大。通常认为市盈率在 5 以下的股票，其前景悲观。过高或过低的市盈率都不是好兆头，市盈率在 5～20 之间是比较正常的。

8.5 成本、费用和利润管理

8.5.1 成本与费用管理

想一想：成本和费用有什么区别和联系？

1. 成本和费用的概念

成本是指企业为生产产品、提供劳务而发生的各种耗费。它是指按照一定的收益对象归集的支出，形成产品成本和资本成本两类。费用是指企业为了销售商品、提供劳务等日常活动所发生的经济利益的流失。企业为了进行正常的生产经营活动，必然会发生材料物料的耗用、各种人员的劳务报酬支出、固定资产及其他长期资产的损耗以及各种以货币资金支付的开支，所有这些在一定期间的各种耗费可以分为两个方面，即成本和期间费用。

特别提示

企业应该合理划分成本和期间费用的界限，成本应计入所生产的产品或提供劳务的成本，其间费用应直接计入当期损益。

2. 成本控制的方法

1）标准成本控制

标准成本控制是指运用标准成本系统来实现成本控制的一种管理方法。标准成本系统是指在科学分析和计算的基础上，制定标准成本并加以控制的体系。标准成本分为单位标准成本与产品总标准成本，其计算公式为

$$产品单位标准成本=单位产品标准耗费量\times标准单价 \tag{8.18}$$

$$产品总标准成本=实际产量\times单位产品标准成本 \tag{8.19}$$

标准成本，按其所依据的生产技术和经营水平分为理想标准成本，是指在最优的条件下所能达到的最低成本；正常成本，是指在正常的条件下，企业经过努力实际上可以达到的较低成本。

特别提示

在实际工作中，一般采用正常成本进行控制，必须是经过努力才能达成的，其标准应大于理想标准，又小于历史实际水平。通过标准成本控制，可以有效地降低成本的目标，提高企业的经济效益。

2）目标成本控制

目标成本控制是指企业在分析预计实现收入与目标利润的基础上，确定了目标成本，并借助目标管理的思想，依据目标成本进行管理与控制的方法。目标成本的确定方法包括两种。

(1) 目标利润率法。即按照同类企业的平均销售利润率来计算目标利润的方法。其公式为

$$目标利润=预计销售收入\times同类企业平均销售利润率 \tag{8.20}$$

(2) 上年利润基数法。这是一种以上年实际利润额为基础，结合利润的增长率来确定本年利润的方法，其计算公式为

$$目标利润=上年利润额\times年利润增长率 \tag{8.21}$$

8.5.2 利润管理

1. 利润及其构成

1）利润的含义

利润是企业在一定时期生产经营的最终成果。它是企业生存发展的核心指标，不论是投资人、债权人还是企业经理人员都非常关心企业的赢利能力，而利润管理是企业目标管理的重要组成部分，其行为结果会直接或间接地影响到各经济主体的利益。

2）利润的构成

利润总额是指企业在营业收入中扣除成本消耗及营业税后的剩余，这就是人们通常所说的赢利，计算公式为

营业利润＝营业收入－营业成本－营业税金及附加
－期间费用－资产减值损失＋公允价值变动收益
－公允价值变动损失＋投资收益(－投资损失)　　(8.22)

利润总额＝营业利润＋营业外收入－营业外支出　　(8.23)

净利润＝利润总额－所得税费用　　(8.24)

2. 利润分配程序

企业实现的利润扣除应纳所得税后即为税后利润，也称净利润。净利润按照规定应按照下列顺序分配。

1）弥补企业以前年度亏损

企业发生的年度亏损，可以用下一年度的税前利润弥补；下一年度利润不足以弥补的，可以在5年内延续弥补；5年内不足以弥补的，可以用税后利润弥补。此外，还可以用以前年度的盈余公积金弥补。

2）提取法定盈余公积金

在不存在年初累计亏损的前提下，法定盈余公积金按照税后净利润的10％提取。法定盈余公积金已达注册资本的50％时，可不再提取。法定盈余公积金主要是为了保全资本，防止企业滥分税后利润。提取的法定盈余公积金用于弥补以前年度亏损或转增资本金。但转增资本金后留存的法定盈余公积金不得低于注册资本的25％。

3）提取公益金

公益金按企业税后利润的一定比例提取，具体提取比例一般为税后利润的5％～10％，专门用于企业的职工集体福利的支出。

4）向股东(投资者)支付股利(分配利润)

企业以前年度未分配的利润，可以并入本年度分配。在向投资者分配利润时，股份有限企业按下列顺序分配。①支付优先股股利。向投资者分配利润时应先保证优先股股利。②提取任意盈余公积金。任意盈余公积金按照企业章程或者股东大会决议提取和使用。③分配普通股股利。

3. 股利政策

想一想： 不同股利政策的优缺点有哪些？企业如何选择合适的股利政策？

(1) 剩余股利政策。如果把企业的股利分配政策完全作为一个筹资决策来考虑，在公司有良好的投资机会时，根据一定的目标资本结构测算出投资所需的权益资本，先从盈余中留用，然后把剩余盈余作为股利分配。采用这种政策的优点在于保持理想的资本结构，使综合资本成本最低。

特别提示

这一政策的主要优点是能利用公司内部资金，节约对外筹资的资金成本；增加公司资本后，提高股票价格，给股东带来资本收益。但是，这一政策需要取得股东的理解和支持，否则会影响公司形象，使股东失去信心。

(2) 固定或持续增长股利政策。是指每股股利的发放数额相对稳定不变的政策。即使是宏观经济环境变化或公司出现意外影响收益，一般也能保持股利支付的稳定。“固定”是指在一定时期内保持不变。固定股利政策的主要目的是避免出现由于经营不善而削减股利的情况。

(3) 低正常股利加额外股利政策。是指公司定期支付给股东的固定数额的股利。其每股股利数额一般低于固定股利政策中的固定股利额，当公司赢利大幅度增加时，再发放一部分额外股利。额外股利发放额的多少和有无，完全根据公司的赢利状况决定。

(4)固定股利支付率政策。是指每股股利发放额随赢利的多少而变化的政策，因此又称变动股利政策。这一政策的股利支付比率，永远按股利占赢利的固定比率支付，赢利额大幅度增长，股利额增多，赢利额下降，股利额降低。

以上 4 种股利政策各有利弊，上市公司选取股利政策时，必须结合自身情况，选择最适合本公司当前和未来发展的股利政策。其中居主导地位的影响因素：公司目前所处的发展阶段。公司应根据自己所处的发展阶段来确定相应的股利政策，如图 8.5 所示。

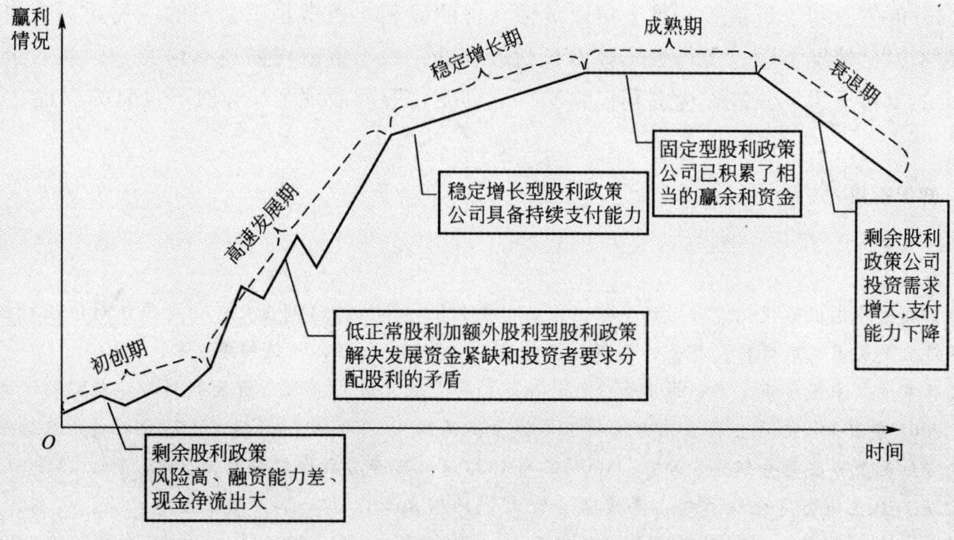

图 8.5　公司发展阶段与股利政策的选择

4. 股利支付形式

股份有限公司发放给股东的股利一般有 4 种类型：现金股利、股票股利、财产股利与负债股利。后两种股利方式目前在我国实务中很少使用，在现实中各企业根据自身的情况而采取相应的股利支付形式。

(1) 现金股利。现金股利是公司以货币形式发放给股东的投资收益。它是股份有限公司发放股利的一种最普通、最基本的形式，要求公司必须有足够的净利润和足够的现金，综合分析投资机会、筹资能力等各方面因素，确定适当的现金股利支付率。

(2) 股票股利。股票股利是公司利用增发股票的方式代替现金向股东支付的投资收益。发放股票股利一般是按现有股东持有股份的比例进行分配；对于不足一股的股利，经股东会决议，仍以现金支付。这样，得到股票股利的股东，在公司权益中占有的份额并没有改变，只是股东持有的股票数比发放股票股利前增加了，因此也增加了市场上流通的股票数量。

特别提示

发放股票股利可使股东分享公司的盈余无需分配现金，这使公司留存了大量现金，便于进行再投资；发放股票股利可以降低每股价格，从而吸引更多的投资者；股票股利往往会向社会传递公司将会继续发展的信息，从而提高投资者对公司的信心，在一定程度上稳定股票价格。但在某些情况下，发放股票股利也会被认为是公司资金周转不灵的征兆，从而降低投资者对公司的信心，导致股价的下跌，并且发放股票股利的费用比发放现金股利的费用大，会增加公司的负担。

(3) 财产股利。财产股利是以现金以外的资产支付的股利，主要是以公司所拥有的其他企业的有价证券，如债券、股票，作为股利支付给股东。

(4) 负债股利。负债股利是公司以负债支付的股利，通常是以公司的应付票据支付给股东，在不得已情况下也有发行公司债券抵付股利的。由于负债均需还本付息，因此对公司构成较大的支付压力，只能作为公司已宣布并立即支付股利而现金又暂时不足时的权宜之计。

知识链接

上市公司分红

日前接受中国证券报记者采访的多家上市公司都指出，分红应该制度化，但也应该对不同行业、不同发展阶段的公司区别对待，有条件的公司应当科学、合理地分红，积极回报股东。

总体来看，中国股市上市公司现金分红意愿已经有了长足进步。深交所金融创新实验室的研究数据显示，2001 年以来，分红公司占比由原来 30%左右提高到 2010 年的 60%以上。从最近 3 年数据看，实施现金分红的上市公司分别为 856 家、1006 家和 1321 家，现金分红金额分别为 3423 亿元、3890 亿元和 5006 亿元。从上市公司分红总额占年度未分配利润比例来看，近 3 年占比在逐渐减少。从 2006 年至 2010 年，分红总额占未分配利润的比例分别是 16.82%、68.28%、20.94%、17.16%和 16%。2007 年上市公司分红比例大增，与当年股改推进有直接关系。

（资料来源：http：//news.xinhuanet.com/fortune/2011－11/18/c_122299109.htm）

8.6 财务分析

8.6.1 财务分析的概念

财务分析是以会计核算和报表资料及其他相关资料为依据，采用一系列专门的分析技术和方法，对企业等经济组织过去和现在有关筹资活动、投资活动、经营活动、分配活动的赢利能力、营运能力、偿债能力和增长能力状况等进行分析与评价的经济管理活动。它为企业的投资者、债权人、经营者及其他关心企业的组织或个人了解企业过去、评价企业现状、预测企业未来做出正确决策提供准确的信息或依据的经济应用学科。

知识链接

刘姝威引发的“蓝田事件”

2001 年，刘姝威通过对蓝田招股说明书及其中期财务报告等的分析，发现蓝田的财务状况存在严重的问题：短期偿债能力很弱，已经成为一个空壳，完全依靠银行的贷款在维持生存；产品占存货百分比和固定资产占资产百分比异常高于同业平均水平等。2001 年 10 月 26 日，她在机密级《金融内参》刊登了“应立即停止对蓝田股份发放贷款”600 字内参文章。此后不久，有关银行相继停止对蓝田股份发放新的贷款，此后引发了轰动全国的“蓝田事件”，从而成为终结蓝田神话的“最后一根稻草”。2003 年初，刘姝威被评为中央电视台“2002 年经济年度人物”和“感动中国——2002 年度人物”。CCTV 的颁奖辞称，“她是那个在童话里说皇帝没穿衣服的孩子，一句真话险些给她惹来杀身之祸。她对社会的关爱与坚持真理的风骨，体现了知识分子的本分、独立、良知与韧性。”

（资料来源：http：//stock. hexun. com/2008/liushuwei/）

8.6.2 财务分析的内容

财务分析的内容因使用者的目的不同而不同，但大体上包括 5 方面内容。

1. 偿债能力分析

偿债能力分析包括短期偿债能力分析和长期偿债能力分析，由于短期债务是企业日常经营活动中弥补营运资金不足的一项重要来源，因而通过分析有助于判断企业短期资金的营运能力以及运营资金周转状况。长期偿债能力是企业资本化资金的重要组成部分，也是企业的一个重要融资途径。通过对长期偿债能力的分析，不仅可以判断企业的经营状况，还可促使企业提高融通资金的能力。

2. 营运能力分析

营运能力分析主要是从企业资产运用方面进行分析，企业资产的使用效果、资金周转的快慢，这些决定了企业资金使用效率的高低。

3. 获利能力分析

获利能力分析是分析企业的投入与产出的关系，即企业产品销售和资产的获利水平，通过分析企业的获利能力和偿债能力可判断满足投资者和债权人期望的程度。

4. 现金流量分析

现金流量分析是以现金流量表为基础的分析，通过现金流量表的分析有助于评价企业的财务弹性，有助于评价企业的流动性，预测企业的未来现金流量。

5. 综合分析

综合分析是对企业的偿债能力、营运能力和赢利能力等方面的综合能力进行的分析，对企业经营状况、财务状况进行全面的分析，从而对企业的经济效益的优劣做出准确的评价和判断。

8.6.3 偿债能力财务指标分析

想一想： 企业的偿债能力指标为什么按期限衡量？

1. 短期偿债能力

短期偿债能力是企业及时、足额偿还流动负债的保证程度，其主要指标有流动比率、速动比率和利息保障倍数。这些比率越高，表明企业短期偿债能力越强，但这些比率在评价短期偿债能力时也存在一定的局限性。

(1) 流动比率指标。流动比率是用以反映企业流动资产偿还到期流动负债能力的指标。它不能作为衡量企业短期变现能力的绝对标准，其计算公式为

$$流动比率=流动资产/流动负债 \tag{8.25}$$

特别提示

一般认为流动比率在2左右较好，该指标大于2说明企业未有效利用流动负债，短期资本管理保守；该指标小于2说明企业短期偿债能力不足，有财务风险压力。

【例8-8】

企业A在2011年年初、年末的流动资产分别是520100元、529150元，年初、年末的流动负债分别为151000元、168150元，则其年初、年末的流动比率分别是多少？

解：

年初的流动比率=520100/151000=3.44

年末的流动比率=529150/168150=3.15

(2) 速动比率指标。速动比率是比流动比率更能反映流动负债偿还的安全性和稳定性的指标，是对流动比率的补充、修正。这一比率是基于存货难以兑换成现金的假设前提下出现的，因为存货本身存在销售及压价的风险，而速动资产可立即用于偿还债务。因此在衡量企业债务清偿能力时，速动利率比流动比率更有效，其计算公式为

$$速动比率=(流动资产-存货)/流动负债 \tag{8.26}$$

特别提示

一般认为，速动比率在1左右为好，表明企业偿债能力良好，过高或过低都不理想。

【例8-9】

按照例8-8中的资料，假如企业在2011年年初、年末的存货分别为210900元、300900元，则该企业年初、年末的速动比率分别为

年初的速动比率=(520100-210900)/151000=2.05

年末的速动比率=(529150-300900)/168150=1.36

2. 长期偿债能力分析

(1) 资产负债率。它是企业的负债总额同资产总额的比率。它反映的是在企业资产总额中，有多大比重的资金是由债权人提供的以及企业资产对债权人权益保障程度。计算公式为

负债比率＝负债总额/资产总额×100%　(8.27)

在现实经济生活中，由于各个财务主体所处的地位不同，因而对资产负债率的评价分析也不同。首先，从债权人角度来看，负债比率越低越好，债权人按期收回本息的安全保障程度就越高。其次，从企业所有者的角度来看，他们关心的主要是企业的全部资金赢利是否超过借入资金的利息率，如果超过，那么负债比例越高即借入资金在企业资产中所占比重越大，对企业所有者越有利。再次，从企业管理者角度来看，负债比率在一定程度上反映着企业管理当局的进取精神和利用债权人资金进行经营活动的能力。要敢于举债经营，但举债过多，风险增大，因此举债要适度。

特别提示

资产负债率的衡量标准，国际上的标准一般是不大于50%，而我国企业相对较高。实际调查的结果也表明，发展稳健的企业资产负债率一般保持在50%左右。

(2) 产权比率。是指负债对股东权益比率，也称负债股权比率，其计算公式为

产权比率＝负债总额/股东权益总额(或所有者权益总额)×100%　(8.28)

产权比率是对资产负债率的补充。一方面反映了由债权人提供的资本和股东提供的资本的相对比率关系，另一方面反映了企业财务结构是否稳定。产权比率高，属于高风险、高报酬的财务结构；反之是低风险、低报酬的财务结构。

(3) 利息保障倍数指标。利息保障倍数反映了获利能力对债务偿付的保证程度，其计算公式为

利息保障倍数＝(税前利润＋利息费用)/利息费用

该比率反映了企业经营收益为所需支付债务利息的倍数，越大偿付债务利息的能力越强，但不能反映企业债务本金的偿还能力。同时，企业偿还借款的本金和利息不是用利润支付，而是用流动资产来支付，因此使用这一比率进行分析时，不能说明企业是否有足够多的流动资金偿还债务本息。

8.6.4 营运能力分析

1. 应收账款周转率指标

应收账款周转率是用以反映应收账款周转速度的指标，是指赊销净额与平均应收账款的比例关系，计算公式为

应收账款周转率＝赊销净额/应收账款平均额　(8.29)

应收账款周转天数＝360/应收账款周转率　(8.30)

其在实践中存在以下局限性：一是没有考虑应收账款的回收时间，不能准确地反映年度内收回账款的进程及均衡情况；二是当销售具有季节性，特别是当赊销业务量各年相差较悬殊时，该指标不能对跨年度的应收账款回收情况进行连续反映；三是不能及时提供应收账款周转率信息。该指标反映某一段时期的周转情况，只有在期末才能根据年销售额、应收账款平均占用额计算出来。

2. 存货周转率指标

存货周转率指标是指销货成本与平均存货额的比例关系，计算公式为

存货周转率＝销货成本/平均存货 (8.31)

存货周转天数＝360/存货周转率 (8.32)

存货周转率是反映企业销售能力强弱、存货是否过量和资产是否具有较强流动性的一个指标，也是衡量企业生产经营各环节中存货运营效率的综合性指标。

特别提示

在实际运用中，存货计价方法对存货周转率具有较大的影响，因此，在分析企业不同时期或不同企业的存货周转率时，应注意存货计价方法是否一致。

3. 总资产周转率

总资产周转率是主营业务收入与平均资产总额的比率。该指标是用以衡量企业资产总体周转速度的一个指标，是一个综合性指标，说明企业的总资产在一定时期内周转的次数。该指标越大，说明企业资产的总体营运能力越强；反之说明企业的资产总体营运能力越差。

总资产周转率＝主营业务收入/平均资产总额 (8.33)

总资产周转天数＝360/总资产周转率 (8.34)

8.6.5 赢利能力分析

1. 销售毛利率

销售毛利率是企业一定时期的销售毛利与主营业务收入的比率，其反映的是企业一定时期的获利能力。其计算公式为

销售毛利率＝销售毛利/主营业务收入×100％ (8.35)

销售毛利＝主营业务收入－主营业务成本 (8.36)

2. 销售净利率

销售净利率是企业在一定时期的净利润与主营业务收入的比率。该指标反映单位主营业务收入可实现的净利润额，该比率越高越好。但不同行业由于竞争力、经济状况的不同，净利润率会大不相同，而且各企业内部由于利用负债融资的程度及经营情况不同，同行业内各企业间的净利率也大不相同。

销售净利率＝净利润/主营业务收入 (8.37)

3. 总资产净利率

总资产净利率也称资产报酬率，是净利润与总资产的比率。该指标体现了资产运用效率和资金利用效果间的关系，也反映了企业综合经营管理水平的高低。该比率越高，每单位资产所创造的净利就越高。公司资产的赢利能力就越强。通过对该指标的分析，能使管理者形成一个较为完整的资产和利润关系的概念，把资产运用与利润实现挂钩。

总资产净利率＝净利润÷平均资产总额 (8.38)

4. 权益净利率

权益净利率也称净资产收益率，它是企业净利润与平均所有者权益之比。该指标反映企业所有者权益的投资报酬率，具有很强的综合性。所有者投资于企业的最终目的是为了获取报酬，净资产收益立足于所有者权益的角度考核其投资报酬，直接关系着投资者投资报酬的实现程度，因而它是最受所有者关注的指标，是对企业具有重大影响的指标。

权益净利率＝净利润÷平均所有者权益 (8.39)

本章小结

财务管理是对企业生产经营所进行的一种综合性的价值管理，包括资金筹集、资金运用、资金营运和资金分配等活动。

筹资管理是企业财务管理工作的起点，不同的筹资方式，其成本也不同，因此需要进行综合权衡，以最小的成本获得最多的资金。企业资产包括各种财产、债权和其他权利。按照流动性，可以划分为流动资产、固定资产、无形资产等，因此企业资产管理的内容包括流动资产管理、固定资产管理、无形资产管理等。企业投资是企业将资金投入生产经营过程，期望从中取得收益的一种行为。投资活动在企业经营活动中占据重要地位。企业主要的对外投资方式包括直接投资、债券投资、股票投资。企业利润管理是企业目标管理的重要组成部分，其行为结果会直接或间接地影响到各经济主体的利益。

在企业的生产经营过程中，需要经常对其财务状况进行分析。财务分析就是以会计核算和报表资料及其他相关资料为依据，采用一系列专门的分析技术和方法，对企业等经济组织过去和现在有关筹资活动、投资活动、经营活动、分配活动的赢利能力、营运能力、偿债能力和增长能力状况等进行分析与评价的经济管理活动。它为企业的投资者、债权人、经营者及其他关心企业的组织或个人了解企业过去、评价企业现状、预测企业未来做出正确决策提供准确的信息或依据。

复习题

1. 选择题

(1) 由企业资金运动所体现的企业同各方面的经济关系称为(　　)。

A. 财务管理　　B. 财务活动　　C. 财务关系　　D. 财务监督

(2) 企业与债权人的财务关系在性质上是一种(　　)。

A. 经营权与所有权关系　　B. 投资与被投资关系
C. 委托代理关系　　D. 债权债务关系

(3) 下列各项中属于优先股的优先权的是(　　)。
A. 优先分配股权　　B. 优先转让权
C. 优先经营决策权　　D. 优先分配股利权

(4) 债券的资金成本一般低于普通股，最主要的原因在于(　　)。
A. 债券筹资费用少　　B. 债券的发行量小
C. 债券的利息固定　　D. 债券的利息有减税作用

(5) 由信用期限、折扣期限及现金折扣3个条件构成的付款要求是(　　)。
A. 信用条件　　B. 信用标准　　C. 资信程度　　D. 收账政策

(6) 持有过量现金可能导致的不利后果是(　　)。
A. 财务风险加大　　B. 收益水平下降
C. 偿债能力下降　　D. 资产流动性下降

(7) 以下属于直接投资的是(　　)。
A. 购买国库券　　B. 购买普通股股票
C. 并购投资　　D. 基金类投资

(8) 股票投资的收益包括(　　)。
A. 资本利得　　B. 利息　　C. 股利　　D. 租金

(9) 下列(　　)不属于期间费用。
A. 管理费用　　B. 制造费用　　C. 销售费用　　D. 财务费用

(10) 能够使企业的股利分配具有较大的灵活性的收益分配政策是(　　)。
A. 剩余政策　　B. 固定股利比例政策
C. 固定股利政策　　D. 正常股利加额外股利政策

(11) 某企业现在的流动比率为2：1，下列(　　)经济业务会引起该比率降低。
A. 用银行存款偿还应付账款　　B. 发行股票收到银行存款
C. 收回应收账款　　D. 向银行借款，存入银行

2. 判断题

(1) 企业财务管理的基本环节相互独立，没有联系。　　(　　)

(2) 企业与税务机关之间的财务关系体现为投资与受资的关系。　　(　　)

(3) 只要花费必要的收账费用，积极做好收账工作，应收账款的坏账损失是可以避免的。　　(　　)

(4) 存货的ABC控制法把数量最多的存货划为A类，进行重点管理；把数量其次多的存货划为B类，进行次重点管理；把数量最少的存货划为C类，进行一般管理。　　(　　)

(5) 个别资金成本一定的情况下，企业综合资金成本高低取决于资金总额的大小。　　(　　)

(6) 固定股利支付率政策是一种固定的股利政策，各期股利比较稳定。　　(　　)

(7) 发行股票和债券是重要的直接筹资方式，银行借款则是基本的间接筹资方式。　　(　　)

(8) 产权比例高是低风险、低报酬的财务结构，表明债权人的利益因股东提供的资本所占比重较大而具有充分保障。　　(　　)

3. 思考题

红光摩托车公司总经理最近发表一项声明，对该公司上市股票的有关股利问题向股东做出如下说明。“摩托车市场有着广阔的发展前景，本公司有无限增长的潜力，因此我们将留存公司的全部收益用于企业

的发展，不支付股利。事实上，我认为公司永远不会支付任何股利，股票的持有者可以通过股票溢价得到他们的收益。我想股东是欢迎这种方式的。”

思考题：上述上市公司总经理对股利分配的看法是否合理？影响上市公司股利分配的因素是什么？

4. 计算题

(1) 企业计划筹集资金100万元，所得税为33%。有关资料如下：向银行借款10万元，借款年利率为7%，手续费为2%。按溢价发行债券，债券面值14万元，溢价发行价格为15万元，票面利率为9%，期限为5年，每年支付一次利息，其筹资费率为3%。发行普通股40万元，每股发行价格10元，筹资费率为6%。预计第一年每股股利1.2元，以后每年按8%递增。其余所需资金通过留存收益取得。

要求：①计算个别资金成本；②计算该企业加权平均资金成本。

(2) 某公司2010年12月31日资产负债，如表8-8所示。

表8-8　资产负债表　　单位：万元

资产	年初	年末	负债及所有者权益	年初	年末
流动资产			流动负债合计	220	218
货币资金	100	95			
应收账款净额	135	150	长期负债合计	280	372
存货	160	170	负债合计	510	590
待摊费用	30	35			
流动资产合计	425	450	所有者权益合计	715	720
固定资产净值	800	860			
合计	1225	1310	合计	1225	1310

要求：计算2010年年末的流动比率、速动比率、产权比率、资产负债率。

5. 案例分析题

默多克的债务危机

很多公司在发展过程中，都要借助外力的帮助，体现在经济方面就是债务问题。债务结构的合理与否，直接影响着公司的前途、命运。世界头号新闻巨头默多克就曾有过一个惊险的债务危机故事。

默多克从事的新闻出版业庇荫于父亲。老默多克在墨尔本创办了导报公司，取得成功。在儿子继承父业时，年收入已达400万美元。默多克经营导报公司以后，筹划经营，多有建树，最终建成了一个每年营业收入达60亿美元的报业王国。它控制了澳大利亚70%的新闻业，45%的英国报业，又把美国相当一部分电视网络置于他的王国统治之下。

1988年，他施展铁腕，一举集资20多亿美元，把美国极有影响的一座电视网买到了手。默多克和他的家族对他们的报业王国有绝对控制权，掌握了全部股份的45%。西方的商界大亨无不举债立业，向资金市场融资。像滚雪球一样，债务越滚越大，事业也越滚越大。默多克报业有多少债呢？24亿美元。他的债务遍于全世界，美国、英国、瑞士、荷兰，连印度和中国香港的钱他都借去花了。那些大大小小的银行也乐于贷款给他，他的报业王国的财务机构里共有146家债主。

然而，1990年西方经济衰退刚露苗头，默多克报业王国就仅仅为1000万美元的一笔小债务而在阴沟里翻船。对默多克来说，年收入达60亿美元的这一报业王国，区区1000万美元算不了什么，对付它轻而易举。谁知这1000万美元，弄得他焦头烂额，应了“一文钱逼死英雄汉”的这句古话。

美国匹兹堡有家小银行，前些时候贷款给默多克 1000 万美元。原以为这笔短期贷款，到期可以付息转期，延长贷款期限。也不知哪里听来的风言风语，这家银行认为默多克的支付能力不佳，通知默多克这笔贷款到期必须收回，而且规定必须全额偿付现金。

默多克毫不在意，筹集 1000 万美元现款轻而易举。他在澳大利亚资金市场上享有短期融资的特权，期限一周到一个月，金额可以高到上亿美元。他派代表去融资，大出意外，说默多克的特权已冻结了。默多克得知被拒绝融资后很不愉快，东边不亮西边亮，他亲自带了财务顾问飞往美国去贷款。

到了美国，他却始料不及，那些跟他打过半辈子交道的银行家，这回像是联手存心跟他过不去，都婉言推辞，一分钱都不给。而还贷期一天又近一天，商业信誉可开不得玩笑。若是还不了这笔债，那么引起连锁反应，就不是匹兹堡一家银行告到法庭，还有 145 家银行都会像狼群一般，成群结队而来索还贷款。具有最佳能力的大企业都经受不了债权人联手要钱。这样一来，默多克的报业王国就得清盘，被 24 亿美元债券压垮，而默多克也就完了。

默多克强自镇定下来思考，决定去找花旗银行。花旗银行是默多克报业集团的最大债主，投入资金最多，如果默多克失败，花旗银行的损失最高。债主与债户原本同乘一条船，只可相帮不能拆台。花旗银行权衡利弊，同意对他的报业王国进行一番财务调查，将资产负债状况做出全面评估，取得结论后采取对策行动。花旗银行派了一位女副经理，加利福尼亚大学柏克莱分校出身的女专家带了一个班子人员前往着手调查。她向总部提出一个解救方案：由花旗银行牵头，所有贷款银行都必须待在原地不动，谁也不许退出贷款团。以免一家银行退出，采取收回贷款的行动，引起连锁反应，匹兹堡那家小银行，由花旗银行出面，对它施加影响和压力，要它到期续贷，不得收回贷款。已经到了关键时刻，报告提交到花旗银行总部时距离还贷最后时限只剩下 10 个小时。时间在一小时一小时地过去，最后的 10 小时已所剩无几，花旗银行纽约总部的电话终于在最后时刻以前来了：同意女副经理的建议，已经与匹兹堡银行谈过了，现在应由默多克自己与对方经理直接接触。默多克松了一口气，迫不及待地拨通越洋电话到匹兹堡，不料对方经理避而不接电话，空气一下子紧张起来。默多克再挂电话，电话在银行里转来转去，最终落到贷款部主任那里。默多克听到匹兹堡银行贷款部主任的话音，他发觉这位先生一变先前拒人于千里之外的冷淡口气，忽而和悦客气起来："你是默多克先生啊，我很高兴听到你的声音呀，我们已决定向你继续贷款……"

(资料来源：http：//www. gdpx. com. cn/news/200624507_3. shtm)

讨论题

(1)"从这次事件可以看出，默多克支付能力很差"这个观点正确吗？如果正确为什么很多银行还愿意贷款给他？

(2) 如果你是他，以后的财务管理应该注意什么问题？

(3) 请分析企业高负债经营的优缺点。

第9章 创业管理

学习目标

通过本章学习，学生应当能够达到以下方面要求。

识别和定义

创意与创业

创业者

新建企业的创意类型

创业管理

描述或解释

创业的动机

创业者特征

创意来源

创业途径选择的方式

撰写商业计划书

创业策略

导入案例

慢递——从创意到创业

2008年初秋，北京某投资咨询公司内的七八个年轻人围着一张明信片啧啧称奇——这投递速度，实在是慢！这张明信片是同事老张从云南丽江寄给同事赵悦的，但时间是半年前的某一天。

“这哪里是快递，分明是慢递嘛！”“咦！我看慢递也不错，现在我好像又回到了半年前，听老张谈丽江见闻。”大家七嘴八舌。

当时正值金融危机，投资市场一片阴霾，这家投资咨询公司的生意也随之清淡。在座的年轻人正苦苦思索哪种投资方式能有效应对金融危机，这张明信片所象征的商机瞬间为他们擦亮了灵感的火花。

不知是谁第一个说：“办家慢递公司吧！”提议一出，其他人眼前一亮。经过几个回合的讨论，创意逐渐成形。慢递公司为客人寄的信与其他信不同，是写给未来的，时间为1个月、1年、10年甚至更远；可以写给自己，也可以写给朋友、亲人。正如那张明信片，在未来的某个时刻，收到信的人会突然回忆起遥远的过去和写信的人。

创意够新颖，但怎样才能从创意走向创业？他们可不是一群只会做梦的青年。创意敲定，他们便分头去做调查，进行相关的背景、需求、市场前景、运营方式以及客户群体的整体分析。很快，他们发现能接受慢递创意并愿意为之付费的大多是二三十岁的年轻人，尤以学生、白领为主。确定了消费群体，他们又将消费层次定位于中端——经过调查，他们发现金融危机以来，高端消费受到很大影响，而中低端消费受到的影响则不大。

接下来是选址。最终，目标锁定798艺术区。原因在于，798艺术区作为文化创意产业聚集区和前卫艺术基地，不仅在中国，在世界上也已经具有一定的知名度。每天，在这里举办的国际艺术展览、艺术活动和时尚活动都吸引了众多游人，这些游人正是慢递的潜在顾客群。

2008年12月，经过3个月的调查、分析、磨合、运作，终于有了结果，包括赵悦在内的6个年轻人最终组成一支稳定的创业团队。他们拿出自己的积蓄作为原始资金，租下位于798艺术区中二街的一处店铺，取名为“熊猫慢递”，并决定于2009年1月试营业。之所以选择熊猫作为其形象代言，是因为它看起来慢腾腾，不慌不忙，正代表他们所倡导的一种生活方式。

“熊猫慢递”主要依靠这样一些业务挣钱。①出售团队自行设计的明信片，如“好爸爸”“好老师”“好兄弟”证书明信片，印着小时候的数学、政治试卷的明信片等。②为顾客寄信，收取邮费。寄往2009年，邮资9元；寄往2010年，邮资10元……即以2009年为收费基础，此后每年加1元。③出售文化创意商品。“业态一定要丰富，店的抗风险能力才强。”

然而，生意并没有想象中那么好。各路游客来来往往，这里却门可罗雀。是创意问题还是地段问题，或者是宣传不够？6个年轻人有些动摇。

一日，冷冷清清的店里来了一位老人，他看到店门口“给未来写封信”的招牌，就问：“我能写给还没出世的孙子吗？”原来老人来自台湾，已身患绝症。儿子刚结婚，并不知道父亲的病情。“我想让我的孙子知道我的祝福和我没有完成的心愿，虽然我永远也不会见到他。”老人说。写完信，老人蹒跚而去，留给6个年轻人的是感动和深刻的体会——他们的生意是有着别样的意义的。

这时，一个偶然的机会，赵悦在网上看到一个谈到他们小店的帖子。那是一个顾客兴奋地写下他给未来的自己写信的经历。有很多人跟帖，大家畅想着会给以后的自己写些什么，除了自己，又想给谁写信。

既然有这么多人感兴趣，那就不是创意问题。

团队及时调整战略，如将店里原本布置的“民间摄影展”改为充满怀旧色彩的“记忆与未来”展览。他们到处搜罗小时候的玩具、作业本、校服、课程表……装框、裱糊、悬挂，在展板上写下各种俏皮的评论来吸引顾客，激发他们怀旧，从而想给未来写信。有人主张建立电子数据库，及时更新顾客的投递地址，确保慢递万无一失；有人和银行联系，把信放在银行保险柜里，让顾客觉得他们受到了尊重和礼遇。

用心的结果是，2009年春天到来时，他们的生意渐渐好了起来。以前每天发几封信，现在一天能发一百多封。与此同时，动人的故事也多了起来。

一对夫妻在婚礼上邀请慢递团队作为见证人，他们要寄一封发往50年后金婚时才能打开的信。

挺着大肚子的妈妈，认真地写好信。1年后，她的宝宝将收到信，虽然暂时还看不懂，但她知道孩子必定会一世珍藏。“这是妈妈怀着你时写下的……”

一个20岁出头的清秀女孩告诉慢递员，每年这个日子，她都会给父亲买生日蛋糕，虽然父亲已经去世。现在她写信只是想向父亲倾诉，而“信就永远放在这里吧”。

顾客们把这里当做时间驿站和心灵花园。每一天都有许多人重复着流程：挑选明信片；登记付款；写毕，把明信片塞进信封，在信封上盖上一个有熊猫标志的红色印章，在空格处填上投递日期，再交到慢递员手中——一封写给未来的信就完成了。

常有人在店里特制的留言册“记忆与未来”上留言。“今天，我给自己写了封信，等到3年后收到信时，我已经身在巴黎。”“一切都会过去，收到信时，你已找到新的爱情。”“收信那一天，我已经像章子怡一样站在红地毯上。”……

（资料来源：林特特.《读者》原创版. 2010. 1：10-11.）

9.1 创业概述

管理大师杜拉克将创业者定义为那些能寻求变化，并积极反应，把它当作机会充分利用起来的人。如今，自主创业获得了人们广泛的理解和尊重。创业研究无论在国内还是国外都是非常必要的，创业也越来越受到更多国家包括我国的重视。目前，我国已经出台了一系列的改善创业环境的政策和法规来鼓励创业。

9.1.1 创业的动机

想一想：人们为什么会选择创业？创业是处于什么动机呢？

人们创业有着很多强大的动因在推动。一些人会被某一种动因所诱导，而其他人则会被一些混合的潜在好处所驱动。调查显示，76.4%的人是为了实现自我理想而自主创业，而为了工作环境、利益和实现自我价值的几乎都处在45%～47%这一区间。根据美国帕吉特商业服务企业的调查，72%的人认为创业的最大好处是独立，10%的人认为是可以对企业进行控制，10%的人认为可以获得满足感。

一般来说，创业者基于如下动机进行创业。

1. 利润

人们创办企业是为了获取利润。所谓利润(profit)，是企业收入减去全部支出的余额。正是对利润的追求，促使众多的企业家创办企业，为社会发展提供产品和服务。企业预期的资金回报必须能够补偿他们投入创业的时间、资金的所得。企业家期望的回报不仅仅包括他们的时间和资金的补偿，而且还包括对他们开办和运作其企业所冒风险的补偿。毫无疑问，对于绝大多数创业者来说，巨大利润的吸引比其他动机更加强烈。通过利润回报的取得，还可以满足其他方面的需求：成功、满意的生活等。

一般来说，利润的吸引是绝大多数创业者开始创业的原动力。创业者对未来美好生活的期望，往往寄托于创业赚取利润的基础上。鲍勃·明切克是美国《赚钱》杂志的创始人，他用一句话来解释他的创业动机："我的原则就是挣大钱"。虽然金钱不是其唯一的目的，但是任何创业者都不会希望自己的企业亏本。

2. 就业

1980 年以来，在美国和世界其他一些地区，小企业和创业者每年创造了 70%以上的就业机会。有 91%的美国人认为，创办自己的企业是"一项令人尊敬的工作"。各国政府也积极鼓励创业，个人除了能从政府获得各种优惠条件外，还能获得各种技术支持和资金援助。我国 3 大商帮之一——浙商的很多成功人士就说，当初创业是被逼无奈，因为学历低，很多单位都不要，为了生活，只能选择自己创业。现阶段，我国劳动力就业难已经成为一个不争事实，表现非常明显的就是即将毕业的大学生。为找不到工作而发愁。而且，即使能够找到工作的学生，工作也不是十分满意。在这种情况下，自主创业成为大学生的可选方案之一。我国也出台了一系列政府政策来鼓励个人创业。而产业结构的调整，第 3 产业的发展，也为个人自主创业提供了发展空间。通过创业，可以给自己提供就业机会。

3. 权力欲望的满足

1991 年的一项企业主调查显示，这是一个重要的创业动机因素。曾在别的公司工作的企业主，有 38%的人说他们抛开固定工作的主要原因是他们自己想当老板。许多人都有一种强烈的愿望，就是自己支配自己，去冒险，获取回报。成为自己企业的老板是非常吸引人的。尽管独自创业的激励因素很多，但成为一个创业者的理由很可能是不想为别人工作。这种自己想当老板的权力欲望，驱使着创业者接受社会、心理和经济的风险，长时间工作，以创建和发展一个成功的企业。创业成功意味着权力的获得。对于大多数创业者来说，有了权力就可以做自己想做的事，能够自主经营，不受太多限制。在公司具有至高无上的地位，虽然许多时候并非想象的那样万能，但是所有创业者都乐此不疲。

4. 满意的生活方式

企业创业者利用其独立性和丰厚利润，可以采取灵活的生活和工作方式。他们以自己的方式做事，获取自己的利润，实施自己的计划。许多人正是看中了这种生活方式，选择了自主创业。例如，大学生中的众多情侣，往往因为不能在同一城市就业而分手，而自主创业正好能满足这部分人群的需要。另外，能够选择自己的爱好和兴趣作为创业思路，可以很好地把工作和兴趣结合起来，满足人们追求满意生活方式的需要。

实例：俞敏洪说起自己的创业动机时说，作为一个男人，快到三十而立的年龄，但连为老婆买条像样的裙子都做不到，整个家庭无家可归，连家徒四壁都谈不上……这些使得我必须要通过创业来改变自己的生活。

5. 自我实现的需要

创业者之所以想创业，是因为其内心有一种需求，有一种动力驱动，这与马斯洛的需要层次论非常吻合。追求完美、永不满足、自我实现是创业的基本动力之一。

一般而言，想创业的人，自我意识都比较强。在他们身上有一种本能、一种冲动、一种超乎寻常的自我意识。一旦环境允许、条件具备，它们就会体现出来，而这种由内心流露出来的自我意识一旦引发，便一发不可收拾。体现自我是创业者的精神支柱，也是其内在动力和根本原因。

实例：当年比尔·盖茨(Bill Gates)大学上得好好的，但当艾伦(Alan)把一本《大众电子学》放到他面前时，一种自我意识和自我冲动，使得盖茨放下了多少人可望而不可即的哈佛学业，走上了创业之路，继而成为世界首富。

9.1.2 创业的代价

创业者因为上述种种动机，投身于创业。但是有所得必有所失，创业并非想象的那样一帆风顺，创业者也必须为此付出相应的代价。

1. 需要长时间的工作及充沛的精力

许多企业家都认为其职业是令人兴奋的，但也是十分艰辛的。他们中的大部分人每天工作时间超过12小时，这需要有充沛的精力，不是一般的人所能承受的，如图9.1所示。作为新企业主，每周工作时间超过60小时的占到53%，若按每周工作5天计算，每天工作时间明显超过12小时，有12%的人工作时间甚至超过80小时，相当于每周7天每天都要工作12个小时左右，这对一般人来讲是一个非常大的考验。

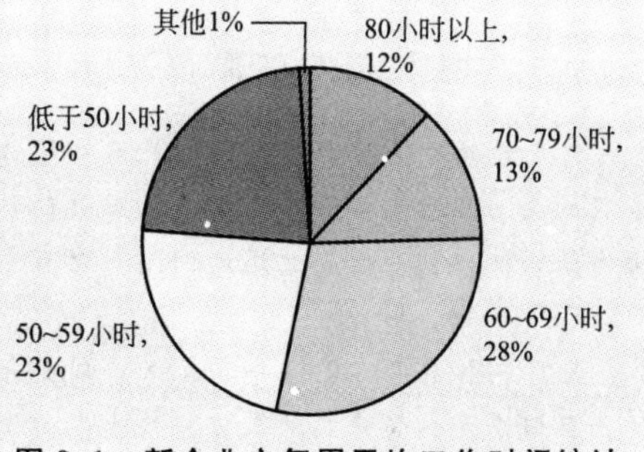

图9.1 新企业主每周平均工作时间统计

2. 需要较强的抗挫折能力

尽管创业对于我们很重要，可能会有丰厚的利润回报，但其成功并没有保证，失败的可能性很大，尤其是大学生创业。由于缺乏社会经验、工作经验，许多大学生盲目创业，造成企业失败，不但不能获得预期回报，而且自身投入的精力、时间、金钱全部付诸东流。如果没有较强的受挫能力，失败一次就放弃，创业很难获得成功。经营失败的可能性时刻威胁着创业者，没有人敢保证自己一定能成功。创业者必须承受与失败相关的各种风险。

3. 创业可能得到的是情感孤独，甚至破坏个人的生活

虽然创业者希望得到满意的生活方式，但是由于业务缠身，以往的应酬、惯常交际可能会因为没有时间而放弃，朋友关系可能淡化，甚至与自己的恋人离散。因为创业需要投入大量的时间、精力，在创业之外的投入必然降低，这样可能造成情感孤独。

4. 高度压力

小企业可能为其创业者提供生计，但仅此而已。创业者经常需要为诸如竞争、雇员、设备、存货积压、租金上涨或市场需求改变等问题担心。除了这些压力之外，创业者还可能承受身体和心理上的压力。创业者通常兼有股东、董事、经理、推销商、运输、保管、会计等角色。许多有创造力的人成功或失败的原因不是其商业创意，而是处理企业管理过程中困难的能力。

特别提示

很少有企业是饿死的，企业倒闭往往是发展不当造成的。

——当当网总裁俞渝

因此，创业者在创业之前，既应该看到积极的一面，也应该看到消极的一面。创业者期望得到一定回报的同时，必须对上述损失有一定的承受力，并可能在某些方面做出牺牲。

知识链接

创业失败的原因

(1) 缺乏充足的资金。太多的创业者以为他们需要的仅仅是足够的钱来开办企业，过不了多久企业就能靠销售收入生存。但是大多数的企业在达到盈亏平衡之前是赔钱的，企业需要不断注入资金，否则就会夭折。而小企业融资渠道又有限，使得创业后企业迅速倒闭。没有充足的资金，世界上最好的企业创意也会失败。

(2) 管理不善。仅仅是对小企业有一个光明的展望并不意味着创业者具有管理一个成长中的企业的知识和经验。一个善于创造好的产品概念和销售产品的人可能缺少人力资源管理、财务管理等方面的技巧和经验；创业者还可能忽略那些他们不熟悉或认为乏味的管理领域，而这样做的代价通常是使其企业走向失败。

(3) 缺乏企业成长管理的经验。这是令许多创业者头痛的事情。随着企业发展，原来的管理方法甚至管理团队都可能不再适应企业发展。然而，对于创业者来说，舍弃管理权是相当痛苦的。如果不能引入合适的管理团队，企业可能会因发展不当而灭亡。

9.1.3 创业者的特征

想一想：什么样的人才能够创业？成功的企业家具备什么样的特征呢？

我们大多数人心目中的企业家的特点可能是进取、对人友好、聪明、执著、自我激

励、无情、诚实、超凡魅力、诡计多端。但是我们想一下实际生活中遇到的企业家，如你家附近干洗店的老板，或是为你修理汽车的修理厂老板。这些人就是通过经营自己的企业来维持生计的人。实际上，绝大多数企业家更像平常人，并非是银幕上或文学作品中的成功企业家的形象，他们有些人心地善良，有些人害羞，有些人懒惰。

特别提示

有天才的创业者，但没有天生的创业者。

企业家千差万别。虽然人们对企业家的特征或特点进行了大量的研究，但是没有一系列明确的特征或特点适合于所有的企业家。综合大多数创业者进行研究，一般来说，创业者应具备如下特征：强烈的成功欲望、勇于冒险的精神、坚定的自信心、创业激情、创新能力和学习能力。但是并非所有创业者都符合这些特征，那些不符合这种特征的人也可能成为成功的创业者。事实上，试图找出一系列具体的特点或确定一系列具体的心理特征来预测谁将成为成功的企业家，这种方法被证明是失败和徒劳无益的。但大部分成功企业家的身上还是存在着如下特征。

1. 强烈的成就欲望

心理学家认为人身上存在不同程度的成就欲望。成就欲望低的人往往安于现状，成就欲望高的人喜欢挑战，并且敢于承担责任，有强烈成就欲望的人更愿意将愿望付诸实际行动，更愿意尝试创业。

实例：俗话说：3岁看老。一些成功人士小时候就有强烈的成就欲望，如盛大网络的总裁陈天桥，小时候就心怀强烈的冒尖意识，不甘于寂寞，小学一直担任班长。初中时没当上班长，只当了生活委员，但他对班长一职表现出雄心勃勃的占有欲，还曾经为此情绪低落，对集体活动也不是很积极热心。正如现在的他曾多次表示要当网络游戏界的主流人物，公司盛大网络要成为行业规则的制定者一样。

特别提示

成就欲望与企业家活动之间肯定存在联系，那些成为企业家的人比普通人有更大的成就欲望。

——哈佛大学心理学家麦斯兰德

2. 勇于冒险的精神

创业本身就是一项冒险活动，没有冒险的精神是无法下定决心的。创业一定要勇于冒险，要不怕失去。如果今天怕失去这个，明天怕失去那个，犹豫不决，踌躇不前，肯定会失去很多机会，也就不会获得创业的成功。资料显示，发达国家中小企业生存18个月的占总数的1/2，生存10年的仅为1/10；美国高科技企业生存10年的只有10%。我国民营企业的寿命平均也只有3.5年。高失败率说明，创业面临众多风险，资金一旦投入就承担着财务风险，没有稳定的工作，创业所需的压力和时间使家庭也处于风险之中，并且还要承受企业可能倒闭带来的精神压力。因此，创业者必须具有较强的冒险精神和承担风险的意愿。当然，这里所说的冒险是适度的冒险，而不是类似于赌徒的冒险，否则虽然冒险可能获得暂时的成功，但是由于好赌本性，终归有一天所创基业会被赌光。

特别提示

风险与机遇并存，不愿冒险，就会失去很多机会。

3．自信和坚韧不拔的毅力

拥有自信的人认为他们能够应付各种挑战，有一种克服可能面临的各种困难的自信。有毅力和自信的人，可以为了预期的目标不辞辛劳、不畏艰险、全力以赴。毅力和自信使得创业者能产生强大的忍耐力。如果没有宠辱不惊的定力和精神，是很难获得成功的。很多创业者都是忍受了一般人不能忍受的屈辱、憋闷、痛苦和挫折才获得成功的。著名的浙商总结出其成功的“四千”精神：千山万水、千难万险、千方百计、千辛万苦，反映的正是这种坚忍不拔的毅力。再如老一代的创业家联想集团的柳传志，新一代的创业家京东商城的首席执行官刘强东、人人网的董事长兼首席执行官陈一舟、江南控股集团的董事长黄作兴等无一不是经受过一般人难以承受的磨难和失败最后才走向成功的。

特别提示

企业家比普通大众持有较高的内部控制式观念及能力。

——心理学家罗特(Rotter)

管理案例

邱继宝——从补鞋匠到缝纫机大王

1977年，因为家境贫寒，年仅16岁的邱继宝背上补鞋的小箱子，走南闯北艰难谋生。此后，他干过泥水活，做过学徒工。

1986年春，邱继宝用补鞋挣来的300元钱租下生产队里的5间平房，办了一家小缝纫机厂，这就是闻名海内外的飞跃集团(以下简称“飞跃”)的前身。

“飞跃”刚起步时，全国已有300多家同行，国内的中低档产品市场几乎被几家老牌的国有企业垄断，日本的三菱重工等厂家则把持着世界市场。

1989年，只有初中文化程度的邱继宝，背上自己制造的缝纫机参加广交会。但因为他所经营的是乡镇小厂，“飞跃”被无情地拒之门外。为了与外商直接接触，他偷偷地翻墙进去，刚跳下墙便被保安人员逮住，不但罚了50元，还被罚站了半个小时。

邱继宝又来到深圳罗湖口岸，花了500元人民币请一个香港老太太代买了一本香港的黄页电话簿。通过电话簿，他与香港国际经销商展开了信函“外交”，并获悉“飞跃”的产品在中南美洲的一些不发达国家可能有市场。他背上缝纫机，带着从省外办借来的一位翻译，踏上了去拉美等国的推销之路。到

1989年，“飞跃”在这些地区的销售额达到2万美元。

1994年，墨西哥发生经济危机，邱继宝转而做起东南亚和中东国际市场的文章。1996年年底，东南亚金融危机爆发，“飞跃”刚刚编织起来的东南亚市场网络又遭重创。

邱继宝看到这是引进高新技术、大规模实施技术改造难得的机遇。他大胆收购日本的一家小型工厂，聘用德国、意大利、日本等国家的缝纫机专家和科研人才开发高新产品，同时举债搞技改，从美国、韩国和中国台湾地区引进世界先进的加工设备。

经历了无数次挫折和失败后，“飞跃”终于创造出年产各类缝纫机60多万台，年出口创汇6500万美元，上缴税收4624万元的神话。1999年，“飞跃”的机电一体化家用缝纫机大批量向日本出口并进入日本家庭，一举改写了我国长期单向从日本进口缝纫机的历史。

如今，“飞跃”一跃成为全国缝纫机行业的排头兵，被世界缝纫机组织称为最有活力的缝纫机生产企业。“飞跃”商标被认定为“中国驰名商标”，“飞跃”多功能家用缝纫机入选国家“外交礼品”。2000年12月，朱镕基在听取“飞跃”白手起家、艰苦创业的汇报后，风趣地对邱继宝说：“你邱继宝是个‘宝贝’，是‘国宝’。”

（资料来源：http：//www.cnhubei.com/200308/ca328218.htm）

4. 创业激情

创业者必须要有创业激情，创业激情可以产生坚韧的毅力和辛苦工作的意愿，很多创业者每天工作18个小时以上。这种激情使得他们愿意疯狂地把自己奉献给企业。加利福尼亚企业家培训大学的校长约翰·古德曼(John Goodman)说：“我要找的第一关键东西就是激情。当评估新企业时，我就询问：‘有没有激情?’”现在大学生创办企业已经屡见不鲜，这在很大程度上源于他们的创业激情。中央电视台曾推出的选拔创业型人才的节目——《赢在中国》，在节目的各个选拔阶段，创业激情是必不可少的挑选条件之一。

管理案例

乔布斯的激情

作为苹果的首席执行官，多年来，乔布斯一直领取零年薪，仅靠股票收益为经济来源。直到生命的尽头，让他挂心的还是苹果的新品发布。为了新品iPhone4S的发布，他不断向高层提出建议，甚至抱病去办公室工作。这种对自己的产品发自内心的热爱和激情，被认为正是苹果公司能够独步江湖的最重要原因。在苹果内部有一句话，用100%的投入是很难获得成功的，你需要的是起码120%的付出，乔布斯本人正是这种极致精神的最好代言人。

5. 创新能力

对于创业者来说，储存的知识用得很少，每天面对的都是新的东西、新的领域、新的人，要学会把各个领域里不同的东西通过举一反三变成自己的。这种举一反三的学习和创新能力是当今创业者必不可少的。一个创业者可以没有资金和经验的优势，但是要想在激烈的竞争中生存和发展，必须学会时刻调整自己及企业，不断创新，使得企业跟上时代的要求。

知识链接

创业者的自我测试

下面的测试题涉及个人所能控制和施加影响的能成功开创一个企业的重要因素。若偶尔适用，记1分；若通常适用，记2分；若几乎总是适用，记3分。

(1) 我清楚地了解个人和企业的目标。

(2) 我能迅速完成任务。

(3) 市场条件改变时，我可以迅速调整方向。

(4) 我喜欢承担完成工作的责任。

(5) 我喜欢单独做事和独立决策。

(6) 我不怕有风险的环境。

(7) 我能够从容面对不确定性。

(8) 我能够推销自己和我的经营思想。

(9) 我从未因病停止过一天工作。

(10) 我能够确立自己的目标和目的并努力去实现它们。

(11) 我的家庭全力支持我的事业，他们知道这意味着长时间的艰苦工作。

(12) 我欢迎批评——总能从别人那里学到有用的东西。

(13) 我能够找到同我一起工作的正确人选。

(14) 我精力充沛。

(15) 我不浪费时间。

总分30分以上为优，20～30分为良，20分以下为一般。高分虽不能保证创业一定成功，但低分者若要从事这项事业值得认真考虑。

9.1.4 创业的时机

想一想： 何时创业最合适？创业的最佳年龄是多大？

其实这个问题并没有一个简单的答案。很多企业家需要一定的社会背景知识，另外，创业者需要积累一些资金，以备投资需要。接受教育、获得经验、积累资金通常需要花费一定的时间。虽然在创业的适宜年龄上不存在硬性的规定，但通过研究发现合适的年龄段的确存在。不同年龄段的人开办企业需考虑的因素，如图9.2所示。根据研究，创业的理想时间为25～35岁。这时，创业者所积累的经验和要承担的家庭责任达到了某种平衡。

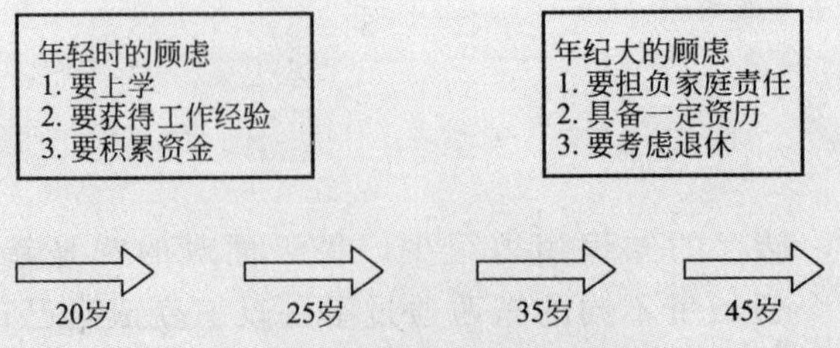

图9.2 开办企业的年龄因素

特别提示

年龄要求并非硬性的规定，大学生创业也越来越多，年轻创业成功者也不乏其人。年龄大的人也可以创业成功，联想集团柳传志差不多就是40岁左右的时候创业的，蒙牛集团的牛根生创业的时候也40多岁了。

近年来，随着科技的进步，创业的思路越来越广，不同的行业需要的创业年龄不一。例如，IT行业创业的年龄普遍较低，更多的大学生已经加入到创业中来。

特别提示

那些毕业后没有工作前景的大学生，经历裁员的中层管理者，失业多年找不到工作的成年家庭主妇。这些人通常被称为“勉强的”企业家。勉强的企业家不太可能忠于其企业、一旦能够找到合适的工作，他们就可能放弃已经开始的创业。

创业者创业有时是自主的，有时显得有些迫不得已。例如，工作岗位丢失、工作不满意和不可预测的机遇等。毫无疑问，一定的个性、技能和欲望结合在一起组成了完美的企业家。但是不论我们在创业方面的才能如何，我们中的一些人没有创业的爱好。然而，环境迫使有些人相信自我雇用虽然不是其第一选择，却是他们可以进行的唯一选择。

知识链接

“避难者”

各个年龄层都有一些人，为了逃避某种不利处境而“归入”企业家行列。西安大略大学的拉塞尔·赖特(Russell White)教授认为，人们创办新企业有几个作为外部推动力的因素。他把受到这些因素影响的企业家称“避难者”，包括3种。

(1) 外来避难者。很多人跨越国界来逃避其在政治、宗教和经济上的限制。这些外来避难者在新国家寻找上作时，经常受到歧视。结果，很多人自己开办了企业。中国许多海外华侨的父辈远渡重洋，在海外为了生存，自己开办企业，就是很好的案例。

(2) 公司避难者。逃离大企业的官僚环境，开办自己企业的人被赖特称公司避难者。大企业的雇员经常会感到公司的气氛以及工作岗位的变更不太理想，创业会对很多这种人具有吸引力。

(3) 其他避难者。赖特认为还有5种其他类型的避难者，如脱离家庭企业，以向父母显示“我自己能干”的双亲避难者；经历过性别歧视，选择开办企业可以独立经营，而无需男同事干涉的女权避难者；当孩子长大，或到了某个能使自己逃脱家务负担的时刻，开办了自己企业的家庭妇女避难者；对主流文化感到有些疏远，通过创办企业来保护自己文化的社会避难者；厌倦了学术环境而决定开办企业的教育避难者；等等。

正如上述不同类型的避难者一样，很多人创业是由于个人事业危机的激发，如工作职位的丢失、工作不满意或不可预测的机遇等。很多人创办新企业或以其他方式创业都是由个人事业危机所促成的。我国下乡知青返城、工人下岗分流、原工作的丢失、部分劳改释放人员等，由于个人事业危机，创业成功事例举不胜举。著名的北京大碗茶就是安置返城知青开设的，牛根生也正是由于在伊利集团被排挤才创建了蒙牛集团。

管理案例

一份百年遗嘱

19世纪末，美国密歇根州有一个名为威灵顿·波特的小铁匠，很有经商头脑。经过自己多年的打拼，有了自己的伐木公司、铁矿公司和运输船队。到了20世纪初，他已经成了一个亿万富翁。

他共有6个子女和7个孙辈。随着自己的岁数渐渐增大，他感到自己管理这份庞大的家业已经力不从心，就想从儿孙中挑选一个人来管理这份庞大的家业。

但是，因为生活太过富足，儿孙们基本一事无成。威灵顿想，如果将家业留给他们，他们可能用不了多久就会将家业败光。于是，他便将所有的家业变现，共计1.1亿美元。他将这笔巨款交给律师保管，并在遗嘱中明确规定：自己死后，除了给每个儿孙留下一万美元作为生活费和创业基金，其他所有的财产全部冻结起来，直到自己死后100年，他的后人才能继承全部财产。

1911年5月，威灵顿去世。当律师在儿孙面前宣读老人的遗嘱后，他们一个个呆如木鸡。

一晃几十年过去了，威灵顿的曾孙们一个个出生了。他们的父辈一直都在努力打拼，他们身上并没有沾上富家子弟好逸恶劳的坏习惯，而是继承了艰苦朴素、努力奋斗的精神。

通过多年的打拼，他们也都取得了不错的成就。威灵顿的15个曾孙中，有9个成了亿万富翁，其他的有的成了医生，有的成了科学家，有的成了律师，都有了不错的业绩。

在2011年5月威灵顿去世100周年的时候，负责处理威灵顿遗嘱的律师事务所的律师找到了威灵顿的曾孙们，告诉他们：可以按照威灵顿先生的遗嘱继承这笔遗产了。当时威灵顿留下的是1.1亿美元，但100年后，这笔巨款所产生的利息远远超过本金，达到了5亿美元。

曾孙们听到此消息，非常震惊。大家聚在一起，不禁感慨万千：如果当初曾祖父将这笔遗产留给儿孙，说不定早就被他们挥霍一空了。从这个意义上来说，曾祖父留给他们的是一笔宝贵的精神财富，可以让他们受用终身。

曾孙们经过商量，决定用这5亿美元以威灵顿的名义设立一个基金，专门用来帮助社会上那些自己创业的年轻人，让威灵顿的创业精神世代传下去。

（资料来源：李良旭. 南国都市报. 2011-7-25）

9.2 创意的类型和方法

成功的创业往往来源于好的创意，而好的创意又是来源于各个方面。创业者要了解并掌握一定的创意方法，这样更有助于创业成功。

9.2.1 新建企业创意的类型

新建企业创意可分为3种基本类型：A类(市场创新)、B类(技术创新)、C类(利益创新)。

A类创意主要是向顾客提供一种已经存在但在当地还没有市场的产品和服务。由于产品在不同地区处于不同的生命周期，在一个地区已经处于成熟期或衰退期的产品，在另一地区可能还仅仅处于萌芽状态或产品引入期。利用这一原理，创业者可以把已经在另一地区成熟的产品引入还没有萌芽的地区，进行创业，获得第一笔创业资金积累。当然，这样的创业可能面临着竞争对手的复制，但是在当地第一家创立起来的企业一般具有领先优势。在市场营销中有一个领先法则，就是人们往往记住第一，记不住第二。新建企业可以利用领先优势，创立自己的品牌和顾客忠诚，获得初期成功。人们常说，到外面的世界闯一闯，见一下世面，也就是此类创业思路的积累。通过积累，可以得到创业灵感。

B类创意，即引入新的或较新的技术进行生产。对大学生创业而言，采用此类创业新建企业有一定的竞争优势。现在我国高校每年有大量的科研成果不能进行市场化转化，大学生如果能参与科研，或到科研院所咨询，购买一定的专利技术，运行新的技术，可以进行创业尝试。

其他新建企业创意属于C类，即采用新的先进方法来发挥传统的职能，找到产品新的利益，进行创业。

9.2.2 创意的来源

根据National Federal of Independent Busi-ness Foundation的一项研究结果发现：新建企业创意来源中，工作经验占45%，个人兴趣占16%，朋友，亲戚占5%，机遇占11%，教育课程占6%，建议占7%。如图9.3所示。

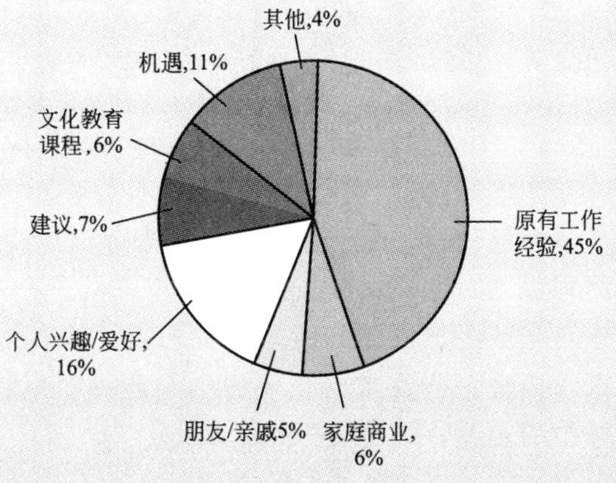

图9.3 创意的来源

在上述来源中，所占比例最大的来源是原有的工作经验。个人的经验是在日常生活中或工作中产生新建创业创意的首要基础。在工作中积累的经验常常使一个人能够看到调整现有产品、改进服务，或将一种经营理念应用到不同场合的可能性。但是，大学生创业在这方面的经验比较缺乏，处于劣势，因此，一般情况下，大学生创业者应该先积攒一些社会经验和行业经验，再去创业，创业思路可能会更加宽广。

业余兴趣和爱好有时会成为创业的首选思路。许多人创业之初选择了自己的所爱，把爱好和创业融为一体，工作和兴趣结合起来，不失为一种创业良机。

偶然性发现或机遇也有可能带给有心的创业者一些创业灵感。正如本章导入案例中提到的“慢递”业务，就属于这种偶然性发现。任何人都可能在日常生活中产生一些有价值的想法。这就要求想自主创业的人在生活中经常带着找问题的思路，对生活中的现象进行分析，发现哪些市场是未被满足的市场。看一下周围的人，干什么不方便，自己什么时候为某项服务缺失而发愁，仔细分析一下，往往会得到创业灵感。

管理案例

陈光标的跨世纪家庭CT电子疾病探测仪

中国首善陈光标大学毕业后，踌躇满志的他一直都没有获得想象中的成功。一天，他到药店闲逛，见一群人围着一个袖珍式的仪器反复询问，他立即上前去看个究竟。原来，这是一个新近上市的耳穴疾病探测仪，把两个电极夹在耳朵上就能测出身体哪个部位有病。陈光标灵机一动，他想：这个疾病探测仪好是好，就是没有直观性，如果能让患者直观地看到探测结果，那一定会大受欢迎。决定了就要干。第二天，陈光标手里拿着随身仅有的3000元，请南京中医药大学的专家和南京师范大学物理系的专家提供指导，按照自己的想法给耳穴疾病探测仪做简单的改进，安装上显示器外壳，输入生理图像，患者只要手握仪器的两个电极就能在显示器上直观地看到自己身体哪个部位有疾病。这个后来被陈光标命名为"跨世纪家庭CT"的新仪器，不但获得了国家专利，而且一上市就广受好评。就这样，一个原本简单的疾病探测仪，经过一番创新之后，立即身价倍增，从原来100多元的样机改装后卖到了8000多元。新仪器研制成功后，陈光标已经没什么钱了。当时，每检测一位患者收2元，一天可以收入200多元。2个月以后，陈光标已经挣到一万多元。不久，陈光标租了房子，开始生产销售"跨世纪家庭CT"，并在安徽做电视广告，打开了安徽市场，仅邻县五河一县就卖了一百多台。陈光标凭借着自己过人的智慧和艰苦卓绝的精神终于掘得了人生的第一桶金。慢慢地产品打开了销路，每天有两三百个人排队等着看病。瞅准商机的陈光标立即申请了专利，将仪器命名"跨世纪家庭CT电子疾病探测仪"。

（资料来源：http：//baike. baidu. com/view/875193. htm）

杂志、电视和其他媒体可能是新建企业创意的极好来源。产生新思路的方法之一就是研究其他企业家的创业历程。

企业家能够根据企业自身的生产能力，考虑它们可能生产的新产品或新服务。或者，能够在市场中寻找到需求，再将这些需求与企业的生产能力联系起来。许多成功的企业，尤其是在消费和服务领域中的企业，都是这样产生的。

一个真正富有创造力的人能够以多种不同的方式寻找到有价值的创意。我们在此讨论的新建企业创意的主要来源仅是其中的一部分。创业者们无论身处何境，都努力寻找和思考新的创业思路。

特别提示

浙江方太集团创始人茅理翔，无时无刻不在想着创业的思路。在其处于半退休状态时，有很多时候还像一个气盛的年轻人一样，忍不住创业的冲动。就在中央电视台采访他的时候，他甚至对拍摄他的摄像机产生了兴趣，和记者们探讨怎么把拍电视剧变成一种新的生意。

9.2.3 激发创意的方法

想一想：创业需要创意，如何激发创意呢？

创意来源有很多，但要开发出一个创意并使其成为新建企业的基础，仍然是个难题。

创业者可以运用多种方法来开发创意并加以测试。这些方法主要有 11 种。

1. 头脑风暴法

头脑风暴法是一种以得到新创意或解决方案为目的的小组会议形式。该方法开发创意基于这样一个事实：通过与他人思想的碰撞或参与有组织的小组讨论，人们的创造力可以被激发出来。尽管用该方法开发出来的大多数创意不具备市场化的基础，但是往往能产生一些好的创意。头脑风暴法的过程应该充满乐趣，应该没有人控制或约束整场讨论。该方法要求一方面要延迟判断，即在提出设想阶段，只专心提出设想而不进行任何评价；一方面通过数量产生质量，要求提出的设想越多越好。而且实践发现，在会议的后半期，可以产生多达 78%的好设想。因此，一般地，会议可以比预期的时间多延长 5 分钟左右。

使用该方法必须遵守 4 个规则：①不允许小组中任何人批评他人，不允许有反面评论；②鼓励思维自由驰骋，欢迎各种离奇的假想；③追求创意的数量，创意数量越多，有用创意出现的几率就越大；④鼓励对创意的组合和改进，别人的创意可以用来形成新的创意。

头脑风暴法的实施程序有 6 步。

(1) 明确小组人员的组成。一般认为，小组成员以 5～10 人为宜，包括主持人和记录员在内的 6～7 人为最佳；小组中不应有太多行家，以避免他们从专业角度评价，限制成员的思维；同时小组成员最好有不同学科的背景，最好有一两位创造性较强的人；小组领导必须具有丰富的经验，能充分把握主题的本质，能营造奔放和热烈的气氛，能将脱离方向的成员引导到既定的目标上来。

(2) 热身会。由于一般人缺乏经验，所以在正式开始之前，需要召开一个预备会议，向成员解释头脑风暴法的基本规则和创造力激发的基本技术，让成员形成一种思维习惯来适应这种方法。

(3) 确定议题。议题应由主持人在会前告诉参会者，并附加必要说明，使其能收集确切的资料。问题涉及的面不能太广，以使成员集中思想并向同一目标努力。

(4) 提出设想。这一阶段，主持人需借助各种手段调动大家的积极性，掌握好时间。会议一般持续 1～2 小时，形成的设想不少于 100 种。

(5) 记录设想。这其实是与提出设想阶段同时进行的。执行记录任务的可以是组员，也可以是其他职员。记录下的设想是进行综合和改善所需要的素材，因此必须放到全体参加者都能看到的地方。每种设想必须以数字标注顺序，以便查找。必要时还要使用录音设备辅助记录，但不能代替笔录。

(6) 评价。评价最好过几天进行。这时组员可能还会提出更新更好的设想。对设想的评价必须选取设想的标准，如可行性、有效性、经济性、大众性等。

2. 戈登法

戈登法又称 A·D 里透法。该法的发明人戈登在美国马萨诸塞州的剑桥市的 A·D 里透公司设计开发部工作期间发明了该方法，因此而得名。戈登在工作中发现使用头脑风暴法有两点问题：一是在提出革新的设想方面，由于受到现有产品生产方式的限制，只能提出一些肤浅的主意；二是如果知道真实的课题，参加者常常会很快就满足自己的提出的设想，并期望得到采用。

基于以上两点的缺陷，戈登提出了不明确表示课题的戈登法。这不同于头脑风暴法强调的要尽可能提出具体的课题的做法，而是给出抽象的主题后，寻求卓越的设想。因此有关成员完全不知道真正的课题，只有主持人知道。参加者能自由发表自己的各种见解，主持人从成员的发言中得到启示，将参加者提出的设想与真正的课题联系挂钩。

戈登法的实施程序如下。

(1) 会前准备。首先，要决定会议的主持人。该法对主持人的素质要求更高，他要完成将参加者提出的论点同真实的问题结合起来的任务，因此要有丰富的想象力和敏锐的洞察力；其次，参加会议的人员以5～12人为佳，尽可能由不同专业的人参加，有科学家和艺术家参加的效果更好，所有参加者必须对此法有深刻理解，否则会感觉不愉快；最后，确定会议地点，准备好记录用纸和黑板。会议地点应选在安静舒适的房间。

(2) 主持人决定主题。认真分析实质问题，概括出该事物的功能作为主题，这必须在肯定“揭示实质问题，能更广泛地提出设想”的情况下进行，如实质问题分别为罐头起子、城市停车场、新型牙刷、割草机，相应的主题应为“开启”、“储藏”、“去污垢”、“分离”。

(3) 召开会议。主题决定后，主持人召开会议，让参加者发表意见。当实质性问题有关的设想出现时，要马上抓住，使问题向纵深发展，并给予适当启发，同时指出方向，使会议继续下去。在最佳设想似乎已出现，实践又接近终点时，要使实质问题明朗化，然后会议结束。

戈登法最适合新产品开发，并且在开发与过去完全不同的产品时也最有有效。该法也适用拘泥于常识性的献计献策会议上，引用此法，会使人的大脑以柔软体操的方式进行活动，使人们思维自由奔放。同时，该法也可以用于销售领域，如考虑新的销售方式，或拟定一项有划时代意义的事业规划。总之，以抽象的主题进行献计献策会议时，都可采用戈登法。

3. 综摄法

综摄法就是通过已知的东西做媒介，将毫无关联的、不相同的知识要素结合起来，来打开“未知世界的门扉”，勾起人们的创造欲望，使潜在的创造力发挥出来，产生众多的创造性设想。

综摄法有两项基本原则。

(1) 异质同化，即使陌生的熟悉起来。新的发明大都是现在没有的东西，人们对它是不熟悉的；然而，人们非常熟悉现有的东西。在创造发明不熟悉的新东西的时候，可以借用现有的知识来进行分析研究，启发出新的设想来，这就叫做异质同化。例如，在脱粒机发明以前，谁也没有见过这种机械，要发明这样一种机械，就要通过当时现有的知识或熟悉的事物来进行创造。脱粒机实际上是一种使物体分离(将稻谷和稻草分开)的机械，可以使稻谷分离的方法很多，根据用雨伞尖顶冲撞稻穗，把稻谷从稻禾上脱落下来的创造性设想，终于发明出一种带尖刺的滚桶状的脱粒机。

(2) 同质异化，即使熟悉的陌生起来。对现有的各种发明，运用新的知识或从新的角度来加以观察、分析和处理，启迪出新的创造性设想来，这就叫做同质异化。例如，热水瓶大家都很熟悉，将它改小成茶杯大小，就成了保暖杯。将电子表装在笔中，就发明出一种电子计时笔。

在具体实施上述两项原则时，采用3种类比的方法。

(1) 拟人类比。进行创造活动时，人们常常将创造的对象加以“拟人化”。挖土机可以模拟人体手臂的动作来进行设计。它的主臂如同人的上下臂，可以左右上下弯曲，挖土斗似人的手掌，可以插入土中，将土挖起。在机械设计中，采用这种“拟人化”的设计，可以从人体某一部分的动作中得到启发，常常会使人收到意想不到的效果。现在，这种拟人类比方法，还被大量应用在科学管理中。

(2) 直接类比。从自然界或者已有的成果中找寻与创造对象相类似的东西。例如，设计一种水上汽艇的控制系统，人们可以将它同汽车相类比。汽车上的操纵机构和车灯、喇叭、制动机构等都可经过适当改革，运用到汽艇上去，这样比凭空想象设计一种东西容易获得成功。再如，运用仿生学设计飞机、潜艇等，也都是一种直接类比的方法。

(3) 象征类比。所谓象征是一种用具体事物来表示某种抽象概念或思想感情的表现手法。在创造性活动中，人们有时也可以赋予创造对象具有一定的象征性，使他们具有独特的风格，这称象征类比。象征类比应用较多的是在建筑设计中。

综摄法的实施程序如下。

(1) 确定小组成员。相对而言，该法对小组成员的要求比头脑风暴法的要求更高。小组成员的素质在很大程度上决定着该法能否获得成功。小组成员以5～8名为宜。其中一名担任主持人，与讨论问题有关的专家一名，再加上各种学科领域的专业人员4～6名。这里主持人仅仅起着指导过程展开的作用，他必须竭尽全力对全体成员提出问题并引导出好的类比，但他不应以任何方式卷入有关内容的讨论之中。对于专家，要求其必须了解综摄法的实施过程，在会议开始时要说明问题，让组员确切了解该问题的背景及现状，在会议开始的前半段切不可对成员提出批评。对于小组成员，要求他们具有必要的抽象概括能力，年龄最好在25～40岁之间，最好是跟会议主题没多大关系的专业人员，如心理学、社会学、市场学或是熟悉化学、生物学、机械和电子技术的人。

(2) 提出问题。一般地，主持人先提出问题，然后由专家对该问题进行解释。目的是使陌生者熟悉问题。

(3) 类比的设想。这一阶段，小组成员使用前面介绍的几种类比方法神游物外，俯瞰四海，上天下地，纵横古今以求获得一系列类比设想，这一阶段是该法的关键所在。主持人应记录下每位成员的设想，并将之写在大白纸上以便为成员查看，从而再次激发设想。

(4) 类比的选择和分析。主持人依据与问题的相关性以及小组成员对该类比的兴趣及有关知识进行筛选，然后对选出的类比进行研究，从类比的例子中彻底找出更详细的启示。

(5) 适应目标。使用前面所得到的各种启示，与在现实中能使用的设想结合起来。这里常用强制性联想，即小组成员把启示和问题牵强地连在一起，并尽其奇思幻想之能事，将两者联系起来。这一过程要始终围绕待解决的问题进行，直到找到看待问题的新途径为止。

(6) 制定解决问题的方案。为了制定完美的解决方案，这一阶段应尽可能发挥专家的作用。受委托的专家要反复进行试验和检查，使工作得以顺利完成。

综摄法的宗旨是以已有的事物为媒介，将它们分成若干元素，并将某些元素构成一个新的设想，来解决问题。因此它的最大用处在于利用其他产品取长补短，设计新产品，以及制定营销策略等方向。

4. 逆向头脑风暴法

逆向头脑风暴法与头脑风暴法类似，不同的是在逆向头脑风暴法中允许提出批评。逆向头脑风暴法是一种通过将焦点集中在反对意见上而获得新创意的小组座谈会形式。事实上，这种方法的基本点就是通过提问以发现创意缺点。因为谈论的焦点在于反对意见，主持人就得注意保持参与者的士气。逆向头脑风暴法可以在其他创意方法之前使用，它能有效地激发创造性思维。在逆向头脑风暴法的过程中，必须先确认某一创意所存在的各种问题，然后再就如何解决这些问题展开讨论。

5. 问题库分析法

问题库分析法是以一种类似小组焦点座谈会的形式，利用个人的力量来开发出新产品的创意的方式。不同的是，参会者会拿到一张列有某种常见产品类别中各种问题的清单，而不是仅仅要求他们发掘新创意。然后，主持人要求他们确定这一产品类别中有哪些产品是具有这些问题的产品，并对这些产品展开讨论。这种方法往往很有成效，因为将一种已知的产品与某一问题联系起来提出新产品的创意要比光靠想象去开发出一个新产品创意更直观。问题库分析法也可以用来测试某个新产品的创意。对问题库分析法得出的结论要进行仔细评估，其中有些结论可能并不能真正反映一个新的商业机会。为了确保得到最好的结论，问题库分析法应该用来初步确定产品创意，然后还需要对该创意进行进一步的确认。

在小组焦点座谈会上，主持人引导一组参与者进行一种开放和深入的讨论，而不是简单地提出问题并征得参与者回答。在讨论问题时，主持人会以直接或间接的方式使小组的讨论集中于某个问题。小组讨论一般有 8～14 人参加，每个参与者会受到小组其他成员的启发，围绕如何发掘出一个能满足市场需要的创意而展开讨论。除了发掘创意外，该方法是筛选创意的好方法。

6. 清单法

在清单法中，新创意是通过一张列有相关问题或建议的清单而发掘出来的。采用者可以用一系列问题或陈述清单来引导发掘完全崭新的创意，或将创意的焦点集中于某一特定的领域。这张清单的形式和长度不受限制。

7. 自由联想法

创业者所能使用的最简单但最有效的开发新创意方法之一就是自由联想法。这一技巧有助于产生对某一问题的全新看法。首先，写下一个与问题有关的词或短语；然后由这个词或短语写出更多的词和短语，每一个新的词和短语都要在前面的词和短语的基础上增加点内容。如此不断往下写，会得到一条创意链，最后就可能出现一个新的产品创意。

8. 强迫关系法

强迫关系法是强迫在一些产品组合之间建立起关系的方法。在这种方法下，通过询问与目标或创意有关的问题，以开发出一个新的创意。新的组合和最终概念是通过以下5个步骤发展出来的：①将问题的各个要素孤立开来；②找到这些要素之间的关系；③以一定的顺序记录这些关系；④对找到的各种关系进行分析，以发现创意或模式；⑤从这些新模式中开发出新的创意。

9. 集体笔记法

运用集体笔记法，要向小组成员分发一个可以装在口袋里的袖珍笔记本，预先在笔记本中记下问题的陈述以及有关的背景数据，还有空白页。小组成员对问题可能的解决方案进行思考，每天至少记录一次创意，最好能记录3次。一个月后，就会形成一系列的优秀创意和一些建议。这个方法可以由几个人组成小组同时使用，每个人分别记录自己的创意，然后将笔记本交给一个中心协调人手中，由这位协调人汇总所有资料。这些汇总结果将成为由这几个人参加的创意小组焦点座谈会上的讨论主题。

10. 属性列举法

属性列举法这种创意发掘技巧要求创业者先列出一个项目或问题的各种属性，然后从各个角度观察每一种属性。通过这样的程序，原先不相关的事物就能被联系在一起，从而形成一个能更好满足需要的新组合，或产生一种可能的新用途。

11. 矩阵图表法

矩阵图表法是一种系统方法，它通过在一个二维的图表中列出某个产品领域的要素，然后针对每个要素提出相关的问题，并将这些问题的答案记录在矩阵中的对应方格中，以寻找出新的机会。能够产生创造性的新产品创意的问题：①该产品的用途是什么？②该产品可以用于何处？③谁在使用该产品？④该产品什么时候用？⑤该产品怎么用？

9.3 创业项目的选择

如何找到好的项目，这个问题是因人而异的，适合一个人的项目不一定适合另一个人。

想一想：①选择的行业是否是自己喜欢的？是否是自己擅长的？在这个行业里面自己的人际关系如何？②这个行业的前景如何，是朝阳行业还是夕阳产业？③自己所选择的项目，其核心竞争力在哪里？能否形成壁垒？④自己的合作伙伴是否能和自己形成能力互补、资源互补、兴趣一致？

首先是找项目，列出所能找到的所有项目。如果想赚点小钱，找生活中碰到的问题；如果想赚大钱，那去找社会中各行各业存在的问题。然后把所能想到的问题都列出来(觉得不够多，可以问别人)。其实，生活中的问题只要细心观察，很容易找出一些项目，只要是有未被满足的需求，就可能是一个项目的所在。至于社会中存在的问题，就需要一定的洞察力和对行业的熟悉程度。每个人对自己感兴趣、接触多的方面肯定会发现不少问题。找到问题后，接着就去考虑如何解决这些问题。同一个问题，不同的人会用不同的方法去解决，最后也肯定会罗列出一大堆问题的解决方法。这些解决方法就是项目的雏形。

其次是找自身的因素。先从以下几方面来考虑：自身的优势和劣势(理性程度、魄力、魅力、专长等)，周围所能利用的资源(人脉、资金、人员、信息等)的情况，所处的大环境(政策、经济、新技术、某种趋势等)。把这些也都列出来。

最后是找合适的项目。把所有项目列在左侧，把所有与自身有关的因素列在右边。两边配对，看看哪个项目对自己来说是最合适的。创业，最关键的还是在于人。一流的人才和三流的项目、三流的人才和一流的项目，应该选哪个？绝大多数会选前者。因此，在说合适的项目的时候，还要说明适合怎样的人来执行。

9.3.1 选择创业项目的原则

抛开具体项目，不论你的情况怎样，选择创业项目，必须遵循4个普遍原则。

1. 立足长远

创业的感觉可以同初恋相比，选择项目的重要可以同谈恋爱相比。这是因为，创业者对任何一个具体项目都有一个认识、理解、把握的过程，由此决定了创业的过程是人与项目间长期相互融合的过程，同时决定了选择项目必须立足长远。即便是你的选择符合人们公认的标准，如有潜在的需求、有市场机会、有附加值、有特色，那也只是万里长征走完了第一步，今后的每一步都是人与项目的融合。

2. 知己知彼

选择项目是开创自觉的人生，标志着把握自己命运的自主意识的萌生。许多人当初未必知道，这正是迈向成功之路的起点。若干年后，当你站在事业的巅峰回头看当初的选择，便会感叹它对自己的人生意义之重大。选择项目，是创造一个切入社会的端口，找到一个与社会结合的点。这就需要4个字："知己知彼"。知己，就是要清醒地审视自己：优势、强项、兴趣、知识积累与结构、性格与心理特征等。知彼，是对社会未来发展趋势的认识，发现稳定的、恒久的、潜在的需要。特别是能够对潜在的趋势和需求比较敏感，就会比别人快上一拍半拍，当此种需求显露的时候，你已经是有准备的人。了解自己，从熟悉的行业入手，理性选择与自己相适应的创业项目，就会提高成功率。从自己熟悉的行业开始创业，能够把握创业的发展走向，甄别真假信息，掌握关键技术人员的想法，达到未雨绸缪的效果。

3. 精挑细选

既然选择目标事关人生，就不可随随便便，必须以慎重态度对待，必须有一个充分的论证过程。在这个过程中，要舍得花时间，用几个月甚至一年时间都是值得的。要舍得花气力，严格地审视自己，慎重地判断社会走向，捕捉初露端倪的苗头。要能够静下心，认真调查研究，寻找事实根据。充分的市场调研是选择创业项目的基础。市场调研的主要任务是摸清消费群体的规模、消费水平与层次、消费变动趋势、经营地点的地理位置、营业环境、当地政策、同业效益、竞争情况等。只有这样，才能使目标坚实可靠，至少使自己心里踏实、确信无疑，才会全力以赴地去干，在奋进的途中不犹豫、不徘徊、不动摇，不因挫折而心猿意马、改弦更张。

特别提示

曾当过一周时间的世界首富——软银公司的孙正义。他大学毕业后从美国回到日本，选出了50个创业目标，用一年时间逐个进行考察，写出了几尺厚的资料，最后才选择了做软件。

4. 特色明显

选择的项目一定要有“根”，也就是项目能得以生存的理由，也是站得住脚的基石、争夺市场份额的内生力量。可以把它通俗地表示成4句话：别人没有的，先人发现的，与人不同的，强人之处的。例如，说“别人没有的”，可以是某种资源与某种特定需要的联系，可以是某种公认资源的新商业价值。再如，“强人之处的”，是指一个项目的任意一方面，哪怕是一点，高人一筹、优人一档、强人一处，这就是根。质量的、功能的、外观的、设计的、成本的、经验的、模式的，都可以成为优势。

特别提示

沃尔玛公司能够把管理费用控制在销售额的2%，这叫真功夫。据说他们总部的办公室像卡车终点站的司机休息室，可见他们为降低成本而努力的背后是一种什么样的精神。

9.3.2 选择创业项目的步骤

可以按以下4个步骤来选择投资项目。

1. 排除一大片

首先要知道什么事情是不可以做的。例如，有个地方有100户人家，每家有一元钱；你有很大本事，能把所有人家的所有的钱都赚来，但也就100元；还有个地方有100户人家，每家有10000元，即使你本事不大，只能把1/10家的1/10的钱赚来，就可达10000元。应该选择哪个项目就很明显了。

2. 划出一个圈

要知道哪些事情是能长期做的，把社会恒久需要的、已初露端倪的大趋势划进来，圈子里的事才具有发展的空间与时间。空间意味着有发展的广阔天地，时间意味着可以长期地做下去。以趋势为例，任何一种趋势都是一个长长的链条，环环相扣。只要能够抓住其中的一个环节，项目的前景便大体确定了。例如，由环境保护引发江河治理，导致关闭中小造纸厂，产生纸制品的供求不平衡，出现了一块市场。如果用再生纸做资源去添补，会怎么样呢？再如，微软为什么如此成功？原因之一在于创始人比尔·盖茨在创业初期掌握了电脑发展的大趋势——个人电脑的兴起，软件是电脑必需的。可以想象一下，全球有多少人在用微软的 Windows 系统。

3. 列出一个序

第 3 步是把可能做的事情排列起来。回头看看过去的 20 年中，做强、做长的企业是生存在哪些行业，很大程度上能够证实行业与发展的联系，如房地产、医药、保健品、证券市场、建材、装修、交通、教育、通信、文化等，都是过去和现在发展较快的行业。把大的范围圈定在发展趋势良好的行业里，选出若干项。

4. 切入一个点

成就事业的公认法则是集中和持续。让生命之火在一点上持续地燃烧，不发光才是奇怪的事。在已经缩小的范围内，可做的事仍然很多，该是把眼睛转向自己的时候了。这时，比较优势的道理是有用的——认真地审视自己的强项、优势、兴趣何在，可能同时有几个，但要与他人比较哪个优势才是最有利的。这时，机会成本的概念也是有用的——同样多的时间，同样的付出，哪个能力所对应的事业会有更好的收益前景。这样，比较优势会凸显出来，从而选出最强的。

特别提示

项目选择固然重要，但再好的项目也要靠创造性的艰苦努力——结果由过程决定，过程由细节决定。

9.4 创业途径选择

创业的途径基本有两种，一种是自己创建一个全新的企业，一种是购买别人的企业。无论哪种方式，都存在利弊，创业者可以根据自己的实际情况采取合适的创业途径。

9.4.1 创建新企业

事实证明，好的创意不一定能带来好的投资机会。事实上，当人们过多痴迷于某个创意时，他们往往会低估了按照这一创意开拓市场所遇到的困难。为了鉴别投资机会，必须从顾客需求的角度来考虑。市场将最终决定一个创意是否会带来一个有潜力的投资机会。

判断一个创意是否会产生一个好的投资机会，还有许多衡量标准，以下是一些基本条件。

(1) 一项产品或服务必须有明确的市场需求，并且选择的时机必须准确。即使是一个好的创意，错误的时机也会阻止其成为一个可行的投资机会。

特别提示

中国的保暖内衣市场，最初进入的企业看到了市场的潜在商机，应该说是很好的创业思路，但是由于当时人们不知道什么是保暖内衣，该企业必须花大量的精力和资金与消费者进行沟通。直至消费者知道了什么是保暖内衣，市场需求开始增长，这时竞争对手大量涌入，南极人、北极绒、中科暖卡，纤丝鸟等保暖内衣纷纷出现，把创始者的市场份额瓜分掉。

(2) 新建企业必须具有一项长久的或可持续的竞争优势。对竞争优势的本质及重要性缺乏了解，会使许多新建企业遭受失败。

(3) 风险投资需要有巨额回报。由于创建一个新的企业的风险较大，本着风险与利润共存的原则，对于新建的企业要求有较高的投资回报。

(4) 创业者和机会之间的良好匹配。

(5) 新思路不具有致命的缺陷。

决定成功的一个关键因素是企业销售额的增长。当然，它是以假设销售产生的利润和现金流量充足为条件的。高的销售额使企业可以通过规模经济效益来弥补固定成本。销售增长必须满足企业生存。发展中的企业可能面临失败，但是通过发展却可以大大增加公司创造经济价值以及在公司内部创造就业机会的能力，这是公司取得成功的关键因素。

知识链接

高速增长企业的特征

好的开头对一个新公司最终的成功是很重要的。莱斯利·布鲁克通过对《股份公司》杂志评选的美国最近5年快速增长的500家企业的研究，提炼出了几条高速增长企业共有的特征。

(1) 大多数高速发展的企业都是由集体创建的，它为企业带来了均衡和多样性。

(2) 创立者们为企业带来了有意义的经验，他们积累经验时并不了解该企业。

(3) 高速发展企业的创立者通常在以前从事过其他业务。

(4) 高速发展的企业通常为服务和制造业。500家公司中，有56%为服务业，25%为制造业，仅有7%为零售业。

(5) 高速发展的企业有良好的筹资，但筹资并不是很多。

(6) 企业的创立者们分享企业的所有权，而不控制企业的全部财产。实际上，每个创立者拥有的所有权数目常少于半数，他们认为拥有一家大企业的一部分所有权比拥有几家小企业的全部所有权要好得多。

(7) 高速发展的企业不把自身局限于当地市场。500家企业中，大多数是从外地市场获得一半以上的收入，1/3以上的企业面向海外顾客销售产品。

9.4.2 购买新企业

1. 购买企业前需要考虑的问题

想一想：购买一家现有企业适合我吗?

正如创建全新企业一样，任何一种创业途径都有其优点，也有其局限性。收购一家现存企业的创业选择也不例外。创业者只有在全面研究其利弊之后，才可做出购买现有企业的决定。一般地，购买一家企业时，应该从以下3个方面进行权衡。

1) 个人情况

一般来说，购买一家现有企业的风险小于创立一个全新企业，失败率较低(加盟特许经营的风险甚至更低)。与创立一个全新企业相比，收购现有企业时企业的未来是可以预测的，其失败的可能性要低一些。因此，选择创立全新企业还是购买现有企业，可能与你的风险承受力有关，这与个人的个性有关，也受到合伙人风险承受力的影响，还会受家庭情况等因素影响。

你的财务状况也可能影响到你创业的方式。购买一家现有企业通常要比创建一个全新企业花费大一些。因为，当你选择创立全新企业时，你可以缩减创业规模来适应你的财力。然而，如果能够与卖方商谈更加灵活的融资方案时，财务问题也不一定成为购买公司的障碍。

当遇到某些购买的机会时，大多数情况下需要快速决策，但是当你已经表明购买意向时，不必马上调研和谈判来达成最后协议。

2) 收购益处

一般来讲，创业者选择购买现有企业的原因可概括为以下 6 个方面。

(1) 可降低创业的风险。一个成功的企业已经在顾客开发、成本控制、利润产生等方面显示了其实力。尽管未来的不确定性因素很多，但是企业过去的记录可以证明其在市场条件下的运营情况。购买一家现有企业可以减少新建企业的不确定性，未来的运营状况可能比新建企业更加清晰易测，从而减少了创业的风险。

(2) 有明确稳定的市场和客户及供应商。由于企业已经运营了很长时间，具有明确的市场，容易形成稳定的客户群，这对于创业者来说是最大的支持。另外，由于企业长时间运营，可以更好地获得供应商的信任，这对企业来说非常重要。当开创一个新企业时，供应商很难给予信用优惠，但是现有企业通常可以继续以前与供应商建立起来的所有优惠条款，在货物供应价格、交货时间、付款方式等方面可以得到更多优惠，有利于企业正常开展业务。另外，现有企业在银行和其他金融机构处也更容易获得融资，解决创业初期的融资困难。

(3) 成本较低。有可能以低于新建企业成本的价格购买现有企业。如果遇到卖方急于出售的企业，买方可能会以看似很低的价格获得现有企业。如果谈判得体、时机恰当的话，购买者可以以低于市场的价格收购一家企业。

想一想：*要考虑原企业主为什么要出售企业，其真正原因是什么？*

(4) 有效的方法和过程。公司体制因为时间关系已经比较成熟，能使创业者更方便地管理企业。在一个新公司里，需要做很多决策，诸如收银机放在哪里最好、多长时间采购一次、如何建立簿记系统等。已有公司的所有者应该已经做过(并更正)了大多数的错误。

(5) 有训练有素的员工。拥有高素质员工不仅可以保持企业继续运营，而且这些员工还有助于培训作为新企业主的收购者和其他新雇用的员工。

(6) 有必要的设备。收购一家企业正好可以获得一些必要设备，减少资产投资。

3) 收购风险

实际收购中很容易低估收购一家现有企业的工作量。有时候，收购一家现有企业需要的调查和商业计划书的复杂程度很可能超过创建一家全新企业。购买一家现存的企业有很多益处，但是收购也同样存在诸多风险，这些风险主要有 9 个方面。

(1) 资产过高估价。对于购买者来说，资产过高估价可能是最大的风险。例如，购买一家企业时，库存按照账面价值计价，但是库存可能已经过时，无法按照原价销售；或者，购买企业的设备折旧计提不足，账面价值还剩原值的70%，但可能已经一文不值。

(2) 现有问题。原企业主要出售企业，可能是因为企业存在某些弊端，如企业本身有巨额债务，为了尽早脱身，便以较低的价格出售企业，导致购买者遭受损失。这对于购买者来说风险相当大。

管理案例

浙江舟山某海运公司老板刘某除拥有一家海运公司外，还有一家船舶公司，并且拿到了国内非常紧俏的化学品船舶证书，在浙江岱山打造一艘化学危险品船。2011年有许多公司与他约谈化学危险品的运输意向，订单已经排到2013年以后，使得这艘正在打造中的化学危险品船变得价值不菲，在市场上非常抢手。但当时这家船舶公司已经负债5000万元。为了让自己早日脱身，刘某便以1000万的低价将这艘化学危险品运输船卖给了上海的一家公司，但未提及自己的债务。结果致使上海买家损失惨重。

(资料来源：舟山晚报. 2011-12-20，第六版.)

(3) 冗余资产。冗余资产是指企业所有的，但是对于现在或将来并非有用的资产。

(4) 租赁问题。你可能购买时就看中了企业的地段，企业发展依赖于此地段，但是可能场地的租赁期限已经临近，到期续约很困难，是否续约取决于房东，这对于企业未来的发展影响很大。

(5) 关键员工的流失。一个企业的运营有可能依赖于一两个关键的员工，当企业更换主人时，某些关键员工可能借机辞职，接下来可能连基本的培训都无法完成。

(6) 企业员工的负担。现在我国很多企业在出售时有一附加条件，即安置员工。对于新接收的创业者来说，原来的员工可能有一些关键的、优秀员工，对于今后的经营至关重要，但是也可能有很多没用的员工，这些员工素质低下，无法满足企业经营需要，势必会造成企业人力资源管理的困难。这种情况一般出现在国有企业的出售中。如果解雇职工，意味着违约，使企业背上不负责任，不承担社会责任的包袱；如不解雇，又使得企业要付出相当的成本对职工进行培训，而且效果可能还不理想。

(7) 即将发生的地理条件变化。零售和消费者服务企业的成功强烈依赖于其地理位置。地理条件的变化(如行政区划变更、道路变化、邻居关系恶化等)可能是灾难性的。

(8) 负面形象。某些企业在其潜在顾客中有不好的名声，在决定购买之前必须通过调查了解这些情况。但有时如果价格低廉，你可能决定无论如何也要购买。

(9) 合同的不可转让性。某些企业的收入可能来源于不能转让给新的所有者的特定合同。通过正确评估，可以避免购买企业中的许多风险。

知识链接

卖方出售企业的原因

卖方出售企业的原因可能很多，有时候卖方会担心影响企业的出售从而隐瞒真正原因。因此，买方必须调查出卖方出售企业的真正原因。买方一定要提防卖方就出售原因表面上做出的解释，要进一步追问其真实原因是什么。另外，如果买方能够了解企业主多么想出售该企业的话，就会获得很大的谈判优势。真正想出售的原因可能并非是阻止你购买的原因。企业主出售企业通常有以下原因：①业主年老或有疾病；②希望在国内的其他地方选址；③决定在另一家公司任职；④企业无利润；⑤行业发展成熟，缺乏竞争力。

2. 评估拟购企业

购买一家企业，除了要获得企业原来的业务之外，可能更重要的原因是因为价格便宜。

想一想：如何计算企业的购买价值？怎样才知道是便宜还是昂贵？

衡量企业价值有不同方法，这主要看你的购买目的。如果是想买企业的资产，那么就应该看一下企业现有资产值多少钱；如果看重的是此企业的赢利，就应该看一下该企业每年的利润情况或现金流量情况。

1）基于资产的评估

基于资产的购买，一般是购买企业的现有资产。可以通过账面价值核算企业资产；也可以对账面价值进行修正，运用修正账面价值法；也可以采用资本重置法，即重置这些资本需要的价格；还可以采用资产清算价值法，就是以这些资产在清算时能值多少钱为准。资产在企业运营阶段和清算阶段的价值是不一样的。

2）基于收益的评估

更多的人是基于未来的收益才购买现有企业的。下面介绍一种简单易行的评估收益的方法。这种方法的原理很简单，就是假设你投资一企业，企业产生利润，那么该投资回报就应该不低于行业的平均投资回报率。具体公式为

$$\text{利润}=\text{企业价值}\times\text{行业平均收益率} \tag{9.1}$$

$$\text{企业价值}=\text{利润}+\text{行业平均收益率} \tag{9.2}$$

这点很类似于银行存款，如存入银行利息取决于本金和利率，如果知道利息和利率，那么本金就很容易计算出来。

【例 9-1】

一家企业每年利润 10 万元，该行业的平均投资回报率为 10%，则该企业价值为

10 万元/10%=100 万元

如果该行业的平均投资回报率为 5%，则该企业价值为

10 万元/5%=200 万元

企业的价格是由双方谈判决定的。尽管所计算的价值可能不是最终的价格，但它为买主提供了谈判的依据。显然，买主尽量以低于所估全部价值的价格购买企业，而卖主尽量以高于该价值的价格出售。

有些情况下，企业主选择只购买资产，而不购买整个企业。

特别提示

当企业作为一个整体被购买时，买主得到资产控制权，也承担了所有未偿还的债务，包括所有隐藏的和未知的债务。即使审核财务记录，这些负债或许也不会被发现。如果买主只买资产，那么卖主将负责解决以前所有未偿还的债务。销售合同中的赔偿条款也可以起到类似的作用，以保护买主免于隐藏的债务。

3. 购买谈判和协议

买卖企业的交易通常由所有权公司或律师处理。交易最好在独立的第3方的指导下进行。如果卖方律师是交易代理人，买主应谨慎：没有得到有经验的律师帮助，买主不应随便缔结交易。

交易过程中，要完成大量的文件，包括销售账单、有关征税和其他政府规章的证明、有关定期支付的协议和卖方担保的协议等。买方应申请新的许可号，以避免承担过去未偿还的债务。

谈判技巧的应用在购买企业时能起到非常大的作用。买方在谈判前要进行充分的准备和调研。在谈判时应尽量把谈判结果形成书面协议，以免以后出现分歧。

购买一家现有企业，需要签订一份购买协议，协议一般包括如下内容。

1）股份与资产

购买一家企业可能比一开始看起来更加复杂。当你购买一家公司时，你可以选择是购买公司的资产还是购买公司的股份。当你仅购买资产时，原来的公司仍将作为企业实体而存在，并且与公司过去行为有关的任何债务和法律责任仍然留在原公司。当你购买公司的股份时，公司实体虽然有了新的所有者，仍然对过去行为产生的任何债务负有责任。

2）支付方式

在许多情况下，卖方希望买方尽早付清全款，但是如果很难找到这样的买主，或者延期付款对纳税有好处时，双方可能协商延期付款，或延期交付部分款项。这在本质上说是卖方对买方进行融资。

有些卖方还可能被劝说在公司中保留少数股份。

还有一种方式，就是卖方以租赁的形式让买方使用企业资产。

除了固定价格以外，买卖双方还可以采取浮动价格的形式，即先按某一标准支付，在接下来的几年内如果达到某一赢利水平，买方再向卖方支付一定数额的钱款。这种方法在买卖双方就企业潜在利润不能达成一致时，有助于达成交易。

买卖双方以往的关系、卖方的财务/税务状况、企业卖出的难易程度等，都是影响买卖双方确定支付方式的因素。

3）不竞争问题

购买协议可能经常包含防止原来的企业主重新进入该行业并与现有企业竞争的条款。通常限定一个特定的区域范围（如5千米）以及一定的时间限制（如5年）。这样的限制要明确。

不竞争条款必须仔细谋划，因为某些法律会排斥那些限制竞争的条款，从而使这种限制无效。

4）披露问题

买方一般希望在购买协议中有一条披露条款。这主要是说卖方同意告诉买方可能不利于买方做出购买企业的决策的信息。这些信息包括在购买风险中列出的所有项目，如即将发生关键员工的流失和特定资产的问题。如果卖方没有披露，而正是由于这样问题而导致企业赢利失常的话，买方就可以起诉卖方。为了在诉讼中胜利，买方必须提供卖方在购买交易最终定下来之前就知道这些事情。

购买企业的协议通常还涉及不泄露问题。例如，如果你表达出购买企业的兴趣，你希望看一下其财务报表、顾客名单、经营方法以及其他能够帮助你评估企业的事情，但卖方不想让你知道公司所有隐私的细节，害怕你改变购买的想法后把你知道的事情告诉竞争对手，因此，你很可能被要求在有权使用公司的机密信息前签署一份不泄密协议。如果你不能保守这些信息，你可能会因公司由此产生的损失而被诉讼。同时，买方也会要求卖方向竞争对手保守企业的机密信息，包括出售价格和公司的融资安排等。因此，可以在购买协议中增加一个不泄密规定。

5）继续帮助

在企业出售之后的一段时期内，让企业原来的所有者作为一名员工或顾问留在企业是相当常见的做法。这可以作为购买协议的一个条件，通常涉及有关工资支付的形式等。原来的所有者能够通过下列方式帮助所有权转换：①帮助培训新员工；②在转换期间维持企业运转和创造现金流量；③把所有者介绍给顾客、供应商和员工以帮助转换这些重要关系。

知识链接

特许经营

众多创业者想创业，可由于自身的社会阅历、工作经验缺乏，不知开创什么企业比较合适。其实，特许经营方式可能是众多创业者的选择之一。

特许经营是一种交易系统，连接其中的是双方协议，即特许合同。根据协议，一方(被特许经营人)被授予以私营方式经营企业的权利，但是经营方式和经营期限必须由另一方(特许权人)指定。这个协议称特许经营协议，它所限定的权利为特许经营权。

特许经营类似于计算机中的文件复制出售，如大学授课中老师的讲课课件，该课件可能是老师花费很长时间制作的，如果老师许可，允许学生复制，那么学生就可以只用一两分钟把整个文件复制到自己的电脑中。特许经营机会就非常类似于这种现象。甲乙双方(类似于师生)基于双方共同的协议(类似于老师的许可)，乙方通过加盟，利用甲方长期积累形成的成功的商业模式建立自己的企业(类似于学生把老师的授课课件复制到自己的计算机中)。当然，师生之间可能没有谈及交易费用，而特许经营要有费用交易。

特许经营有很多种形式，这些划分仅仅是为了理解方便，而并非是法律上的分类。因为该领域发展得太快，还来不及对其进行系统分类。在讨论特许经营时，经常使用下列3种分类。

(1) 许可。这是一种传统的特许经营方式，特许权人出售运用其名称和商标生产和销售产品/服务的权利。通常，被特许人并不一定仅生产特许权人的产品，它可以从其他特许权人(通常不是直接竞争对手)手中购买其他特许，有时甚至生产自有品牌的商品。

(2) 商品特许。通常是以特许权人的名义经营的零售商。这类特许不仅仅局限于使用特许权人的品牌，或者必须由特许权人供货。它们很少经营自己的商品，但是可能分销许多国内竞争产品。

(3) 转变特许。独立的小企业转变成一家特许经营网点。例如，一家加油站加盟到中国石油，它就用中国石油的牌号经营中国石油的业务。一旦协议到期，该加油站可能重续加盟协议，也可能恢复独立，还可能加盟到其他特许权人名下。

9.5 商业计划书的撰写

商业计划书对创业者、潜在投资者甚至是新雇员而言，都是非常有价值的，他们可以通过商业计划来熟悉企业，了解它的远期和近期目标。

9.5.1 商业计划书的重要性

商业计划书的重要性主要体现在以下 3 个方面。①它可以帮助判断企业在所选定的市场内的生存能力。②它可以为创业者提供一份如何组织并计划活动的指南。③它是筹措资金的重要工具。

撰写计划所需要的思考对创业者而言也是一个很有意义的经历，因为这个过程强迫创业者对创业的相关问题进行评估，将创业者带入未来，引导他们去考虑那些会阻碍成功的因素。

这个思考过程为创业者提供了一个自我评估的机会。通常，创业者对新建企业的成功充满信心，然而，计划过程迫使创业者将考虑以下问题。①这个设想有意义吗？它可行吗？②谁是我的顾客？我的产品或服务能满足顾客的需要吗？③在防止竞争者模仿方面，我能得到怎样的保护？④我能管理这样的企业吗？⑤我将与谁竞争？

通过思考，创业者可以规划出一些克服困难的方法。甚至可能出现这样的情况，即创业者在完成了商业计划书的撰写工作之后，意识到企业将要面临的阻碍是不可避免的或不能克服的，这时，创业计划可能还在纸上的时候就终止了。尽管这不是想看到的结局，但在这种情况下，最好的选择就是在进一步投入时间和资金之前就终止任何经营努力，以避免不必要的损失。

9.5.2 以投资者的角度看商业计划书

商业计划书应该由创业者来撰写，然而，在准备过程中，创业者可能要向其他人员咨询。律师、会计师、市场营销顾问和工程师在计划的准备过程中都将起到非常重要的作用。这些服务可以由小企业管理协会、小企业发展中心、大学教授、行业专家或亲朋好友来提供。互联网也能提供丰富的信息，同时还能提供真实的案例或商业计划书的框架。有些中介性咨询或信息下载和购买需要一些小额费用。在许多情况下，创业者需要在准备商业计划书时雇用一个能提供恰当信息的专家，或向该专家提供未来企业股份(即让其成为合伙人)。

为了确定是聘用一位顾问，还是利用其他资源，创业者需要对自己的技能做一个客观的评价，以确定创业者缺少何种技能以及这种技能缺乏到何种程度。通过这样的评价，创业者就能确定什么技能是自己需要的以及从何处来获得这些技能。

撰写商业计划书时应该特别注意的就是了解投资者。

钓鱼时选用的鱼饵取决于鱼的口味，而不是垂钓者的喜好。你喜欢吃麦当劳，但使用汉堡去钓鱼肯定效果不好。商业计划书的撰写也是如此。如果你想通过商业计划书来筹集资金，那么了解投资者的观点非常重要。你必须以投资者的眼光来观察世界，也就是说，想投资者之所想。

对于大多数企业家来说，这说起来容易做起来难。因为企业家看待新企业的方法与投资者截然不同。企业家专注于新企业积极的潜在利润，也就是一切正常运行的结果；而潜在的投资者则持怀疑态度，他们考虑更多的是企业运行不正常的结果。不理解和考虑这种观点差异的企业家几乎注定是要被投资者拒绝的。

知识链接

使投资者反感的商业计划书的特点

使投资者反感的商业计划书的特点：迷信产品或服务，而不熟悉或没有意识到市场需求问题；财务计划违反通行的行业准则；不现实的增长计划；需要特殊的应用环境，从而使得实质的增长变得困难；创业者所设定的目标不可行、不可度量。创业者没有为企业投入全部精力；创业者没有相关经验；创业者对企业所面临的威胁和弱势没有感觉。

很少有企业家能准确地预测达到目的所需要的资本和时间。然而，他们经常用乐观的态度来烘托自己的计划。投资者知道晕轮效应的后果，因而对商业计划书中的数字会打折扣。但不要因此产生商业计划书不需要数字的误会。商业计划书应该包括一些数字，这些数字应该主要以企业模型的形式表现出来，以显示企业家已考虑过计划失败的问题了。这一模型应阐述保本问题：销售额达到多少的时候企业开始赢利？而且，更重要的是，什么时候现金流量为正？

大多数潜在投资者只有一个最基本的目标，即通过现金流动，在使投资回报最大化的同时使个人风险最小。即使是被认为最敢于冒险的风险资本家也想使风险最小化。任何投资者均在想方设法把风险转嫁到企业家身上。

因为考虑到企业家和投资者观点存在很大差异，所以要考虑如何制定能够吸引潜在投资者的商业计划书。这里需要注意两点：①投资者对商业计划书的注意时间很短；②商业计划书有一些吸引投资者的信息，而另一些则根本打动不了投资者。

对于处于启动阶段和刚成立不久的企业，投资者就是“一分钟”投资者，因为他们收到过大量的商业计划书，不可能详细阅读每一份商业计划书。这要求商业计划书能迅速有效地与潜在投资者进行交流。然而，商业计划不能放弃全面性，或者用一些含混的措词代替基本事实，毕竟有人最终要详细地阅读商业计划书。

投资者是以市场为导向的而不是以产品为导向的，因为他们意识到大多数专利发明都不能为发明者赚钱。为了从外部投资者那里获得资金，商业计划书必须要说投资者想要听的话。你必须知道对投资者而言什么是重要的、什么是不重要的以及怎样用一种能吸引投资者的方法表达你的理想或理念，否则，你会很快失去信用和潜在的资金来源。

知识链接

成功的商业计划书的特点

成功的商业计划书的特点：结构安排适当，拥有企业经营报告和内容一览表，章节安排合理；长度和形象适中，不矫揉造作也不平淡无奇；表明创建者和公司在未来3～7年要达到的目标；从数量和质量上解释使用公司产品或服务的用户能够得到的利益；提供产品或服务的销售能力的有力证明；从财务上证明销售产品或服务的方法。解释和证明产品的水平，并合理描述制造过程与相关成本；描述合伙人所具有的互补的企业管理技巧；暗示企业产品发展和管理团队的成熟可能使企业获得较高的信用等级；令人信服的财务计划，包括被解释过并做成文件的关键资料；显示投资者怎样以合理的资本增值在未来3～7年从企业获得回报；用简明易懂、流畅的语言表达；顾客接受企业产品或服务的证据；专利、版权和商标所代表的专有权。

9.5.3 商业计划书的编写

对于正在寻求资金的创业者来说，商业计划书的好坏往往决定了投资交易的成败。商业计划书并没有一个固定的、统一的范式，只要达到了商业计划书的应用目的，就是一份好的商业计划书。

对初创的企业来说，商业计划书的作用尤为重要，一个酝酿中的项目，往往很模糊，通过编制商业计划书，把创业的正反理由都书写下来，然后再逐条推敲，可以使创业者对这一项目有更清晰的认识。可以这样说，商业计划书首先是把计划中要创立的企业推销给了创业者自己。其次，商业计划书还能帮助把计划中的创业企业推销给潜在投资者。

特别提示

商业计划书必须要说明的两个问题。①创办企业的目的——为什么要冒风险，花精力、时间、资源、资金去创办企业？②创办企业需多少资金？为什么要这么多的钱？为什么投资人值得为此注入资金？

对已建的企业来说，商业计划书可以为企业的发展定下比较具体的方向和重点，从而使员工了解企业的经营目标，并激励他们为共同的目标而努力。更重要的是，它可以使企业的出资者以及供应商、销售商等了解企业的经营状况和经营目标，说服出资者(原有的或新来的)为企业的进一步发展提供资金。

基于上述理由，商业计划书是创业者所写的商业文件中最主要的一个。

想一想：如何编制商业计划书？

编制商业计划书要注意6个问题。

1) 关注产品

商业计划书，应提供所有与企业的产品或服务有关的细节，包括企业所实施的所有调查。这些问题包括产品正处于什么样的发展阶段？它的独特性怎样？企业分销产品的方法是什么？谁会使用企业的产品，为什么？产品的生产成本是多少，售价是多少？企业发展新的现代化产品的计划是什么？通过这些努力把出资者拉到企业的产品或服务中来，这样出资者就会和创业者一样对产品有兴趣。在商业计划书中，创业者应尽量用简单的词语来描述商品及其属性。商业计划书对产品的阐述，要让出资者感到振奋。

2) 敢于竞争

在商业计划书中，创业者应细致分析竞争对手的情况。竞争对手都有谁？他们的产品如何？竞争对手的产品与本企业的产品相比，有哪些相同点和不同点？竞争对手所采用的营销策略是什么？要明确每个竞争者的销售额、毛利润、纯利润以及市场份额，然后再讨论本企业相对于每个竞争者所具有的竞争优势。要向投资者展示顾客偏爱本企业的原因：

是产品质量好，送货迅速，定位适中，还是价格合适等。同时还应阐明竞争者给本企业带来的风险以及本企业所采取的对策。

3）了解市场

商业计划书要给投资者提供企业对目标市场的深入分析和理解，要细致分析经济、地理、职业以及心理等因素对消费者选择购买本企业产品这一行为的影响以及各个因素所起的作用。商业计划书中还应包括一个主要的营销计划，计划中应列出本企业打算开展广告、促销以及公共关系活动的地区，明确每一项活动的预算和收益。商业计划书中还应简述企业的销售战略：企业是使用外面的销售代表还是使用内部职员？企业是使用转卖商、分销商还是特许商？企业将提供何种类型的销售培训？此外，商业计划书还应特别关注销售中的细节问题。

4）明确行动的方针

企业的行动计划应该是无懈可击的。商业计划书中应该明确下列问题：企业如何把产品推向市场？如何设计生产线，如何组装产品？企业生产需要哪些原料？企业拥有哪些生产资源，还需要什么生产资源？生产和设备的成本是多少？企业是买设备还是租设备？商业计划书还应解释与产品组装、储存以及发送有关的固定成本和变动成本的情况。

5）展示管理队伍

把一个思想转化为一个成功的创业企业，其关键的因素就是要有一支强有力的管理队伍。要给投资者这样一种感觉：这支队伍的成员有较强的专业技术知识、管理才能和多年工作经验。在商业计划书中，应首先描述一下整个管理队伍及其职责，然后再分别介绍每位管理人员的特殊才能、特点和造诣，细致描述每位管理者将对公司所做的贡献。商业计划书中还应明确管理目标，画出组织机构图。

6）出色的计划摘要

商业计划书中的计划摘要十分重要，它必须能让读者有兴趣并渴望得到更多的信息。计划摘要是创业者所写的最后一部分内容，但却是出资者首先要看的内容。它从计划中摘录出与筹集资金最相关的细节的简明而生动的概括，主要包括公司内部的基本情况，公司的能力以及局限性，公司的竞争对手，营销和财务战略，公司的管理队伍等。如果公司是一本书，它就像是这本书的封面，做得好就可以吸引投资者继续看下去。

知识链接

撰写商业计划书应遵循的6C规范

商业计划书是将有关创业的想法，用白纸黑字的方式落实下来。商业计划书的质量往往会直接影响创业发起人能否找到合作伙伴、获得资金及其他政策的支持。如何写商业计划书呢？要根据商业计划书编制的目标，或者说计划书的对象，如是要写给投资者看呢，还是要拿去寻求银行贷款。从不同的目的来写，计划书的重点也会有所不同。撰写商业计划书，需要遵守6C规范。

第1是概念(concept)：让别人知道你要卖的是什么。

第2是顾客(customers)：顾客的范围要很明确，如认为所有的女人都是你的顾客，那50岁以上、5岁以下的女性也是你的客户吗？

第3是竞争者(competitors)：需要问，你的东西有人卖过吗，是否有替代品，竞争者跟你的关系是直接还是间接等。

第 4 是能力(capabilities)：要卖的东西自己懂不懂？例如，开餐馆，如果厨师不干了又找不到人，自己会不会炒菜？如果没有这个能力，至少合伙人要会做，再不然也要有鉴赏的能力，不然最好是不要做。

第 5 是资本(capital)：资本可能是现金，也可以是有形或无形的资产。要很清楚资本在哪里、有多少，自有的部分有多少，可以借贷的有多少。

第 6 是持续经营(continuation)：当事业做得不错时，将来的计划是什么。

一般来说，商业计划书包括 3 大部分：第 1 部分是事业本体部分，就是事业的主要内容；第 2 部分是财务数据，如营业额、成本、利润如何，未来还需要多少周转资金。第 3 部分是补充文件，如有没有专利证明、专业的执照或证书，或者是意向书、推荐函。

知识链接

商业计划书的格式

商业计划书没有统一的格式，但是一般应包括以下内容。

(1) 首页。首页包括企业的名称和地址，负责人的姓名和地址，企业性质，对融资需求的描述，对报告的机密性的陈述。

(2) 内容一览表。

(3) 摘要。

用 1～3 页来概括整个业务计划，需要在其他部分写完之后才开始写作，要求能激发阅读者的阅读兴趣。

(4) 企业概述。企业概述包括企业远景和使命说明书、商业思路、产品/服务、业务规模、创业者背景。

(5) 可行性分析。可行性分析包括行业分析、竞争者分析、顾客分析、市场分析、损益平衡分析、风险的评估。

(6) 管理计划。管理计划包括所有制形式、管理团队、组织结构、领导计划。

(7) 财务计划。财务计划包括预计损益表、预计现金流量表、预计资产负债表、盈亏平衡分析、资金的来源和运用。

(8) 市场营销计划。市场营销计划包括营销战略、市场细分、选择目标市场、市场定位、营销策略。

(9) 生产运营计划。生产运营计划包括生产制造过程、经营便利条件、质量控制方法、存货管理、采购、购买计划。

(10) 附录。附录包括管理团队简历、租约或合同、其他支持商务计划的重要资料。

9.6 创业管理

现在，随着经济的发展，越来越多的人走上了创业之路。万事开头难，创业者需要迈过创业管理这一关。

想一想： 何为创业管理？它与成长中的企业的经营管理有什么区别？

中国人民大学黄卫伟教授认为：创业管理，就是基本上依靠自有资金，是新事业开始赚钱并进入良性循环的管理方式。

9.6.1 创业管理的主要特征

1. 创业管理是“以生存为首要目标”的管理方式

新事业的首要任务是从无到有，把自己的产品或服务卖出去，掘到第一桶金，从而在市场上找到立足点，使自己生存下来。在创业阶段，生存是第一位的，一切围绕生存运作，一切危及生存的做法都应避免。最忌讳的是在创业阶段提出不切实际的扩张目标，盲目铺摊子、上规模，结果只能是“企而不立”。那么如何生存呢？答案只有赚钱。在创业阶段，亏损、赚钱、又亏损、又赚钱，可能要经历多次反复，直到最终持续稳定地赚钱，才算是度过了创业的生存阶段。创业企业要超越已有的竞争对手，一定要探索到新的成功的生存模式，这是创业管理的本质所在。

2. 创业管理是“主要依靠自有资金创造自由现金流”的管理方式

现金对企业来说就像是人的血液，企业可以承受暂时的亏损，但不能承受现金流的中断。企业的自由现金流，就是不包括融资、不包括资本支出以及纳税和利息支出的经营活动的净现金流。自由现金流一旦出现赤字，企业将发生偿债危机，可能导致破产。自由现金流的大小直接反映企业的赚钱能力，它不仅是创业阶段，也是成长阶段管理的重点。对创业管理来说，由于融资条件苛刻，只能主要依靠自有资金运作来创造自由现金流，从而使管理难度更大。创业管理要求经理人必须锱铢必较，像花自己的钱那样花企业的钱，千方百计增收节支、加速周转、控制发展节奏。

特别提示

拉姆·查兰(Ram Charan)在其著作《CEO说》中写道，赚钱的生意必须包含3个要素：①能否产生现金流。②能否获得一个很好的资产收益率。③能否持续增长。

生意没有高低贵贱之分，一个生意好不好，关键在于生意是否产生利润，这才是最重要的。

3. 创业管理是充分调动“所有的人做所有的事”的团队管理方式

新企业在初创时，尽管建立了正式的部门结构，但很少有按正式组织方式运作的。典型的情况是，虽然有名义上的分工，但运作起来是哪急、哪紧、哪需要，就都往哪里去。这种看似的“混乱”，实际是一种高度“有序”的状态。每个人都清楚组织的目标和自己应当如何为组织目标做贡献，没有人计较得失，没有人计较越权或越级，相互之间只有角色的划分，没有职位的区别，这才叫做团队精神。即使将来事业发展了，组织规范化了，这种精神仍在，成为企业的文化。在创业阶段，经理人必须尽力使新企业成为真正的团队，否则是很难成功的。这种在创业时期锻炼出来的团队领导能力，是经理人将来领导大企业高层管理班子的基础。

4. 创业管理是一种“经理人亲自深入运作细节”的管理方式

经历过创业的经理人大都有过这样的体验：曾经直接向顾客推销过产品，亲自与供应商谈判过折扣，亲自到车间里追踪过顾客急要的订单，在库房里卸过货、装过车，跑过银行，催过账，策划过新产品方案，制订过工资计划，被经销商骗过，让顾客当面训斥过等。由于对经营全过程的细节了如指掌，才使得生意越做越精。“细节是魔鬼”，生意不赚钱，往往就是因为在细节上下的功夫不够。

9.6.2 创业策略

约瑟夫·拉尔森(Joseph Larson)在其《世界上最伟大的创业方法》一书中对于创业的谋略提出了如下建议。

1. 与市场亲密接触

创业者所面对的最基本要素就是市场需求。谁适应了市场需求，谁就获得了成功的坚实基础。而市场需求是变幻莫测的，因此对市场需求的预测就很重要。真心倾听顾客的创业者往往会改变市场创意，有时甚至是180度的大转变。等到你的创意通过市场测试，已从潜在顾客身上得到回馈之后，下一问题就是你的创意是否够独特。一味地模仿往往只会导致失败。

2. 只有超前才能战胜竞争对手

每一个创业者都应保持一种超前的意识。对于任何一位创业者而言，意识滞后于时代，就意味着距离失败不远了。如果你能够创造一个前所未有的商业创意，这时你完全可以自以为是，理由是你的创意是别人所不知道的，也就是说这个创意是超前和超现实的。这种超越可能就成为你创业的最坚实的基础。

创业精神的定义就是要有超前的开拓意识，发现别人还没有想到的市场。一个好的创意能够创造新思维或能抢在别人的前面感受到市场需求。精明的投资人能分辨出哪个点子不但是市场的先行者，而且有长远的市场。

3. 抓住每个创业机会

机会对于每个创业者来说都是均等的，只是有的人善于把握它，就赢得了成功。而有的人对它视而不见，由它出现，悄然溜走，从而也就与成功失之交臂。而乐于创造机会的人，他们事业成功率更要远大于不主动寻找机会的人。

4. 要不断刷新创意

每个新的创意都是创业刷新的过程，任何的创业形式和商业模式都不会是一成不变的，每个新创意都是创业的一个新起点和一个进步的过程。因此，创意的刷新是每个创业者必备的条件。同时我们应该明白，每个新事业的创意都存在着某些不足之处，而一个真正的创业者并不会因此退缩，而是会进一步使其完善起来。

知识链接

创业企业不可不知的法则

塞西莉·杜拉克(Cecily Drucker)是彼得·杜拉克之女，她在先后做过投资分析师、法律工作者以及创立商业分析软件公司后，她职业生涯的后半段作为一位对接创业型企业和投资者双方的咨询顾问出现，见过了太多种子萌芽长成或者幼苗夭折。以下是她对创业企业的忠告。

(1) 做正确的事而不是把事情做正确。每天都要审查今天什么是正确的需要做的，最重要的是什么，那么大体的方向就不会错。从企业家的角度说，有时候，他应该明白，工作表上可能没有一件事情是真正重要的，这时他就要改变方向。

(2) 搞清楚谁是你的顾客、你的事业是什么？企业家很多时候忙于运作自己的事业，很容易忘记这些最基本的重要问题，因为每天要做的事已经占据了他们大部分时间。而且现今社会一切都发生得很快，很多事情会分散你的注意力。但对高层管理者来说，很重要的是，停下来反省一下，看看宏观的情况。另外一件很重要的事是，其实不应该太专注于自己的竞争者，经常往前看看下一个创新是什么，比回头看追你的人在做什么更重要。

(3) 管理因素对一个项目的成败到底有多大的影响？硅谷的创业一般是从三四个人开始，有个想法，把它实现出来。开始的时候其实没有员工也没有管理，创始人参与所有工作。经常是，如果创意成功了，创始人就被挪到一边去，因为有想法的人未必是好的经理人，他可能很有创意，能讲出下一个最新的发明，但对于客户关系的管理就不一定太好。因此创业成功后，他们就变成留在创意那个环节。但是，其实那些所谓风险投资人就是投在这些不停创新的人身上。

(4) 创业企业最重要的是什么？创业企业最重要的当然是人才。因为想法不缺，但把一个想法变成一个事业，哪怕是个小的事业，也需要有人去做。好的人才总有办法的。即便一条路走不通，也总会找到另外的办法解决。

(5) 创业者和投资者，二者之间如果产生鸿沟，通常这个鸿沟是什么？创业者和投资者在很多不同的方面都有摩擦。创业者拿出来的是时间，没有任何钱，而投资者是真金白银放进来。公司成功了，双方都会赚很多钱，但是公司垮了呢，拿出钱的人是最大的输家，而创业者损失的只是一两年的时间而已。因此说，创业者不能太贪心。

更何况，投资者通常还有其他社会关系，他能够把这种关系带给你。如果他愿意，也可以带客户给你，还可以给你忠告和建议。而且看他是否愿意不那么经常近距离地影响和监控你，而是保持一种长期的关系。这要评估，不但是钱的问题，而是双方怎么合作的问题。

在硅谷通常不是一个单一的投资者，风险基金机构里有很多伙伴，对创业者来说，面对的是一个团队，就不会受单一某个人的影响。一个比较可行的办法是创业者先提出需要多少钱，然后分散给投资团队，他们之间是有一些张力的，不一定全都意见一致，这样权力其实是分散的，就像太极一样，不会有一个单一的投资者能控制大局。

(6) 是不是股权更分散些会更好？可能是。但这样创业者也会面临一个问题，就是面对的报告对象多了，利弊皆有。

(7) 初创企业存在的最大问题是什么，最需要的帮助是什么？最大的困难是，你要知道你解决的是什么问题，你面对的是什么问题。就是怎样把机遇正确的构建起来。我在美国加利福尼亚州有个客户，他想法很多。我帮他提供咨询服务，他当然想让我帮他发展事业，我就问他，现在正在解决的是什么问题。他说，噢，很多！我说不是，你觉得最重要、最需要解决的是什么问题，能回答这个问题时，你就开始有思路，找到问题以后，你也要找到需要解决这个问题的人。而且，一定要看自己正在努力的事业有没有市场，创业者通常会很坚决地认为他最懂得他的事业，经常认为如果我把它做出来，他们肯定就来买了。其实有没有这个需要不该问创业者，顾客是回答这个问题的最好人选。创业者要客观地看待这个问题，如果真的不行，就放弃这条船，迅速地选择另一条。

(8) 创业者如何平衡长期利益和短期利益？美国和欧洲的做法是，开始有个小团队，钱也不多。投资者给些小钱，就像种下一颗种子，能长出来就行了。到了某个里程碑，如通过市场调查证明这个企业已经成为本领域的标杆，再投多一些。如此阶段性递进。

最初第一轮种子基金只是让他们先生存下来，通常在美国也就需要5万～10万元美金。创业者在这个阶段经常是过度乐观的，有经验的投资者一定知道你是过度承诺，如果能够达成2/3就已经不错了，不会抱有太大预期。而到了第二轮，首轮投资者可能会邀请更多投资人进来，这是个非常公开和透明的过程。这样可以有效地处理企业短期利益和长期利益的关系，让有前途的企业顺利地活下来，并谋求更理性的成长。

当然，这要求风险投资应该是个有耐心的钱，要能等待。其实，最成功的风险投资恰恰是初始阶段的投资，因为一般企业得到注资后要7～9年才能真正上市，上市后还需要继续投资。如果能坚持10年，收成时通常就会很丰盛，这一条是给风险基金的忠告。

（资料来源：http：//www.zwgl.com.cn/article.asp？cls＝684 ）

本章小结

一般地，人们会基于利润、就业、权力欲望的满足、满意的生活方式及自我实现的需要等动机进行创业。创业需要创业者付出众多的代价。大部分成功的企业家身上存在着诸如成就欲望强烈、勇于冒险、自信、坚韧、激情及创新能力的特质。

新建企业创意可分为市场创新、技术创新、利益创新3种形式。激发创意的方法有头脑风暴法、戈登法、综摄法、问题库分析法、清单法、自由联想、强迫关系等多种方法。对创意项目的选择必须遵循立足长远、知己知彼、精挑细选、特色明显等原则。

创业的途径基本有两种：一种是自己创建一个全新的企业，一种是购买别人的企业。无论哪种方式，都存在利弊，创业者可以根据自己的实际情况采取合适的创业途径。

商业计划书对创业者、潜在投资者甚至是新雇员而言，都是非常有价值的，他们可以通过商业计划来熟悉企业，了解它的远期和近期目标。商业计划书是创业者所写的商业文件中最主要的一个。

创业管理不同于其他的管理，它是以生存为首要目标的，主要依靠自有资金创造自由现金流的，所有的人做所有的事，经理人亲自深入运作细节的管理方式。创业策略包括与市场亲密接触、超前一步、抓住每个创业机会、不断刷新自己的创意。

复习题

1. 判断题

(1) 利润是吸引绝大多数创业者开始创业的原动力。 ( )

(2) 害羞的人不可能创业成功。 ( )

(3) 企业家比普通人持有较高的内部控制式观念及能力。 ( )

(4) 企业家比一般普通人有更大的成就欲望。 ( )

(5) 创业者不一定要有创业激情。 ( )

(6) 创业的理想时间为 25～35 岁。 ( )
(7) 在创意来源中，占比例最大的是原有的工作经验。 ( )
(8) 在头脑风暴法中，可以允许反面批评。 ( )
(9) 戈登法又称 A·D 里透法，是一个叫里透的人发明的。 ( )
(10) 异质同化就是使陌生的熟悉起来。 ( )
(11) 同质异化就是使熟悉的陌生起来。 ( )
(12) 逆向头脑风暴法中不允许提出批评意见。 ( )
(13) 即使是一个好的创意，错误的时机也会使其丧失可行的投资机会。 ( )
(14) 高速发展的企业通常为服务业和制造业。 ( )
(15) 购买协议不应包含防止原企业主重新进入该行业竞争的条款。 ( )
(16) 商业计划书可为创业者提供一份如何组织并计划活动的指南。 ( )
(17) 创业管理是以"生存为首要目标的"管理方式。 ( )

2. 计算题

(1) 一家企业每年的利润为 500 万元，该行业的平均投资回报率为 10%，该企业价值为多少？
(2) 一家企业的价值为 800 万元，该行业的平均收益率为 5%，该企业额利润为多少？

3. 思考题

(1) 创业成功的人一般具有哪些特征？为什么？
(2) 头脑风暴法的具体做法如何？
(3) 戈登法与头脑风暴法有何不同？
(4) 综摄法是怎样的一种创意方法？
(5) 如何选择创业项目？
(6) 购买一家企业与创建新企业相比，有何好处？
(7) 如何对你购买企业进行评估？
(8) 对创业企业来说，最重要的是什么？

4. 实训实践题

请编写一份商业计划书。

5. 案例分析题

张恒仁的创业之路

1) 创业从学生时代开始

从小就聪明好学的张恒仁于 1992 年以优异的成绩考取冶金部直属的鞍山钢铁学院。张恒仁在学生时代就喜欢揣摩市场行情，并有自己独到的见解。他相信越是时髦的东西越有市场，也就是他所认准的时尚消费是快速赚钱的法则。他的这种观点对他的成功起到了极大的指引作用，并得到了验证。

暑假时，张恒仁到辽阳的姑姑家做客，对表妹玩的一种吊在顶棚上不断旋转的塑料飞鸽产生了浓厚的兴趣，相信这种时尚产品一定有很好的市场。他找到了店主，以 3.5 元的批发价进了 100 只，结果在夜市上以 15 元一只的价格被抢购一空。于是他又去了一趟辽阳，把店老板剩余的塑料飞鸽全部都包了下来，没有几天就全部售完，一共挣了一万多元。毕业那一年，针对初中英语只有课本没有听力磁带的教学空白，张恒仁和几个同学从辽宁海城一家音响出版社进了一万多盘英语磁带，在实习期间，他们穿梭于鞍山、辽阳、沈阳等地乡镇初中。很多时候，为了将磁带按时送到老师和学生手中，常常一天只吃一顿饭，赶不上客车就步行，有几次双脚都走出了大泡。磁带卖得很快，而且深得老师和学生好评，两个多月净赚两万多元。

毕业后，张恒仁来到鞍山一家有名的广告公司打工。由于他的诚实肯干和精心筹划，使多家企业扭亏为盈，甚至起死回生。正因如此，一位台湾老板十分欣赏他，并把自己发明的一种楼道产品——人体红外感应灯的销售权交给了他。接手后，他并没有盲目推销，而是认真做了市场调查。人体红外感应灯属于高科技产品，比楼道的开关灯、声控灯要优越得多，但使用的却是普通的白炽灯泡，由于采用了先进的集成电路，不但高倍节能，而且延长普通灯泡使用寿命达5倍以上。更为重要的是，这种产品人来灯亮，人走灯灭，白天不亮，晚上亮(白天光线强，感应器自动关闭)的感应效果完全没有声控灯拍掌、跺脚的噪声问题。有多年销售经验的张恒仁认识到，房地产热刚刚兴起，楼道照明正是置业盲区，声控灯虽有很多缺点，但先入为主的优势很难改变。为了打破这一僵局，张恒仁采取了极有针对性的政府推广和免费使用相结合的模式。当时，鞍山市由于线路老化，私搭乱建等原因，许多居民小区和公共用电常常超负荷，居民对此颇有怨言，给电费的收缴也带来很大困难，令电业部门和物业管理部门十分头疼。张恒仁以此为契机，与电业局联合推广“省电节能”工程，免费为居民安装红外线感应灯，满意后再付款。居民渐渐体会到红外感应灯节能、节电和无噪声等好处，灯费的清缴十分顺利。不到半年，张恒仁就销售出了6000多台。

台湾老板看到自己的成果得到顺利推广，十分满意，在返回台湾前，将这项技术无偿转让给张恒仁。虽然红外感应灯在鞍山市场上卖得不错，但毕竟潜力有限，为了干一番大事业，张恒仁决定离开鞍山到房地产发展如火如荼的长春谋求发展。

2) 在挫折中开辟市场

怀着一片雄心，张恒仁开始了新的创业历程。他先是和一家广告公司合作开发出“恒星”系列红外感应灯，很快卖出200多台，广告公司经理却赖账不还。就在这时，部分用户的红外感应灯出了问题：由于冬季气温较低，感应器反应不灵敏，还出现感应灯频繁眨眼现象。为了查找症结，他在寒冷的楼道一站就是几个小时，观察感应灯的感应情况，手脚都冻麻木了。功夫不负有心人，终于让他找到了病因。换上一种新型电子元件后，再也没有发生类似现象。

长春是个大都市，有100余家大型房地产商在长春的四面八方搞开发，还有众多企事业单位纷纷兴建家属楼，因而房产消费十分火爆，竞争也十分激烈。红外感应灯虽然只是房产消费的附加产品，但它的实用性深受购房者喜爱。为了能让更多人了解红外感应灯，张恒仁制作了10万张“恒星”感应灯的不干胶楼道标志，派人分别贴在居民小区以及新楼盘的楼道上，大大打出了知名度。与此同时，张恒仁不再局限于消费个体，而是向房产公司、物业小区开始了大规模进军。

当他得知长春北安高层公共楼道由于24小时使用长明灯，致使居民每月在公用照明上分担电费达10度以上，居民很有意见的消息后，主动找到物业，详细介绍了“恒星”感应灯省点节能等特点，并为物业公司老总详细算了一笔经济账。物业公司老总认为有道理，几天后北安5栋楼共安装500多盏红外线感应灯。一个月后，良性效果显现，每户每月节电7～8度，5栋15层的住宅楼一年就节约电费2.88万元，而且还无需频繁更换灯泡，居民无不叫好。同年10月，在有关部门组织的“全省示范小区”的评比检查中，检查团人员对北安高层公共走廊的“恒星”红外感应灯给予了高度评价，并且在争取“省示范达标小区”的荣誉中起到了画龙点睛的作用。

2000年秋天，台湾老板回长春探亲，专程看望了张恒仁，对他的精神和才能表示很钦佩，并把自己的另一家居专利产品“祥贺”自动除臭马桶的销售权全权委托给他。这种新型的产品在臭气未散发时，就由强力抽风机将臭气抽走，经由马桶座内的活性炭过滤降臭，并混合芳香剂后排放时已是清香的空气，除臭效果达95%。张恒仁认定了他作为高档家居消费品的市场潜力，很快便在百货大楼、和平大世界、江山装饰材料市场等家居装潢的专门市场和柜台设立了销售点，果然深得高档装修人群的喜爱。

目前，长春市已安装“恒星”人体红外感应灯2.8万多盏。《长春房地产报》针对长春房地产业这一独特的亮灯景观做了详尽的市场调查和连续的追踪报道，张恒仁以其独特的成功智慧成为长春房地产界的一颗星外之星。

（资料来源：商界杂志社. 创办中小企业成功模式. 广州：广东经济出版社，2002.76-80.）

讨论题

(1) 张恒仁为什么能将新产品“恒星”红外感应灯成功推向市场？

(2) 何为创业机遇？张恒仁是如何把握创业机遇的？

(3) 有人认为“机遇”是上天对特殊人群的偏爱；有人认为“人生而平等”，深信每个人都有自己的机遇。你如何看待这个问题？

参考文献

[1] [美] 加里·德斯勒，曾湘泉. 人力资源管理 [M]. 北京：中国人民大学出版社，2007.

[2] [美] 彼得·S·潘德，罗伯特·P·纽曼，罗兰·R·卡瓦纳. 6δ管理法——追求卓越的阶梯 [M]. 北京：机械工业出版社，2001.

[3] [美] 杰伊·海泽，巴里·伦德尔. 运作管理原理 [M]. 寿涌毅，译. 北京：北京大学出版社，2010.

[4] 王振华. 财务管理 [M]. 北京：经济科学出版社，2007.

[5] 王希旗，江小毅. 财务管理 [M]. 杭州：浙江大学出版社，2004.

[6] 袁建国. 财务管理 [M]. 大连：东北财经大学出版社，2005.

[7] 周道生，赵敬明，刘彦辰. 现代企业技术创新 [M]. 广州：中山大学出版社，2007.

[8] 毛荐其. 技术创新进化原理、过程与模型 [M]. 北京：经济管理出版社，2006.

[9] 刘振武，等. 企业技术创新与管理 [M]. 北京：石油工业出版社，2004.

[10] 顾晓春，杨建军，和炳全. 企业技术创新管理研究——以云南铜业集团为例 [M]. 重庆：重庆大学出版社，2008.

[11] 龙敏. 财务管理 [M]. 成都：电子科技大学出版社，2009.

[12] 孙义敏，杨洁. 现代企业管理导论 [M]. 2版. 北京：机械工业出版社，2009.

[13] 邸彦彪. 现代企业管理理论与应用 [M]. 北京：北京大学出版社，中国林业出版社，2008.

[14] 姚丽娜. 管理学教程 [M]. 杭州：浙江大学出版社，2007.

[15] 全国高校管理案例库研究编写组. 管理案例库教程 [M]. 北京：中国科学技术出版社，2004.

[16] 全国干部培训教材编审指导委员会. 中外企业管理经典案例 [M]. 北京：人民出版社，2006.

[17] 付宜新，刘艳红，王业军. 现代企业管理 [M]. 北京：机械工业出版社，2007.

[18] 梅子惠，曹承锋. 企业管理案例分析教程 [M]. 北京：高等教育出版社，2010.

[19] 娄成武，魏淑艳. 现代管理学原理 [M]. 2版. 北京：中国人民大学出版社，2007.

[20] 谭力文. 管理学 [M]. 北京：高等教育出版社，2010.

[21] 宋克勤. 企业管理教程 [M]. 上海：格致出版社，上海人民出版社，2008.

[22] 徐国良，王进. 企业管理案例精选精析 [M]. 3版. 北京：中国社会科学出版社，2006.

[23] 葛松林. 市场营销学 [M]. 北京：中国农业出版社，2002.

[24] 李道芳，姚和平. 企业管理概论 [M]. 北京：高等教育出版社，2010.

[25] 林汉川，邱红. 中小企业管理 [M]. 北京：高等教育出版社，2006.

[26] 郭国庆. 市场营销通论 [M]. 4版. 北京：中国人民大学出版社，2011.

[27] 汤定娜，万后芬. 中国企业营销案例 [M]. 2版. 北京：高等教育出版社，2007.

[28] 陈嘉莉. 管理学原理与实务 [M]. 北京：北京大学出版社，中国农业大学出版社，2008.

[29] 李全喜. 生产运作管理 [M]. 2版. 北京：北京大学出版社，2011.

[30] 张德. 人力资源开发与管理 [M]. 3版. 北京：清华大学出版社. 2007.

[31] 张少玲，李威灵. 质量管理体系便准图解教程 [M]. 广州：广东经济出版社. 2002.

[32] 唐晓芬. 质量管理150题 [M]. 上海：上海科学技术出版社. 2005.

[33] 陈荣秋，马士华. 生产运作管理 [M]. 3版. 北京：机械工业出版社，2009.

[34] 黄卫伟. 生产与运营管理 [M]. 北京：中国人民大学出版社. 2006.

[35] 王晓辉，高丽华. 现代企业管理概论 [M]. 北京：北京大学出版社. 2010.

北京大学出版社本科财经管理类实用规划教材（已出版）

财务会计类

序号	书　名	标 准 书 号	主　编	定价	序号	书　名	标 准 书 号	主　编	定价
1	基础会计（第 2 版）	7-301-17478-4	李秀莲	38.00	16	会计规范专题	7-81117-887-6	谢万健	35.00
2	基础会计学	7-301-19403-4	窦亚芹	33.00	17	企业财务会计模拟实习教程	7-5655-0404-4	董晓平	25.00
3	会计学	7-81117-533-2	马丽莹	44.00	18	税法与税务会计	7-81117-497-7	吕孝侠	45.00
4	会计学原理（第 2 版）	7-301-18515-5	刘爱香	30.00	19	税法与税务会计实用教程	7-81117-598-1	张巧良	38.00
5	会计学原理习题与实验（第 2 版）	7-301-19449-2	王保忠	30.00	20	初级财务管理	7-301-20019-3	胡淑姣	42.00
6	会计学原理与实务（第 2 版）	7-301-18653-4	周慧滨	33.00	21	财务管理学	7-5038-4897-1	盛均全	34.00
7	会计学原理与实务模拟实验教程	7-5038-5013-4	周慧滨	20.00	22	财务管理学实用教程（第 2 版）	7-301-21060-4	骆永菊	42.00
8	会计实务	7-81117-677-3	王远利	40.00	23	财务管理理论与实务	7-301-20042-1	成　兵	40.00
9	高级财务会计	7-81117-545-5	程明娥	46.00	24	财务管理学原理与实务	7-81117-544-8	严复海	40.00
10	高级财务会计	7-5655-0061-9	王奇杰	44.00	25	财务管理理论与实务（第 2 版）	7-301-20407-8	张思强	42.00
11	成本会计学	7-301-19400-3	杨尚军	38.00	26	公司理财原理与实务	7-81117-800-5	廖东声	36.00
12	成本会计学	7-5655-0482-2	张红漫	30.00	27	审计学	7-81117-828-9	王翠琳	46.00
13	成本会计学	7-301-20473-3	刘建中	38.00	28	审计理论与实务	7-81117-955-2	宋传联	36.00
14	管理会计	7-81117-943-9	齐殿伟	27.00	29	会计综合实训模拟教程	7-301-20730-7	章洁倩	33.00
15	管理会计	7-301-21057-4	形芳珍	36.00	30	财务分析学	7-301-20275-3	张献英 王永刚	30.00

工商管理、市场营销、人力资源管理、服务营销类

序号	书　名	标 准 书 号	主　编	定价	序号	书　名	标 准 书 号	主　编	定价
1	管理学基础	7-5038-4872-8	于干千	35.00	19	市场营销学	7-81117-676-6	戴秀英	32.00
2	管理学基础学习指南与习题集	7-5038-4891-9	王　珍	26.00	20	市场营销学（第 2 版）	7-301-19855-1	陈　阳	45.00
3	管理学	7-81117-494-6	曾　旗	44.00	21	市场营销学新论	7-5038-4879-7	郑玉香	40.00
4	管理学原理	7-5655-0078-7	尹少华	42.00	22	国际市场营销学	7-5038-5021-9	范应仁	38.00
5	管理学原理与实务（第 2 版）	7-301-18536-0	陈嘉莉	42.00	23	市场营销理论与实务（第 2 版）	7-301-20628-7	那　薇	40.00
6	管理学实用教程	7-5655-0063-3	邵喜武	37.00	24	现代市场营销学	7-81117-599-8	邓德胜	40.00
7	管理学实用教程	7-301-21059-8	高爱霞	42.00	25	消费者行为学	7-81117-824-1	甘瑁琴	35.00
8	通用管理知识概论	7-5038-4997-8	王丽平	36.00	26	商务谈判（第 2 版）	7-301-20048-3	郭秀君	49.00
9	现代企业管理理论与应用	7-5038-5024-0	邸彦彪	40.00	27	商务谈判实用教程	7-81117-597-4	陈建明	24.00
10	管理运筹学（第 2 版）	7-301-19351-8	关文忠	39.00	28	消费者行为学	7-5655-0057-2	肖　立	37.00
11	统计学原理	7-301-21061-1	韩　宇	38.00	29	客户关系管理实务	7-301-09956-8	周贺来	44.00
12	统计学原理	7-5038-4888-9	刘晓利	28.00	30	公共关系学	7-5038-5022-6	于朝晖	40.00
13	统计学	7-5038-4898-8	曲　岩	42.00	31	公共关系理论与实务	7-5038-4889-6	王　玫	32.00
14	应用统计学（第 2 版）	7-301-19295-5	王淑芬	48.00	32	公共关系学实用教程	7-81117-660-5	周　华	35.00
15	管理定量分析方法	7-301-13552-5	赵光华	28.00	33	公共关系理论与实务	7-5655-0155-5	李泓欣	45.00
16	新编市场营销学	7-81117-972-9	刘丽霞	30.00	34	跨国公司管理	7-5038-4999-2	冯雷鸣	28.00
17	市场营销学	7-5655-0064-0	王槐林	33.00	35	质量管理	7-5655-0069-5	陈国华	36.00
18	市场营销学实用教程	7-5655-0081-7	李晨耘	40.00	36	跨文化管理	7-301-20027-8	晏　雄	35.00

序号	书　名	标 准 书 号	主　编	定价	序号	书　名	标 准 书 号	主　编	定价
37	企业战略管理	7-5655-0370-2	代海涛	36.00	50	人力资源管理经济分析	7-301-16084-8	颜爱民	38.00
38	企业文化理论与实务	7-81117-663-6	王水嫩	30.00	51	人力资源管理原理与实务	7-81117-496-0	邹　华	32.00
39	企业战略管理	7-81117-801-2	陈英梅	34.00	52	人力资源管理实用教程（第2版）	7-301-20281-4	吴宝华	45.00
40	企业战略管理实用教程	7-81117-853-1	刘松先	35.00	53	人力资源管理：理论、实务与艺术	7-5655-0193-7	李长江	48.00
41	产品与品牌管理	7-81117-492-2	胡　梅	35.00	54	员工招聘	7-301-20089-6	王　挺	30.00
42	东方哲学与企业文化	7-5655-0433-4	刘峰涛	34.00	55	服务营销理论与实务	7-81117-826-5	杨丽华	39.00
43	运营管理	7-5038-4878-0	冯根尧	35.00	56	服务企业经营管理学	7-5038-4890-2	于干千	36.00
44	生产运作管理（第2版）	7-301-18934-4	李全喜	48.00	57	服务营销	7-301-15834-0	周　明	40.00
45	运作管理	7-5655-0472-3	周建亨	25.00	58	会展服务管理	7-301-16661-1	许传宏	36.00
46	组织行为学	7-5038-5014-1	安世民	33.00	59	现代服务业管理原理、方法与案例	7-301-17817-1	马　勇	49.00
47	组织行为学行为教程	7-301-20466-5	冀　鸿	32.00	60	服务性企业战略管理	7-301-20043-8	黄其新	28.00
48	流程型组织的构建研究	7-81117-519-6	岳　澎	35.00	61	服务型政府管理概论	7-301-20099-5	于干千	32.00
49	人力资源管理（第2版）	7-301-19098-2	颜爱民	60.00	62	新编现代企业管理	7-301-21121-2	姚丽娜	48.00

经济、国贸、金融类

序号	书　名	标 准 书 号	主　编	定价	序号	书　名	标 准 书 号	主　编	定价
1	政治经济学原理与实务	7-81117-498-4	沈爱华	28.00	19	国际金融	7-5038-4893-3	韩博印	30.00
2	宏观经济学原理与实务（第2版）	7-301-18787-6	崔东红	57.00	20	国际金融实用教程	7-81117-593-6	周　影	32.00
3	宏观经济学	7-5038-4882-7	蹇令香	32.00	21	国际商务	7-5655-0093-0	安占然	30.00
4	微观经济学原理与实务	7-81117-818-0	崔东红	48.00	22	金融市场学	7-81117-595-0	黄解宇	24.00
5	微观经济学	7-81117-568-4	梁瑞华	35.00	23	金融工程学理论与实务	7-81117-546-2	谭春枝	35.00
6	西方经济学实用教程	7-5038-4886-5	陈孝胜	40.00	24	财政学	7-5038-4965-7	盖　锐	34.00
7	西方经济学实用教程	7-5655-0302-3	杨仁发	49.00	25	保险学原理与实务	7-5038-4871-1	曹时军	37.00
8	西方经济学	7-81117-851-7	于丽敏	40.00	26	东南亚南亚商务环境概论	7-81117-956-9	韩　越	38.00
9	现代经济学基础	7-81117-549-3	张士军	25.00	27	证券投资学	7-301-19967-1	陈汉平	45.00
10	国际经济学	7-81117-594-3	吴红梅	39.00	28	金融学理论与实务	7-5655-0405-1	战玉峰	42.00
11	发展经济学	7-81117-674-2	赵邦宏	48.00	29	货币银行学	7-301-15062-7	杜小伟	38.00
12	管理经济学	7-81117-536-3	姜保雨	34.00	30	国际结算（第2版）	7-301-17420-3	张晓芬	35.00
13	计量经济学	7-5038-3915-3	刘艳春	28.00	31	国际贸易规则与进出口业务操作实务（第2版）	7-301-19384-6	李　平	54.00
14	外贸函电	7-5038-4884-1	王　妍	20.00	32	金融风险管理	7-301-20090-2	朱淑珍	38.00
15	国际贸易理论与实务（第2版）	7-301-18798-2	缪东玲	54.00	33	国际贸易实务	7-301-20919-6	张　肃	28.00
16	国际贸易（第2版）	7-301-19404-1	朱廷珺	45.00	34	国际贸易理论、政策与案例分析	7-301-20978-3	冯　跃	42.00
17	国际贸易实务（第2版）	7-301-20486-3	夏合群	45.00	35	国际结算	7-301-21092-5	张　慧	42.00
18	国际贸易结算及其单证实务	7-5655-0268-2	卓乃坚	35.00					

法律类

序号	书　名	标 准 书 号	主　编	定价	序号	书　名	标 准 书 号	主　编	定价
1	经济法原理与实务	7-5038-4876-6	杨士富	32.00	5	劳动法学	7-81117-495-3	李　瑞	32.00
2	经济法实用教程	7-81117-547-9	陈亚平	44.00	6	金融法学理论与实务	7-81117-958-3	战玉锋	34.00
3	国际商法理论与实务	7-81117-852-4	杨士富	38.00	7	国际商法	7-301-20071-1	丁孟春	37.00
4	商法总论	7-5038-4887-2	任先行	40.00					

电子商务与信息管理类

序号	书　名	标 准 书 号	主　编	定价	序号	书　名	标 准 书 号	主　编	定价
1	网络营销	7-301-12349-2	谷宝华	30.00	4	网络营销	7-301-16556-0	王宏伟	26.00
2	数据库技术及应用教程（SQL Server版）	7-301-12351-5	郭建校	34.00	5	网络信息采集与编辑	7-301-16557-7	范生万	24.00
3	电子商务概论	7-301-12343-0	庞大连	35.00	6	电子商务案例分析	7-301-16596-6	曹彩杰	28.00

序号	书　名	标 准 书 号	主　编	定价	序号	书　名	标 准 书 号	主　编	定价
7	管理信息系统	7-301-12348-5	张彩虹	36.00	21	电子商务英语	7-301-05364-5	覃　正	30.00
8	电子商务概论	7-301-13633-1	李洪心	30.00	22	网络支付与结算	7-301-16911-7	徐　勇	34.00
9	管理信息系统实用教程	7-301-12323-2	李　松	35.00	23	网上支付与安全	7-301-17044-1	帅青红	32.00
10	电子商务法	7-301-14306-3	李　瑞	26.00	24	企业信息化实务	7-301-16621-5	张志荣	42.00
11	数据仓库与数据挖掘	7-301-14313-1	廖开际	28.00	25	电子化国际贸易	7-301-17246-9	李辉作	28.00
12	电子商务模拟与实验	7-301-12350-8	喻光继	22.00	26	商务智能与数据挖掘	7-301-17671-9	张公让	38.00
13	ERP 原理与应用教程	7-301-14455-8	温雅丽	34.00	27	管理信息系统教程	7-301-19472-0	赵天唯	42.00
14	电子商务原理及应用	7-301-14080-2	孙　睿	36.00	28	电子政务	7-301-15163-1	原忠虎	38.00
15	管理信息系统理论与应用	7-301-15212-6	吴　忠	30.00	29	商务智能	7-301-19899-5	汪　楠	40.00
16	网络营销实务	7-301-15284-3	李蔚田	42.00	30	电子商务与现代企业管理	7-301-19978-7	吴菊华	40.00
17	电子商务实务	7-301-15474-8	仲　岩	28.00	31	电子商务物流管理	7-301-20098-8	王小宁	42.00
18	电子商务网站建设	7-301-15480-9	臧良运	32.00	32	管理信息系统实用教程	7-301-20485-6	周贺来	42.00
19	网络金融与电子支付	7-301-15694-0	李蔚田	30.00	33	电子商务概论	7-301-21044-4	苗　森	28.00
20	电子商务概论	7-301-16717-5	杨雪雁	32.00					

物流管理与工程类

序号	书　名	标 准 书 号	主　编	定价	序号	书　名	标 准 书 号	主　编	定价
1	物流工程	7-301-15045-0	林丽华	30.00	24	城市物流	7-301-18523-0	张　潜	24.00
2	现代物流决策技术	7-301-15868-5	王道平	30.00	25	营销物流管理	7-301-18658-9	李学工	45.00
3	物流管理信息系统	7-301-16564-5	杜彦华	33.00	26	物流信息技术概论	7-301-18670-1	张　磊	28.00
4	物流信息管理	7-301-16699-4	王汉新	38.00	27	物流配送中心运作管理	7-301-18671-8	陈　虎	40.00
5	现代物流学	7-301-16662-8	吴　健	42.00	28	物流项目管理	7-301-18801-9	周晓晔	35.00
6	物流英语	7-301-16807-3	阚功俭	28.00	29	物流工程与管理	7-301-18960-3	高举红	39.00
7	第三方物流	7-301-16663-5	张旭辉	35.00	30	交通运输工程学	7-301-19405-8	于　英	43.00
8	物流运作管理	7-301-16913-1	董千里	28.00	31	国际物流管理	7-301-19431-7	柴庆春	40.00
9	采购管理与库存控制	7-301-16921-6	张　浩	30.00	32	商品检验与质量认证	7-301-10563-4	陈红丽	32.00
10	物流管理基础	7-301-16906-3	李蔚田	36.00	33	供应链管理	7-301-19734-9	刘永胜	49.00
11	供应链管理	7-301-16714-4	曹翠珍	40.00	34	现代企业物流管理实用教程	7-301-17612-2	乔志强	40.00
12	物流技术装备	7-301-16808-0	于　英	38.00	35	供应链设计理论与方法	7-301-20018-6	王道平	32.00
13	现代物流信息技术	7-301-16049-7	王道平	30.00	36	物流管理概论	7-301-20095-7	李传荣	44.00
14	现代物流仿真技术	7-301-17571-2	王道平	34.00	37	供应链管理	7-301-20094-0	高举红	38.00
15	物流信息系统应用实例教程	7-301-17581-1	徐　琪	32.00	38	企业物流管理	7-301-20818-2	孔继利	45.00
16	物流项目招投标管理	7-301-17615-3	孟祥茹	30.00	39	物流项目管理	7-301-20851-9	王道平	30.00
17	物流运筹学实用教程	7-301-17610-8	赵丽君	33.00	40	供应链管理	7-301-20901-1	王道平	35.00
18	现代物流基础	7-301-17611-5	王　侃	37.00	41	现代仓储管理与实务	7-301-21043-7	周兴建	45.00
19	逆向物流	7-301-19809-4	甘卫华	33.00	42	物流系统仿真案例	7-301-21072-7	赵　宁	25.00
20	现代物流管理学	7-301-17672-6	丁小龙	42.00	43	物流管理实验教程	7-301-21094-9	李晓龙	25.00
21	物流运筹学	7-301-17674-0	郝　海	36.00	44	物流学概论	7-301-21098-7	李　创	44.00
22	供应链库存管理与控制	7-301-17929-1	王道平	28.00	45	物流信息系统	7-301-20989-9	王道平	28.00
23	物流信息系统	7-301-18500-1	修桂华	32.00					